# 머 리 말

본 이벤트경영실무론은 이벤트에 관한 기본적인 이론과 지식에 대해 다루었고 현재 기획사 및 장비 렌탈 업체에서 사용되고 있는 용어와 장비를 인용하였으며 현장에서의 실무를 그대로 적용하였고 이벤트 기획, 연출 이외에도 각종 행사에 필요한 장비에 관해서도 서술하였다.

이에 실전 경험을 바탕으로 가능한 한 가장 기초적인 부분을 다루어 쉽게 이해 할 수 있도록 노력 하였다.

또한 본 저서에서 기술한 것은 그동안 이벤트의 이론에만 치중하여 실전에서의 활용도가 극히 적은 학생이나 이벤트 업계에 진출하고자 하거나 관심 있는 분들을 위해서 현장에서 쓰이는 장비, 용어 등을 고치지 않고 기술하였으며 가능한 한 쉬운 용어를 사용하였고 현 기획사나 장비 렌탈 업체의 사용 장비 내역과 시설, 배치 등을 중점 기술하였다.

본 경영실무론은 국내 굴지의 기획사나 이벤트사 보다는 독자 분들이 쉽게 접할 수 있는 소규모의 기획사 또는 현 지방자치단체에서 운영하고 있는 지역축제 및 대학축제 등의 행사 성격에 맞도록 저술하였으며 이를 통한 대형행사도 치룰 수 있는 능력을 배양 할 수 있도록 하였다.

따라서 본 저서를 토대로 기획, 영업, 장비취급 등 여러 분야에 실질적인 도움이 되었으면 한다.

이미 각 대학의 관련 학과에서는 많은 이론과 실습을 통하여 지식을 습득 하였겠지만 행사장에서 가장 기본적 문제를 해결하여 가려면 본인들의 지대한 관심과 열의를 가지고 이론과 실습에 임하여야 하겠다.

끝으로 이 책을 발간 할 수 있도록 도와주신 한올출판사의 편집위원님들께 깊은 사의를 표하는 바입니다.

2005. 10

연화봉을 바라보며 태백에서 저자 씀

# 차 례

## PART 1 이벤트 경영론 / 1

## 부 록 / 331



## 찾아보기 / 430

1

PART

# 이벤트 경영론

Chapter 1

# 이벤트란

## 1 이벤트의 개념

이벤트(Event)란 원래 영어로는 일반적으로 중요한 사건, 성과, 또는 결과 그리고 경기분야에서의 종목, 시합을 의미한다. 관광학 용어사전에서는 '일반대중에게 유료 또는 무료제공으로 참가를 유도하기 위해 조직되는 문화적, 예술적, 스포츠 또는 특별하고 독특한 활동'으로 개념 되고 있다. 우리나라에서 이벤트의 개념은 한국이벤트연구회에서 내린 정의를 통해 알 수 있다 이벤트란 '공익, 기업이윤 등 특정목적을 가지고 치밀하게 사전계획되어 대상을 참여시켜 실행하는 사건 또는 행사를 총칭' 하는 것으로 정의 하고 있다.

여기에서의 특정목적이란 지역사회의 경제, 사회, 문화적 진흥과 관련산업의 발전, 국제교류, 관광 등을 지칭한다. 구체적으로 이벤트 개념을 광의와 협의로 구분하여 정의하여보면, 먼저 광의의 개념으로서는 '경제적 동기와 상관없이 전반적인 이미지 제고와 교류를 위해 이루어지는 모든 행사 곧 마케팅 외적시각을 포함하여 커뮤니케이션을 위한 매체라는 형태상의 정의를 만족시키는 모든 이벤트'를 의미하게 된다. 한편 협의의 개념은 '기업이 프로모션, 특히 세일즈 프로모션의 차원에서 개입될 수 있는 모든 차원의 행사 곧 마케팅적 접근이 가능한 모든 행사를 의미할 수 있다.

이벤트가 마케팅에서는 판매촉진을 위한 특별행사의 개념으로 판촉 또는 프로모션(promotion), 견본제공(sampling), 쿠폰(coupon), 프리미엄(premium) 등 다양한 의미로 사용하고 있다. 특히 마케팅의 전략적인 측면에서 광고 활동의 일부로서 또는 독립된 판촉 활동이나 홍보적인 성격의 수단으로써 이벤트를 실시하고 있다.

서구사회에서는 이벤트라는 용어를 개별단위로써 이벤트라는 명칭보다는 오히려 콘서트(concert), 쇼(show), 전시회(exhibition), 박람회(fair), 회의(convention, meeting) 퍼레이드(parade), 축제(festival), 빅 이벤트(big event), 파티(party), 시상(award), 경연(competition) 등으로 사용된다.

이는 사물을 세분화해서 생각하는 그들의 분화적(分化的) 사고방식에 기인하는 것으로 생각된다.

서구인의 사고방식에 의하거나 우리의 통합적인 사고방식에 따르거나 이벤트는 두 가지의 성격을 가지고 있다. 그 하나는 인쇄매체나 방송매체처럼 일방적(one-way)이 아닌 쌍방향(two-way)으로 의사소통이 이루어지는 전달 매체적(media)인 성격이고, 다른 하나는 홍보적인 성격이라는 것이다.

## 2 이벤트의 특성

### (1) 의도적이고 좋은 일

이벤트는 인위적이고 의도적인 것 중에 나쁜 일이 아닌 것을 말한다. 의도적이라는 말은 기획된 것을 의미하며, 인위적이라고 하는 것은 자연적인 것의 상대적 개념이다. 자연적으로 발생한 화산폭발이나 지진을 보고 이벤트라고 이야기하지는 않는다. 또한 인위적이고 의도적인 일이라 하더라도 교통사고나 살인 사건을 이벤트라고 하지는 않는다.

수원 지하철역에 서울을 가기 위한 목적을 가진 많은 사람들이 모였다고 해서 이것을 이벤트라 하지는 않는다. 지하철역에 사람이 많이 모였는데, 그곳에서 어떤 사람이 스트리킹(streaking)을 했다면 우리는 그것을 이벤트라고 하지 않고 해프닝(happening)이라고 한다. 그러나 같은 장소라도 그곳에서 자선바자회나 미술 전시회를 기획해서 사람이 모였다면 이것은 이벤트이다. 이벤트는 자연발생적이 아닌 인위적이고 의도적으로 계산되어 실시되는 사건 중에 좋은 일을 말한다.

### (2) 직접적인 상호 의사소통의 매체

이벤트는 우리의 모든 감각기관을 통해 느낌과 감동을 주고 그 느낌을 상호 교류하여 공유하며, 기획과 진행 또는 현장의 모든 과정을 통해 참가자 상호 간에 직접적 체험의 공감대를 나눌 수 있는 독특한 매체이다.

이벤트는 현장이 있어서 판을 벌려 사람들을 모으고, 여기서 하나 또는 여러 가지 메시지를 일방 소통이 아닌 상호소통의 방법으로 교환하는 것이다.

신문이나 방송 등의 매체들이 일방적으로 메시지를 전달하지만 이벤트는 전달하는 매체를 통해 전달자와 수신자간에 직접적인 접촉이 가능하다. 그리고 참가자들끼리 서로 공유된 체험을 나눔으로써 공감대 형성이 가능하며, 이 때문에 메시지가 즉시 피드 백(feed back)된다.

이벤트는 특정한 목적을 가지고 특정 기간에 특정 장소에서 특정 대상에게 개별적이고도 직접적으로 충동을 체험시켜 주는 매체이다. 이벤트에 참여하는 사람들은 직접적인 느낌을 가지고 그 체험을 공유함으로써 참가자간에 상호 의사소통을 한다.

### (3) 다양한 내용과 표현의 형태들

같은 이벤트는 하나도 없다. 이벤트가 이벤트로서 얼마나 가치가 있느냐 하는 문제는 결국 얼마나 창의적인가 아닌가에 달려 있다고 이야기할 만큼 다양한 기획과 표현 양식을 가지고 있다.

광고는 기획이 달라도 표현의 방식이 TV, 라디오, 인쇄매체, 간판, 인터넷 등의 몇 가지 고정된 방식을 가지고 있다.

이벤트는 그 표현 양식이 각기 독특하며 다양하다, 비슷한 내용이라 하여도 표현의 방식이 다양하거나 표현의 방식이 같아도 내용이 다르다. 아이디어가 필요하고 독특한 표현 양식이 필요하고 창의적인 기법이 필요하다.

우리 농산물을 애호하기 위한 이벤트를 기획한다고 할 때 농산물 품평회 형식의 농산물 콘테스트, 외국 농산물과의 비교전시회, 농촌 사랑을 주제로 하는 콘서트, 우리 농산물의 우수성에 대한 심포지움, 도시와 농촌간의 이해증진을 위한 자매결연 맺기, 도시의 주거단지에 농산물 직거래 시장 개장, 올해의 농민 선발대회, 영농 공개강좌, 농공단지의 유치로 기업의 관심유도, 주말을 이용한 도시인의 고향 방문단 모집 등등의 다양한 이벤트를 기획할 수 있을 것이다.

이벤트의 특성은 기획의 다양함과 형태의 다양함에 있다. 그래서 이벤트의 진정한 매력은 다양함과 그 다양함을 수용하는 메커니즘에 있다고 말할 수 있다.

### (4) 유익하고 공익적인 일

이벤트는 자체가 특정한 목적을 가지게 되고, 또 그 목적을 수행하는 도구로 이벤트가 선택된다, 이벤트라는 매체 자체가 직접적인 체험이 요구되어 전달자와 수신자가 직접 대면하게 되므로 합목적적이고 유익하며 공익, 공공성을 가질 수밖에 없다.

이윤을 목적으로 하는 기업 이벤트도 기획자가 기업의 이미지를 생각하지 않을 수 없으며 개인 이벤트 회사가 영리추구를 목적으로 연주회를 개최한다 하여도 연주회에 참여하는 청중은 문화와 예술적 감동을 전달받게 된다.

공공 이벤트의 경우는 기획 초기부터 공익성을 중요시 하지만 개인 흥행 목적인 경우도 이벤트를 도구로 선택하는 한 공익성을 띠게 된다. 그렇지 않으면 기획된 이벤트 자체가 현장에서 전달자의 의도와 관계없이 수신자의 의도에 따라 거부되거나 외면당할 수 있기 때문이다.

## 3 이벤트의 정의

이벤트란 용어를 사용한 것이 얼마 되지 않았고 우리 귀에 그렇게 익숙한 단어 또한 아니다. 현재 우리나라에서는 이벤트의 의미를 포괄적으로 사용하기 때문에 이벤트를 정의한다는 것이 쉽지가 않다. 그렇지만 이벤트가 독특한 분야로서 우리 사회에 엄연히 존재하며 끊임없는 활동이 이루어지고 있기 때문에 이를 정의하는 데 어려움이 있다고 해서 외면해서는 안 된다.

이벤트 정의를 놓고 옳고 그름에 대한 시시비비를 가리기 전에 이벤트 종사자들의 정체성 확보를 위해서도 이에 대한 정리를 해둘 필요가 있다고 생각한다. 이벤트의 정의가 어려운 것은 바라보는 시각에 따라, 상황에 따라, 종사자에 따라, 각자의 경험체계에 따라 백인백색(百人百色)으로 달라질 수 있다. 또한 그 다른 부분이 무시될 수 없는 사유를 가지고 있기 때문이다.

오류를 범할 수 있다고 생각하면서도 이벤트를 정의하려고 하는 것은 이를 통해서 이벤트에 대한 정체성(正體性)을 확보할 수 있다고 믿기 때문이다. 정체성을 확보한다는 것은 우리가 그 일을 해야 하는 이유와 그 일에 대한 정당성을 함께 확보한다는 것을 뜻한다. 다른 어떤 일들도 그러하지만 정체성을 확보하는 작업은 그 일에 종사하는 사람들에게 존재 가치를 부여받게 하는 일이다.

이제 여러분은 이벤트의 개념과 특성을 통해 "이벤트란 어떤 것이다"라고 다소 자연스럽게 결론 지을 수 있을 것이다. 우선 가장 기초적이고 사전적인 의미로 이벤트는 일, 즉 사업이나 행사로 풀이된다. 그리고 마케팅에서는 판촉이다.

이는 이벤트를 실시하는 조직에서 이벤트를 우리말로 축약해서 실제 부르는 말이다. 조금 더 전개한다면 이벤트란 인위적으로 기획되어진 좋은 일로 참여자간에 현장을 통해 직접적 체험을 나누고 상호 의사소통의 통로가 있으며 다양한 형태의 표현양식을 가진 매체로서 많은 사람들이 관심을 갖는 유익하고 공익적인 일을 말한다.

## 4 이벤트의 시대적 배경

오늘날 이벤트가 발전하게 된 배경을 살펴보면, 사람들이 상품의 풍요로움보다는 마음의 풍요로움을 더 중시하는데서 비롯된다. 이벤트는 특정장소에서 발신자와 수신자가 기쁨을 하나로 하여 공감대 속에서 마음이 통하는 일체감으로 에너지를 발산시키는 생명력에서 그 생성의 근원을 찾을 수 있을 것이다.

오늘날 소비자들은 탈 공업화사회에서 정보화 사회로 이행하는 가운데 마음의 풍요로움을 추구하고, 개성화와 다양화를 추구하며, 자기의 감성에 입각하여 자기주장에서 자기표현으로 자기 중심의 요구에 따라 행동한다. 그것은 여태까지의 대중매체에 의한 통행적 커뮤니케이션에서 볼 수 없었던 에너지를 발생시킨다.

이벤트시대의 배경에는 발신자와 수신자의 공존·공유·공감, 살고 있는 것의 멋짐과 함께 통하는 것의 기쁨, 함께 느끼는 것의 아름다움을 구하는데 사람들의 소망이 잠재하고 있다.

이벤트는 그 시대의 대중이 원하는 것을 수단으로 이용하여 발신자(주최자)의 의사전달을 통해 수신자(공감자)에게 의견을 묻게된다. 따라서 기업을 위시하여 단체, 상점가 등이 제 3의 매체로서의 이벤트의 효과를 이용치 않을 수 없고, 각자는 판매증대나 기업 또는 (기관) 이미지 제고 등의 목적달성을 위한 수단으로써 이벤트를 한다. sales event, CI, PR event, communication event, sports event, cultural event, convention, community activation event(지역활성화 이벤트), fashion show, festival, fair and exhibition, tourism event, community development event(지역개발 이벤트) 등 그 종류가 너무나 많다. 바야흐로 이벤트의 대중화 내지 생활화 시대가 도래했다고 말할 수 있다.

### (1) 이벤트에서 컨셉의 중요성

컨셉(concept)이란 일반적으로 개념, 기본적 사고방식을 뜻한다. 광고에서는 그 광고가 갖는 의견을 말한다. 상품 또는 서비스의 편리성이나 특성을 현대사회의 흐름속에서 새로운 각도로 잡는 것, 또는 새로운 편리성이나 특성을 발견해 그것을 광고의 주장 내지는 캠페인의 목표로 삼는 것이다.

이벤트는 어디까지나 커뮤니케이션의 수단이지 목적은 아니다. 컨셉(기본적 사고방식)이 없는 이벤트는 단순히 이벤트를 하는 것에 지나지 않는다. 거기에는 컨셉이 존재하지 않기 때문이다. 컨셉이 없는 이벤트는 무엇을 하는지부터 알 수 없이 시작하고 갑자기 실행으로 들어가는 것과 같다. 컨셉이 있는 이벤트는 무엇 때문에 하는지로부터 시작한다.

이벤트 마케팅에 있어서 가장 중요한 것은 이벤트의 목적을 전략적(장기적), 전술적(단기적)시각에서 구조적으로(전체로서) 파악하는 것이다. 다시 말하면 여러가지 목적을 압축하여 명확하고 일체화된 컨셉으로 정리하는 일이다.

다음으로 중요한 것은 명확한 컨셉을 이벤트의 각 요소에 철저하게 적용시키는 것이다. 규모의 크고 작음을 불문하고 이벤트는 준비에서 실시, 그리고 완료에 이르기까지 각양각색의 전문영역과 기능이 결합하여 어우러진다. 그런 기능이 하나의 이벤트로 통합되기 위해서는 컨셉의 철저한 관리가 절대적으로 필요하다.

컨셉의 통일, 이것은 이벤트가 참가하는 사람의 마음을 사로잡아 감동을 일으키는 것으로 연결된다. 컨셉이 불분명한 이벤트는 주의·주장을 파악할 수 없고 참가자의 공감을 얻지 못한다. 이벤트 회장(會場)의 레이아웃 플랜이라든지 조형물의 디자인, 그래픽의 표현 플랜, 그 외 운영 플랜 등은 열심히 행하고 있어도 처음부터 컨셉을 인식하려는 의식이 매우 희박하다. 컨셉이 확실하지 않은 이벤트는 항해사가 없는 배와 같아 어디에 있어야 좋은지 알 수 없는 난파선 같은 것이다.

### (2) 쌍방향성

오늘의 사회는 고도 정보화 사회로서 옛날에는 상상할 수도 없을 만큼 매체과잉

상태이지만 현대인에게 반드시 충족감을 주고 있는 것은 아니다. 거실에 앉아 있으면서 지구의 반대 쪽 나라에서 일어난 사건을 생생하게 영상을 통해 엿볼 수 있게 된 현대인이 이 이상 무엇을 원하고 있을는지 또 종래의 매스미디어에 결여되고 있는 것은 무엇일까. 그것은 쌍방성(雙方性)과 라이브(live)성이며, 이는 곧 이벤트가 갖는 특성이기도 하다.

우선 쌍방향성부터 생각해 보자. 종래의 신문이나 잡지, TV, 라디오 등의 매스미디어는 시청자에게 정보를 일방적으로 보내는 시스템이다. 다시 말하면, 그것은 정보의 발신자와 수신자를 고정화하고, 정보의 업・다운(up-down)과 다운・업(down-up)을 언제나 명확화 하였다고 하는 시스템에 의존하는 일방통행의 매스미디어다.

이러한 종류의 미디어는 그 사회의 가치관의 평준화, 대중이 갖는 정보량의 균등화, 특정정보의 동시화에 뛰어난 힘을 발휘한다. 이는 효율을 제일로 삼는 공업화사회에는 적합하지만 현재의 고도정보화사회에서는 반드시 적합한 것은 아니다. 고도정보화사회가 사회전체로서 지향하는 것은 다양화와 개성화이며, 사람들이 추구하고 있는 미디어란 그들의 다양화한 가치관에 입각한 정신적 욕구를 받아 들여서 쌍방향으로부터 참가가 가능한 미디어라고 할 수 있을 것이다.

물론 종래의 매스미디어에서도 독자참가, 시청자참가라고 하는 시스템이 있으며, 의사적(擬似的)이라고 할 수 있지만 정보의 수신자가 발신자쪽으로 어필하는 것은 가능한 일이었다. 그러나 이 경우에도 수신자는 어디까지나 발신자의 규범에 따르지 않으면 안되며, 양자의 관계에 입각한 정보의 유통으로도 사람들이 만족할 수 있었지만, 사회의 정보화에 의해 대량의 정보가 축적됨과 동시에 인간의 욕구가 고차원화된 고도정보화사회에서 살아가는 사람들은 이제 일방통행의 정보유통에 실증을 느끼기 시작하고 있다.

이러한 문제를 풀고 정보의 유통에 쌍방향성을 갖게 하는데 성공한 것은 뉴 미디어와 이벤트이다. 전자는 기술혁신에 의해 쌍방향으로의 정보유통을 가능하게 하는 신규의 네트워크를 구축함에 의해서, 후자는 회장(會場)이라는 장소를 설정함에 의해서 이것을 가능하게 하였다. 더욱이 이들 미디어에 있어서 종래의 매스미디어에서는 유통이 어려웠던 퍼스널한 정보도 유통 가능하게 한다.

이와 같이 이벤트는 퍼스널・커뮤니케이션・미디어(personal communication Media)라고 할 수 있다.

이벤트가 갖는 쌍방향성에 대해 좀더 설명하고자 한다. 이벤트의 참가자는 의식적으로 행동하지 않고서도 단지 참가하는 것만으로 쌍방향의 커뮤니케이션에 끌려들어 가게 된다. 예컨대, 그 이벤트의 참가자가 거기서 전개되고 있는 어떤 퍼포먼스(performance)에 직접 참가하지 않고, 단지 관객이라는 역할에 만족할지라도, 그 개인의 존재는 퍼포먼스를 행하는 측의 五感을 자극한다. 가수 등이 자주 입에 올리는 '라이브는 평소와는 감이 다르다' 라는 말은 이런 것을 의미하고 있는 것이다. 그리하여 그 결과, 평소와 틀린 퍼포먼스라고 하는 정보를 관객측은 받아들이게 된다는 것이다. 이와 같은 상호작용도 이벤트가 갖는 쌍방향의 한 예이다.

또한 이 쌍방향성이라는 개념은 앞으로 우리들 사회가 민주화되어 가기 위해서도 중요한 개념이다. 쌍방향이란 단지 한쪽에서 다른 쪽으로 향해서 정보를 흘리고, 뒤이어 다른 쪽에서 정보를 역류시킨다고 하는 형식으로 의미를 해석하고, 그 결과로써 갖게되는 자기의 의사를 상대에게 되돌린다고 하는 관계를 만들어, 서로 정보를 교류하여 가는 것이다. 현대사회에 있어서 기업과 사람, 행정과 사람, 사람들 서로가 쌍방향성을 갖는 미디어로서 결부되는 것이 필요하다.

이벤트는 그러한 큰 의의를 갖는 쌍방향성을 내포하고 있다고 할 수 있을 것이다.

### (3) 라이브성

이벤트와 뉴미디어는 같이 쌍방향의 퍼스널한 커뮤니케이션 미디어이지만, 결정적으로 틀린점은 이벤트를 특징 지우는 속성의 하나인 라이브(live)성이 뉴미디어에서는 결여되고 있다는 것이다. 사회가 정보화되기 이전의 정보는 그 내용이 수신자의 행동규범에서 벗어나 있으면 있을수록 가치가 컸다. 예컨대, 해외 로케에 의해 제작된 영화는 그 만큼 가치가 있는 것으로 여겨졌고, 또 해외여행의 체험기는 그 내용 여하를 불문하고 주목되었다. 그러나 미디어가 발달하고 사회의 정보화가 진전됨에 따라 사람들의 가치관이 역전되었다.

고도 정보화사회에서는 정보가 사회에 범람하고 있지만, 그 태반은 순수하게 정보로서 소비되는 정보를 위한 정보이며, 어떤 행동을 위한 정보라고 하는 것은 의외로 적은 것이다. 이 몇 년 사이 TV 프로에서 온천이나 여행지에서 삶을 체험하는 것을 테마로 한 프로가 높은 시청률을 기록하고 있는 것은 사람들이 순수한 정보보다는 체험과 결부될 수 있는 정보를 원하게 되었기 때문이다. 시청자는 생활주변 화제를 좋아한다고 하는 TV맨의 문구는, 종래는 창조력이 결여된 보수적인 시청자의 태도를 한탄하는 것이었다. 그러나 요즘에는 이 말이 의미하는, 시청자 기호의 가사적(domestic)인 정보에의 경험은 그 정보와 자기자신의 체험이 결부될 수 있는가의 실제적인 기준에 의한 가치판단의 결과인 것이다.

더욱이 통상의 미디어가 인간의 五感을 한정적으로 사용하여 정보에 접근하는 시스템인데 반해서, 이벤트를 위시한 라이브에서는 五感이 총동원되기 때문에 거기서 수집되는 정보의 양이 비약적으로 증가하는 것도 중요한 포인트이다.

여기에 사람들이 이벤트에 기대하는 것의 핵심이 있다. 사람들은 행동을 위한 정보를 원함과 동시에 행동의 장을 원하고 있는 것이다.

### (4) 이벤트와 이벤트가 될 수 없는 것과의 차이점

예를 들어 축제, 운동경기, 제례, 환영회, 전시회 등과 같이 의도되고 좋은 계기와 긍정적이고 참신하게 계획된 일이나 사건 등은 이벤트라 할 수 있겠으나 부정적인 개념인 화재, 싸움, 교통사고, 전쟁, 도난 등은 이벤트라 할 수 없고 자연 발생적 개념인 홍수, 태풍, 지진 등과 일상적 개념인 출퇴근, 일상적인 식사 등 이벤트라 할 수가 없겠다 그러나 매일 이루어지는 일상 중에서 좋은 의도가 반영된 평소와 다른 출근 전에 내 집앞 청소라든지 부모님께 안마서비스를 제공한다면 이벤트를 벌였다고 할 수 있을 것이다.

### (5) 일본에서의 이벤트의 정의

| 정 의 자 | 내 용 |
| --- | --- |
| 일본통상산업성 이벤트연구회 | 무엇인가 목적을 달성하기 위한 수단으로서의 행사 |
| 도비오카겐 | 어떤 목적을 위해서 어떤 조직이 대중동원을 꾀하는 것 |
| 고사까센지로 | 뚜렷한 목적을 가지고 일정한 기간동안 특정한 장소에서 대상이 되는 사람들에게 각각 개별적이고, 직접적으로 자극을 체험하는 미디어 |
| 구마노 | 무엇인가 이변을 일으키는 의도된 것, 즉 기업이나 단체가 그 목적을 달성하기 위해서 행하는 비일상적인 특별한 활동 |

### (6) 우리나라의 이벤트 정의

| 정 의 자 | 내 용 |
| --- | --- |
| 한국관광공사 | 사회적, 시대적으로 의의를 부여할 수 있는 행사 |
| 이봉석 외 7인 | 일과성 또는 정기적인 범주를 넘어선 레저, 사회·문화적 경험의 기회 |
| 이재곤 | 개성을 표현하고 직접적인 감동을 느낄 수 있는 체험활동으로서 주민의 참여와 커뮤니티의 활성화를 위한 행사 |
| 유동근, 김성혁 | 인간의 참가와 공감창조를 전제로 한 모든 행사 |
| 정호권 | 어떤 목적을 가지고 그 목적을 달성하기 위해 사전에 명확한 개념을 가지고 준비한 행사를 통해 주최자와 참가자가 함께 공존, 공감하고 체험하여 모두가 만족할 수 있게 하는 행사 |

### (7) 서구의 이벤트의 정의

| 정 의 자 | 내 용 |
|---|---|
| Donald Getz | 일시적으로 발생하며, 기간, 세팅, 관리 및 사람의 독특한 혼합 |
| Joe Goldblatt | 특정한 필요를 충족시키는 의식과 절차가 일어나는 순간이며, 항상 계획에 따라, 기대감을 유발시키며, 특정동기와 함께 발생하는 것 |
| Uysal, Gahan & Martin | 방문객을 성공적으로 맞이할 수 있도록 해주는 한 지역의 문화자원 |
| Wilkinson | 주어진 시간동안 특정 욕구를 충족시키기 위하여 계획된 일회성 행사 |

## 5 이벤트의 미래 전망과 과제

### (1) 미래전망

현재 우리나라의 이벤트는 세계적인 면에서 비교해 볼 때 아직 걸음마를 배우는 초보적인 단계에 머물러 있다고 볼 수 있다.

88년 서울 올림픽이라는 거대하고 세계적인 이벤트를 치루어 냄으로써 본격적으로 이루어진 이벤트에 대한 사회적 인식은 93년 대전 엑스포, 2002년 월드컵의 성공은 우리들의 뇌리에 아직도 생생히 남아 있다. 또한 여러 국제 행사를 통해 제대로 뿌리를 내리게 되었다. 그러나 아직 우리나라의 이벤트에 대한 인식과 활동의 미숙함, 전문 인력의 부재 등으로 이런 행사들을 원대로 치루지 못한 아픔들을 가지고 있기도 하다.

이벤트가 인식되기 시작한 해를 따져 본다면 어쩌면 당연한 결과이다.

고도의 정보화 시대가 도래한 지금, 모든 생활 패턴이 이벤트에서 시작하여 이벤트로 끝날지도 모르는 시대적 상황에 맞물려 이벤트라는 신종 사업은 지금의 열악한 상황만 타개해 나간다면 무한한 발전이 보장되는 미래형 산업인 것이다.

현재 최대의 유망 사업을 묻는 질문에 많은 사람들이 이벤트를 꼽고 있다. 특히 젊은 층에서는 이벤트에 대한 관심도 선호도가 높아지고 있으며, 그 현장으로 뛰어드는 사람들도 엄청난 현실이다.

전문인을 양성하는 아카데미나 연구원들도 속속 자리를 잡아가고 있고, 이벤트 사업을 하는 셀 수 없는 단체들이 들어서고 있다. 이러한 제 현상은 실제로 이벤트가 무한한 시장성과 전망을 가지고 있는 황금알을 낳는 거위로 인식되고 있기에 가능하리라 본다.

이벤트는 개념의 특성상 모든 행사를 의미하므로 사회 안에서 개최할 수 있는 이벤트는 무한정이다.

웨딩 이벤트, 공공 이벤트, 특정단체 이벤트, 기업주체의 기업 이벤트, 문화 이벤트, 대학축제 이벤트 등 헤아릴 수 없이 많은 이벤트의 종류에다 최근에는 종교적 대규모 이벤트도 한몫을 차지하고 있다.

지방 자치제가 실시되고 있는 지금 시, 군, 구청 단위의 공공 이벤트의 시장은 엄청나게 신장되었고, 앞으로도 시장적 잠재성은 크다고 봐야 할 것이다. 기업체 주최의 기업 PR 이벤트는 말할 나위도 없다.

한 기업체 안에서 일 년 동안 이루어지는 각종 이벤트가 얼마나 많겠는가? 기업의 판매 촉진과 PR을 위해, 사원들의 사기진작을 위해 이루어지는 이벤트, 기업 창립기념 이벤트 등 다양하게 펼쳐질 이벤트의 시장 또한 무한정일 것이다.

전국에 300개가 넘는 대학의 축제 이벤트, JC, 로터리 클럽, 라이온스 클럽, 기타 사회 봉사단체 등과 지방자치 단체가 주관하고 기획하고 계획하는 이벤트는 그야말로 어마어마한 시장을 이루고 있다고 본다.

기획사가 일반의 상상을 뒤집는 특별한 문화 이벤트를 기획하는 경우 또한 횟수가 많지 않지만 그 규모가 엄청난 이벤트도 있다.

이와 같이 구체적인 숫자는 제시하지 않더라도, 대략적으로 나열한 이벤트의 종류만 보더라도 무한의 시장성과 전망을 지닌 현재의 최대 유망 사업 분야라 할 수 있다.

### (2) 이벤트의 과제

① 이벤트의 정보교류와 인재육성

이벤트의 기획단계부터 실시, 운영, 평가까지의 각종 업무는 많은 전문인력들에 의해 이루어지고 있다고 할 수 있으나 중점업무를 담당하는 인재의 육성은 아직 미흡하다고 할 수 있다. 이벤트에 관한 연구가 활발히 진행되고 있는 지역은 미국과 캐나다 및 호주 등의 서구지역과 일본이라 할 수 있다. 이벤트 자격제도를 도입하고 있는 미국과 일본의 자격제도에 관해 살펴보면 주요한 특징으로 일본의 경우 정부가 인가하여 공인된 제도로 운영하며, 응시자격요건이 개방적이고, 시험결과에 따라 취득가부가 결정되고 미국의 이벤트관리자 자격제도는 민간협회에서 운영하고 상대적으로 폐쇄적이지만 이미 10년 이상 자격제도를 시행한 역사를 지니고 있으며, 자격시험 응시 이전에 스스로 각종 교육, 협회활동, 사회프로그램 등에 적극적으로 참가한 자만이 시험에 참여할 수 있도록 응시자격요건을 강화해 놓고 있다.

일본의 자격제도는 일본이벤트산업진흥협회에서 주관하고 있으며, 두 가지 종류로 구분되어 시행되고 있다. 상대적으로 상위등급의 자격제도라고 할 수 있는 "이벤트업무관리자 자격시험"은 1994년 9월 일본 통산성의 인가를 받아 1995년부터 시행되어 왔고, 이벤트 실무운영에 바탕을 두고 있는 "이벤트검정시험"제도는 1998년부터 시행하고 있다.

미국의 이벤트관리자 자격제도는 국제축제이벤트협회(IFEA)에서 1983년부터 시행한 "공인축제관리자 자격제도"와 국제이벤트협회(ISES)에서 1987년부터 시행한 "공인이벤트전문가 자격제도"의 두 제도로 분류할 수 있다. 우리나라의 경우는 2002년에 문화관광부 주관의 "컨벤션 기획사"라는 이벤트 관련 자격제도가 처음으로 시행하고 있다. 이러한 자격제도의 일반적인 효과는 자격제도를 통해 조직의 수행성과를 평가할 수 있는 수단으로 활용, 최소한의 공통적인 기준설정, 전문성 향상 수단으로 활용, 질적인 측면의 기준설정과 대중에게 해당산업의 인식고취 등을 포함하고 또한 이벤트산업분야에서의 공인제도와 자격제도는 업계종사자의 전문성을 향상시키고, 양질의 이벤트를 제공할 수 있으며, 적법한 경력관리를 도울 수 있는 수단이 된다.

이벤트 산업은 시장 규모가 급격히 확대되어 온 결과 업무실시측면에서 여러 가지 문제와 리스크가 파생되어 왔다. 폭넓은 업무를 복합적으로 수행하는 데 있어서 각종의 규제나 리스크 가능성, 환경보전 등의 문제에 대한 대응조치가 마련되어야 한다. 제도적 자격 부여정책을 통해, 이벤트 관련 각종 업무의 조정, 진행관리, 운영관리 능력의 소유자를 시급히 육성해야 할 것이다. 이러한 하나의 자격제도의 창설은 결코 이벤트 산업으로의 인재유입을 저해하는 것이 아니라 질 높고 효율적인 이벤트 개최를 위한 필수요소이다. 한편 이러한 이벤트의 중추적 역할을 담당하는 기업과 인재에게 각종 유용한 정보를 제공하는 이벤트 정보서비스부문도 한층 강화되어야 할 것이다.

② 이벤트 관련 업무의 체계화

기업과 자치제의 중요한 커뮤니케이션 수단인 이벤트를 지탱하는 이벤트 산업은 크게 이벤트의 소프트 분야를 담당하는 중심적 기업과 이벤트의 부수적 업무를 담당하는 주변 기업의 이중구조로 되어 있다. 이렇듯 이벤트 산업은 업종이나 기업의 규모가 폭넓게 혼재하는 구조적 특성을 갖고 있기 때문에 업무의 체계화, 표준화가 확립되지 않으면 업계 전체가 혼란을 일으키는 위험성을 내포하고 있다. 특히 이벤트의 핵심요소인 이벤트의 구상, 기획단계의 소프트에 대해서 바른 평가가 내려지지 않아 지적 소유권의 보호가 확립되지 않은 상태에서는 앞으로의 이벤트의 질적 향상은 물론 양적 확대도 불가능하다.

이벤트 업무의 체계적 정리, 리스크매니지먼트와 보험, 이벤트 관련법 규제, 계약, 견적기준, 세제(稅制)에 대한 연구활동이다. 이를 위해서는 정부관련 부처의 지원과 이벤트 산업 관련의 중추적 단체 설립이 급선무이다.

③ 전략적 기획능력의 향상

전략적 이벤트 기획이라는 의미는 계획적 · 논리적 · 과학적 · 효율적인 기획이라고 설명할 수 있다. 이벤트 실시가 가져오는 효과를 이벤트 주최자의 목표달성에 직결시키는 최종과제는 전략적 이벤트 기획이라고 함축할 수 있다. 지나치게 창조적인 측면이나 목적달성만을 위한 전개에만 치우친다든지 하는 이벤트 기획상의 오류를 최소화시키며 총체적 측면에서 성공적인 이벤트의 평가를 받기 위해서는 전략적 이벤트 기획 체계의 수립이 효과를 발휘하기 위해서는 단순히 이벤트 자체만을 대상으로 하는 미시적 사고가 아닌, 커뮤니케이션 전략·마케팅 전략·경영전략 등의 개념을 폭넓게 포함하는 거시적 사고가 필요하다. 더불어 표적대상의 니즈와 욕구를 충분히 반영한 창조적 작업을 통한 집객의 극대화가 함께 수반됨으로써 주최자가 의도한 목표의 수행 및 관리가 가능해진다.

④ 이벤트 효과의 명확화

이벤트는 고도정보화라고 하는 현대의 사회적 상황과 깊은 관계를 가진 새로운 개인적 커뮤니케이션 매체이다. 기업과 소비자, 자치제와 지역주민을 연결하는 수단으로서 이벤트의 중요성은 더욱 증가될 것이다. 그러나 이벤트를 이같이 커뮤니케이션을 위한 매체로서 이용할 때에는 당연히 '무엇을 위해 이벤트라는 수단을 이용하는가'라는 목적의식을 분명히 하지 않으면 안 된다. 명확한 목적의식의 확인과 이벤트 관계자간의 공통인식이 애매모호하다면 이벤트의 성공은 기대할 수 없다. 이벤트 개최 목적의 명확화와 그것을 토대로 하는 효과를 측정, 평가하기 위해서는 이벤트 효과측정 수법이 단순한 수량적 파악으로부터 질적인 효과측정, 평가로 바뀌어야 한다. 기존의 대중매체 광고와 효과적 우위성에 대한 이벤트의 질적 측면의 파악은 앞으로의 이벤트 활성화에 중요한 역할을 담당할 것이다. 그러기 위해서는 이벤트의 효과측정 및 분석수법의 확립을 위한 연구가 시급히 시행되어야 하며 특히 질적 평가의 척도가 되는 효과지표(效果指標)의 확립을 위해 정부 관계기관 및 관련 연구단체의 적극적인 지원 및 연구조사도 선행되어야 한다. 이벤트 효과에 대한 객관적 평가 및 분석은 향후 개최되는 이벤트의 귀중한 자료와 토대가 된다.

Chapter 2

# 이벤트의 종류와 분류

## 1 일본의 구분

### (1) 일본 이벤트 프로듀스협회의 의견

사업 주체에 따라서 공공 이벤트와 기업 이벤트로 분류하는데, 공공 이벤트(public event : community event)는 세금이나 기부금으로 실시하는 무료 행정형과 채산제를 도입하는 유료 경영형이 있다.

기업 이벤트(corporate event : private event)는 판촉이 직접적 목적인 판매 촉진형과 PR이 주목적인 문화·공공형이 있다.

이상과 같이 큰 분류로 나눈 뒤 이를 다시 다음과 같이 세분하고 있다.

① 백화점 이벤트

② 상품점의 이벤트

③ 각종 페스티벌

④ 각종 페어(fair) : 정기적인 품평회 또는 바자회

⑤ 콘서트(concert)

⑥ 마츠리 : 일본 전국에서 열리는 축제와 각종 퍼레이드

⑦ 도시형 이벤트

⑧ 업계 · 단체 이벤트

⑨ 기업 이벤트

⑩ 컨벤션(convention) : 국제 회의 · 국제 심포지움, 포럼 등

⑪ 해외의 무역 견본시

⑫ 기업 견본시

⑬ 산업 견본시

⑭ 국제 견본시

⑮ 지방 박람회

⑯ 국제 박람회

### (2) 일본 이벤트산업진흥협회의 의견

| 성 격 별 | 내 용 |
|---|---|
| 박 람 회 | 엑스포 및 그에 준하는 지방박람회 |
| 페 스 티 발 | 지방자치단체 · 공공단체가 기획하는 복합형이벤트로서 박람회에 포함되지 않는 지방의 소형박람회, 축제, 퍼레이드, 경관에 관련되어 개최되는 벚꽃축제 등의 행사, 또는 다양한 형태의 이벤트 |
| 견본시 · 전시회 | 일반 민간기업 · 단체가 전시하는 견본시 · 전시회 |
| 회 의 이 벤 트 | 2개 이상의 참가자가 있는 국제회의, 업계 · 학회 등의 각종 단체가 개최하는 제단체 개최 국내회의, 지방자치단체가 개최하는 지자체 개최 국내회의 |
| 문 화 이 벤 트 | 민간단체 또는 기업을 스폰서로 하는 음악 · 연극이벤트 및 특별미술전, 지자체주도의 일반적인 문화이벤트 |
| 스포츠이벤트 | 민간단체 또는 기업을 스폰서로 하는 일반적인 스포츠이벤트, 국가 또는 체육관련조직이 주최하는 경기대회, 지자체주도의 스포츠이벤트 등 |
| 판 촉 이 벤 트 | 기업 판촉활동의 일환으로 행해지는 점두, 신제품발표회, 단독전시회, 주년행사, 식전 판매점대회 등 |

### (3) 일본 통산성 '이벤트연구회'의 형태별 분류

| 이벤트의 구분 | 해당되는 이벤트 내용 |
|---|---|
| 박람회 이벤트 | 국제 박람회 · 전문 박람회 · 지방 박람회 |
| 견본시, 전시회 이벤트<br>trade show fair | 국제 견본시 · 전문 전시회 |
| 문화 · 스포츠 이벤트<br>• festival<br>• performance<br>• sports | • 마츠리, 매년 기념행사<br>• 영화제 · 연극제 · 음악제 · 미술제<br>• 국제 대회, 전국 대회, 지방 대회, 관(冠)(협찬 및 후원) 스포츠대회 |
| 회의 이벤트<br>• convention<br>• meeting<br>• symposium<br>• seminar | • 국제 회의 · 국내회의<br>• 대회 · 집회<br>• 심포지움<br>• 강연회 |
| 지역 이벤트 | 지방자치제 및 그에 준한 단체가 지역에서 주최하는 지역 진흥 · 관광 진흥을 위한 이벤트 |

### (4) '일경(日經) 이벤트'의 형태별 분류

판촉과 선전을 위한 이벤트(지방 박람회, 지역이벤트, 단독전, 판촉이벤트, 견본시, 공공전시회, 상점가 이벤트) 및 기타 (회의/인센티브 이벤트)

### (5) 도시이벤트 기획 회의 이벤트의 분류

이벤트(문화관련 이벤트, 산업관련 이벤트, 학술관련 이벤트, 체육관련 이벤트, 계절관련 이벤트, 정치, 종교관련 이벤트)

### (6) '일본관광협회'의 분류

- 목적 실현형 이벤트 : 지역의 활성화, 시민의 교류의 장 창출, 지역 이미지 향상, 과밀 지역의 진흥, 도시와 농촌의 교류 등의 목적이 있다.

- 자연 발생적 이벤트 : 취미 그룹의 행사와 시민의 뜻에 의한 행사의 공식화, 혹은 확대화
- 어떤 것을 가능하게 하는 이벤트 : 문화재 복원, 국가체전 개최, 지역 노래 제정, 시 ○주년행사

### (7) 재단법인 지역활성화 센터의 분류

지역 이벤트(지역 이미지 이벤트, 교육문화 이벤트, 스포츠 · 건강 이벤트, 산업 진흥 이벤트, 전통행사 이벤트, 커뮤니티 · 국제교류 이벤트)

## 2 주최자 측에서의 구분

### (1) 개인 이벤트

아기의 탄생 · 백일 · 돌 · 생일 · 결혼식 · 잔치 · 장례식 · 제사 · 개인의 소장품 전시회 · 장기 발표회 · 개인 리사이틀 등이며, 연극 · 뮤지컬 · 오페라 · 총체극 · 마당놀이 같은 공연 관람이나 영화 관람, 모든 여행이나 가상 현실 체험 등도 포함한다.

### (2) 공공 이벤트

정치 단체 · 종교 단체 · 사회 단체 · 공공 기관 등이 벌이는 이벤트(정부 홍보 · 헌혈 운동 · 자연 보호 등)

### (3) 자치제 이벤트

구의회 · 시의회 및 각 동이나 시에서 벌이는 이벤트(역사 캠페인, 특산물전, 관광 캠페인 등)

### (4) 기업 이벤트

기업의 창업 또는 생산품 판매 목적과 이미지 업 목적 등

### (5) 매스컴 이벤트

방송이나 신문사가 벌이는 각종 이벤트

### (6) 국제 이벤트

올림픽이나 박람회, 국제 컨벤션 등

## 3 생활자 측에서의 구분

### (1) 선택형

지역과 국가 발전을 위하는 행사. 즉 4대 지방 선거, 국회의원 총선거, 대통령선거 등

### (2) 감상형

보고 즐기는 행사. 즉, 오락 · 교양, 감상(극장 · 영화관 · 체육관 등)

### (3) 체험형

행동하고 참여해서 같이 즐기는 행사, 즉 여행 · 예술 · 스포츠 등

### (4) 귀속형

교감을 만끽하는 행사. 즉 회의 · 파티 같은 것.

### (5) 전시형

자기 과시로 욕구를 충족하는 것. 콘테스트 · 노래방

### (6) 이득형

무엇이든 니즈(needs)를 얻는 행사. 전시회 · 문화 교실

## 4 목적별 구분

### (1) 세일즈 이벤트

직접적으로 판매 효과를 노리는 목적

① 신차 발표회, 가전 제품 소개 등 상품의 실물 선전을 위한 쇼.

② 상품 견본시 같은 즉매성이 강한 유통 관계자를 위한 트레이드 쇼(trade show)

③ 시즌의 특별 세일 혹은 개점, 개장의 오프닝 세일 등의 상점 이벤트

### (2) 퍼블리시티(publicity) 이벤트

매스컴에 뉴스로서 취급됨을 노리는 이벤트

① 상가의 "보행자 천국" 등 해프닝(happening)으로 전개되는 이벤트

② 전자 상가에서 전개되는 기발한 전시 이벤트

③ 겨울철에 발표되는 수영복 쇼

④ 대학가에 약삭빠르게 숨어들어 호응을 얻어 그 평판이 기사화되게 하는 것 등

### (3) 이벤트 프리미엄(premium)

이벤트 프리미엄으로 전개하는 것이다. 프리미엄이라고 하면 물건 증정이지만, 행해지는 적은 규모의 이벤트들이 상품으로 되는 것이다. 영화나 연극의 입장권, 야구장의 입장권 등 이런 상품권이나 입장권을 증정하는 것뿐만 아니라 오히려 이벤트라는 실체 미디어를 통해 인지를 해결하자는 것이다.

### (4) 사회 프로모션(social promotion) 이벤트

여러 가지 기업 활동에서 사회에 원활히 침투, 사회와의 마찰을 최소화하기 위해 사회와의 융화적인 이벤트로서, 한정된 시장이 수요로 인해 기업간의 경쟁과 소비자측의 외면 이 두가지를 해소하기 위해 융화를 시도하지 않으면 안 된다. 그 융화의 전개는 인쇄물로 하든가 각종 서비스 제도를 행하는 것 등이 있다.

① 오픈하우스(open house) : 기업의 각종 시설의 개방, 혹은 견학회 등을 실시
② 자선 이벤트 : 각종 복지 시설에 물질적 혹은 금전적인 지원, 사회 복지의 직접적인 봉사 서비스
③ 지역 서비스(community service) 이벤트 : 지역 주민에 대한 여러 가지 편익 제공, 지역 활동에의 지원, 연예쇼(entertainment) 제공 등
④ 스포츠 이벤트 : 프로 스포츠의 스폰서(sponsor)와 아마추어 스포츠의 지원 등 밝고 건강한 많은 사람들이 좋아하는 이미지를 갖는 화제를 얻고자 개입하는 이벤트.
⑤ 문화 이벤트 : 각종 미술전 · 콘서트 · 리사이틀 · 심포지움의 개최, 문화 시설 및 각종 문화상 제정 등.
⑥ 참가 이벤트 : 세계 박람회(EXPO) 혹은 각종 지방 박람회나 컨벤션, 전시회 등의 참가 등

### (5) 매스컴 이벤트

FM국 · 라디오국의 프로그램부터 TV 프로그램까지 매스 매체 프로그램이 주체

가 된 이벤트이며, 그 종류는 각 프로그램과 직결되어 여러 가지가 있다. 그러나 어떤 경우에도 매스 매체에 방송되는 것으로써 이벤트의 분위기 상승이 받쳐지는 것이다. 시청자・청취자의 이해가 쉽게 얻어지고 이벤트의 신뢰도 비교적 쉽게 얻어져서 너도나도 이벤트를 방송화 하려고 노력하지만, 방송은 방송대로 특성이 있고 이벤트는 이벤트의 길이 있다.

### (6) 기업간 협력 이벤트

현재의 기업 대 기업의 경쟁은 유통 채널 조직을 모두 포함한 기업 시스템과 싸움이다. 그러므로 자기 상품을 취급하는 유통과의 협조, 협력(relation)을 긴밀히 하지 않으면 안 된다. 그 결과 유통과의 협조를 잘하기 위해 기업간 협력 이벤트도 증가하고 있다.

## 5 대상에 따른 분류

베트남 전쟁이 끝나면서 형성된 베트남 전쟁 참전 용사, 전쟁 미망인처럼 어떤 사회에 독특한 형태로 형성된 대상 자체를 목적으로 여러 가지 이벤트를 할 수 있다.

일본의 어느 현에서는 성년이 되는 이들을 모두 모아 두 패로 나누어서 400미터 운동장을 한바퀴씩 이어달리기 경기를 시켜 구성원으로서 책임감을 갖도록 하는 이벤트를 실시한 적이 있다. 특정한 대상을 위해 특별한 목적으로 이벤트를 기획할 때가 있으므로 대상에 따른 분류도 의미있는 일이다.

요즘은 관광회사에서 신혼부부를 위한 관광 기획상품을 내놓은 것을 볼 수 있는데, 이벤트의 주목표가 신혼부부이며 수단으로 관광을 택하고 있다.

이렇게 대상을 목표로 하는 이벤트는 대상이 가지는 독특한 의미로 인해서 이벤트의 내용을 어떻게 담아 낼 것인가에 대한 아이디어 이미지를 계열화시킬 수 있는 장점이 있다.

우리 사회에 독특하게 형성된 대상층을 예시적으로 열거하면 여러 대상이 있다.

- 다중대상 : 불특정 다수의 일반 대중을 말함
- 청소년대상 : 어린이, 학생, 근로청소년, 소년소녀가장 등
- 여성대상 : 미혼·기혼여성, 미망인, 근로여성 등
- 장애자대상 : 시·청각장애, 지체부자유, 뇌성마비 등
- 노인대상
- 기타 : 신혼부부, 참전용사, 군인 등등

## 6 장(場)에 따른 분류

어떤 이벤트를 기획하였든지 간에 내용 중심이 아닌 장소에 따르는 개념을 말한다. 국내, 실외, 지역, 중앙 등 이벤트 실시 장소에 대한 분류 방법으로, 이벤트가 현장을 중요시하는 점을 감안하면 장(場)에 대한 시각에서 분류하는 일도 이벤트의 특성을 이해하는 데 도움이 되리라 생각한다.

### (1) 장소에 따른 분류

① 실내 이벤트 : 전천후 이벤트를 기획할 수 있는 이점이 있으나 기획내용에 따라 소리, 빛, 영상 등 분위기 연출을 위한 여러 가지 장치들이 많이 필요하게 된다.

② 실외 이벤트 : 기후, 온도, 일출, 일몰 등에 많은 관심을 가져야 하며 자연을 그대로 활용함으로써 경비가 적게 드는 이벤트도 있으며 내용에 따라 오히려 많은 경비가 소용되는 점도 있다. 그러나 자연적 공간을 잘 활용함으로써 생동감 있는 이벤트를 연출할 수도 있다.

### (2) 지역에 따른 분류

① 국내 이벤트 : 지방행사, 중앙행사로 구분

② 국외(해외)이벤트 : 해외 참가형 이벤트를 말한다. 해외에서 "한국의 날" 행사를 하거나 해외박람회에 참가, 또는 자체적으로 해외 공연을 실시하는 이벤트 등을 말한다.

## 7 규모에 따른 분류

전국 고교 야구 선수권대회, 경인지역 고교 축구 선발전, 국제 음악 콩쿨 등과 같이 그 이벤트의 참여 범위 혹은 규모가 지역 주민이 참여하는 지역 규모의 이벤트인가 혹은 전국민이 참가하는 전국 규모인가, 여러 국가가 참가하는 국제 규모의 이벤트인가로 구분할 수 있다.

### (1) 지역 이벤트

지역을 위해 실시하는 이벤트로 우리나라에서 강릉 단오제, 개천 예술제, 난파 음악제 등의 향토 예술제가 해당되며, 지역민의 결속과 상호 연대의식을 강조하고 있다.

이러한 지역 이벤트는 앞으로 많이 연구를 거쳐야 한다. 우리는 너무 큰 규모의 국제이벤트를 좋아하는 경향이 있으나 이벤트가 발전하기 위해서는 동네 규모의 국제이벤트가 활발하게 개최되어야 한다. "가장 향토적인 것이 가장 세계적인 것이다"는 말처럼 향토색이 물씬 풍기는 지역이벤트가 있어서 여기에 참가하면 그 자체가 즐거움과 감동이 된다. 지금의 세계적인 이벤트들의 대부분이 향토적이고 가장 개성적인 지역이벤트가 발전하여 세계적인 지역 이벤트가 되었다는 사실을 명심해야 한다.

### (2) 전국(국가적)이벤트

불행하게도 우리나라에는 내세울 만한 전국 규모의 국가적인 이벤트가 없다. 80

년대 초반에 KBS에서 「국풍」이라는 전국 규모의 이벤트를 기획하여 실시해 보았으나 국민적 관심을 불러일으키는 데는 실패하였다.

개인적인 욕심으로 삭막한 도시산업사회에서 국민적인 관심과 사랑을 받는 전국적 축제형태의 이벤트가 하나쯤 있었으면 하는 바람이 있다.

최근에는 문화관광부와 한국관광공사에서 지역축제 이벤트를 중점육성하고 있어 많은 발전을 가져오고 있다. 그나마 다행이라 하겠다.

### (3) 국제 이벤트

「국제민속축제」, 「국제 음악페스티벌」등 여러 나라가 참여하여 만드는 형태나 국제적인 규모가 되는 이벤트를 말한다.

올림픽, 박람회, 국제회의 등이 대표적인 국제 이벤트가 될 것이다.

## 8 참가자입장의 분류

| 성격별 | 내용 |
| --- | --- |
| 감상형이벤트 | 보고 즐기는 유형의 이벤트(오락, 교양, 공연, 전시 등) |
| 체험형이벤트 | 직접체험을 통해 함께 행동하고 창작하고 창작함으로서 즐거움을 찾는 유형의 이벤트(축제, 예술, 스포츠, 파티 등) |
| 욕구만족형 이벤트 | 자신의 욕구를 만족시키기 위하여 참여하는 유형의 이벤트(교육이벤트, 회의이벤트, 스포츠이벤트, 컨테스트, 경연대회 등) |
| 정보취득형 이벤트 | 이벤트참여를 통해 정보와 지식을 얻는 유형의 이벤트(회의이벤트, 전시회 등) |

## 9 getz의 분류

| 성격별 | 해당이벤트 |
|---|---|
| 문화이벤트 | 축제, 카니발, 종교행사, 퍼레이드, 문화유산 관련행사 |
| 예술·연예이벤트 | 콘서트, 공연이벤트, 전시회, 시상식 |
| 상업이벤트 | 박람회, 산업전시회, 전람회, 회의, 홍보, 기금조성 이벤트 |
| 스포츠이벤트 | 프로경기, 아마추어경기 |
| 교육·과학이벤트 | 세미나, 워크숍, 학술대회, 통역수행 이벤트 |
| 레크리에이션 이벤트 | 게임, 운동놀이, 오락이벤트 |
| 정치이벤트 | 취임식, 수여식, 부임식, VIP방문, 정치적 집회 |
| 개인이벤트 | 기념일 행사, 가족휴가, 파티, 잔치, 동창회, 친목회 |

Chapter 3

# 이벤트의 목적과 효과

## 1 이벤트의 목적

### (1) 종합적인 목적

이벤트의 목적은 행사마다 노리는 점들이 달라 같을 수는 없다. 사람이 사람을 위해서 서로가 좋은 결과를 나누기 위해 잘 계획된 미디어가 이벤트인데, 이벤트의 종합적인 목적을 요약하면 아래와 같다.

① 사람들의 니즈에 부응하여

② 사람과 사람들의 커뮤니케이션을 하기 위한 것이며

③ 새로운 발견으로 서로 감동을 나누기 위함이고

④ 주최자의 마음과 좋은 이미지를 형성하기 위함이고

⑤ 주최자의 정체성을 확립하고

⑥ 주최측의 활성화 및 진흥을 꾀하고

⑦ 주최자의 자긍심과 내부 단결을 꾀하고

⑧ 정보 네트워크를 형성하고

⑨ 새로운 가치를 창조하고
⑩ 장기적이고 종합적인 파급 효과를 노려서
⑪ 주최자의 발전에 목적이 있다.

### (2) 공공 이벤트의 주된 목적

① 국민이나 지역 주민의 니즈 충족
② 애국심과 애향심 발로
③ 지역의 정체성 확립
④ 지역의 이미지 업과 PR
⑤ 지역 주민의 연대, 지역 의식의 배양
⑥ 정보 발신 기능과 교류의 확대
⑦ 산업·기술의 진흥과 교류
⑧ 산업·문화·국제 교류 등의 진흥에 힘입어
⑨ 지역이나 국가의 발전 및 경쟁력 향상에 목적이 있다.

### (3) 기업 이벤트의 주된 목적

① 기업의 커뮤니케이션 전략으로
② 상품과 서비스의 보급과 판매 촉진으로 직접적 영리를 얻고
③ 기업 이념의 소구(appeal)와 고객의 조직화
④ 기업의 이미지 업, PR
⑤ 기업 이익의 사회 환원과 고객 서비스
⑥ 기업 내 조직의 활성화
⑦ 사원이나 관련 업자의 자극 향상
⑧ 장기적이고 종합적인 파급 효과
⑨ 기업의 발전의 계기 및 경쟁력을 키우는 목적이 있다.

요즈음 기업들이 다른 기업과의 차별화를 꾀하기 위해 이벤트를 개최하여 문화와 정보의 발신 기업으로 이미지를 높이고 기업의 개성 창출에 도움이 되게 하는 것을 목적으로 하고 있다. 그러나 이벤트는 어디까지나 마음과 마음을 주고받는, 정보와 정보를 주고받는, 새 기술과 문화를 느끼는 커뮤니케이션 수단이지 이벤트 그 자체가 목적이 아닌 점을 분명히 알아야 한다.

## 2 이벤트의 효과

### (1) 일반적 효과

수요자들의 다양화, 개성화현상이 날로 증가하고 있고 대중들은 단순한 정보수용만으로는 만족할 수 없는 상황이 되었다. 이러한 최근의 매체적 환경변화로 인한 기존 대중매체에 대한 전반적인 관심이 줄어들고 있고 멀티비전과 첨단 음향기기 등의 뉴 미디어의 등장은 오늘날 이벤트의 효과를 증대시키는 결과를 가져왔다. 이벤트가 가지고 있는 기능과 그로 인하여 일반적이고 직접적으로 기대할 수 있는 효과는 다음과 같다.

① 직접 효과

이벤트 개최시에 주최측에 발생하는 직접효과를 말한다. 예를 들면 입장료 수입, 행사장 내 상품판매액, 집객 효과 등 이벤트 개최에 의한 직접적 효과를 가리킨다. 그리고 주최측의 이벤트 기획부터 준비, 실시에 이르는 과정에 참가한 관계자에 대한 학습효과 등도 여기에 포함된다.

② 커뮤니케이션 효과

대중매체에 의한 퍼블리시티와 이벤트가 연동(連動)하여 발생되는 제반 효과로서 이벤트 행사장을 매체로 하여 주최자와 참가자 간에 발생하는 쌍방향적 커뮤니케이션 효과를 말한다. 여기에는 주최자의 지명도 향상과 이벤트 내용에 대한 이해와 공감대 형성 등 제반 효과가 있다. 그리고 대중매체를 이용한 퍼블리시티 및 고지광고 등과 연동하여 더욱 효과가 증대된다.

③ 판촉효과

구매의욕의 촉진, 상품 및 기업에 대한 호감도 조성 등 매출과 관련된 효과를 말한다. 특히 기업의 판촉 이벤트 등에서 기대할 수 있는 효과도 포함된다.

④ 파급효과

직접 파급효과와 간접 파급효과로 나누어볼 수 있는데 직접 파급효과는 이벤트 참가자나 이벤트와 관련된 정보를 직접적으로 접촉한 사람들에 의하여 전달되는 효과를 말한다. 간접 파급효과는 이벤트 개최에 따른 경제적 파급효과와 이벤트의 창조적 발상 등에 의한 새로운 기술문화 보급 등이 있으며 공공 이벤트의 경우 사회의식 개발효과도 기대된다.

⑤ 퍼블리시티

이벤트가 대중매체 등에 의해 보도되는 것에 의해 주최자의 의도가 널리 주지되는 효과를 말한다. 이벤트에 대한 대중매체의 논평, 해석 등에 의해 주최자에 대한 대중들의 신뢰도를 획득하는 효과도 있다. 광고나 홍보를 통한 의도적인 방향이 아닌 공익성에 내포된 매체로 발전하고 각광을 받을 수 있도록 보다 더 적극적으로 활용해야 한다.

⑥ 인센티브 효과

기업 이벤트의 경우 판매점, 도매점, 하청업자, 협력기업, 금융기업, 감독관청 등 기업을 둘러싼 각 관련 조직체에 발생되는 관계개선 및 관계 촉진효과를 말한다. 이중에는 사원 및 사원가족 등을 대상으로 하여 나타나는 내부적 효과도 포함되며 이러한 기업 내의 각종 이벤트 행사는 사원결속을 통해 외부까지도 그 영향이 파급되기도 한다.

### (2) 파급효과

이벤트의 파급효과는 크게 다섯 가지로 나눌 수 있는데 다음과 같다.

① 경제적 파급효과

㉮ 내수유발 효과

대규모 이벤트에서 현저하게 나타나고 있는 것으로 이벤트 개최를 위한 건설비, 운영비, 공공사업비의 지출, 참가자의 소비 및 관련 민간설비투자 등은 일련의 생산유발 효과를 내포하고 있다. 더구나 그 내용은 내수형 소비 및 공공투자 지출 전체에서 차지하는 비율이 높은 반면 수출형 제조업의 설비투자가 거의 없다는 점에서 내수 중심의 경제발전 효과만을 기대할 수 있다.

㉯ 소득 및 고용 창출, 세입증가 효과

이벤트 관련의 소비, 투자 지출에 의해 유발되는 생산활동은 고용과 그에 따른 소득의 증가를 기대할 수 있다. 더욱이 이벤트는 정부나 공공단체에 세입증가로 인한 경제적 파급효과를 가져온다.

② 산업발전의 효과

㉮ 산업교류의 촉진

견본시, 전문전시회 등의 이벤트는 이전부터 공급자와 수요자의 상담이 이루어지는 장소로 이용되어 왔기 때문에 상호간에 여러 계약 상대자를 동시에 비교하면서 효율적인 상담 및 정보교환이 이루어진다. 특히 급진적인 기술혁신, 신제품 개발이 진행되는 첨단업계에서는 기술이나 제품에 대한 정보를 상세한 설명과 함께 전달해야 한다. 이러한 견본시, 전문전시회 등의 이벤트는 기업에 있어서 이용자와의 직접적인 만남의 장으로서 또한 이용자의 니즈를 파악하는 데 있어 아주 중요한 수단이라고 할 수 있다. 한편 기업 내의 인적 측면에서 보면 과중한 연구, 업무 등으로 인해 비교적 인적 교류가 적은 연구개발에 있어서는 교류의 장으로 활용함으로써 인맥형성과 전문지식 및 기술의 고도화도 도모할 수 있다. 그리고 박람회,

견본시 등 이벤트는 업종, 업태를 초월하여 다른 업종간의 활발한 교류를 촉진시킬 수 있다.

㉯ 기술개발 촉진

이벤트는 첨단기술 및 제품 등의 전시를 통해 각 기업에 기술력을 소구할 수 있는 장으로 활용될 수 있다. 그리고 이벤트는 기술 및 제품개발을 목표로 활용되고 있으며 고도의 정보를 전달하기 위해 AV기기를 이용한 프리젠테이션 기술발전에도 기여하고 있다.

㉰ 새로운 생활의 제안

박람회, 견본시 등에서는 새로운 상품의 개발 및 소프트웨어가 등장함에 따라 일반 참가자에게 새로운 소비생활을 제안할 수 있는 공간이 제공된다. 따라서 이벤트 행사장에서의 체험으로 인해 소비패턴이 변화될 수도 있으며 새로운 소비를 환기시킬 수 있는 기회가 되기도 한다.

㉱ 유통구조 변화의 영향력

이벤트는 기존의 상품 유통채널 이외의 새로운 유통채널을 개발하는 계기가 된다. 즉 이벤트를 통해 이루어진 거래계약은 전혀 새로운 유통 채널을 만들어낼 수 있으며 특히 중소기업 등 지명도가 낮은 기업들은 이벤트를 통해 자사의 상품 및 기술력을 알리고 새로운 수주기회를 증대시킬 수 있다. 더욱이 최근에 와서는 이벤트가 기업의 세일즈 프로모션수단으로서 활용되는 사례가 증가하고 있다.

**③ 지역진흥 촉진 효과**

㉮ 지역산업 진흥

이벤트를 통하여 다른 업종간의 교류가 빈번해짐에 따라 새로운 형태의 업종이 창출되기도 한다. 지역박람회는 예를 들면 지역산업, 전통산업에 종사하는 사람들을 조직화시킬 수 있는 기회가 된다.

㉯ 지역문화의 향상

이벤트로 인하여 새로운 문화활동이 지역에 유입되어 지역 내에 내재되어 있는 문화적 요소가 발굴, 육성되는 경우가 있다. 한편 무형문화재 기능보유자에 대한 인식이 높아져 전통예술 전수자가 증가되도록 저변확대의 계기가 되기도 한다. 지역주민의 전반적인 문화수준의 향상을 기대할 수 있으며 지역 지명도 및 이미지 향상도 기대할 수 있다.

㉰ 지역의식의 향상

서울 올림픽 당시 추진되었던 시민 자원봉사활동에 의해 지역주민의 협조체제가 원만하게 진행되었던 것과 같이 이벤트는 지역사회에 대한 주변의 소속의식을 고양시키며 지역활동에의 참가를 촉진시킨다. 특히 마라톤과 같은 전국적인 이벤트는 인근 지역과의 유대관계도 강화시킬 수 있다.

㉱ 지역 제반 정비

이벤트를 계기로 하여 도시정비가 이루어지기도 한다. '93 대전엑스포'에서 볼 수 있듯이 이 행사는 대전지역의 도시정비와 과학단지 조성 등 지역기반 조성을 견고하게 하는 계기가 되었다. 앞으로의 도시공간은 이벤트와의 일체화, 종합화공간으로 인식되어야 할 것이며 도시계획 검토에 있어서도 도시 그 자체를 이벤트의 무대로서 인식해야 할 것이다.

④ 국제교류의 촉진 효과

박람회, 견본시, 국제회의 등의 이벤트를 개최하는 것을 통해 점점 국제교류의 기회가 증진되고 있어서 자국에 대한 국제적 이해를 증진시키는 계기가 되고 있다. 견본시, 전시회 등을 통하여 해외 첨단상품이 폭넓게 소개됨으로서 생활의 질을 높일 수 있으며 한편으로는 각 국간의 경제교류 활성화에도 기여하게 된다. 이러한 국제회의, 심포지움 등의 이벤트는 인적교류라는 측면에서 큰 의의를 가지고 있다.

⑤ 문화활동의 충실 효과

음악제, 연극제, 미술전 등 문화 이벤트는 대중의 문화수준을 향상시킬 뿐만 아니라 고도화, 다양화, 레저 지향화된 개인적 욕구를 충족시켜 주어 새로운 문화활동의 장을 마련하는 계기가 된다.

### (3) 부수적 효과

① 특별한 체험을 위하여

이벤트를 실시하는 이유가 한 두 가지로 정리되지는 않겠지만 무엇보다 중요한 것은 일상에서 맛볼 수 없는 특별한 체험과 감동을 느끼기 위해서일 것이다.

이벤트가 만능은 아니다. 그렇지만 이벤트 적인 발상과 기획을 통해 기존의 많은 것들을 바꾸고 새롭고 신선한 이미지를 창출할 수 있다.

일본의 한 여관은 위치도 좋지 않고 시설도 보잘 것 없어 투숙객이 적었으므로 주인은 손님이 많이 올 수 있도록 이벤트 회사에 행사기획을 의뢰했다. 이벤트 회사는 오히려 이 여관의 불편한 점을 활용한 "암흑축제"를 기획하여 전국적으로 유명한 여관으로 만들었다.

기존의 회갑잔치나 결혼식의 축하노래에서도 판소리 "춘향가" 중의 사랑가 한 대목을 부르게 함으로써 전혀 다른 결혼식의 이미지를 연출할 수 있으며, 일상적인 동창모임에 재미있는 놀이를 기획한다든지 가족들과 함께 아버지가 다니던 "모교 방문"을 기획함으로써 일상(日常)과는 다른 특별한 체험의 세계로 안내하게 될 것이다.

암흑축제를 통한 참여자들의 특별한 경험이나 결혼식에서 축가 하나를 바꿈으로 해서 사람들이 받아들이는 산뜻함이 어릴적 시간속에만 존재했던 추억 속으로의 여행을 경험하는 사람들에게는 분명 특별한 감동의 세계를 체험하게 할 것이다.

행사를 이벤트회사로 하여금 기획하게 한다든지 기업의 체육대회를 이벤트 회사와 공동으로 기획한다면 서로가 가지고 있는 특별한 경험들을 나누고 공유함으로써 한정된 경험에서 탈피하여 혹 특별한 분위기가 넘치는 행사로 변화시킬 수 있을지도 모른다.

이벤트 회사는 참가하는 사람들에게 다양한 체험을 경험하게 함으로써 감동이 넘치는 이벤트가 되도록 기획해야 한다.

이벤트는 그 풍부한 아이디어로 사람들이 일상에서 경험하지 못하는 특별한 체험을 갖도록 해야 한다. 그것이 이벤트를 기획하는 이유일 것이다.

### ② 기념 및 경축

삼일절 기념식을 일본통치 시대의 민족적 치욕을 되새겨 볼 수 있도록 기획한다면 그 시대를 경험하지 못한 참가자들은 선조들의 독립운동에 대한민족의 자주와 독립정신을 공감하게 되고, 민족의식을 갖게 되어 한민족으로서의 동질감과 나라사랑을 일깨우는 계기가 된다.

어떤 특정한 날을 경축하거나 기념하여 의미를 마음속에 새김으로 서로 그 뜻을 공유하고 이를 통하여 유대감을 동질감을 형성하게 됨으로 문화적 연대의식을 확보할 수 있다.

계기성(契機性) 행사 및 사업의 대부분이 어떤 일을 기념하거나 경축하기 위하여 실시하는 이벤트일 것이다. 삼일절, 광복절 등의 국가적 경축행사와 기념식에서부터 단체의 창립일, 개인의 결혼, 회갑, 출판기념회에 이르기까지 어떤 일을 기념하고 또 축하하기 위한 하나의 도구로서 이벤트를 실시하고 있다.

### ③ 현장교육의 도구

교육은 꼭 학교 교실에서만 이루어지는 것은 아니다. 현대 교육은 현장체험을 중요시하고 우리들 자신도 현장을 통해 지식을 습득하기도 한다. 그렇다고 우리가 모든 현장을 다 가볼 수는 없다. 가볼 수 없는 역사의 현장에 대해 이벤트를 통해 직접적 체험을 할 수 있다.

예를 들면 조선통신사 전시회를 통해 조선시대의 통신사에 대해서, 고구려 벽화 전시회를 통해서 고구려에 대한 체계적 지식을 습득할 수 있으며, 청소년 음악회를 통해 음악의 실제를 배울 수 있다.

우리가 지식을 습득할 때 우리 자신의 경험이나 개인의 성향에 따라 사물을 선택적으로 인지하게 되는 경향이 있다. 이벤트가 교육의 도구로서 선택되어질 때 현장을 통하여 상호 인식하는 특성 때문에 부가적인 이익으로 비교적 균형적인 인지체계를 갖게 된다. 이로 인하여 이벤트는 그 특성상 현대교육에서 필요한 현장 체험교육의 도구로서도 매우 적절하다.

④ 즐거움과 삶의 가치 추구

이벤트를 일상의 무료를 깨뜨리는 흥미로운 일이라고 정의하기도 한다. 일상적이 아닌 새로운 일들, 그 중에서도 좋은 일은 우리의 가슴을 설레이게 한다. 그래서 우리를 즐겁게 만든다. 도식화되어가고 있는 현대인의 틀에 박힌 평범한 생활에서 탈출하여 이벤트로 여행을 하게 된다면 그 자체로서 우리는 가벼운 흥분과 기쁨에 휩싸이게 될 것이다.

이벤트는 참여자에게 많은 볼거리와 함께 생활의 즐거움을 선사한다. 먹고살기에 바쁘던 시절에는 생활에 쫓기어 여기저기 눈 돌릴 시간이 허락되지 않았으나 여러 가지 생활편의 도구가 발달함에 따라 사람들은 보다 많은 여유시간을 가지게 되었다. 또한 여유시간을 어떻게 보내느냐가 커다란 관심의 대상이 되었다. 이벤트는 이런 여유시간을 보람있고 의미 있는 시간으로 바꾸는데 큰 기여를 하고 있다.

우리는 각종 산업, 생활, 연극, 음악, 미술 등의 이벤트에 참여하곤 한다. 이런 일들은 사람들의 삶의 질을 윤택하게 해준다. 또한 사회 봉사적인 성격이 강한 이벤트를 통해서는 이웃과 함께 사는 보람과 의미를 깨닫게 될 것이다. 이러한 이벤트를 통해서 개개인의 삶에 대한 즐거움과 가치를 느끼게 된다.

⑤ 정보 및 자료의 축적과 체계화

현대를 정보화 사회라고 한다. 우리는 바쁜 생활 속에서 어느 곳에 가야만 필요한 정보를 얻을 수 있는지 알 수 없을 때가 많다. 또한 현대 정보란 체계화하지 못하면 정보로서 아무런 가치가 없다.

이벤트의 기획과 실현은 우리들의 생활주변에 널려 있는 자료들 중에 상호 연관이 있는 것들을 모아서 정보화 함과 아울러 이를 체계적으로 집중하여 쓸모 있는 정보로 축적시킨다.

예를 들어 주택에 관련된 자료가 필요한 사람은 「주택 박람회」에 간다면 주택과 관련한 자료를 얻는데 별로 어려움이 없을 것이다. 만약에 별도로 자료를 구하고자 한다면 설계사무소에, 재료는 재료상 등 각기 흩어져 있는 곳을 모두 다녀야 겨우 자료를 얻을 수 있을 것이다.

그리고 자동차에 관한 정보가 필요하다고 할 때 「자동차 박람회」에 가면 현재의 자동차에 관한 정보뿐만 아니라 자동차의 부품, 기술개발의 현주소, 미래 자동차의 개발 방향까지 예측하게 되며, 자동차에 관한 자료를 수집 축적하여 체계적으로 정보화 할 수 있다.

⑥ 판촉 및 홍보

마케팅에서는 이벤트가 판매촉진, 혹은 특별판매라는 개념으로 사용되어 왔다. 말하자면 이벤트는 광고전략과 대응하거나 병행하여 판촉이나 홍보의 도구로 사용되었다. 판매가 한계에 이르게 된 기업에서 여러 가지 이벤트를 기획해서 판촉활동을 함으로 해서 성과를 올리고 있다는 점은 주목할 만하다.

어떻게 보면 광고는 기업이 오로지 제품판매나 이익축구에만 관심을 가지는 것 같이 보인다. 그러나 이벤트를 통한 판촉 활동은 기업에 대한 호의(好意)를 형성하게 하여 소비자들의 거부감을 덜 수 있다.

기업이 특별기획이라는 이름으로 연극공연이나 전시 등의 이벤트를 개최하여 소비자들의 문화 예술적 향수를 충족시켜 주는 것은 기업에 대한 좋은 이미지를 만들어 결과적으로 상품의 판촉을 돕는다. 이러한 이벤트를 통한 판촉은 광고판촉의 약점을 보완해주는 역할을 한다.

예를 들면 백화점에서 「어린이 날」을 맞이하여 어린이와 관련된 이벤트를 실시한다. 그 이벤트에 관심이 있는 고객을 끌어 모아 어린이들을 위한 사업을 알려줌으로써 백화점의 이미지를 높이는 동시에 판매활동을 병행하여 판매실적을 신장시키고 있다.

⑦ 이미지 개선

기업은 이윤 추구가 목적이지만 소비자들의 의식수준이 높아짐에 따라 사회에 대한 책임도 증가하게 되었다. 만약에 공해 발생이 예상되는 기업이 공해 방지와 관련된 이벤트를 기획하거나 참가한다면 많은 사람들로부터 환경에 관심을 갖는 기업이라는 이미지를 얻을 수 있을 것이다. 화장지를 판매하는 기업이 나무심기 이벤트에 참여한다면 그 기업은 사람들에게 자원을 보호하는데 노력하고 있다는 인상을 준다.

기업이 여러 가지 문화 이벤트를 기획함으로써 기업에 대한 차별화된 이미지를 소비자들에게 구축시키게 되고, 소비자들은 기업에 대한 좋은 이미지를 가지게 되어 동일한 제품을 구매할 때 제품과 함께 차별화된 기업의 이미지를 선택하게 된다.

음료 시음회를 통하여 현장에서 여러 가지 음료를 직접 마셔봄으로써 소비자들이 특정 음료에 대해 고정적으로 가지고 있는 인식을 바꾸어 새로운 이미지를 구축할 수도 있다.

이윤을 추구해야 할 기업이 공익사업에 참여하거나 다른 공익기관에서 개최하는 여러 이벤트를 지원하기도 한다. 이처럼 기업이 적극적으로 문화 예술 행사를 기획하여 실시하는 것은 기업의 입장에서 본다면 최소한 돈만 버는 기업이 아닌 사회에 기여하는 기업이라는 이미지를 널리 판촉하기 위한 수단이다.

우리나라에서 아직까지는 문화 예술 행사를 개최하여 이익을 창출한다는 것은 기대하기 힘든 형편이다. 그럼에도 불구하고 기업에서 서로 경쟁적으로 이벤트를 기획하고 전담 부서를 만드는 것은 기업의 이미지를 보다 호의적인 방향으로 개선하고자 하는 것이다.

### ⑧ 국가 경제 및 산업의 발전

현대의 이벤트가 대규모화함에 따라 이벤트 자체를 치르는 기술과 경험의 축적도 국가경제에 영향을 준다.

대규모의 산업전시회를 개최하면 참여 기업들간에 그 이벤트에 출품하기 위한 신제품이 경쟁적으로 개발되어 산업전시회나 박람회를 개최한 후에 항상 새로운 기술이 등장하였다.

예를 들면 1876년 미국 독립 100주년 기념으로 개최한 필라델피아 박람회에서는 벨(Bell)의 전화기와 에디슨의 전신기, 타이프라이터 등이 출현했고, 1893년 시카고 박람회에서는 엔진, 발전기, 제네레이터가 출현했으며, 지난번 오사카박람회에서는 전자 미디어의 하이테크 기술이 선보였다.

이러한 경쟁을 통해 국가 산업의 발전을 도모할 수 있다면 산업전시회 개최 그 자체가 관련 분야의 경제를 활성화시키게 된다. 더구나 최근에는 구매자들이 산업전시회나 견본시장에서 제품을 구입하는 경향을 보이고 있으며, 각종 산업전시회를 통해 거래되는 물량이 엄청나서 자국의 수출입 통계에 적잖이 영향을 미치는 양(量)으로 기록되기도 한다.

구매자(buyer)들이 자신만이 가지고 있는 개별적 구매통로와는 별도로 각종 이벤트를 통해 구매상담과 활동을 활발히 하고 있으며 이벤트에서 자신의 상거래 분야에 대한 정보와 앞으로의 방향까지 가늠할 수 있어 바이어들은 각종 이벤트를 활용하고 있다.

또한 대규모 산업전시회나 국제박람회 등은 그 개최 능력이 곧바로 국력이나 국가 기술력과 동일하게 간주될 정도로 이벤트가 국가산업 발전에 커다란 영향을 미치고 있다.

⑨ 국제 교류 및 협력

세계가 지구촌화 되면서 국제간에 서로 협력해야 할 사안들이 점점 더 많아지고 있다. 하지만 각 국가간에는 여전히 국가이기주의와 우월주의가 존재하고 있어 국제 협력증진의 필요성이 더욱 요구되고 있다.

이벤트는 참여를 통해 서로의 직접적인 공감대를 형성하고 일체감을 조성하게 하는 속성이 있다. 국제적인 이벤트를 개최함으로써 서로에 대한 직접적인 경험을 공유하게 되고, 이러한 체험적 공감대를 통해 관습이나 생활의 차이를 이해하고 서로 교류하게 되어 개인적인 공감뿐만 아니라 국가간의 이해와 친선을 도울 수 있다.

"죽의 장막"이라고 할만큼 중국이 국제무대에 모습을 나타내지 않을 때 미국의 <헨리 키신저>가 1971년 7월과 11월 사이 두 차례 중국을 방문하였다. 이 자리에서 키신저는 미국과 중국의 탁구시합 개최를 빌미로 미국의 <닉슨>대통령이 1972년 2월에 중국을 방문하게 했다. 이것이 바로 "핑퐁 외교"라고 불리는 스포츠 이벤트였다. 이러한 이벤트를 계기로 미국과 중국이 국교 정상화를 이루고, 중국을 국제무대에 끌어들이는데 성공한 것은 유명한 일이다.

현장을 통해서 상호 의사 전달되는 기능을 가진 이벤트의 특성 때문에 어떤 이벤트가 국가간에 이루어지게 된다면 상호국가간에 가지고 있었던 선입관념이나 편견 등이 공동 작업을 통해 서로 다른 문화와 관심의 차이를 이해하게 하고, 이러한 이해를 바탕으로 상호 신뢰를 구축하여 서로 협력할 수 있는 분위기를 조성하게 된다.

Chapter 4

# 이벤트 기획과 프로듀서

## 1 기획과 기획서

### (1) 기획과 계획

'기획'과 '계획'은 발음에서부터 비슷할 뿐 아니라 매우 밀접한 관계를 가지고 있다. 그러나 기획과 계획은 똑같지가 않다는 데 유의해야 한다.

기획(企劃, 영어는 planing)은 좋은 결과를 갖기 위해 목적과 목표를 정하고, 그것을 달성하기 위한 과제를 발견하고 해결하는 커뮤니케이션 수단이다. 즉 기획은 목적과 목표 설정의 역할을 수행한다.

'계획'(計劃, 영어 plan)은 기획안을 실천하고 결실을 맺는 집행으로써 목적과 어떤 목적과 목표 실행을 위한 구체적 접근 방식이다. 즉 어떤 목적과 목표를 달성하기 위해 일이나 행동의 순서·시간·자금·에너지·공간·스케줄 등을 순서적으로 늘어놓고 맞추어 나가는 것이며, 계획은 기획의 내용에 따라 달라 질 수 있다.

### (2) 기획과 기획서

이벤트의 최전선은 '기획 경쟁'이다. 이벤트의 실시도 중요한 부분이지만, 그 이벤트의 성공 여부는 기획 경쟁에서 판가름 난다. 그러기 때문에 이벤트에서는 프로듀서가 중요한 위치에 있다.

'기획은 발로 하라'라는 말이 있다. 그만큼 탁상 공론보다 백문(百聞)이 불여일견(不如一見)이라 했듯이 현장과 현실을 중요시해야 한다는 말이다. 다시 말해 입체감과 현장감이 기획서 안에 있어야 설득력이 높아지고 신뢰도도 높아진다는 것이다.

프로듀서가 작성해야 할 '기획서'라는 것은 기획 내용을 그대로 정리한 것으로서 '기획=기획서'가 원칙이며, 기획 업무를 효율적으로 행하기 위해서는 기획의 순서와 기획서의 구성을 일치시키는 것이 최대의 포인트이다. 그렇게 함으로써 기획 입안에서 기획서 작성까지의 과정이 원할 하게 될 수 있다.

즉 기획서란 실제 작업의 코스를 시각화하여 제시하는 것으로써, 기획서는 상대방이 기획 내용을 효율적으로 파악한 뒤 공감을 갖고 이벤트 실시를 결심하도록 해야 한다. 꿈과 개성을 가지고 다른 사람들(다른 기획사)과는 차별화를 추구하면서 새로운 기획서를 만들어 내야 한다.

기획서가 설득력을 가질 수 있느냐 없느냐는 것은 그 기획서가 목적과 목표를 위한 컨셉(concept)과 테마(Theme)와 형태(type)에 따라 계획되고 있느냐에 달려 있다. 또한 목적과 목표 및 테마를 잘 살릴 수 있는 '결정적 방법'의 유무에 달려 있다.

그러므로 이벤트의 목적과 목표, 테마와 형태에 따라서 기획서 작성 방식은 달라져야 하며, 어떠한 이벤트에 모두 적용되는 기획서 작성 방법은 있을 수 없다.

여기에서 유의할 점은 기획 입안과 기획서 작성 과정에서는 누구나 많은 시행착오를 거듭한다는 사실이다. 시행 착오가 없게 다음으로 가 보기로 하자.

### (3) 기획의 성격

이벤트 기획은 일반적으로 처음 출발점에 의해 그 진행 방향이 결정되는 경우가 많다.

이벤트 기획에는 아래와 같은 것이 있다.

① 자체형 : 주최자 개인이나 기업이 자기 자체적으로 기획하는 경우

② 주문형 : 주최자가 전문 기획사나 전문인에게 주문하는 경우

③ 제안형 : 전문 기획사나 전문인이 주문이 오기 전에 기업이나 지자체 또는 국가에게 제안하는 적극적인 기획

### (4) 기획의 종류

기획의 종류에는 목적과 형태에 따라 여러 가지가 있을 수 있다.

① 제품 기획 ② 조직 기획 ③ 인사 기획 ④ 영업 기획 ⑤ 신상품 개발 기획 ⑥ 판매 촉진(S.P) 기획 ⑦ 단발 기획과 시리즈 기획 ⑧ 패키지(package) 기획과 개별 기획 ⑨ 자체 기획과 스폰서(sponser) 기획 ⑩ 연구 개발 기획 ⑪ C.I.P 기획 ⑫ 출판 기획 ⑬ 이벤트 기획 등등 수많은 기획들이 있다.

### (5) 이벤트 기획의 정의

기획이란 '일을 계획하는 것'이라고 국어 사전에는 간단히 풀이되어 있다. 그렇지만 이벤트에서의 기획이란 이렇게 간단한 설명만으로는 이해하기가 어렵다. 왜냐 하면 이벤트는 종류와 형태 및 목적과 목표가 다양하기 때문이다.

이벤트에서의 기획의 정의는 '주어진 여건 하에서 목적과 목표를 달성하기 위한 과제를 해결하기 위해 짜내는 지혜와 그 과정을 요약해서 제안하여 이벤트 개최를 결정케 하는 창조 작업'을  말한다.

### (6) 기획의 표현 방법

기획의 표현 방법에도 여러 가지가 있을 수 있다.

① 문장 ② 차트 ③ 데이터(data) ④ 이미지(image)나 일러스트(illustrate) 및 사진 등으로 표현될 수 있으나, 요즘은 시디롬(CD-ROM)으로 제작하여 제출하든지

더 나아가 '가상 현실(virtual reality)'로 제작하여 영상으로 표현하기도 한다.

### (7) 기획서의 구성 방법

기획서는 남을 설득하는데 목적이 있다. 기획서는 잡다한 것 중에서 핵심만을 모아 컨셉과 테마와 세부 실시 계획에 맞게 정리하는 것이며, 그 문서를 갖고 타인을 설득하기 위한 목적을 갖는 것이다.

기획서의 구성 방법에는 다음 4가지가 있다.

① 연역법에 의한 구성 : 하나 하나씩 구체적인 사실을 종합하고 거기에서 일반적인 원리나 법칙을 도출하는 구성

② 귀납법에 의한 구성 : 결론부터 제시하고 일반적인 원리에서 특수한 원리나 사실을 추론하는 구성

③ 스토리(story)에 의한 구성 : 기・승・전・결의 스토리 형식으로 풀어서 구성하는 방법

④ 가상 현실의 구성 : 이벤트가 모두 만들어진 실제 상황을 가상 현실 기술과 컴퓨터 그래픽으로 비디오를 제작하는 경우인데, 제작 시간과 경비가 따르는 작업이지만 추천하고 싶은 방법이다.

### (8) 기획의 전개

이벤트를 주최하거나 아니면 주최자에게 이벤트를 의뢰 받았을 경우에, 그 이벤트의 목적이 신상품의 세일즈 프로모션(sales promotion이하 S.P로 통일)이건, 그 기업이 이미지 업(image up)이건 간에 어느 경우에라도 '기획의 전제'를 항상 유의하여야 한다.

우리가 살아온 어제와, 지금 살고 있는 오늘과, 또 살아가야 할 내일을 맞으면서 이 사회의 흐름을 잘 파악하여야 한다. 왜냐 하면 이벤트의 기획은 며칠 뒤 또는 한달 뒤, 일년 후라도 또한 이벤트는 주인공이 사람이기 때문에 관계되지 않는 부분이 없기 때문이다.

기획의 전제는 이벤트마다, 주최자에 따라, 이벤트의 전제와 목적과 목표에 따라 달라질 수 있으나 시대의 흐름과 환경 분석은 절대 항목이다.

① 시대의 흐름

21세기를 맞이하는 현재 한국 사회와 국제 사회를 보면서 다음의 키워드(key word)를 유념하여야 한다.

- 남북 대치 상황과 통일 관계
- 문민 정부 개혁 정책
- 두 전직 대통령 사건
- 재벌 그룹 경영진과 기업의 변화
- 개방화와 국제화
- 소프트(soft)화
- 신용 사회
- 여유 있는 사회
- 여성 우위 사회
- 핵가족과 점점 젊어지는 노인(silver) 사회
- 멀티미디어 사회
- 고도 정보화 사회

특히 프로듀서는 이 같은 시대의 흐름을 인식하기 위하여는 평소에 끊임없는 노력과 습관으로 정보를 수집하여 '예측성'을 길러야 한다.

② 환경 분석

이벤트는 크게 두 가지로 전개할 수 있다.

첫 번째는 주최자가 의도한 대로 '목적과 목표를 달성하는 것'과, 두 번째는 주최자의 '이미지 관리'이다.

기업의 예를 보면 기업의 제품들은 어떻게 파느냐는 것은 판매 촉진의 목적을 달성하는 것과 그 기업만이 가지고 있는 이미지 관리 기능을 말한다. 각 기업들은 그 기업들만이 가지고 있는 환경이 있으며, 그 환경은 이벤트를 개최하기에 '불리한 조건'이 될 수도 있고 '유리한 조건'이 되기도 한다.

이 불리한 조건을 예리하게 분석하여 이벤트 기획의 전제 조건으로 체크해야 하며, 그 기업이 속해 있는 업계의 동향을 예의 주시하고 조사·분석하여 기획을 입안해야 한다. 그래서 주최자의 역량과 목적대상이 되는 사람들(소비자)의 생활 습관, 개최되는 장소, 그리고 개최시기에 대해 엄밀히 판단하는 능력이 필요하다. 또한 이벤트 개최에 따른 법령들을 미리 알아 일을 처리해야 한다.

③ 매스컴(mass communication)과의 긴밀한 협조

어떠한 이벤트이건 주최자는 한 사람이라도 더 모이게, 한 사람에게라도 더 알리는 데에 목적을 두고 있다. 또한 이벤트가 참가성과 화제성이 많은 매체(media)이고 널리 알리는 것이 이벤트의 요소인 만큼 매스컴과의 긴밀한 협조는 필수적이다.

또한 매스컴에서도 화제성이 많은 이벤트들은 좋은 정보로서 매체의 좋은 '뉴스'가 될 수 있는 것이다. 그러므로 매스컴에서 취재하여 보도할 수 있는 명분과 메리트(merit)가 있어야 함을 잊어서는 안 된다. 어떠한 이벤트라도 매스컴과 연동하여 개최하면 충격이 있어 더욱 효과적일 뿐 아니라, 이벤트도 매스컴과 더불어 소문이 퍼져 그것이 큰 소문이 되어서 극대화를 꾀하게 되는 것이다.

④ 소문 작전

대개의 프로듀서들은 이벤트만 하면 소문은 자연히 저절로 나서 퍼지겠지 하는 안일하고 막연한 생각을 하는데, 이런 생각들은 버려야 한다. 소문은 광고보다 더 큰 힘(신뢰성과 파급성)을 갖고 있는 에너지로서 이벤트 성공의 열쇠가 된다.

프로듀서들은 이 소문을 잘 만들어야 한다. 소문이란 자신의 체험이나 자신의 주장, 자신의 자랑을 자신의 입으로 남에게 전달하는 것을 말한다. 이 소문이 전하는 순환과 파급의 특성이 있다.

소문이 소문을 일으켜 상승 효과를 빚어내므로 이벤트의 성공을 꾀하기 위해서는 이벤트 기획에서부터 계획을 짜 나가야 한다. 그러기 위해서 이번 이벤트의 특성을 어필하는 것은 물론 이번 이벤트의 타깃(target)에게 어떻게 소문의 불을 지

필 것인가 구체적으로 계획을 해야 한다.

### (9) Good Planing

많은 노력을 기울여 만든 기획안을 내놓았는데 아무런 설명도 없이 그냥 반려되는 기획서를 놓고 많은 고민을 했었다. 뭐가 부족하고 뭐가 잘못되었는지 그것을 찾기 위해 많은 시간을 소비하였다. 이러한 상황은 여러분들도 경험한 바가 많을 것이다. 꼭 기획서에만 국한되지 않고 모든 사업계획서를 비롯한 결재를 받을 때 많이 겪는 일일 것이다.

과연 좋은 기획이란 어떤 것인가? 여러 가지 답변이 있을 수 있겠으나 좋은 기획은 사실 그냥 좋은 것이다. 좋은 것은 이렇고 저렇고 이유가 많이 필요한 것이 아니다. 우리가 느끼기에 "이번 기획 괜찮은데"라고 하면 그것이 바로 좋은 기획이라고 생각한다.

기획이란 처음에 '아이디어 찾아내기'로부터 시작한다. 많은 자료를 수집하여 아이디어를 내든 가만히 앉아서 아니 길을 걷다가도 갑자기 영감이 스쳐 지나가서 아이디어를 제출하든 간에 기획의 최초 단계는 아이디어 짜기로 시작한다. 이러한 아이디어를 구체적으로 문자화나 부호화하여 짜임새 있게 작성하는 것이 기획서이다.

보통 아이디어를 공모하여 채택될 수 있는 확률이 얼마나 될까 라고 질문을 하면 통상 10%에서 20% 정도라고 대답하는 사람이 많다. 많은 아이디어를 가진 사람일수록 많은 아이디어가 채택될 것이라고 생각하는지도 모른다. 그러나 오히려 아이디어가 많다고 하는 사람일수록 실제로 채택되는 아이디어가 확률적으로는 미미한 것을 알 수 있다. 물론 예외는 있다.

전혀 엉뚱한 곳이나 전혀 생각지도 못한 사람에게서 제안되는 아이디어들이 빛을 발하는 경우가 많다. 전문기획자들의 말로는 약 1~2% 정도면 적중률이 높다고 한다. 수많은 아이디어 중에서 기획으로 반영되는 것은 최종적으로 한두 개뿐인 것이다. 그러므로 스스로 아이디어가 없다고 생각하는 사람들일수록 자신을 가져도 좋을 것이다.

좋은 기획을 만들기 위한 방안이나 구상은 여러 가지 있겠으나 다음과 같은 내용을 아이디어 창안을 위해서 염두에 두고 기획서를 작성하면 좋을 것이다.

① 발상의 전환을 통한 기획

누구도 생각지 못한 발상의 전환을 통한 기획이 필요한데 예를 들면 콜럼버스의 계란 세우기와 같은 기획을 말한다. 상식적으로 생각되어온 것이나 당연한 것으로 받아들이던 것을 뛰어 넘어 사람들의 의표를 찌를 수 있다면 좋은 기획이 될 수 있다. 불편했던 것을 오히려 좋은 점으로 부각시킬 수 있는 발상이 있다면 그 기획은 좋은 기획이 될 수 있다. 평범한 것을 내세워 비범한 것으로 만든다면 이 또한 좋은 기획이 될 것이다. 예를 든다면 국악과 재즈의 만남이라든지 사물놀이와 관현악의 협연이라든지 과연 어울리지 않는 만남이 성공적으로 끝나는 경우를 우리는 보지 않았는가?

② 색다르고 창조적인 아이디어가 있는 기획

기존의 것들과 차별화되는 기획을 말한다. 다른 어떤 곳에서도 찾아 볼 수 없는 기획이라면 절반의 성공적인 기획이 될 것이다. 요즘 유행하는 퓨전요리를 생각하면 될 것이다.

동서양 음식의 만남, 다국적 음식을 통한 전혀 새로운 독창적인 음식문화를 만들어 가고 있다. 그 만큼 소비자들이 추구하는 기호의 다양성이 나타나고 있다고 생각해야 한다.

수요자들의 개성과 새로운 것을 갈망하는 요구에 어떻게 접근해 나가야 하는가를 심도있게 연구해야 된다고 생각된다.

③ 욕구를 충족시킬 수 있는 기획

사람들의 욕구를 정확히 파악하고 그 욕구를 충족시킬 수 있는 내용이 포함된 기획은 성공을 보장받는다. 인간적인 욕구와 사회적인 욕구는 서로 다르다. 개인이나 사회의 성숙도에 따라 다양하게 나타나는 욕구들을 파악하여 이를 수용할 수 있는 내용의 행사를 기획하였다면 그 기획은 좋은 기획이라고 말해도 좋다. 예를 들면 요즘의 실업문제가 심각하게 대두되고 있는 시점에 '직장 찾아주기 캠페인', '창업 캠페인', '조기 퇴직자 재취업을 위한 설명회', '농어촌 일손 돕기 캠페인' 등은 시의(時宜)를 반영하는 좋은 기획으로 많은 사람들의 관심을 끌고 있다.

④ 시너지 효과를 일으킬 수 있는 기획

시너지 효과라고 하는 것은 어떤 개별적인 인자들이 서로 결합하여 개별적인 인자로서 발휘하는 힘보다 훨씬 큰 효력을 발생시키는 것을 말하는데 플라시도 도밍고, 루치아노 파바로티, 호세 카레라스는 개인적으로도 실력과 능력을 검증받은 세계적인 테너들이다. 이러한 세계적인 인물들을 개인적인 무대가 아닌 그들을 함께 무대에 세웠을 때 그 효과는 실로 엄청난 것이었다. 이렇듯 개별적으로 가지는 효과 이상의 것이 창출될 수 있는 기획은 좋은 기획이라고 말할 수 있다.

⑤ 기획에서 '최(最)'자의 중요성

최초가 되는 기획은 사람들의 관심을 끌 수 있다. 최초의 공연, 처음으로 보여주는 것, 여러분이 최초로 참가하는 것, 이러한 것들은 관심을 끌기에 충분하며 제일 처음으로 한다는 것은 사람들에게 설레임을 안겨 준다. 우리나라에서 처음으로 하는 박람회, 처음으로 하는 전시회, 처음으로 하는 연주회, 등과 같은 처음으로 하는 용어가 쓰인다면 신선함을 줄 수 있어 좋다. 최고에는 두 가지 의미가 있는데 하나는 가장 오래됨이고 , 하나는 가장 좋다는 것이다. 사람들은 누구나 좋은 것을 가지고 싶어하며 언제나 그것을 추구한다. 추구함을 성취할 수 있는 기획내용이라면 성공을 보장받게 될 것이다. 그 시대를 초월하는 '최고'라는 기획은 사람들에게 관심의 대상이 된다. 오래되었다는 것은 전통을 가졌다는 뜻이고 역사가 있다는 의미이다. 또 오래됨은 권위를 가진다. 오래된 미이라, 고구려 벽화 전시회, 돈황의 고서 전시회, 화석 전시회 등의 오래된 것이 포함된 이벤트 기획이 성공하는 것을 볼 수 있다. 이벤트를 단순히 집객이란 의미에서 본다면 최대, 최고, 최초가 포함되는 기획은 효과적이라고 볼 수 있다.

⑥ 새로움이 있는 기획

최초는 처음으로 하는 것이고, 새롭다는 것은 새로운 생각이 있다는 것이다. 이는 새로운 해석, 새로운 형태, 새로운 방법이 모색된 기획을 말하는 것이다. 기존의 것을 재구성하여 새롭게 선보이는 것도 새로운 것이다. 예전의 패션이나 가요 등을 새롭게 조명하고 복고의 바람이 불고 있는 것을 보더라도 알 수 있다.

⑦ 감동(感動)이 있는 기획

이벤트 기획은 일반적인 기획과는 분명 차이점이 있다. 일반적인 기획이 어떤 일을 실천에 옮기는 데 중점을 둔 것이라면 이벤트는 어떤 메시지나 감동을 전달하는 것이라고 할 수 있다. 기획의 내용이나 그 밖의 요소들에서 참여자가 감동을 느낄 수 있다면 좋은 기획이다.

이벤트는 사람과 사람을 연결하는 끈이 있는 기획이다. 사람들의 향수나 그리움을 불러일으키는 내용의 기획이 사람들의 관심을 끈다. 참여의 즐거움이 있는 기획은 사람들에게 잔잔한 감동을 준다. '장애자 돕기 자선바자회', '사랑의 손길 운동', '기아 체험 운동', '소년·소녀 가장 돕기 콘서트' 등은 그 자체에 감동이 담겨 있는 기획은 좋은 것이다.

위와 같은 내용이 포함되어 표현된다면 좋은 기획으로서 성공할 요인을 가지고 있다고 생각할 수 있을 것이다. 어떤 것이 좋은 기획이라는 고정적인 생각을 벗어나 많은 생각을 하고 다른 사람이 실시하는 행사에 참가해서 자신의 경험체계와 정보를 축적하고 다양한 체험을 바탕으로 기획을 한다면 소기의 성과를 이루는데 도움이 될 것이다. 무에서 유를 창조한다는 생각보다 모방에서 창조가 시작된다는 것을 알아야 한다.

### (10) Naming

이벤트의 이름이 좋으면 사람들에게 잊혀지지 않는 이미지를 줄 수 있고, 좋은 이름은 사람들을 불러 모은다. 이름짓기(naming)란 이벤트 기획자에게는 어려운 숙제와 같은 것이다.

책제목에서부터, 기업명칭, 상품이름, 각종 모임의 이름, 공연물의 이름, 행사명, 사업계획서의 명칭 등이 이름에 영향을 많이 받고 있다는 사실은 주지하는 바가 크다.

이름짓기는 누구나 할 수 있다. 하지만 잘 짓기가 더욱 더 어렵다. 이름은 직·간접으로 많은 영향을 준다. 그래서 여간 고통스러운 것이 아니다. 이름짓기는 대상에 따라 발상을 달리해야 한다. 이벤트에서는 시대를 반영하는 튀는 이름, 내용에 대한 이미지가 좋은 이름들이 성공하는 경향을 보이고 있다. 출연자가 좋을 경우 출연자를 활용한 이름을 짓거나 내용이나 형식이 좋을 경우 이미지를 잘 살린 이름이 성공하는 경향을 보이고 있다.

어떤 이름이 좋은 것인가? 어떤 이름이 좋다는 정형은 없다. 그래서 이름짓기가 더욱 힘들다는 것이다. 함축과 암시, 상징 이러한 것은 모든 이름짓기의 내용을 망라한 것이다. 이름짓기에는 직설적인 표현, 역발상적인 표현, 서정적 표현 등도 있어야 하지만 함축적이고 암시적이며 상징적이어야 한다. 사람들이 그 이름을 듣는 순간 '참 좋구나' 라고 하는 느낌을 가진다면 좋은 이름이다. 어떤 이름이 좋다는 정형은 없지만 지금까지 지어진 이름들을 가만히 살펴보면 좋은 이름이 되기 위해서는 몇 가지 조건을 가지고 있다. 이러한 조건들을 안다면 이름짓기가 조금은 쉽지 않을까 생각된다. 그러면 좋은 이름을 짓기 위한 조건을 살펴보자.

① 친근감이 있는 정감있는 여운의 이름이 좋다.

시적·산문적인 여운의 이름은 향수, 그리움, 이웃집 아주머니 같은 포근함이 있어 사람들을 불러모은다. 사람들에게 정감있게 다가오기 때문이다. 그렇다고 시적·산문적인 이름이 전부 다 좋다는 것은 아니다. 때로는 애매모호하여 혼돈을 불러일으킬 수 있음을 명심해야 한다. 같은 제목일지라도 ' 아이디어 뱅크의 저자 제임스 본드 초빙강연' 보다는 '제임스 본드 초빙강연 - 새로운 시작'이라고 표현한다면 기대감을 보다 크고 높게 어필할 수 있을 것이다.

② 광고적 효과가 있는 이름이어야 한다.

한 번 보고 들으면 결코 잊혀지지 않는 기발한 이름이 좋다. 상식을 벗어나거나,

엉뚱한 발상을 가능케 하거나, 성적 매력을 가진 이름들은 광고적 효과가 있다. 광고에서는 더러 궁금증을 유발토록 하는 이름을 지어 사람들의 관심을 불러일으키기도 한다. 이벤트가 사람 모으기를 하는 것이니 만큼 이름 자체에 사람을 끌어 모으는 힘이 있다면 얼마나 좋을 것인가? 예를 들면 책제목을 정할 때 저자가 얼마나 고민을 많이 하는가? 이름을 어떻게 짓는냐에 따라 책의 매출이 증가하는 것을 볼 수 있다.

③ 세태나 시대를 표현할 수 있는 이름

이름이 그 시대의 특징을 표현해 내거나 세태를 대변할 수 있다면 좋은 이름이다. 이러한 이름들은 우리 스스로를 대변하는 인상을 주어 동질감을 느끼게 하고 친근감을 준다.

386세대, 실버 산업, 베이비 산업 등의 용어등장으로 새로운 시대에 맞는 이름이 자리를 잡아가고 있는 실정이다.

④ 간단 명료하게 한 마디로 설명되어야 한다.

기획의 내용을 한 마디로 설명할 수 있어야 한다. 그것이 무엇을 하겠다는 것인지를 단번에 알 수 있어야 한다. 이름은 어떤 기획에 있어서나 대표주전선수이다. 간단명료하게 표현된 이름으로 대중들에게 접근해야 강력하게 어필할 수 있다. 예를 들어 길거리나 벽보에 붙은 게시물이 있다고 가정해보자 운전중이거나 걸어갈 때 눈길을 빨리 끌고 재빠르게 고지하기 위해서는 미사여구가 많은 것보다 확실하고 짧은 문구로 함축된 내용이 포함된 이름으로 강력하게 대중에게 다가가야 한다.

## 2 기획에 요구되는 요소들

이벤트 기획에서 맨 먼저 해야 할 일은 그 이벤트의 '핵(核)'을 발견하는 일이다.

이 핵이 이벤트의 성패를 좌우한다. 핵이란, 남들이 찾지 못한 것, 남들이 해 보지 않는 것으로, 남들이 흉내내지 못할 오리지낼리티(originality)에 바탕을 두고 만들어져야 한다.

### (1) '일반적인 기획'에 요구되는 요소

① 새로운 것을 만드는 창조성
② 그것의 실현 가능성
③ 그것의 수익성
④ 화제성
⑤ 그것을 뒷받침하는 논리성
⑥ 객관성 · 장래성 · 안전성 · 전파성 등

### (2) '이벤트 기획'에 요구되는 요소

이벤트 기획에 요구되는 요소는 '기획 요소(발상 요소)'와 '연출 요소(전개 요소)'이다.

기획 요소에는 필연성 · 실현성 · 현재성 · 논리성 · 수익성 · 안전성 · 그리고 사람들을 모으는 힘 등이며, 연출 요소에는 독창성 · 화제성 · 드라마성 · 사회성 · 문화성 등이다.

기획과 연출 요소들은 '의외성'이라는 새로운 기법 위에서 기획되어야 한다. 또한 '일과성(一過性)'이라는 한 번의 아쉬움으로 끝남과 '전파성(화제와 소문)'이라는 이벤트의 특성 위에서 기획되어야 한다.

#### 기획 요소

① 필연성 : 이벤트는 원초적인 인간의 따스함을 나누는 인간 커뮤니케이션으로서, 이벤트의 모든 내용들이 고객에게 어필하는 가장 적절한 매체라는 필연성이 있어야 한다. 즉 커뮤니케이션 툴(tool)로서 이벤트가 최적의 도구라는

것을 보여 주지 않으면 안 된다는 것이다.

② 실현성 : 이벤트에서는 실현성이란 의미가 매우 중요한 자리를 차지한다. 예를 들어 잠실 올림픽 주경기장에 백두산을 옮겨 놓을 수 없는 것이 현실이지만, 그래도 백두산과 비슷한 느낌을 줄 수 있는 세트(Set) 장치는 할 수 있는 것이다.

㉮ 이 실현성의 문제 중 첫 번째는 시간 문제이다. 준비할 시간이 있는가 없는가? 너무 무리하게 진행하면 실패를 자초하는 우를 범하게 된다.

㉯ 두 번째는 누구와 하느냐이다. 이벤트는 여러 분야의 전문가들이 뭉쳐서 하는 집단 조직이 필요하다. 인원 조직 만들기가 이벤트의 성패를 가늠한다.

㉰ 세 번째는 예산이다. 예산 작성에는 두 가지 경우가 있다. 하나는 이쪽 기획회사에서 이번 이벤트의 목적과 테마와 타입, 그리고 거기에 어울리는 구성을 하여 위와 같이 집행하려면 총 얼마가 소요된다고 주최자에게 제시하여 네고(nego)를 받아 결정하는 경우와, 다른 하나는 주최자가 기획회사에 이번 이벤트의 예산은 얼마이니 여기에 맞추어 기획서를 제출해 달라고 주문하는 경우의 두 가지이다.

③ 논리성 : 모든 기획에는 그 기획의 타당한 논리가 정연해야 하며, 아무리 번뜩이는 아이디어일지라도 독선적이거나 실현(표현)이 안 되는 것은 논리성이 없는 것이며, 그 아이디어를 실현하기 위한 기술과 조건이 갖추어져 있어야 한다. 다시 말해 누구라도 목표 달성의 프로세서(process : 진행 과정)를 납득 할 수 있는 것, 그것이 논리성의 의미이다.

④ 현재성 : 이벤트는 즉시·지금·오늘·라이브(生)로 펼쳐지는 특성이 있다. 그러므로 모든 것을 지금 생(生)으로 보여주고, 생으로 커뮤니케이션이 이루어져야 한다.

⑤ 참가성 : 한 사람이라도 더 참가하게 하기 위해서는 어떻게 해야 하는가? 기획에서 프로의 기질을 발휘하여야 할 중요한 부분이 사람을 끌어 모으는 것이다. 사람들을 어떻게 이벤트 현장에 끌어 모으느냐는 하는 것은 프로듀서의 일이고, 끌어 모은 사람들을 어떻게 감동 시키느냐는 것은 연출자의 일이다.

⑥ 수익성 : 주최하는 기업이나 참가하는 소비자 모두에게 이익을 가져다주는 수익성이 있어야 한다. 매상 목표의 달성 계획과 연결되어 있는지 체크하여야 한다.

⑦ 안전성 : 이벤트는 사람들이 모여서 공감하는 특성이 있다. 그러므로 안전이 제일이다. 예기치 못한 작은 원인에 의하여 성패가 좌우된다. 조그마한 사고로 모처럼 잡혔던 분위기나 마음이 깨어져서는 안 된다. 더욱이 이벤트 현장에 온 사람들이 사고로 다치는 일이 절대 없어야 한다.

### 연출 요소

① 독창성 : 기업에서 각 기업들이 제품이나 서비스를 창출해 내는 고유한 생산기술이 필요하듯이 이벤트에서도 테마와 타입에 맞는 독창적인 표현 방법이 필요하다. 이것은 의외성으로 이어지는 독특한 유니크(unique)함이 없으면 안 된다.

② 화제성 : 화제성은 이벤트의 생명이다. 정보와 화제가 발신이 안 되면 죽은 이벤트이다. 정보와 화제를 어떻게 만들어 어떻게 발신할 것인가에 대해 심혈을 기울여야 한다.

③ 드라마(drama)성 : 이벤트는 우선 재미가 있어야 한다. 그러기 위해서는 엔터테인먼트(entertainment : 재미, 즐거움)을 주축으로 기 · 승 · 전 · 결의 적절한 배치와 구사로 인간의 오감에 호소하여, 모두가 공감을 같이하고 새로운 발견으로 감동을 선사하여야 한다. 공감이 없이는 재미도 없고 감동도 없다.

④ 사회 · 문화성 : 시대의 흐름을 잘 파악하고 생활의 즐거움과 지혜, 그리고 새로운 정보를 대상객에게 프레젠트(present)하는 발상이 중요하다. 시대와 더불어 문화를 만들어가고 이끈다는 자부심이 있어야 한다.

### 그 밖의 요소

이상과 같이 기획 요소와 연출 요소 외에 빼놓을 수 없는 요소로 '의외성'과 '일과성'이 있음을 유의해야 한다.

① 의외성 : 이벤트 현장에는 매우 놀랄 만한 요소가 충분하여야 하며, 그것은 멋과 통하여야 한다. 의외성을 만든다고 너무 화려하거나 정말 깜짝 놀라게 차리라는 것은 아니다. 오히려 소박한 것이 사람의 심금을 울린다는 것을 명심해야 한다.

② 일과성 : 이벤트 기획은 일반 기획과 달리 단기간 내 단 한 번으로 끝나는 특성이 있다. 따라서 실패했을 때 복구하거나 회복할 수가 없다. 그러므로 충분히 검토하여야 하며, 만일 실패할 경우에 대한 대응책을 세워야 한다.

이렇듯 이벤트 기획에 여러 가지 요소가 요구되는 것은, 이벤트라는 매체가 하나의 채널만의 커뮤니케이션이 아니고 쌍방향적이며, 융합적으로 커뮤니케이션이 이루어지는 특성이 있기 때문이다.

### (3) 기획 명의(名義)의 종류와 내용

어떤 명의(名義)가 어떠한 역할을 하고 어떤 권리를 부여받는지 모르는 불분명한 경우가 있는데 우선 명의 종류와 내용을 알아보기로 하자.

종류로는 주최(공동 주최), 후원, 협찬(특별 협찬), 주관(공동 주관), 기획이란 용어를 자주 쓰고 있다. 그러면 각각의 명의에 대한 의미와 내용에 대해 알아보자.

① 주 최

주최란 이벤트를 개최하는 주최자를 표시하는 것으로서 권리나 의무가 포함된다.

권리로서 기획의 실시, 중지, 연기 등과 같이 개최 자체에 대한 결정권을 가지며, 기획의 내용에 대한 결정권도 가진다. 또한 기획으로부터 발생되는 장점을 독점 또는 분배하는 권리도 가진다. 의무로서는 기획을 실시함에 있어서 금전적 책임을 지는 의무를 가진다. 예를 들면 어떤 사정으로 이벤트 개최가 중지되었을 때 티켓의 환불, 장소 대여비, 광고비 등, 실시 중 발생되는 금전적 부분을 모두 책임지는 경우이다. 또한 이벤트에 있어서 사고에 대한 사회적 책임을 지는 의무를 가지는데 예를 들면 이벤트 행사장에서 사고로 부상자나 사망자가 발생했을 때는 물론이고 경비나 안전에 관한 회사에 문제가 있다고 판단되어도 사회적으로는 주최자를 추궁하기 때문에 이에 대한 적절한 대응이 요구되어진다. '주최'에 대한 역할은 크게 두 가지로 나눌 수 있는데 명의 주최와 실시 주최이다.

'명의 주최'는 말 그대로 명의만의 주최이다. 방송국이나 신문사 등이 주최하는 행사의 많은 부분이 명의 주최이다. 명의는 방송국이나 신문사가 주최로 되어 있지만, 실질적으로는 그 행사를 진행하는 기획회사가 권리나 의무를 가지고 실행한다. 이러한 명의 주최와 같은 방식을 채택하는 이유는 기획회사측이 주최 명의를 방송국이나 신문사 등으로 하여 기획의 신뢰성이나 사회적 신뢰감을 주고, 대중동원에 탄력을 주기 위한 목적이 있기 때문이다. 또한 방송국이나 신문사와 제휴함으로써 이벤트 개최를 홍보 및 선전하는데 안성맞춤이기 때문이다. 이러한 형태의 기획은 이벤트의 내용, 대중 동원의 확보, 기획회사의 신뢰도나 실적 등을 검토한 후 판단하게 된다. 명의 주최로의 진행이 결정되면 대부분 두 가지 형태로 명의 비용을 지불한다. 즉 일반 광고비보다 적은 비용으로 광고의 효과를 볼 수 있다. 이는 일반 상업용 광고보다 4배나 가까운 비용으로 홍보하는 것과 같은 셈이다. 다른 방법으로는 수입의 일부분을 이용한 계약을 맺어 들어온 수입을 매스컴과 기획회사가 서로 합의한 내용대로 나누어 가지는 방법도 있다. 비록 명의만의 주최라고 해도 기획실시단계에서 매스컴측은 지속적으로 기획회사의 진행과정을 지켜보고 격려 또는 충고를 한다. 이러한 것은 예기치 못한 사고에 대해서도 매스컴측에서는 이미지가 큰 타격을 받을 가능성이 있으므로 명의 주최자와 기획회사는 자구책을 강구하지 않으면 안 된다. 만약 기획회사의 잘못으로 행사가 엉뚱한 방향으로 진행된다면 아마도 두 번 다시 관계 매스컴측과는 명의 주최가 어려울 수밖에 없다.

② 후 원

후원도 일반적으로 이벤트의 홍보에 협력하고 대중 동원에도 노력한다. 또한 '주최'처럼 방송국이나 신문사 등이 많다. 매스컴 이외의 후원은 행사 내용과 관련된 단체에 의뢰하는 것이 보통이며, 매스컴측의 후원을 받을 때에는 명칭만 의뢰하는 경우도 있다. 금전적인 관계는 서로 발생되지 않으며 명칭을 후원부분에 사용해도 좋다는 것만 승인한다, 이것 역시 사회적 인지도에 관련되고 있다. 물론 예외 없는 경우는 없다.

③ 협 찬

협찬은 이벤트 개최에 대해 금전적인 부분을 나타낸다. 기획자가 행사 내용과 관련된 회사측에 또는 개인적으로 인맥이 평소에 잘 형성되어 있는 단체에 의뢰하는 것이 일반적인 관례이다. 그렇지만 행사 내용의 장점이 없는 한 이러한 것도 상당수 무리가 따른다.

회사측의 협찬은 여러 가지 장점에 효과가 있을 때 협찬에 참여하게 된다.

효과로는 홍보의 효과, 기업 이미지의 향상, 상품 이미지의 향상, 판매 촉진의 효과, 영업 전략상 가치가 있는 데이터 수집과 새로운 판매 채널의 확립 가능성이 있고 사원의 의식 개혁이나 교육적 가치가 있을 때 협찬하고자 한다. 그리고 협찬의 경우에 총비용 가운데 얼마를 부담해야 하는가에 비중을 두어야 한다. 기업측면에서는 협찬을 함으로써 얻어지는 효과가 많을수록 협찬금에 대한 지원이 늘어날 것이다. 화제거리가 많고 알찬 내용의 기획이라면 인기가 높아 협찬을 서로 하려고 하는 경우가 있을 것이고 그 반대의 경우에는 흥미를 가지지 않을 수도 있다. 협찬을 하는 경우에 1개 회사가 독점으로 협찬하느냐 아니면 여러 회사가 조금씩 부담하는 일부 협찬인가에 따라 다소 차이가 있다. 전자의 경우에는 기업의 이름이나 상품명이 타이틀 앞에 붙는 이벤트가 많다. 협찬은 금전적인 것이지만 또 하나의 방법으로 '물적 협찬'과 '준금전적 협찬'도 있다. 예를 들어 외국 손님들이 많이 동원되는 경우에는 항공료에 대한 부담이 만만치 않다. 이런 경우에 항공사에서 티켓을 협찬받아 기획을 실시한다면 큰 무리가 없게 된다. 실제로 금전적인 교환은 없지만 항공권을 참가 인원수대로 협찬한다면 비록 '준금전적 협찬'이라고 해도 기획 주최측에서 보면 협찬이라는 의미는 그대로 가지게 된다. 이러한 형태의 협찬을 요즘에 들어서는 많이 볼 수 있다.

④ 주 관

주관이란 주최자와 똑같은 입장에서 실질적인 행사를 맡아 진행하고 운영하는 것을 말한다. 일반 단체에서 목적지향적인 행사를 하고 싶으나 운영 기술이 부족하여 기획사에 맡겨서 행사를 치르는 경우가 있다. 이 때 그 단체는 주최가 되고 홍보 및 대중 동원 등을 맡은 기획사가 주관이 된다.

⑤ 기 획

기획이라는 명의가 단독으로 존재하는 경우에는 기획을 맡은 회사가 기획에 관한 부분까지만 맡고 실제적인 행사는 손을 대지 않는 경우를 말한다. 대부분 광고대행사나 기획사 등이 기획의 코디네이터 역할을 수행하고 실현에 도달했을 때 '기획'이란 이름으로 사용하고 있다.

# 3 이벤트 기획서의 작성요령

## (1) 기획서 작성의 의의

이벤트는 기획 · 제작 · 연출로 이루어지는데 기획은 모든 이벤트 과정의 출발점이고 실행을 위한 지표이다. 기획의 요체는 아이디어 창출, 기획서 작성, 프리젠테이션(presentation)인데, 그 중에서도 기획서를 참신하게 작성하지 못하면 사람들을 설득하거나 동참시킬 수 없는 것이다.

이벤트는 대체로 5단계 과정을 거쳐 실행된다. 즉, 도입단계, 기본계획 수립 단계, 실행계획 수립단계, 실시단계, 평가단계이다.

도입단계는 상황을 분석하여 해결해야 할 임무(mission) 또는 과제(problems to be solved)를 발견하여, 과제와 목적, 컨셉을 설정하는 과정이다. 이때 가장 중요한 것이 컨셉인데, 그로부터 아이디어를 찾아내는 것이다.

이벤트 기획서를 작성하려면 제일 먼저 해야 될 일이 '왜, 무엇 때문에 이러한 이벤트를 시행하려는 것인가'하는 것을 분명히 파악하는 것이다.

이벤트 시행의 5단계 과정 중 기획서가 필요한 곳이 두 단계가 있는데, 이벤트 기획서는 기본기획서와 실행계획서로 나눌 수 있다. 기본기획서가 '과제를 풀어 가는 요체를 기술한 것'이라면 실행계획서는 '구체적인 방법과 운영매뉴얼, 진행 시나리오를 가시화 시키는 문서'라고 말할 수 있다.

### (2) 기획서 작성방법

기획서의 작성방법에 있어서는 여러 가지 양식이 있지만 특별히 표준이 되는 것은 없다. 이벤트의 기획서의 작성도 마찬가지이다.

여러 가지 형태의 기획서가 있으며, 기획서를 만드는 사람, 만드는 회사에 따라서 각각의 양식이 다르다. 그러므로 표준이 되는 것이 없는 만큼 기획을 입안하는 사람도 그것을 읽고 이해하려고 하는 사람도 한층 더 시간을 필요로 한다. 기획서가 알기 어렵게 작성되었거나 너무 긴 문장으로 되어 있는 경우가 많다.

모든 프로젝트가 기획에서 시작되고 있다고 말하는 만큼 기획서는 누구 나가 공감할 수 있는 완성된 형태로 되어야 한다. 기획의 좋고 나쁨은 기업의 수주를 결정하는 지침이 되고, 광고대행사와 프로덕션에서는 프리젠테이션을 통하여 이를 표현하게 된다.

또한 조직 안에서 좋은 기획서를 만들 수 없으면 자신의 생각과 주장을 상대에게 이해시키는 것이 불가능하다. 세상이 조직화되면 될수록 이러한 조직화된 사회에서는 생각과 주장을 기획서 라고 하는 문서로 제안하지 않으면 논의의 대상이 어렵고, 선택의 대상으로는 더욱 되지 않는다. 이것이 기획의 시대라고 불리우는 이유이다.

그러므로 이벤트의 기획서에 있어서도 마찬가지이다. 이벤트의 기획서는 이벤트를 실시하는 경우에 반드시 필요한 것이고, 이벤트에 관계하는 사람 모두가 이를 위해 많은 시간과 에너지를 소비한다. 한가지 명확한 것은 기획서를 받는 사람이 한층 알기쉽고 이해할 수 있도록 간단명료하게 기술해야 한다는 것이다.

기본기획서는 크게 배경, 이벤트 개요, 예산, 일정표, 부가적(附加的)제안 및 별첨의 5개 부분으로 작성하면 좋다.

① 배경

시장상황의 설명, 이벤트시행의 배경, 이벤트 주최자가 이벤트를 통해서 해결해야 할 과제(문제점 및 대책)와 목적, 이벤트의 형태를 제시하고 그것을 제안한 이유(resources)나 배경(background)에 대한 설명을 한다.

② 이벤트 개요

㉮ 명칭 : 컨셉을 구체화시킨 매력적인 이름이어야 한다.

㉯ 시기 : 이벤트의 실시시기, 언제인가? 하루인가, 이틀인가, 여러 날 인가? 그 설정 이유는?

㉰ 장소 : 장의 요소는 아주 중요하다. 어디서, 어떠한 면적으로 어떠한 분위기 연출로 사람들을 감동시킬 것인가?

㉱ 대상 : 보통 대상을 Target Spectator(표적관중) 또는 People(To Whom)이라고 하는데, 대상을 정확히 하는 것이 중요하다. 이를 위해서는 대상을 1, 2차로 구분하거나(Primary Target, Secondary Target), 대상 프로필(Target Profile)을 작성해보는 것이 좋다.

㉲ 추진 조직 : 누가 이벤트를 책임지고 수행해 나가는가 하는 조직을 구성해야 한다. 즉, 주최, 주관, 후원, 협찬, 협력과 같은 조직체의 구조나 조직 위원회, 운영위원회, 집행위원회의 조직표를 만들어 제시해야 한다.

㉳ 이벤트 프로그램 : 컨셉을 전개해 나가는 과정과 방법을 기술한다. 즉, 프로그램 구성 및 연출계획을 알기 쉽게 작성하여 제시해야 한다.

③ 예산

이벤트의 기획서 항목 중 손쉽게 넘기기 쉬우나 아주 중요한 부분이 예산수립부분이다. 보통 추정예산 또는 소요예산 내역이라는 항목으로 작성된다.

구분, 항목, 수량, 단가, 비용, 비고 순으로 작성해서 집계하고 누계를 내면 무난하다. 이때 주의해야 할 점은 지출하는 비용뿐만 아니라 수입계획이나 투자에 대한 효과를 가능한한 숫자로 분명히 제시해주면 좋다는 점이다.

### 예산서 작성의 예

〈추정예산〉 (단위 : 원)

| 구 분 | 항 목 | 수 량 | 단 가 | 비 용 | 비 고 |
|---|---|---|---|---|---|
| 1. 기 념 식 | 1. 행사장 설치 | | | 2,000.000 | 무대음향 |
| | 2. 테입커팅 소품 | | | 500,000 | 애드벌룬 |
| | 3. 고적대 | | | 3,000,000 | 현 수 막 |
| | 4. 무용단 | 8 | 200,000 | 1,600,000 | |
| | 소 계 | | | 7,100,000 | |
| 2. 야간불꽃 놀 이 | 1. 퍼레이드 소품 | | | 2,000,000 | |
| | 2. 레이져 쇼 | | | 6,000,000 | |
| | 3. 야간 불꽃 놀이 | | | 7,000,000 | |
| | 4. MC 및 댄싱쇼 | | | 2,000,000 | |
| | 소 계 | | | 17,000,000 | |
| 3. 패 션 쇼 | 1. 녹음구성 및 음향 | | | 1,500,000 | |
| | 2. 모델 | | 200,000 | 9,600,000 | |
| | 3. 주간조명 | | 200,000 | 2,000,000 | |
| | 소 계 | | | | |
| 4. 층 별 | 1. 오디오 페스티발<br>2. 즉석노래자랑<br>3. 메이컵 쇼<br>4. 순정만화작가 사인회<br>5. 베스트 드레서 선발 대회<br>6. 연예인 초청 사인회 | | | - | 협찬사 제 공 |
| | | 4명(MC)×2명 | 200,000 | 1,600,000 | |
| | | 소음향 모델 | 1,000,000 | 2,000,000 | |
| | | 메이컵 아티스트(2일) 9일×2인 | 200,000 | 3,600,000 | |
| | | | | | |
| | | 9일 | 500,000 | 4,500,000 | |
| | | 6인×2인 | 500,000 | 6,000,000 | |
| | | | | 17,000,000 | |

자료 : 조달호, 창조적인 이벤트전략, 한국이벤트개발원,1994, p. 202.

④ 일정표

업무추진 일정을 가능한 도표로 작성하여 제시하면 더욱 효과적이다.

### 업무 추진 일정표 작성의 예

| 단계 | 주요업무 | 3월 | 4월 | 5월 | 6월 | 담당 | 완료여부 | 비고 |
|---|---|---|---|---|---|---|---|---|
| 1. 기본 계획 확정 | 1. 기본계획 수립/보고<br>2. 팀 구성 및 기본계획 확정 | 3/9<br>3/20<br>3/21 | 4/14 | | | | 완료<br>완료 | |
| 2. 실행 계획 확정 | 1. 전시품목확정/자료수집<br>2. 실행계획 수립/수정<br>3. 시안준비<br>4. 프레젠테이션 | 3/21 | 4/15-4/25<br>4/15-4/25 | | | | 완료<br>완료<br>완료 | 예산확정 |
| 3. 행사 준비 (발주·제작·설치) | 1. 행사장 예약<br>2. 발주(인쇄물, 멀티슬라이드) 인테리어 공연 G/A<br>3. 캐논자료 입수<br>4. 제작물 견본보고<br>5. 제품선적/통관/운반<br>6. 현장설치공사 | | | 5/1-5/5<br>5/1-5/15<br>5/20-5/21<br>5/10-5/31 | | | 완료 | 외부업체 선정<br>슬라이드 자료<br>제품보관 |
| 4. 직접 점검 및 홍보 활동 | 1. 운영메뉴얼 제작<br>2. 요원선발/교육<br>3. 유니폼 제작<br>4. 보도자료 배포<br>5. 광고<br>6. 초청장 발송<br>7. 의견점검/리허설 | | | 5/1-5/31<br>5/10-5/31<br>5/6-5/31<br>5/10-5/25<br>5/20 | 6/1-6/8<br>6/5<br>6/5-6/8 | | | |
| 5. 시행 | 1. 행사진행 (전시회, 기자회견, 디너파티) | | | | 6/9 | | | |
| 6. 철거 및 평가 | 1. 철거<br>2. 운반/통관/운송<br>3. 평가회(사후보도) | | | | 6/9-6/10<br>6/10-6/20<br>6/30 | | | |

⑤ 부가적 제안이나 첨부서류

이벤트와 직접적인 연관이 없더라도 클라이언트의 이익에 도움이 되는 제안이나, 이벤트와 연계를 지으면 크게 득이 될 사항을 부가해서 제안할 수 있다.

또한 기획서에 포함시키기는 부적합한 도표나, 자료, 행사장 배치도, 별책이나 사진, 회사소개서 등 후면에 첨부시키거나 별도의 자료로 첨부시킬 수 있다.

### (3) 실행계획서의 작성방법

이상과 같이 이벤트의 기본 기획서를 작성하는 방법은 언제, 어디서, 누구를 대상으로 누가, 무엇을, 어떻게, 얼마로, 결과는, 이름은 등과 같은 8-9개 항목을 중심으로 이루어진다. 이를 통틀어 이벤트의 개요라고 할 수 있다.

이벤트의 실행계획서는 바로 이 "이벤트의 개요"가 된다. 실행계획서는 아래 도표를 참조하고 "실행계획에 포함한 사항"의 내용대로 기본기획의 내용을 보충하면 된다.

이때, 집단발상법인 브레인스토밍(brain storming) 기법을 이용하여 5-6명이 아이디어를 경쟁적으로 도출하여 현실적으로 검토하면 참신한 기획서를 창조할 수 있다.

실행계획에 포함한 사항을 검토하면, 이벤트의 개요 즉, 실시요령에다가 장소의 계획, 전시물의 설치계획, 스테이지(stage)의 제작이나 프로그램의 정리방법, 고지·홍보·동원 전략, 운영에 필요한 사항들을 보완하면 된다.

특별히 유의해야 할 것이 있는데, 그것은 장의 요소(장소의 개요, 디자인, 전체의 이미지, 동선배치계획, 시설 및 설비계획)와 감동의 요소(시간의 흐름에 따른 감동의 정도와 Climax, 그리고 멋진 Finale)에 대한 연출계획이다.

연출계획에 대한 보완은 운영매뉴얼과 진행 시나리오, 긴급 시 대책으로 이루어질 수 있다.

운영매뉴얼은 전시, 공연, 지휘계통, 긴급 시 대책, 개인의 임무, 임무교대요령. 업무추진 순서와 일정표, 리허설계획 등으로 짜여지는데, 이벤트의 형식과 규모, 주최조직과 목적에 따라 내용을 가감할 수 있다.

### 실행 계획에 포함한 사항

| 1) 개최요령 | 2) 장소계획 | 3) 전시계획 | 4) 행사계획 |
|---|---|---|---|
| ① 명칭<br>② THEME<br>③ 기본 CONCEPT<br>④ 회기<br>⑤ 장소<br>⑥ 입장객 예측<br>⑦ 주최<br>⑧ 후원<br>⑨ 협찬<br>⑩ 협력<br>⑪ 조직<br>⑫ 기타 | ① 개요<br>② DESIGN<br>③ 전체구성<br>④ 전체 IMAGE<br>⑤ ZONING<br>⑥ 동선<br>⑦ 시설-설비<br>⑧ TENT<br>EVENT<br>STAGE<br>⑨ 공사공정<br>⑩기타 | ① 개요<br>② DESIGN<br>③ 전체구성<br>④ 실내구성<br>⑤ 영상 SOFT<br>⑥ 영상 HARD<br>⑦ BOOTHS구성<br>⑧ 특수장치 기기<br>⑨ 전시SOFT<br>⑩ 전시HARD<br>⑪ 기타 | ① 개요<br>② DESIGN<br>③ 전체구성<br>④ 실내구성<br>⑤ 내용<br>⑥ 출연자<br>⑦ STAFF<br>⑧ 미술, 장식, 음향, 조명, 영상 PLAN<br>⑨ 특수 기기<br>⑩ SCHEDULE<br>⑪ 기타 |
| **5) 고지·홍보 동원계획** | **6) 예산계획** | **7) 운영계획** | |
| ① 개요<br>② 전략<br>③ DESIGN VISUAL SYSTEM<br>④ TOOL제작<br>⑤ MASS광고<br>⑥ 인쇄물<br>⑦ 옥외 광고<br>⑧ PREMIUM NOVELTY<br>⑨ 관련 EVENT<br>⑩ CAMPAIGN<br>⑪ 동원대책<br>⑫ 교통수송대책 | ① 수입내용<br>② 지출내용<br>③ 관리 FORMAT<br>④ 출판<br>⑤ 기타 | ① 정보, 명령, 지휘, 통제, 조직도<br>② STAFFING<br>③ CASTING과 계약<br>④ 발주와 계약<br>⑤ 저작권및법률<br>⑥ 교육 ORIENTATION<br>⑦ 기타 | |

이렇듯, 이벤트 기획서를 작성하는 이유는 이벤트 시행 전에 예측되는 변수들을 사전에 충분히 검토하고 감동의 장을 연출하기 위한 대비책인 것이다.

## 4 이벤트 프로듀서의 기능

### (1) 이벤트 프로듀서의 개요

프로듀서란 직역하면 제작자를 말하며, 무엇을 만드는 것을 전제로 하지 않는 컨설턴트와 기본적으로 틀린 개념이다.

여기서 말하는 이벤트 프로듀서란, 이벤트의 주최자 측에 있어서 이벤트의 계획단계에서 종료까지의 기획입안, 스탭의 선정, 예산의 집행, 공정관리 등을 종합적으로 총괄하는 권한을 부여받고 있는 자를 말한다. 이와 같은 이벤트 프로듀서는 동시에 사업수지의 균형을 맞추기 위해 입장료 수입 등의 사업수입의 확대를 도모하든지, 이벤트의 효과측정을 행하는 등 이벤트 전체의 성과에 책임을 갖는다.

더욱이 여기서는 주로 전시회 등의 행사나 개최 등을 중심으로 한 프로듀서 시스템에 대해서 검토하고자 한다.

대규모적인 이벤트의 경우, 전체를 취합하는 자를 종합 프로듀서라 부르며, 「출전」, 「전시」, 「행사 · 개최」 등의 전문 분야별로 프로듀서를 두는 경우가 있지만 여기서는 전자를 이벤트 프로듀서, 후자를 디렉터로 부르기도 한다.

구미에 있어서는 이와 같은 이벤트 프로듀서의 역할에 대한 인식이 명확하며, 자금의 운용에서부터 인사의 결정, 무엇을 만드는데 이르기까지 전반적인 권한과 책임을 주최자로부터 위탁받고 있다는 점에서, 일정 기간에 한해 경영자로 인식되고 있다고 해도 과언이 아니다.

그러나 우리나라에 있어서 이벤트 프로듀서의 개념이 출현한 것은 최근의 일이며, 아직 그 업무내용에 대한 인식이 확립되어 있지 못할 뿐 아니라 프로듀서에게 이벤트에 관한 모든 권한과 책임을 위탁하고 있는 예도 거의 없는 실정이다. 오히려 컨설턴트로서의 기능만을 주최자 측으로부터 기대되고 있는 사례나 단지 디자이너의 업무만을 수행하고 있는 것과 같은 사례도 볼 수 있다.

한편, 최근에는 주최자 측 조직이 상이한 단체나 기업의 집합체로서, 그 아이덴

티티(identity)가 충분히 확립되어 있지 않는 등의 이유로 새로운 가치를 창조하고, 프리젠테이션하며, 공통의 아이덴티티를 구축하여 가는 것과 같은 역할이 기대되는 사례도 나오고 있다.

이벤트 사업을 추진하는 조직체에 있어서 그 조직체의 책임자, 구체적으로 예를 들면, 전람회협회 이사장이나 사무국장 등과 위탁된 이벤트 프로듀서간의 업무의 역할 분담을 명확히 구분하는 것이 필요하다.

앞에서도 설명했듯이 이벤트 프로듀서란 이벤트 기획 단계부터 세부업무 추진과 마지막 실행 및 효과측정 단계에 이르는 전 과정에 관여하는 스태프의 구성 및 지휘와 운영상의 모든 권한을 가진 책임자이다. 다시 말해 프로그램, 예산, 조직 등의 각 요소를 유기적으로 연결하고, 최대의 효과가 발휘될 수 있도록 관리, 조정하는 책임자라 할 수 있다. 이벤트 진행과정에 대한 이해부족과 인식차이로 인해 앞서 언급한 권한 및 책임이 그대로 통용되지 못하고 있는 것이 현 실정이다. 예를 들어 기획자, 디렉터, 프로듀서간의 업무영역에 대한 경계가 명확히 구분되어 있지 않아서 실제 업무추진 상에서 의견대립과 업무 누수 현상이 발생하는 경우도 있다. 이벤트가 완벽하게 추진되기 위해서는 디렉터로서의 자질이 있는 프로듀서와 프로듀서로서의 자질을 가진 디렉터가 필요하다. 즉 서로를 이해할 수 있는 분위기가 필요하며 일정의 부분을 서로 협의해 나가는 형태로 추진된다. 물론 능력이 있다면 프로듀서와 디렉터의 역할까지 겸해서 마지막까지 업무를 수행하는 것도 가능하며 실제로 현재의 이벤트 비즈니스에는 그러한 예가 많이 있다. 하지만 이벤트 사업이 한층 더 현대적 비즈니스의 한 분야로 성장하기 위해서는 이러한 이벤트 기획자, 프로듀서, 기획자 상호간의 고유영역에 따라 독립적으로 존재하는 위치를 형성시켜 나가는 것이 절대적으로 필요하다. 더구나 이벤트의 효율화 문제가 활발히 제기되고 있는 지금과 같은 상황에서 앞서 말한 하나의 업무 시스템의 확립없이는 그 발전을 기대하기가 불가능하다.

이벤트 사업의 위상이 날로 높아만 가는 상황이지만 어떤 측면에서 보면 현재는 이벤트의 과도기라고도 할 수 있다. 비즈니스 규모나 형식이 대형화되고 있어서 과거와 같이 단순히 화제성을 유발하고 의존하는 이벤트를 실시하는 경우는 점차 사라지고 있다.

그러한 변화 속에서 실제 운영과 실시를 담당하는 분야의 시스템적 사고를 가진 인재양성이 시급한 실정이다. 이벤트를 하나의 상품으로 볼 때 이벤트는 통상의 상품매매와는 달리 판매시에는 상품으로서 완성이 되어 있지 않은 상태이다. 따라서 최종 제품으로 완성되었을 때의 이벤트의 형태와 최종구매자인 협찬사와 입장객이 만족할 만한 상품으로서의 가치는 전적으로 프로듀서의 수완에 달려 있는 것이다.

이벤트가 어느 정도의 화제성을 유발시킬 것인가가 이벤트 성패를 좌우하는 열쇠가 되지만 프로그램 자체의 화제성만으로는 주목을 집중시키기 어려운 것이 최근의 현실이다. 이러한 점을 감안하면 통상적인 고지(告知)작업은 물론 그러한 작업 외에 사람들의 관심을 집중시키기 위한 의도적인 붐 조성이 필요하다. 이러한 작업을 의도대로 수행하기 위해서는 단순히 아이디어에만 의존할 것이 아니라 예산, 조직력, 냉철한 판단력 등이 뒷받침되어야 한다.

결론적으로 이벤트의 준비 및 실시상의 준비, 실시상의 원활한 커뮤니케이션과 항시 동반되는 예기치 못한 상황에 신속히 대처하기 위해서는 프로듀서 개인의 능력이 무엇보다도 더 필요하다 하겠다.

### (2) 이벤트 프로듀서의 표준적 업무

① 이벤트 프로듀서의 기본적 역할

㉮ 개최하려는 이벤트에 대한 기획입안(컨셉 메이킹), 제작추진, 출전장려, 실시운영 등 전반에 걸쳐 책임을 지며, 그 이벤트의 경영적 제문제(예산, 출전자, 시설참가자 등의 확정 등)에 대해 전면적으로 협력한다.

㉯ 사업주체에 대한 조언과 진행 방법 등의 조정을 행한다. 그러나 업무의 역할분담에 대해서는 주최자와의 사이에서 계약 시에 구체적으로 조정, 확인하고 명확히 해둘 필요가 있다.

㉰ 전문 디렉터나 플래너, 디자이너 등에 대해 조언, 조정을 행한다.

② 이벤트 프로듀서의 구체적 직무내용

**기획입안업무**

㉮ 기본이념, 기본구상, 기본계획안의 작성

㉯ 그것들을 포괄한 실시계획(예산안을 포함)의 작성

그러나 계획설계도의 제작업무는 부문 디렉터와 그 스탭의 업무이며, 일반적으로 프로듀서의 업무는 아니다.

㉰ 입지조건, 개최기간 등의 조사, 설정 등

③ 추진업무

실시계획안에 입각하여 관계 관청이나 기관, 지역주민에 대한 활동 등을 구체적으로 지도

④ 조정업무

기획안의 조정, 실시 주체자와의 관계개선 및 유지, 제 기관과의 조정, 전문위원과 실무요원(working staff)간의 조정

⑤ 출전권장업무

㉮ 기업, 단체 등의 출전에 관한 매뉴얼의 작성

㉯ 참가출전단체와의 교섭, 조정업무

⑥ 실시운영업무

㉮ 실시를 위한 제 준비, 디렉터 요원의 선정

㉯ 운영주체에 대한 조언 등

㉰ 계획예산을 포함한 전체관리

㉱ 운영 검토

### (3) 이벤트 프로듀서와의 사업추진을 위한 조직체와 역할 분담

이벤트를 실시하는 경우에는, 우선 기본구상 만들기부터 시작하여 그 기본구상

에 입각하여, 기본계획, 실시계획, 실시운영 순으로 추진해 간다.

이러한 일련의 업무에 관하여, 이벤트 프로듀서와 사업추진조직체(사무국장 등)와의 사이에서 내용적으로 다음과 같은 형태로 업무를 분담, 추진하여 가는 것이 일반적이다.

프로듀서 조직은 「홍보」에서 「운영」까지의 각 업무 부문을 종합적으로 기획·조정·통합을 행하는 이벤트 프로듀서와 「홍보」「출전」「시설」등 각 전문 업무부문을 총괄함과 동시에 타 부문과의 연계·조정의 역할을 다하는 디렉터로 구성된다. 그리하여 그 밑에 각 전문의 실무요원이 위치한다.

### (4) 이벤트 프로듀서의 기능 요약

이벤트 프로듀서에게 요구되는 기능은 다음 3가지로 요약할 수 있다.

① 창조적 (Creative) 기능

최적의 프로그램을 선별하고 결정하는 능력(수정 및 보완능력)이 요구되고, 새로운 프로그램의 개발 능력 또한 필요하다. 그리고 정보 베이스 구축능력(정보원-情報源 개발)과 연출력 또한 요구된다.

② 리더십(Leadership)기능

리더십은 '주어진 상황에서 구체화된 목표를 달성하려는 노력으로서 효과적인 커뮤니케이션을 활용하여 이루어지는 대인 관계적인 영향력이다' 라는 정의와 같이 판단력, 결단력, 추진력, 통솔력, 설득력(고객 및 스탭진들에 대한 설득력)등이 갖추어져 있어야 한다.

③ 조직자(Organizer)기능 (조정 및 관리기능)

합의 도출 능력과 종합 관리 능력 그리고 조직 활용 능력이 필요하고 갖추어야 한다.

프로듀서가 반드시 세 가지 기능을 전부 완벽히 갖추고 수행한다면 금상첨화이겠지만 신이 아닌 사람으로서 각자의 프로듀서가 장점으로 내세울 수 있는 부분에 있어서는 충분한 기능을 발휘하여 오히려 부족한 부분을 보충시키며 나가는 것이다. 다시 말해서 이벤트의 각 작업단계와 상황에 따라서 프로듀서 개인의 적절한 판단을 통해 위에서 언급한 기능들이 조화롭게 발휘될 수 있도록 해야 한다.

## 5 이벤트 프로듀서의 미래상

### (1) 앞으로 많은 이벤트가 계획·실시될 것이다.

이러한 이벤트 붐 속에서 이벤트의 질에 관련한 이벤트에서 기획의 중요성이 높아질 것으로 생각되며 프로듀서, 디렉터, 플래너 등의 인재양성과 질적 향상, 소프트의 저작권의 보호 등이 주목되며,

㉮ 프로듀서 업무에 대한 이해와 이벤트 프로듀서의 사회적 인식 제고
㉯ 이벤트 프로듀서의 인재양성을 위한 프로그램의 작성과 연수교육
㉰ 이벤트 프로듀서나 기획의 소프트에 대한 보수의 제도화
㉱ 이벤트 정보의 집약과 발신기능의 확립

등의 대응이 급선무이다.

또 일본이나 우리나라에 있어서는 이벤트 소프트는 한번 기획이 발표되면 실시하든 않든 간에 이미 알려진(공개된) 소프트라는 의식이 강하고 트러블을 일으키기 쉽다. 그렇기 때문에 이벤트 소프트 보호를 위한 도의심 앙양 방책이나 윤리규정(비즈니스 룰) 만들기와 이러한 것을 보호하고 체크하는 기관의 설치도 필요하다.

더욱이 현재 이벤트 기획의 경쟁에 있어서 지명응모자의 기획 보수가 제도화되어 있지 않기 때문에, 소프트에 대한 평가의 확립을 위해서도 기획작성에 관련한 보수는 채용과 채용하지 않는 것에 관계없이 지급되는 거래관행의 확립이 바람직

하다.

### (2) 전국적 규모에서 인재양성 시스템

전국적 규모에서의 인재양성, 인재등록 시스템, 보수·계약관행, 이벤트 소프트의 보호, 윤리규정 등의 확립을 추진할 이벤트 관련 기관의 설립이 요망된다. 이 단체는 장래 이벤트 프로듀서의 자격, 호칭을 명확히 하여 이벤트관련 인재양성을 도모하고 그 지위를 높여 나가기 위한 조직으로 발전되어 갈 필요가 있다.

Chapter 5

# 이벤트의 연출

## 1 이벤트 연출자

### (1) 이벤트의 연출자

이벤트 연출은 기획이 있어야 비로소 성립되는 것이고, 기획자와 연출자는 내외 일체의 관계를 가져야 한다.

연출자란 기획에 피를 통하게 해서, 생생하고 탄력 있는 감동적인 이벤트를 창조해 내는 사람을 말한다. 이벤트는 기획의 단계를 끝내고, 이것을 어떻게 전개시켜 나가느냐는 연출의 방향과 방법에 따라 성패가 결정된다.

또 사람들을 이벤트 현장에 오게끔 하는 것이 기획자이며, 현장에 온 사람들을 감동시키는 것이 연출자의 몫이다.

이벤트 연출이란 사람들의 이성이 아닌 감성에 호소하면서 사람들로 하여금 느낌을 가지게 해야 하며, 전체적으로 엔터테인먼트 성(entertainment性 : 오락성)이 없어서는 안 된다는 것이 대 원칙이다. 즉 이벤트는 즐겁고, 감동적이고, 가슴이 두근 두근거리며, 기운이 솟는 듯한 것이어야 한다. 다시 말해 질이 높은 기획을 형상화하고 지혜를 상품으로 구체화하여, 개최하는 사람의 마음을 보여 주어야 한다.

또 이벤트가 행하여진 이전과 그 이후에는, 제공하는 사람과 받아들이는 사람을 불문하고 이벤트에 관한 인식이 바뀌게 만들어야 하며, 그러기 위해 이벤트 연출자는 캐스트(출연자 · 안내자 · 컴페니언 걸 · 진행자 등)와 스태프들을 보다 낳은 이미지로 끌어올려, 보다 나은 표현을 하게끔 노력해야 하는 것이다.

이벤트 연출자는 다양한 기능과 전문지식을 갖추고 전문성을 가진 직업인임에도 불구하고 명확한 사회적 인식이 아직 뒷받침되고 있는 상황은 아니다. 이벤트라는 직업이 약사나 의사처럼 정체성을 가진 직업이 아니기 때문에 이벤트 연출자라는 호칭을 사용하는데 많은 애로사항이 있는 실정이다. 구미에서는 이벤트 연출자라는 직업에 대해 상당한 호감을 가지고 있고 사회적 지위나 보수면에서도 타 직업에 비해 월등하게 좋은 대우를 받고 있다.

우리나라에서는 흔히 이벤트 연출자와 연출감독을 혼용하고 있다. 비교적 일을 명확히 구분하는 구미인의 사고로는 이벤트 연출자는 영화제작에서 제작사의 입장으로 보고 디렉터(연출감독)는 감독의 일을 하는 사람을 말한다. 이러한 현상은 초기에 이벤트의 연출자가 대체로 이벤트 감독을 겸하거나, 개인 이벤트에서 한 사람이 이벤트의 연출자이자 감독을 겸하는데서 비롯되었다. 비록 용어의 정리에 잘못이 있다 해도 현실적으로 명확한 개념 정의 없이 사용하고 있는 실정이며, 이 부분에 대한 논의나 협의를 거치지 않고 바꾸는 것도 문제가 있다고 하겠다. 실제 이벤트에 종사하며 이벤트를 기획하고 연출하는 사람들을 어떻게 부를 것인가? 물론 이벤트를 실시하는 사람들의 정체성을 확보하게 된다면 당연하고도 자연스럽게 명칭이나 호칭이 정리될 수 있다고 본다.

### (2) 연출자의 선정

이벤트의 연출자는 주최자가 그 이벤트의 성격에 맞다고 생각되는 연출자를 임의로 선정하는 방법을 비롯해, 공개적으로 오디션과 연출 플랜을 제출 받아 심사를 거쳐 선정하는 방법이 있다. 그리고 이벤트 기획을 맡는 프로듀서나 기획사, 또는 단체가 추천해서 주최자의 동의를 얻어 선정하는 방법 등 여러 가지가 있으나, 대개는 주최사나 프로듀서가 추천해서 선정하는 경우가 많다.

요즈음에는 다른 분야의 사람들이 이벤트 연출을 맡는 경우가 많다. 예를 들어 영화 감독이 패션 쇼를 연출하든지, 연극 연출자가 스포츠대회 개·폐회식 연출을 하기도 한다.

### (3) 연출자와 프로그램

프로듀서가 이벤트의 '경영자'라면, 연출자는 이벤트를 승화시키는 '예술가'이다.

연출자의 첫 번째 실무는 프로듀서와 같이 기획을 하는 일이며, 그 이벤트에 맞는 테마와 성격을 정하고, 그 이벤트에 맞는 프로그램을 만드는 일이다. 따라서 개인의 생일 잔치나 회갑 잔치·장례식·구멍가게 PR을 비롯해, 기업들의 창립일·신상품 발표회, 국제적인 올림픽, 박람회 등 크고 작은 이벤트의 성격에 맞는 프로그램을 구성하고 연출하는 능력이 있어야 한다.

즉 어떤 내용을, 어떻게 만들어, 그 이벤트가 추구하는 목적 표현을 어떠한 도구를 사용하여 이벤트 현장에 온 초대객 이나 관람객, 또는 소비자들에게 테마를 살려 공감을 얻어 감동을 창출하느냐에 있다.

① 프로그램을 구성할 때의 유의 사항

㉮ 먼저 프로듀서와 함께 이념 정립과 컨셉 설정 그리고 테마를 선정한다. 테마를 무엇으로 선정하느냐에 따라 그 이벤트의 타입(형태)이 정해지고 거기에 따른 연출 스타일이 정해진다. 그 다음으로 왜(why)·어떻게(how)·언제(when)를 생각해야 한다.

㉯ 무엇을 위해 실시하려는가?

㉰ 목적한 성과를 얻고 싶어하는 점은?

㉱ 어떤 내용으로 만들 것인가?

㉲ 누구를 출연시킬 것인가?

㉶ 어떤 도구를 사용하는 것이 보다 더 효과적일까?

㉷ 이벤트 전체 실시는 언제 몇 번 행할 것인가?

여러 이벤트들은 목적과 테마와 형태에 따라 다르겠지만, 대개의 프로그램에는 시작을 알리는 '오프닝(opening)'과 '메인 이벤트(main event : 주행사)'와 끝을 알리는 '클로징(closing)이 있다. 규모가 좀 더 큰 이벤트에서도 마찬가지이다.

세계 모든 젊은이들이 힘과 기술을 겨루는 올림픽의 주요 프로그램으로는 어떤 것이 있을까 살펴보자.

㉮ 사전 붐(boom) 조성 행사

㉯ 개회식(식전 행사 · 공식 행사 · 식후 행사)

㉰ 세계 각국의 각종 문화 · 예술 · 공연 행사

㉱ 폐회식(공식 행사 · 식후 행사)이 중요한 프로그램이다.

한편, 인류가 이룩한 최고의 성과를 확인하고, 또한 미래를 조망하는 무대인 박람회(Expo)의 중요 프로그램으로는 다음과 같다.

㉮ 사전 붐 조성 행사

㉯ 개회식(식전 행사 · 공식 행사 · 식후 행사)

㉰ 세계 각국의 문화 · 예술 · 공연 행사

㉱ 내셔날 데이와 위크(national day & week : UN산하 기관, 예를 들자면 UNICEF 등이나 특별 단체들이 갖는 행사)

㉲ 스페셜 데이와 위크(special day & week : UN산하 기관, 예를 들자면 UNICEF 등이나 특별 단체들이 갖는 행사)

㉶ 폐회식(공식 행사 · 식후 행사) 등이 있다.

### (4) 이벤트 연출자의 능력

이벤트의 연출자로서 과연 어떤 능력을 갖추어야 하는가 라는 질문을 받는다면 어떤 대답을 해야할까? 무척 어려운 질문임에는 틀림없다. 한 마디로 정리해서 답

변하기에는 부족한 면이 없지 않다. 이벤트가 복합적인 분야이기 때문에 사람이 갖출 수 있는 어떤 능력이라도 연출자에게는 필요하다고 할 수 있다. 한 사람이 모든 능력을 갖출 수 있으면 좋겠지만 그렇지 못하기 때문에 다양한 기능을 가진 사람들과 함께 협력해야만 이벤트를 실시할 수 있다. 즉 이벤트 연출자는 다양한 기능과 지식, 경험을 갖추기 위해 노력해야 한다 뿐만 아니라 다양한 기능을 가진 사람들의 팀웍(Team Work)을 중요시하는 직업적 능력을 가진 사람이라야 할 수 있다. 물론 자신의 능력도 뛰어나야만 하지만 여러 조직의 모든 구성원들에 대한 리더십을 발휘하여 함께 협력하고 조율하는 능력 또한 필요하다고 하겠다.

불과 얼마전까지만 하더라도 이벤트에 관한 연구나 학문적 탐구가 미비해서 이벤트와 관련된 사업에 종사하는 사람들의 어려움은 한 두 가지가 아니었다. 차츰 이벤트에 관한 인식도 달라지고 관련 사업도 나날이 증가하여 접할 수 있는 기회도 많아져서 이벤트와 관련된 사업에 종사하는 분들의 노하우가 몰라보게 좋아졌다. 처음에는 방송사나 신문사의 사업부서의 하나로 시작하고 기업의 판촉팀, 광고기획팀 등에서 이벤트 업무를 수행했다. 그러다보니 이벤트에 관한 이론적 접근보다 행사 프로젝트를 맡아서 진행하다가 이벤트 분야에 종사하게 된 사람들이 많았다. 현재에는 전문 기술적인 직업을 가진 사람들이 이 분야에 많이 종사하고 있다. 물론 선배들처럼 실전에서 배우면서 실력을 쌓아가고 있다. 직접해보지 않고는 어떻다고 말하기가 어렵지 않는가?. 작은 이벤트라도 기획해서 본인이 직접 해보는 것이 이벤트 연출자를 꿈꾸는 사람들의 시작일 것이다. 어떻게 공부하고 배우면 좋겠는지 해야 할 일들을 종이에 적어가면서 이벤트를 기획하고 직접해보는 방법이 제일 나은 방법이다. 그러면 연출자가 갖추었으면 하는 능력은 어떤 것들이 있는가를 생각해보면 우선 풍부한 아이디어가 있어야 한다. 독특하고 개성적인 아이디어 하나로 이벤트 세계에 뛰어들어 성공한 케이스는 수 없이 많다. 무엇을 해서 대중들의 관심을 끌겠다는 생각에서부터 이벤트는 시작된다. 신선한 충격을 줄 수 있는 생각, 그런 생각들이 있어야 이벤트가 시작되는 것이다.

풍부하고 개성적인 생각들이 그저 개성적인 생각으로 끝나서는 안되고 이를 구체화시킬 수 있는 능력이 있어야 한다. 이벤트는 상상의 영역에 존재하는 것이 아니고 꿈이라고 생각되어지는 상상을 현실로 끌어내어 구체화시켜야 한다. 그래서 이벤트는 꿈을 구체적인 현장에서 실현시키는 작업이다. 때문에 폭넓은 상식과 전문 지식위에 구체화된 아이디어는 그 실행력이 매우 높아진다. 연출자는 풍부한 상식을 가지고 있어야 한다. 풍부한 상식은 이벤트 아이디어 발상에 도움이 될 뿐만 아니라 균형적인 감각을 갖는 데에도 중요한 역할을 한다. 이 균형적인 감각은 사회의 흐름을 읽을 수 있는데 도움이 되며 표현하고자 하는 이벤트를 제대로 구체화시키는데 도움을 준다. 일에 대한 열정은 감동으로 표현된다. 감동을 얻기 위해서는 정직해야 한다. 실패까지도 인정할 수 있는 정직함이 없으면 감동을 얻을 수 없다. 연출자는 이벤트 참가자들에게 진한 감동을 선물해야 할 책임이 있기 때문에 이를 위해서 일에 대한 열정을 가져야 한다. 이벤트 연출자는 흐름을 잘 읽어야 한다. 그 사회의 분위기, 현상, 문제의식, 제도 등에 대해서도 항상 이해하고 흐름을 읽어야 시의적절한 아이디어를 창출할 수 있다. 또한 연출자는 어떤 상황이 일어날 것인가에 대한 예측을 하여야 만일의 사태에 대비할 수 있다. 상황예측의 능력은 이벤트 연출자에게 매우 중요한 능력 중에 하나이다. 연출자가 어떤 능력이 필요한가를 알면 우리가 연출자가 되기 위해서 어떤 공부와 노력을 해야 하는지 또는 어떤 부분을 보충해야 하는지를 알 수 있다. 갖추어야 할 자질, 습득해야 할 지식들을 잘 알게 됨으로 스스로 능력있는 이벤트 연출자가 되기 위한 준비를 할 수 있다. 다시 한 번 이벤트 연출자가 갖추어야 할 능력을 요약한다면 이벤트와 관련된 전문지식과 풍부한 상식을 습득하고, 이벤트와 관련된 전문가들을 수배하여 동원하는 능력과 여러 사람의 마음을 움직일 수 있는 능력, 시대의 흐름을 읽어야 하고, 주위 환경의 변화를 감지하는 능력과 자금을 동원하고 관리하는 능력도 필요하다. 또한 일에 대한 열정과 실천력, 상황을 예측하는 능력과 풍부한 아이디어를 구체화시킬 수 있어야 하고 이러한 능력을 하나씩 하나씩 쌓아가면서 조그마한 이벤트라도 직접 몸소 경험해 보아야 어떠한 능력들이 필요한가를 느낄 수 있을 것이다.

## 2 이벤트 연출자의 단계별 업무

### (1) 기획 단계

프로듀서와 같이 처음부터 기획 작업을 하는 경우인데, 이 단계에서는 우선 주최자와 프로듀서의 의도를 정확히 파악하여야 한다.

기획 준비 → 기획 분석 → 의도 추출 → 방침 수립 → 세부 계획 확정 → 확정된 세부 계획 단계에서 프로듀서가 담당할 부분과 연출자가 담당할 부분을 나누어야 한다.

이 업무 분할은 각자의 전문성을 살려 그 이벤트가 목적한 대로 '성공'을 거두는 데 있다.

① 주최자와 1차 협의

㉮ 주최자와 첫 만남

㉯ 이벤트의 성격과 의도(방향성) 확인

② 기획 준비

㉮ 전체 조건의 확인

㉯ 6W 3H에 의한 기본 고찰

③ 기획 분석

㉮ T/F ( task force ) 팀과 같이

㉯ 정보의 수집 분석

㉰ 현상의 분석 : 주최자 · 상품 · 공연 · 소비자(관객) 현장 등

㉱ 외부 환경과 내부 환경에 대한 분석

㉲ 플러스 요인과 마이너스 요인 체크

④ 기획 의도

㉮ 가능성과 문제점 파악

㉯ 목적과 목표를 위한 과제 추출

㉰ 이벤트의 목적과 목표 수립

⑤ 기획 방침 수립

㉮ 아이디어 1인 발상

㉯ 그룹 발상(brain storming)

㉰ 컨셉을 프로듀서와 함께 협의 결정

㉱ 테마를 프로듀서와 함께 협의 결정

㉲ 타입(type : 형태)을 프로듀서와 함께 협의 결정

㉳ 타이틀을 프로듀서와 함께 결정

㉴ 과제 해결 방안 등을 프로듀서와 함께 협의 결정

⑥ 세부 계획 수립

㉮ 세부 계획 구조와 방침 수립

㉯ 프로듀서 파트 분류 작업

㉰ 연출 파트 분류 작업

### (2) 프로그램 구성 단계

앞에서도 이야기했듯이 이벤트는 현장에서 바로 진행되는 특성이 있어서 그 이벤트에 맞는 프로그램을 구성하는 데는 소설이나 희곡・시나리오 작성 이상의 극작술이 요구되는 창작 작업으로, 구성 전문가들과 같이하는 것이 이상적이다. 하지만 구성 전문가들과 협의하기 전에 그 이벤트에 맞는 프로그램의 극적 구성(plot)은 미리 작성해 놓은 것이 창작 작업이라는 어려운 길이 조금 쉬워진다.

대개의 경우 구성 작가들에게 이번 프로그램의 전반적인 구성과 스토리, 표현해야 할 사항들을 이야기해 주고 작가가 써 올 때까지 기다리는 경우와, 아예 작가와

숙식을 같이하며 작성하는 경우가 있다.

일반적으로 프로그램의 종류는 다음과 같은 것들이 있으나, 이번 이벤트에 맞는 새로운 형식을 개발하는 것이 이상적이다.

① 가수나 탤런트·코미디언의 버라이어티쇼 형식

② 한 사람의 리사이틀 형식

③ 그룹의 콘서트 형식

④ 노래 자랑 형식

⑤ 퀴즈 형식

⑥ 게임 형식

⑦ 뮤지컬 형식

⑧ 연극 형식

⑨ 무용극 형식

⑩ 마당놀이 형식

⑪ 가면놀이 형식

⑫ 판토마임 형식

⑬ 총체극 형식

### (3) 프로그램 확정 단계

연출자 혼자서 하거나 구성 전문가와 협의해서 하는 경우든지, 혹은 전문가가 자기대로 구성하는 경우든지, 간에 이번 이벤트에 제대로 맞는 구성인가를 스태프들과 검토하여 프로듀서와 몇 번의 협의로 결정해야 한다. 그리고 결정된 프로그램 진행안과 실시 계획(조직·예산·스케줄)을 작성하여 주최자에게 제출할 전체 기획서에 반영시켜야 한다.

① 프로그램 완성본 프린트

② 프린트한 대본을 스태프들과 같이 읽어 가며 협의

③ 수정 작업 → 확정 → 확정 대본 프린트

④ 공연 및 실시 계획 수립(출연자・스태프・스케줄・프로그램 관리 등)

⑤ 전체 기획서에 반영

### (4) 전체 기획서 작성 단계

프로그램 큐 시트(진행안)는 물론, 각 파트(미술・조명・음향・영상 등)의 스태프와 협의를 거쳐 결정된 세부 실시 계획들의 기획서 안에 누락되지 않고 빠짐없이 잘 표현되고 반영되었는지를 체크하여야 한다.

### (5) 프레젠테이션 단계

이 단계에서는 프로듀서나 설명자도 중요 하지만, 연출자도 구성자와 스태프와 협의해서 결정된 프로그램을 직접 설명하여야 하기 때문에 준비를 철저히 하고 연습을 거쳐 성의껏 자신 있게 발표하여 연출자로서 권한과 인정을 받아야 한다.

① 설명자와 같이 연습

② 연출자 파트 프레젠테이션

③ 주최측의 요구・수용・수정・확정

이 때 프로그램을 위한 프레젠테이션을 따로 하는 경우도 있음도 알아두어야 한다.

### (6) 실시 준비 단계

전체 기획과 프로그램이 프레젠테이션에서 수정・협의로 결정되었으면 이제는 실시 준비를 하여야 하는데, 그 중 중요한 일은 확정된 프로그램에 입각한 스태프・캐스트 조직관리와 예산 관리・계약 관리・프로그램 관리를 재조정해야 한다. 예상 이상의 효과를 창안해 내기 위하여 관리가 필요하게 되는 것이다.

① 조직과 관리(스태프와 출연자)

프로그램에 관여하는 캐스트와 스태프는 최고 중심이 되는 연출자와 조연출・무대 진행 감독・각 파트(미술・세트・조명・음향・영상・특수 효과 등) 감독들과 그들의 보조자, 그리고 각종 출연자(MC · 출연배우 · 탤런트 · 개그맨 · 악단 · 무용단 · 합창단 · 안내양 · 컴페니언 걸 · 진행자, 그리고 주최자 대표 등)들과 이들을 보조하는 사람들까지를 말한다.

연출자는 스태프를 조직함에 있어 그 파트의 최고 전문가를 선정해야 함은 물론 다른 부분과 호흡이 잘 맞는 성격의 소유자를 택하여, 일어나기 쉬운 파트별 불화를 사전에 차단하여야 하며, 캐스트 선정에서는 그 프로그램에 꼭 들어맞는 캐스트를 3~4명 물망에 올려놓고 적정한 판단 기준에 입각하여 선정, 섭외 해야 한다. '섭외 작전'이라 함은 그 이벤트에 제일 적정한 인물을 그 이벤트가 이루어지는 시기에 연습과 출연할 시간이 있는가, 만일 없다면 어떻게 스케줄을 조절하여 출연시키느냐 하는 것이다.

그리고 이들 모두가 이벤트의 주요 핵심이라는 것을 주지시켜 자긍심을 갖고 프로그램에 임하게 잘 관리하여야 한다. 특히 규모가 큰 이벤트에서는 한 가지 프로그램이 아니고, 여러 가지 프로그램이 한 곳도 아닌 여러 곳에서 장기간에 걸쳐 진행되기 때문에 신중하고 합리적이며 효과적인 조직 편성을 하여야 한다.

어떤 기업에서는 자신들의 사원을 스태프로 활용하여 예산을 줄이려는 경우도 더러 있다.

대개의 이벤트 조직에는 실시 본부 · 운영 본부 · 행사 본부 등 명칭도 여러 가지이나, 이 명칭도 그 이벤트 성격에 맞게 새로 지어 사용하여도 무관하며, 그것이 오히려 일에 능률이 오를 수 있다. 그러나 '책임자'만은 명확히 해야 한다.

② 계약 관리

경우에 따라 계약의 종류를 다음과 같이 나눌 수 있다.

㉮ 주최자와 프로듀서 또는 기획사

㉯ 프로듀서와 연출자(무대 감독 조연출포함)

㉰ 프로듀서와 각 파트별 책임자 또는 관련 회사

㉱ 연출자와 각 파트별 책임자 또는 관련 회사

㉲ 주최자가 그 이벤트에 관여된 모든 게스트와 각 파트별로 직접 계약하는 경우

계약의 내용은 이벤트마다 다르다. 그러나 기본 폼(form)에 들어갈 항목을 요약하면 다음과 같다.

ⓐ 갑과 을의 명시

ⓑ 이벤트의 제목

ⓒ 목적

ⓓ 기간

ⓔ 내용(연출 · 출연 · 안내 · 미술 · 조명 · 음향 등)

ⓕ 을의 의무

ⓖ 작업 스케줄

ⓗ 계약금(연출료 · 출연료 · 안내료 · 미술 제작비 · 조명비 등)

ⓘ 지불 방법(일시불 또는 계약 시 30% 중도금 40%, 잔금 30% 등)

ⓙ 불이행시 벌칙(해약 · 책임의 변상 · 안전 사고 등)

ⓚ 법의 해석

ⓛ 보관

ⓜ 날인 등

③ 프로그램 관리

실시 준비 단계에서 제일 중요한 부분이 '프로그램 관리'이다. 프로그램 관리란 이미 결정된 프로그램을 임의대로 고쳐서 변경하거나 삭제되는 일이 없이 집행되게 관리를 하는 것이다.

이벤트는 연극 · 뮤지컬이나 스포츠보다 해프닝(happenning : 돌발 사태)이 자주 일어나고, 연습 중에 편리를 보아 또는 주최자의 강권으로 고쳐지는 경우가 허다하다. 이런 것을 예견하여, 정해진 프로그램을 정연하게 준비하고 표현하여 실패하는 부분이 없이 예상 이상의 효과를 창안해 내기 위해 관리가 필요하다.

④ 프로그램의 관리

㉮ 프로그램의 특성 확정

㉯ 테마가 프로그램 곳곳에서 표현되게 포인트 안배

㉰ 클라이맥스 설정과 그 타당성 주지

㉱ 멋진 시작(good start), 즉 개막 방법 개발과 여운이 남는 크로징 개발

㉲ 모든 캐스트와 스태프에게 프로그램 주지

㉳ 프로그램 연습, 진행상의 리스크(실수 · 안전) 대책 수립

### (7) 각종 디자인과 플랜 결정 제작 단계

확정된 프로그램에 따라 캐스팅이 결정되고 각 스태프가 결정되면, 전체 회의에서 이번 프로그램의 자세한 설명과 협의를 거쳐 각각의 디자인과 플랜의 협의 과정이 있게 되고, 협의가 결정되면 이번에 주어진 이벤트 개막 시기에 맞게 제작 단계로 작업을 진행해야 한다.

예를 들어 세트 디자인은 회장(기존 시설과 가 시설 중 이번 이벤트는 야외 가시설로 설정)의 현장 특성을 파악하고, 그 특성을 적극적으로 활용하는 것이 연출의 마음가짐이다. 현장을 둘러싼 자연 조건도 잘 조화되게 해야 할뿐만 아니라 연기 공간(acting area)과 장치 · 조명 · 음향 · 특수 영상의 필요 사이즈를 알아 디자인해야 한다. 또한 이를 다시 스태프 회의에서 협의하고 디자인해야 하며, 컴퓨터 시뮬레이션으로 체크하여 결정하고 제작에 임하도록 하여야 한다.

① 세트 디자인의 협의 → 결정 → 제작

② 조명 배치도와 플랜 협의 → 결정

③ 음향 배치도와 플랜 협의 → 결정

④ 특수 효과 배치도와 플랜 협의 → 결정

⑤ 특수 영상 배치도와 플랜 협의 → 결정

⑥ 카메라 및 녹화 콘솔 배치 플랜 협의 → 결정

⑦ 멀티용 소프트(video) 콘티 협의 → 제작 · 편집

⑧ 주제가 및 뮤지컬 넘버(작사 · 작곡 · 가수 · 합창 · 편곡 · 녹음 · 더빙 · 믹스다운) 플랜

### (8) 현장 설치(setting) 단계

현장 세팅은 세일즈 프로모션과 기업의 이미지 업이 주 행사이므로 프로듀서가 담당하여 결정하겠으나, 뮤지컬에 관한 셋팅은 연출자의 권한이며 책임이다.

① 현장의 지형이나 주변 상황 파악

② 태양의 이동 방향과 무대 위치와 객석 위치

③ 무대의 형태 : 돌출 · 프로세니움 · 원형 · 각형 · 화도(花道) 등 그 프로그램에 맞게 설정하고 주변 기기 설치, 전문 조작

④ 조명 : 일반 조명(건축 · 주거 · 도로 · 광고 · 디스프레이 등)과 연출 조명(무대 · 영화 · TV · 이벤트 · 사진 · 환경 등)으로 구분되는데, 그 프로그램의 특성과 연출자의 의도를 충분히 수용할 수 있어야 한다. 연출 조명 요소에는 조도 · 색상 · 효과 · 배전 등이다. 즉, 빛의 질과 양이 바르게 보여야 한다(조도). 그리고 진짜 같게 현실 분위기를 내야하며(색상), 심리 묘사를 효과적으로 표현해야 한다(효과). 또 이상의 것을 위해 조명 기기의 배치와 전문적인 조작 기술이 필요하다(배전).

⑤ 음향 : 소리의 5가지 요소(음색 · 고저 · 시간 · 음량 · 리듬)를 직접 또는 마이크를 통해 우리의 귀에 사실적이고도 효과적으로 전달하여 관객들의 공감을 일으켜야 한다. 이를 위한 기기 배치와 전문 조작이 필요하다.

⑥ 영상 관계 : 영상 관계는 날로 개발되는 기술의 발전으로 새로운 기기들이 많이 등장하고 대표적인 것이 파이오니아 회사의 멀티 큐브(multi cube : 40인치×사용대수) 시스템과 필립스사의 레인보우 비전(rainbow vision : 100인치 이상의 것) 주로 사용되고 있으나, 하이비전(화면 주사선이 1125 이상의 것)이 개발되어 사용되고 있으며, 더욱이 입체화면(3D)과 무한한 상상의 세계를 경험하는 가상 현실과 상하좌우로 시뮬레이션이 통합하여 작동되는 기술들의 발전으로 이벤트 현장에서 우리들을 즐겁게 해 주고 있다.

### (9) 종합 매뉴얼(지침서) 작성 단계

연출자가 맡은 파트의 행동 지침서인 매뉴얼을 프로듀서와 같이 작성하여, 모든 종사자들이 그 이벤트에 전문성을 발휘하면서, 어떤 마음가짐으로 어떤 순서에 어떻게 해야 하는지 중심이 되게 매뉴얼을 작성하여야 한다.

### (10) 총연습 단계

각 파트별 세팅이 끝나면 각 파트별 안전점검을 꼭 해야 한다. 안전 점검을 소홀히 하면 큰 낭패를 당한다. 전문가들과 주의 깊게 꼼꼼히 체크하여야 한다.

그 다음이 테스트 및 연습 순서이다. 이 순서에는 테크니컬 · 소프트 · 캐스트의 연습이 있고 · 총연습 후 캐스트 · 스태프 회의가 몇 번에 걸쳐 이루어져야 한다.

① 프로그램 연습

채택된 프로그램에 따라 연습 형태는 여러 가지 있을 수 있으나 보편적인 형태는 다음과 같다.

㉮ 출연자들이 채택된 프로그램의 대본을 각각 나누어 갖고 구성 작가와 연출자의 테마 선정 경위와 작품 해석 및 연출 방향에 대한 자세와 의견 교환

㉯ 조연출의 진행으로 각자 맡은 배역 탐독 연습 : 소요 기일 10일 ~ 1개월

㉰ 연출자의 브로킹(blocking : 배역들의 행동, conti라고도 함)에 의한 배역들의 선 연습 : 소요 기일 10일 ~ 1개월

프로그램이 뮤지컬 형태인 경우 작사 · 작곡 · 편곡 · 연습 · 녹음하여 녹음 테이프로 노래 · 무용 · 대사 연습, 소요 기일 1개월 ~ 3개월

㉱ 스태프(음향 · 조명 · 영상 · 특수 효과 등)와 합동 연습 : 소요 기일 3일 ~ 10일

② 테크니컬 테스트(technical test) 및 리허설(rehearsal)

여기서 '테스트(test)'라 함은 프로그램에 의한 필요한 기자재의 기능 검사이고, '리허설'이란 프로그램이 요구하는 '소프트(대사 · 연기 · 노래 · 무용 · 합창)'를 표현해 보이는 것을 말한다.

㉮ 세트 및 커튼(막)

㉯ 조명 플랜에 의한 연습

㉰ 음향 플랜에 의한 연습

㉱ 특수 효과 플랜에 의한 연습

㉲ 영상 플랜에 의한 연습

㉳ 카메라 플랜에 의한 연습

㉴ 소도구·대도구 플랜에 의한 연습

③ 소프트 테스트(soft test) 및 리허설

㉮ 주제가(theme song과 melody)

㉯ 각종 b.g.m(back ground music)

㉰ 특수 효과음

㉱ 영상 video(비디오 소프트)

④ 출연자들의 리허설

MC·출연자·배우·가수·개그맨·무용단·합창단·악단과 안내양·캠페니언 걸·진행자·정리자·대표로서 인사할 회사 대표 등

㉮ 드라이 리허설(dry rehearsal) : 분장을 하지 않은 상태로 평상복 착용으로 악단과 같이 연출자의 지휘에 따라 연습

㉯ 드레스 리허설(dress rehearsal) : 분장하고 출연복 착용하고 악단과 같이 지휘자의 지휘에 따라 연습

⑤ 총연습

각 파트별로 테스트와 리허설이 끝나면 실제 상황과 똑같이 연습을 하는데, 꼭 수정할 부분은 스태프들과 협의·확정하여 반복 연습(카운트다운부터 막이 내리기까지, 혹은 조명이 페이드 아웃 될 때까지)하여야 한다.

### (11) 총 스태프 회의

① 프로듀서 파트와 각 파트 최종 점검

② 사고 방지 대책
③ 모든 출연자들의 사기 진작
④ 스태프 큐 사인과 체크 방법 확인 체크

### (12) 실시 단계

실시 현장에서 중심적인 역할을 담당하는 것은 역시 연출자와 무대 감독이다. 연출자의 임무 중의 큰 하나는 '멋진 출발자'이어야 한다. 금방이라도 꿈이 현실로 되는 듯한, 지금부터 무엇인가 이루어질 것 같은 마술적인 분위기로 시작하여야 한다. 그리하여 이런 분위기가 재미와 스릴로 이어지고 새로운 발견으로 감동으로까지 이어져야 한다.

이벤트에서 가장 중요한 것은 감동이다. 그래서 감동을 일으키기 위해서는 어떻게 하면 새롭게 양질의 것들을 제공할 것인가, 하는 것이 연출의 최대 과제이다.

오픈, 스타트와 같이 클로즈 또한 중요함을 잊어서는 안 된다. 감동의 여운이 오래 남도록 커튼 콜까지 멋지게 끝나 입에서 입으로 소문이 나게 하여야 한다.

뮤지컬이 막이 내렸다고 해서 다 끝난 상황은 아니다. 세일즈 프로모션이 본격적으로 시작된다. 프로듀서를 도와 그쪽의 진행을 도와주어야 한다.

① 장내 MC의 진행 큐(cue)
② 신상품 판매 시작
③ 유동 인구의 흐름 파악
④ 많이 몰린 사람들의 분산 작업
⑤ 기업 이미지 코너의 진행
⑥ 앙케트 및 소문 파급 작전 체크
⑦ 판매 끝 안내
⑧ 판매 끝
⑨ 퇴장 안내

### (13) 사후 정리 단계

① 출연자·스태프 등 관계자 전원의 마음 달래기
② 출연자들의 귀가
③ 남은 제품부터 검수, 철수 시작
④ 진열대·P.O.P·sign대 철수
⑤ 멀티 스크린 철수
⑥ 카메라 철수
⑦ 소도구, 대도구 철수
⑧ 특수 효과 철수
⑨ 음향 철수
⑩ 조명 철수
⑪ 세트와 막(curtain)·배경 철수
⑫ 순서대로 무대(stage) 철수

### (14) 리뷰 미팅(review meeting)

프로듀서와 같이 주최자의 리뷰 미팅을 갖게 되는데, 모든 이벤트가 계획대로 되어서 성공하였다면 문제는 없겠으나, 그 중에서도 계획대로 안 된 부분이 생기고 못한 부분도 생겨 실패했다는 결론이 났을 때는 보상 문제가 따른다. 그러기에 계약 단계에서 모든 일어날 수 있는 모든 상황들을 어떻게 조치한다는 조문들을 명백히 해야 한다.

① 프로듀스와 파트별 책임자들과 함께 평가회의
② 진행상 문제점 체크
③ 문제점의 보상 및 변상
④ 전체 진행 상황 문서화 작업
⑤ 수지 결산 보고서
⑥ 연출자 파트 보고서 작성 및 기록화 편집

⑦ 연출자 파트 보고서 및 기록화 주최자에 제출
⑧ 연출자 파트 보고서 및 기록화 1부씩 보관

### (15) 피드백(feedback)

모든 것이 끝난 것 같은 허탈감을 느끼기는 하지만, 내일도 새로운 태양이 떠오르듯 다음을 기약하며 자신만의 새로운 기획과 연출 수법을 공부하여 다음 이벤트에 반영하여야 한다.

Chapter 6

# 이벤트 평가

## (1) 평가 기준과 자세

이벤트는 이벤트가 가지는 특성상 각각 분야가 서로 협력하고 통합적으로 집약되어 수행되므로 수치적인 결과 산정에 어려움을 가지고 있는 것은 이벤트만이 갖고 있는 애로사항이다. 그래서 이벤트에 관한 평가는 어렵고도 애매하다. 이벤트 종료 후의 성패나 손익 등에 적정한 평가를 하는 경우, 언제나 문제가 되는 것은 평가 기준을 어디에 두고, 어떤 기준에, 어떤 관점으로 평가하느냐이다. 왜냐하면 이벤트는 목적과 목표에 따라, 종류와 규모, 형태와 진행 방법 등이 천차만별이기 때문이다. 더욱 애매한 것은 어떤 목표와 목적을 가지고 그 목적과 목표를 달성하기 위하여 했는가 또는 어떤 효과를 기대하고 개최하는가가 불분명한 상태에서 이벤트를 행하여 왔기 때문이며, 더구나 과거에는 결과에 대하여 공개하지 않고 내부문제로 남겨 왔었다. 그러나 요즘은 대체로 공개하는 경우가 많다. '목적'이라 함은 이번 이벤트의 과제를 달성하고 실현하는 기획의 도달점이고, '목표'라 함은 도달의 정도를 금액이나 수치로 나타내는 것으로, 기획의 도달점보다 구체화한 것을 말한다. 이러한 목적과 목표가 명확하지 않은 이벤트는 큰 효과를 달성하기란 어려우며 또한 바른 평가도 내릴 수 없다. 다시 말해 이벤트는 개최하는 것이 목적이 아니라 기획의 목적과 목표를 달성하기 위한 수단인 것을 명심해야 한다. 이벤트 행사 종료 후 행사에 대한 평가를 받을 경우에 여러 가지 답변이 나올 수 있다. 그러나 평가에 대한 개략적인 답변보다는 '왜'라는 물음에 비중을 두어야 할 것이다. 그래야만 행사에 대한 구체적인 방안이나 문제점 및 개선방향을 잡을 수 있기 때문이다. 지금까지의 평가 형태를 보면 입장객 또는 관람객의 인원수, 매표 실적, 이벤트의 내용, 관계자들의 능력이나 업무 방식, 주최측의 자세, 회장 내의 분위기 등으로 평가하여 왔다.

### (2) 향후의 평가 방향

평가 방법에는 크게 직접 평가와 간접 평가로 나눌 수 있다. 직접 평가란 입장자(참가자, 관람객)의 인원수와 판매량, 그리고 현장 설문 조사(이벤트의 내용과 전략 및 주최사의 이미지 등등)를 주최사가 보유한 자체 네트워크 시스템으로 조사하여 평가하는 것을 말하며 간접 평가란 외부 전문회사에 의뢰하여 조사된 자료로 평가하는 것을 말한다. 앞으로의 평가는 각각의 장, 단점을 파악하여 주최에 맞는 어떤 방법을 사용해도 좋으나 이벤트의 종류와 형태가 목적과 목표에 따라 진행 방법이 서로 다르기 때문에 그 이벤트의 성격에 따라 평가를 해야 한다. 세일즈 프로모션 이벤트는 그에 맞는 평가를, 문화 공공형 이벤트에는 그에 맞는 평가를 , 그리고 새로운 붐을 이루는 지역 활성화 이벤트는 그 이벤트에 맞는 평가를 해야지 세일즈 프로모션의 평가 기준으로 문화 공공형이나 지역 활성화 이벤트를 평가한다면 커다란 오류를 범하게 될 것이다. 또한 영업판촉 이벤트는 판매 목표나 커뮤니케이션 목표가 제품의 판매량이나 설문의 응답자 수에 따라 수치화가 이루어져 성공 여부를 평가할 수 있지만, 지역 활성화 이벤트의 경우는 목적과 목표, 그리고 기대효과로 직접적인 이익을 올리는 경제 효과도 중요하지만, 지역 경제의 활성화를 가져오는 생산 유발 효과, 고용 창출 효과, 개인 소득 효과나 사회 · 문화적 효과(지역 이미지 부각, 정체성 확립, 문화 수준 향상 등등)가 이루어졌다면 이는 성공이라고 볼 수 있는 것이다. 또한 공연 이벤트의 경우는 주최측이 목적한 수익이 달성되었더라도 그 이벤트의 내용이 나쁘면 성공이라 할 수 없으며, 내용이 좋더라도 수익이 달성되지 못했다면 그것도 성공이라 말 할 수 없다. 올림픽이나 월드컵, 박람회를 입장자 수와 수지의 결과로 판단하는 경우가 많은데 이것도 물론 중요하지만 이러한 것을 개최함으로서 얻어지는 여러 형태의 부수 효과는 실로 엄청나다고 볼 수 있다. 요즘 이러한 대형 이벤트를 유치하기 위해 얼마나 많은 나라들이 혈안이 되어 있는 것만 봐도 충분히 이해할 수 있을 것이다. 그러면 향후의 평가 방향에 대해 알아보면 다음과 같다.

① 기획서에 대한 평가

이벤트의 시작은 기획이고, 이 기획에 의해 이벤트가 이루어진다. 기획서는 이벤트의 기획 내용을 조리 있게 정리한 것이고 실제 작업의 진행방향을 시각화한 것이기 때문에 기획서에 대한 평가가 중요하다. 기획서는 논리의 흐름이 부드러워야 하며 구성상의 균형도 있어야 하며 내용의 과부족도 안되어야 한다. 또한 각종 자료와 이미지는 효과적으로 구사해야 하며, 기획 내용이 효율적으로 이해가 쉽게 작성되어야 한다.

㉮ 기획 단계 부분

- 새로운 물결 속에서 정치, 경제, 사회, 문화의 흐름과 주최자의 가치와 욕구를 정확히 파악하였는가?
- 기업의 가치인 경영자의 이념과 자세, 기업의 중점 전략, 그리고 주최 기업의 조직과 의사 결정 구조는 파악되었는가?
- 실태 파악을 위해 어떤 조사로 자료화 하였는가?
- 문제점들은 어떻게 해결하며 목적과 목표는 어떤 기준으로 설정했고 동종업계의 동향 파악과 표적에 대한 분석은 하였는가?
- 기획의 나침반인 컨셉과, 기획의 핵인 테마, 얼굴인 타이틀 기획의 형태인 타입은 어떻게 선정하였는가?
- 기본 전략은 타당한 전략이고 기본적인 세팅은 적정한가?

㉯ 세부 계획 실시 단계

세부 실시 계획은 기획의 실현이며 개최하는 방향에서 현실적인 대응작업이며 기획의 하이라이트이다.

- 각종 세부 계획을 실시함에 있어 구체적인 적합성은 어떠한가?
- 행사장 설치 및 각종 디자인의 선정 기준은 어떠한가?
- 종합 메뉴얼 작성과 각종 체크리스트 작성에서 적정선은 알맞은가?
- 이벤트에 어울리는 홍보 방법은 개발하였는가?
- 관중동원 방법과 리스크 요인의 분석과 대책은 마련되었는가?
- 일정상 너무 무리한 계획은 아닌가?
- 능률적인 조직 편성이 이루어져 있는가?

㉰ 실시 단계

- 각 행사장의 위치선정은 특색이 있고 입장객의 눈 높이에 어울리는가?
- 행사장의 분위기와 종사자들의 태도는 어떠한가?
- 컨셉과 테마에 어울리는 오프닝과 라스트를 준비하였는가?
- 프로그램의 완성도와 수준은 어떠한가?
- 각종 커뮤니케이션은 원활하고 효과가 있었는가?
- 주최사의 이미지 부각은 얼마나 되었는가?
- 설문 조사 방법과 홍보 방법은 구체적인 방안이 마련되었고 효과는 있었는가?
- 철수 및 정리는 어떻게 마무리 할 것인가?

② 실시 평가

㉮ 기획 부분

좋은 기획이야말로 이벤트의 성공에 첫걸음이다. 어떤 사업보다도 이벤트는 선행 투자가 많고 리스크를 함께하는 사업이다. 이벤트는 잘 기획되고 잘 만들어져 공감을 나누는 현장이 되어야 한다. 새로운 세계의 흐름속에서 주최자의 가치와 욕구를 정확히 파악하여 목적과 목표의 확실한 설정과 과제 달성 프로세스가 예상대로 잘 진행되는가? 또한 현장은 테마와 잘 어울리게 실시되고 홍보는 어떤 방법으로 하여 관중동원은 성공하였는가? 그리고 투자와 이익의 수지 밸런스가 이루어 졌는가 하는 평가가 되어야 한다.

㉯ 제작 부분

개최되는 이벤트에 대한 연출자의 이해로 구성된 프로그램의 전문성과 프로그램을 어떤 기법을 이용하여 처음과 끝의 리듬을 유지하고 클라이막스를 설정하는가, 대비의 조화를 이룬 표현력, 혼신의 힘을 다하는 연기자들의 연기력과 다양한 기술을 발휘하는 무대와 세트, 음향, 조명, 영상, 특수 효과와 멋진 오프닝과 클라이막스, 여운이 남는 크로징 그리고 약속한 시각에 개막하는 연출자에 대한 평가이다.

㉰ 운영 부분

- 행사장 및 실행에 관한 운영의 세련미와 주최자의 자세나 종사자들의 집행능력과 동반 협력자, 안내원들의 자세는 어떠한가?
- 영업 판촉 이벤트라면 신제품을 효과적으로 발표하고 판매하였는가?
- 상담과 휴게 코너는 적절히 배치하였고 효과는 어떠했는가?
- 가이드 북(안내와 일정표)의 내용은 좋았는가?
- 이벤트에 맞는 표적은 잘 선정하였는가?
- 내장자(방문객)들의 반응은 제대로 파악하고 있는가?
- 안전과 기타 부대시설 및 편의시설은 제대로 설치 운영하였는가?

㉱ 이미지(Image)부분

개최된 이벤트가 과연 계획한대로 이미지를 향상시키는데 성과가 있었는가, 기대치를 상회하는 결과를 가져와 이벤트의 소기의 목적을 달성했다면 내방객이나 참가한 고객이 미래 고객으로 발전할 수 있다. 구전이나 여러 매스컴을 통해서 보도된 이벤트가 이벤트를 실시한 주최사의 홍보와 이미지를 부각하는데 도움을 주고 빛을 발하게 한다면 얼마나 좋은 일이 되겠는가?.

㉮ 목표 부분

기획에서 예상한 목표인 입장객들의 인원과 판매 목표량, 목표 이익 등에 관한 평가이다.

전시회를 예를 들면 기획에서 구상한 표적(전문가나 바이어 등)도 기대 이상 방문하면 당연히 좋은 결실을 맺을 수 있을 것이다 뿐만 아니라 일반 대중들이 많이 왔다면 이 또한 평가의 대상이 될 수 있다. 자사의 부스에 입장한 내장객 수와 명함이나 연락처를 준 사람과 상담객 수에 따라 평가의 척도가 될 수도 있다.

㉯ 커뮤니케이션(Communication) 부분

개최한 이벤트의 특성에 맞게 어떠한 방법으로 홍보작전을 전개하였으며, 입장객이나 소비자들과의 커뮤니케이션의 방향은 어떤 것들이었으며, 여러 매체를 통한 협조는 어떠했는가?

설문지 조사 방법은 타당하였고 고객에 대한 정보 수집과 이미지 향상 등에 대한 평가를 말한다.

㉰ 프로그램 부분

프로그램의 구성력에 참신함과 차별화 및 진행 방법, 진행상의 유연한 흐름, 시간 계획 일정에 맞는 진행, 클라이막스의 연출, 끊김이 없는 분위기 연출, 오프닝 송, 테마 송, 영상 등의 제작 수준을 평가하고 관람객이나 소비자들의 호응도나 만족도를 현장에서 체크하는 평가를 말한다.

㉱ 파급 부분

개최된 이벤트에 관한 소문과 파급효과는 어떠한가?. 경제적 파급효과, 사회, 문화적 파급효과와 이미지업 파급효과 등의 평가인데 이 부분은 많은 시간이 필요하며 또한 과학적인 조사가 병행되어야 한다. 상대적 평가로 외국의 사례나 경쟁사의 유사한 이벤트 결과에 대한 상대적 비교를 통한 평가도 필요하다.

㉲ 종합적 평가

목적과 목표의 수치화만이 아니라 이벤트의 모든 것을 종합적으로 평가에 대상으로 하는 평가이다. 앞으로는 이벤트를 개최할 때 주최사나 기획사는 정확한 목적과 목표에 대한 수치를 정하고 결과에 대해서 공표를 함으로써 주최사와 이벤트 업계가 함께 신뢰받아 서로 발전할 수 있도록 해야 한다. 평가란 남을 평가하는데 그치지 않고 이벤트와 관련된 모든 사업에 있어 발전의 계기를 마련하는데 목적을 두어야 한다.

### (3) 평가의 목적

창조적인 일을 제외한 일반적인 일의 평가는 대부분 수치화 하거나 계량화된, 비교적 측정이 가능한 평가의 방법을 가지고 있다. 창조적인 일은 계량화할 수 없지만 숙련도나 구성 등을 가지고 평가가 가능하다.

이벤트는 그 다양한 형태나 내용만큼 평가 또한 다양할 수밖에 없다. 같은 이벤트에 참여하여도 상황이나 참여자 개인에 따라 느낌이나 감동도 다르기 때문에 평가 역시 다를 수밖에 없다. 감동을 중요시하고 서로 서로 공유감정을 중요시하는 이벤트를 평가한다는 것이 어려운 일임에는 틀림없다.

기획하는 이벤트마다 성공하기도 어려운 일이지만 매번 아무런 예측도 할 수 없는 상태로 기획한다는 것 또한 바람직한 일이 아니다.

평가한다는 작업은 체험을 공유하고 과오로부터 재발을 방지한다는 뜻이 포함된 것이다. 평가는 공유된 체험들을 체계화하여 정리함으로써 과오를 방지하는 기능도 제공하지만, 살아 있는 정보와 자료를 축적함으로써 다시 이벤트를 기획할 때 필요한 새로운 정보와 자료를 제공한다.

### (4) 평가의 요소

이벤트를 평가하는데 여러 가지 요소가 있을 수 있으나 크게 다섯 가지로 나누어 평가의 요소로 삼고자 한다.

① 목적에 대한 성취도 여부

어떤 이벤트이든지 목적이 없는 이벤트는 없다. 한 가지 또는 여러 가지 목적을 성취하기 위한 수단으로 이벤트를 실시한다. 이벤트를 평가하는 데 다른 요소도 있겠으나 본래 추구한 목적을 충실히 달성하였는지가 이벤트를 평가하는 가장 중요한 요소가 될 수 있다.

목적의 성취도를 계량화, 계측화 할 수 있는 사항이라면 더욱 바람직하지만 계량화가 불가하다면 설문조사나 인터뷰 등으로 목적에 대한 성취를 판단할 수도 있다.

목적에 대한 성취도를 판단하는데 어느 한쪽의 일방적인 판단이나 예상되는 질문을 던짐으로써 의도적인 답변을 도출하는 성취도 조사가 될 수 있다.

② 새로운 시도의 유무여부

이벤트는 언제나 새로운 것이기는 하다. 그러나 사람들에게 신선한 충격을 줄 수 있는 새로운 것이 있어야 한다. 구태의연하게 답습의 형태를 취하고 있는 이벤트는 우선 이벤트의 전문가로서 자격이 없다.

이벤트 전문가가 아니어도 이벤트 프로그램을 기획하는 사람들은 언제나 새로운 것을 추구해야 함은 말할 것도 없다. 아이디어에서의 새로움, 이벤트 장치에서의 새로움, 진행에서의 새로움이 있어야 사람들에게 신선한 충격을 줄 수 있다.

③ 진행의 유연함

진행의 유연함이 과연 이벤트의 평가에 영향을 줄 수 있는가 하는 의문을 가질 수도 있으나 참가자의 입장에서 본다면 진행의 유연함은 참여자의 감성에 직접적으로 작용하는 중요한 요소이다. 유연함은 참가자에게 감동을 자아내게 하는 기술적인 문제가 될 수 있다.

진행의 유연함은 흐름의 정확성, 여분, 조절을 적절하게 해야 하며, 그것을 통해서 감동을 연출해야 한다.

진행에서 또 하나 평가의 요소는 돌발사태에 따른 대응조치의 능력이 포함되어야 한다. 돌발이나 비상사태에 대한 적절하고 정확한 조치능력이 이벤트 진행에 관한 평가에 포함되어야 한다.

④ 예산의 적정 집행 여부

이벤트의 여러 평가 사항 중에 계량화가 가능한 항목이다.

움직이면 〈돈〉 이다 하는 말은 모든 일이 금전과 관련이 있다는 뜻이다. 마찬가지로 이벤트를 실시함에 있어서도 많은 자금이 소요된다.

처음 행사를 맡아 기획할 때 제일 힘든 작업 중에 하나가 이벤트 예산을 세우는 일이었다. 정확한 수입 예산을 세우는 일도 어렵거니와 지출예산도 만만치 않았다. 어떤 항목은 금액이 너무 많아 남게 되고 어떤 항목은 아예 삭제되어 부족한 것은 곤란하다.

예산에 대한 평가는 적정한 예산의 수립과 함께 적절한 지출이 이루어져야 한다. 단순히 예산을 많이 소요하였다거나 이익을 많이 남겼다는 것으로 좋은 평가를 받아서 안된다. 투자해야 하는 자금은 과감히 투자하고 낭비적인 예산은 없애는 등 적절한 규모의 예산집행이 중요하다.

⑤ 이벤트의 집객력(執客力)

이벤트의 평가요소 중에서 계량적인 평가가 가능한 부분이다. 일 천 명 정도 참가할 것이라고 예상한 이벤트에 일만 명이 관심을 보이고 참가하였다면 그 이벤트는 성공하였다고 할 수 있다. 많은 사람들의 관심을 불러일으키는 이벤트는 그것으로 좋은 평가를 줄 수 있을 것이다.

원래 이벤트란 사람들을 불러모으는 것이 아닌가. 어떤 요소로 사람을 불러모으든지 간에 예상보다 많은 사람들이 그 이벤트에 참가했다면 성공한 이벤트라고 할 수 있을 것이다.

⑥ 이벤트 결과 정리

이벤트가 종료되면 최종적인 평가와 함께 결과를 정리함으로써 그 이벤트의 기획이 완료된다고 할 수 있다.

결과 정리에 특별한 공식이 있는 것은 아니다. 이벤트와 관련하여 도움을 주거나 수고한 개인, 기관, 단체에 감사 서한을 보내거나 기념 혹은 감사패를 전달하는 것이 좋다.

이벤트의 조직이 해산하기 전에 수입, 지출을 망라한 결산서를 작성해 둔다면 차후 유사한 이벤트의 예산 수립에 도움이 될 것이다.

이벤트의 개최 경위, 준비관계, 진행, 내용, 특별프로그램, 결산과 평가가 포함되는 결과보고서를 작성하면 다른 이벤트의 기획에도 도움이 될 수 있다.

| 결과(평가)보고서 작성 요령 |
| --- |
| • 이벤트 성격<br>• 개최를 위한 경과 (준비관계, 일지)<br>• 조직<br>• 내용(프로그램)<br>• 특별 프로그램<br>• 부대사항(운송, 의전, 관광 등)<br>• 홍보 및 보도관계<br>• 결산<br>• 발행 인쇄물<br>• 성과 및 반응<br>• 평가 정리<br>• 기록사진 정리 |

## 2000 문화관광축제 참관평가 항목

| 평가항목 | 주 요 내 용 | 세 부 사 항 |
|---|---|---|
| 홍보<br>및<br>안내<br>(15) | • 사전홍보<br>-신문, 방송, 라디오 등<br>-역, 터미널, 호텔 등<br>• 현장홍보<br>-홍보물, 안내부스 등<br>• 안내체계 | • 정보획득을 통한 행사장 접근의 편의성<br>• 홍보물 및 그 배포의 적절성<br>• 안내부스의 안내서비스 및 친절도<br>• 단위 행사의 해설체계와 활용도<br>• 기타 필요정보의 적절한 안내체계<br>• 셔틀버스 등 행사장 접근 운송수단 |
| 행사진행<br>전반<br>(15) | • 행사장 배치<br>• 행사 주체<br>• 관람객 편의시설 | • 행사장 배치의 적정성(공간적 구분)<br>• 축제와 각 프로그램 구성의 적절성<br>• 축제 공간 내 휴식시설 및 장소의 배치 여부<br>• 주차장, 휴게실, 화장실 등 |
| 축제<br>프로그램<br>(20) | • 체험 프로그램<br>• 축제프로그램의 차별성<br>• 프로그램의 주제관련성 | • 대표 체험 프로그램 개발 여부<br>• 독특한 지역문화체험기회의 제공 여부<br>• 관광객의 호응(참여도, 만족도) |
| 쇼핑 및<br>음식<br>(15) | • 지역 특산품의 판매<br>• 지역상권의 활용 및 참여<br>• 축제 관련상품의 다양성 | • 외지 및 지역상인의 활동 여부<br>• 지역 특산품의 종류 및 판매 여부<br>• 상품 및 음식의 다양성<br>• 관광객 비용 지출 정도<br>• 품질 및 서비스에 대한 관광객 만족도 |
| 운영 및<br>주민참여<br>(15) | • 행사일정<br>• 축제추진주체의 의지<br>• 지역주민 호응<br>• 유관기관과의 관계 | • 행사일정의 준수<br>• 문제 대처 능력과 행사개선 의지<br>• 지역주민의 행사에 대한 만족도, 참여도<br>• 유관기관과의 협조 상태 |
| 외국인관광<br>객수용태세<br>(10) | • 홍보물<br>• 통역 도우미 | • 행사장내 외국인 안내책자<br>• 전문통역 안내원 관련사항<br>• 역, 터미널, 공항 등에 홍보물 배포 |
| 숙박 및<br>연계관광<br>(10) | • 역내 관광자원의 연계<br>• 숙박, 교통, 편의시설 연계 | • 연계 코스 이용의 편의성<br>• 숙박 예약의 편의성 및 가격의 적절성<br>• 교통시설 이용의 편의성, 특히 대중교통<br>• 숙박시설의 이용정도 |

〈자료〉 2000 문화관광축제 종합평가보고서, 문화관광부, 2000

2

PART

# 이벤트 실무론

Chapter 1

# 미리 알아두어야 할 현장의 간단한 용어

아래와 같은 용어는 행사장에서 오퍼레이터나 Staff 들이 흔하게 사용하는 용어로써 여러분들이 먼저 이해 또는  숙지를 하여야 도움이 될 것이다.

### 1) M.R(Music Recorder)

흔히 가수들이 공연장에서 연주할 악단이 없을 때 반주용 C. D를 가져오는데 이것은 경음악 반주만 녹음되어 있는 것임.

### 2) A.R(On-Air Recorder)

립싱크라고 보면 되겠다. 노래, 반주까지 모두녹음 되어 입만 벌리게 되는 방법을 말한다.

### 3) Tape

60분, 90분용으로 널리 사용되는 녹음테이프를 말하며 이것은 현재 많이 사용되고 있는데 녹음용으로 사용되며 소규모 행사에 있어 아직도 이러한 테이프에 녹음을 해서 가지고 오는 출연자 또는 공연자들이 많이 있다 그러나 대부분 녹음내용은  전문 녹음실에서 녹음을 하지 않은 것이 많기 때문에 행사 전 녹음 상태 확인이 꼭 필요하며 가급적 C. D 또는 MP3에 녹음한 것을 사용하는 것을 권장 하는 것이 바람직하다.

### 4) DAT(digital audio tape recorder)

백업을 받는 것으로 각종 오디오 및 미디어를 저장시켜 재생하는 기기로 아날로그 방식인 기존 카세트 녹음기에 비하여 크기는 절반 정도에 불과하지만  디지털 방식으로 녹음, 재생하며 녹음할 때 회로 등에서 잡음이 전혀 생기지 않고 완벽하게 음을 기록할 수 있는 녹음기. 여러 번 복사해도 동일한 음질을 유지한다. 펄스 부호 변조(PCM) 녹음 방식에 의한 녹음기의 총칭으로, 입력된 아날로그 신호를 디지털 신호로 변환하여 고밀도 테이프에 기록하는 방식을 이용하는데 크게 R-DAT와 S-DAT로 구분한다. 아날로그 녹음기보다 신호 대 잡음비(S/N)와 동작 범위가 아주 높다. R-DAT는 로터리 헤드 방식의 간이형이고, S-DAT는 고정 헤드 방식으로 스튜디오용으로 사용한다. 간단히 표현하자면 백업을 받는 것으로 각종 오디오 및 미디어를 저장시켜 재생하는 기기라고도 할 수 있다.

출처 : 두산동아

### 5) CD

가수 및 댄스 팀들이 본인들의 노래나 반주를 저장시켜 가지고 다니는데 이것은

P.C를 이용하여 C.D 굽기를 하는데 간혹 에러 발생이 생길 수 있다. C. D굽기를 할 때 배속을 빠르게 하면 재생기기에 따라 재생이 용이하다 요즘은 저작권법이 강화가 되어 음악을 다운받는 것이 어렵게 되었지만 예전에는 일반인들이 각종 사이트에서 무료로 다운받아 C. D 굽기로 사용을 하여왔다 굽기 배속에는 4배속, 8배속, 16배속, 32배속 등 상당히 빠른 배속으로 굽기를 할 수 있으나 C. D의 에러 방지에는 배속을 천천히 하는 것이 좋을 것이다 C. D의 에러는 행사 중에 C. D 플레이어가 읽어 들이지 못하여 음악이 끊기는 현상인데 이러한 현상 때문에 행사를 망치는 수가 종종 발생한다. 따라서 행사 전에 재생을 시켜보아 아무런 문제가 발생하지 않도록 철저히 대비하여야 한다.

### 6) Reel(record player)

이러한 것은 요즈음은 거의 사용하지 않고 있으며 가끔 장식용으로 전시가 되고 있는 형편이다. M. D 나 C. D 등이 보급화 되기 전의 기기이다. 80년도 후반까지도 음향부스에서 릴 데크를 볼 수 가 있었다. 행사에서 사용할 BGM 등을 미리 녹음하여 릴데크 에 표시된 플레이 시작 번호를 찾아 재생을 하곤 하였다 따라서 행사도중에 가끔씩 릴테잎이 끊어지는 방송 사고도 많았다.

우측의 그림은 TASCAM사의 릴 테이프 녹음기이다.

### 7) MD(mini disc)

문자 그대로 미니디스크 이다 소형의 디스크로 사용하기가 매우 편리하며 C. D RW의 기능으로 되어있어 제작이나 편집을 쉽게 할 수 있는 장점이 있다. 요즘은 MD제작사별로 다양한 모델의 제품들이 시판되고 있다.

MD의 대표적 기능으로서는 더빙 및 재생을 쉽게 할 수가 있으며 디스크의 크기가 작으면서도 70메가바이트 의 용량 을 사용할 수가 있음이다.

### 8) Vox

Vocal을 뜻하며 밴드와 싱어가 같이 연주하는 형태를 일반적으로 말할 수 있겠다. 행사장에서의 보컬의 구성에는 보통 4리듬의 밴드와 싱어로 볼 수 있겠지만 밴드의 구성자체는 약간씩 틀릴 수가 있다. 예를 들면 드럼, 베이스기타, 일렉 기타, 건반, 싱어로 보는데 일렉 기타가 2인이 될 수도 있으며 건반이 2인 또는 싱어가 2인 이상이 될 수가 있다는 뜻이다.

### 9) Wireless

무선 마이크를 말하며 이벤트 행사장에서는 거의 유선보다는 무선을 사용을 자주하고 있다 주파수 대역은 200MHz 및 700MHz, 900MHz 등으로 나뉘어져 있다.

### 10) Wire mic

유선 마이크로서 우리주변에 쉽게 볼 수가 있는 마이크이며 케이블을 통해 음성신호를 전달하는 마이크이다.

### 11) 핀 마이크

무선마이크로서 소형의 마이크를 옷에 집게로 집어 사용하는 마이크라고 한다.

### 12) Head Set

보통 가수들의 공연에서 도 볼 수가 있으며 헤드폰처럼 머리에 장착하여 사용하는 마이크의 형태.

### 13) B.G.M(Back Ground Music)

배경 음악으로서 공연이나 행사 중에 [1]CUE-SHEET 에 기재된 음악을 선별하여 보내어주는 것. 즉 각종 드라마, 영화, C. F, 이벤트 행사장. 패션쇼. 등에서 나오는 음악을 들어 보는 것도 도움이 되며 실제로 여러분들이 선별하여 편집, 제작해보는 것도 좋을 것이다.

### 14) F.O(Fade out)

음악을 서서히 줄여주며 음악을 끝냄 반대는 (Cut Out)

### 15) Visual(영상)

행사에 쓰이는 모든 영상의 형태

### 16) 특수효과(Effect)

무대에서 연출하는 각종 화약, 가스, 불, 꽃가루, 등을 연출하고 야외에서는 불꽃놀이, 라인로켓, 유연화약, 각종 캐릭터, 등을 연출하는 것을 흔히들 특효라고 줄여서 말한다.

### 17) 행거(hanger)

이벤트에서 조명 팀에서 사용하는 부품으로서 Par Light 등 조명기구를 구조물에 고정시켜주는 부품을 말하며 실제로 개당 5,000원 정도로 시판된다.

---

1) 행사진행 세부 프로그램이 기재되어 있는 것.

### 18) 젤라틴

조명 앞부분에 끼우는 필터 색지를 말하며 고온에서도 견딜 수 있는 색지이다 또한 이것은 셀룰로이드와는 다른 색지를 말한다.

### 19) 연결 소켓

조명에서는 전원을 연결시켜주는 소켓으로 구분하며 음향에서도 Cable과 Cable을 연결시켜주는 소켓이 부착되어 있는 케이블을 말한다.

이러한 와이바[2]는 직접 제작하여 사용을 한다.

### 20) Long Pin

작게는 500W 크게는 몇KW의 용량으로 사람이나 사물을 밝혀 주는 효과의 조명을 뜻함 정면 뿐 만 아니라 다양한 각도에서 잡을 수 있다.

### 21) Par Light

기본적으로 많이 사용되는 조명기구의 이름으로 대파[3](1kw) 소파[4](250w)라고 부른다.

### 22) Moving Light

특수조명의 한 종류로 조명의 움직임을 컴퓨터 조작으로 상, 하, 좌, 우 로 움직이는 조명

---

2) 현장에서 조명 음향 등에서 두 개의 기기 또는 케이블을 하나로 연결시켜주는 것.
3) par light 중 1kw용량을 말함
4) par light 중 250w용량을 말함

### 23) Magnum

특수조명의 한 종류로 빗살무늬 모양의 그림을 연출하는 조명이름

### 24) Top

특별한 피사체를 지정된 위치로 잡는 조명

### 25) Back Light

피사체를 뒤에서 잡을 경우를 뜻함

### 26) 콘티(Conti)

대본이나 각본을 바탕으로 하여 정확한 순서와 여러 상황의 연기, 이어지는 장면의 설정 등 연출자의 모든 연출의도를 기입하는 것.

### 27) Bank

30w의 Par Light를 4개에서 8개, 16개정도를 묶어 강렬한 효과를 내게 하는 조명으로 조명배치에 있어서 필수적인 라이트 이다.

### 28) Button

공연장 천장에 기존 세팅되어 있는 조명 구조물로서 각종 무대세트. 현수막 등을 부착하여 사용할 수가 있다.

### 29) Fog

특수효과에서 사용하는 Fog지만 조명 선을 잡기위해 사용하기도 하는 연기효과

이다 이러한 포그 는 바람이 많이 부는 야외의 공연에서는 효과를 잘 보지 못 한다 따라서 바람의 부는 방향에서 분사를 시키는 것이 좋을 것이다.

### 30) Rehearsal(리허설)

무대 공연이나 실제 공연에 앞서 출연자나 스태프들이 사전에 연습하는 것.

### 31) 큐시트(Cue-Sheet)

프로그램의 개시에서 종료까지 무엇을 어떤 타이밍에서 방송 또는 녹음, 녹화할 것인가를 일정한 형식에 따라 기입하게 되어 있는 진행표 또는 시각(시간대)별로 세부적인 행동요령 및 진행순서를 기입한 행동 지침서.

Chapter 2

# 각종 행사장 시설개요

이벤트에는 축제, 전시, 공연, 등 많은 형태로 이루어지며 행사장의 위치, 조건, 기후 등에 따라 많은 변화가 있다.

### 1) 축제(Festival)의 행사장 형태

축제는 야외 및 실내에서 이루어진다고 볼 수 있으며 특히 테마가 있는 축제의 형태는 야외에서 많은 참여나 볼거리를 기획하여 제공하는 형태가 많다.

### 2) 행사장의 기본적 형태

① 메인(main) 행사장 : 공연시설(무대, 음향, 조명, 특효, 영상)

행사장에는 보편적으로 주 행사를 진행 할 수 있도록 공연시설과 함께 부대행사를 집약시킨 곳을 메인 행사장이라 볼 수 있다.

② 참여행사장 : 각 행사의 테마 및 행사조건에 따른 부대행사장

이것은 행사를 관람하러 온 사람들에게 체험 할 수 있도록 하는 행사장을 말 한다.

③ 볼거리행사장 : 지역 특산품 또는 축제 이미지와 부합 된 것

행사장 주변에 부대행사 일환으로 행사의 주제나 테마를 영상 표현하거나 또는 소공연을 말한다.

④ 전시행사장 : 사진, 꽃, 미술품, 조각, 등 축제에 따른 전시

### 3) 행사장에 따른 필수 시설

홍보 아치(arch)및 현수막, [1]배너(banner), 등 선전용 시설

즉 행사의 얼굴이라고도 할 수 있는 각종 홍보물을 말하며 행사장의 입구나 도시의 거리 에 설치 되어있는 것을 말하며 이러한 홍보물을 제작, 설치하는 업체는 광고 대행사가 주로 대행한다.

① 아치 제작

아치의 틀은 목재 또는 철재구조물로 만들어 지며 실사 인쇄 및 코팅으로 제작된다 그리고 대형 아치 제작에는 크레인을 동원하여 설치된다.

아치의 내부에 조명을 설치하여 야간에도 볼 수 있도록 하며 이러한 시안이나 도안은 제작사에서 견적과 함께 수차 정정하여 만들어 진다.

아치의 제작 단가는 현재 대략 수 백만원에서 아치 규모나 행사규모에 따라 제작비가 달라진다.

② 현수막 제작

예전 현수막제작 방법에는 나염이라고 해서 페인트를 사용하여 제작되었으나 현재에는 거의 컴퓨터 그래픽으로 처리하여 실사 방식으로 제작된다.

보통 현수막 제작에는 1헤비(heavy) 당 (1m*1m)1만원으로 산정하여 6m현수막 제작에 는 장당 5만 원가량의 제작비가 소요된다.

---

1) 표제, 슬로건, 기 등을 말하는 것으로 이벤트에서도 이러한 것을 새로운 디자인 또는 상징적 표현방법으로 사용

③ 각종 베너(banner)

베너는 광고 홍보용으로 상징적인 모양이나 각종 광고가 될 수 있는 것을 표시한 것이며 각종 홈페이지를 보면 다양한 베너의 모습을 볼 수 가 있다. 이벤트용품의 베너 에는 삼색배너로 부채꼴 형태가 대표적 배너로 생각 하면 되겠으며 행사장에서는 행사의 주제와 안내 등의 내용 을 적은 것으로도 사용한다.

④ 주차시설

행사장에는 많은 인원 및 차량이 운집 하는 곳이기 때문에 주차장의 편의시설과 주차관리에 만전을 기하여야 하며 통제 또한 불편이 없도록 하여야 한다.

⑤ 본부석

이것은 주최 측이 원할 한 행사진행을 위해 각종 정보 및 통제를 지시, 보고 받는 부스이다.

⑥ 방송실

많은 인파가 운집하는 행사장에는 각종 분실, 미아발생, 차량통제, 진행요원관리, 행사장의 안전 또는 진행안내방송, 각종 사고 방지를 위해 설치되어야 하는 곳이다.

⑦ 안내 부스

행사장의 입구나 출구, 행사장내에 안내도우미를 배치하여 관람객들에게 불편이 없도록 마련한다.

### 4) 행사장에 따른 부대시설물

① 식당

식당의 구분에는 주최 측이 마련한 행사관계자들의 식당이 있으며 또한 먹거리 장터가 형성 될 수 있으며 지역축제에 있어서는 대부분 그 지역 주민들이 운영하는 식당으로 구분된다.

② 화장실

행사장 주변에는 관람객이 사용 할 수 있도록 간이 화장실이나 차량으로 제작된 이동식 화장실도 배치하여 사용하기도 한다.

③ 통신(전화)

대형 축제장 에서는 휴대전화사용이 많아 일반 전화 부스 및 각통신사에서 이동 기지국을 배치하는 경우가 있다.

④ 진행요원 대기실

기후 및 행사 일정에 따라 설치물 또는 인원통제에 소요되는 스텝들 및 공연장소 에 출연자 대기실은 필수적 요소이다.

### 5) 공연 무대시설에 따른 시설

① 출연자 대기실

대기실은 외부에서 볼 수 없도록 하는 것이 원칙이며 의자 또는 실내등이 설치되어야하고 동기에는 난방 시설도 필요하다.

② 음향부스

음향시설의 기기를 조작하는 오퍼레이터 및 관계자들이 있는 곳을 말한다.

이곳은 출연자들의 매니저들 또는 행사관계자들이 수시로 출입을 하는 곳이기 때문에 일반인들의 출입을 통제하여야만 행사가 원활하게 진행될 수가 있다.

③ 조명부스

이곳은 각종 컴퓨터시설과 아울러 전기의 위험이 있다 오퍼레이터 외 2~3명이 조작을 하고 있다

④ 기타 부스

영상 및 특수효과 등 각 팀별로의 부스가 행사장내 설치.

### 6) 인원 및 배치상황

안내 및 홍보요원

축제관계자(주최 측)

축제용역관계자(기획사요원)

의료 및 소방, 교통요원, 보안요원

본부석 의전 진행요원

부대시설관리요원

위의 그림은 태백산 철쭉제에 참가한 대학 동아리 활동으로서 지방 자치제의 축제에 참가한 모습이며 축제의 프로그램에 있어 지역대학의 참여를 볼 수 가 있겠다.

또한 여러 행사장에서 볼 수 있듯이 행자장의 텐트 설치는 거의 몽골 텐트형을 설치하여 부대 행사장의 분위기 및 축제의 모양새를 갖추도록 한 것이다.

아울러 행사장의 텐트 설치는  접이식 텐트로 도 설치하는데 이것은 텐트의 색상 및 견고성, 그리고 텐트의 공간 활용을 고려하여 텐트의 종류를 선택하여야 한다.

우리가 알아야 하는 것은 행사에 있어 여러 가지 부대시설을 설치하는 것 중 가장 필요로 하는 것이 이러한 텐트이다. 다양한 이벤트 행사에 필요한 품목 중에서 텐트만을 대여 하여 주는 업체가 있음이다.

따라서 몽골 텐트는 설치와 공간 활용에 있어 많은 축제의 장에서 선호하는 추세이다.

### 7) 보편적인 지역 축제 행사장 구성도의 예

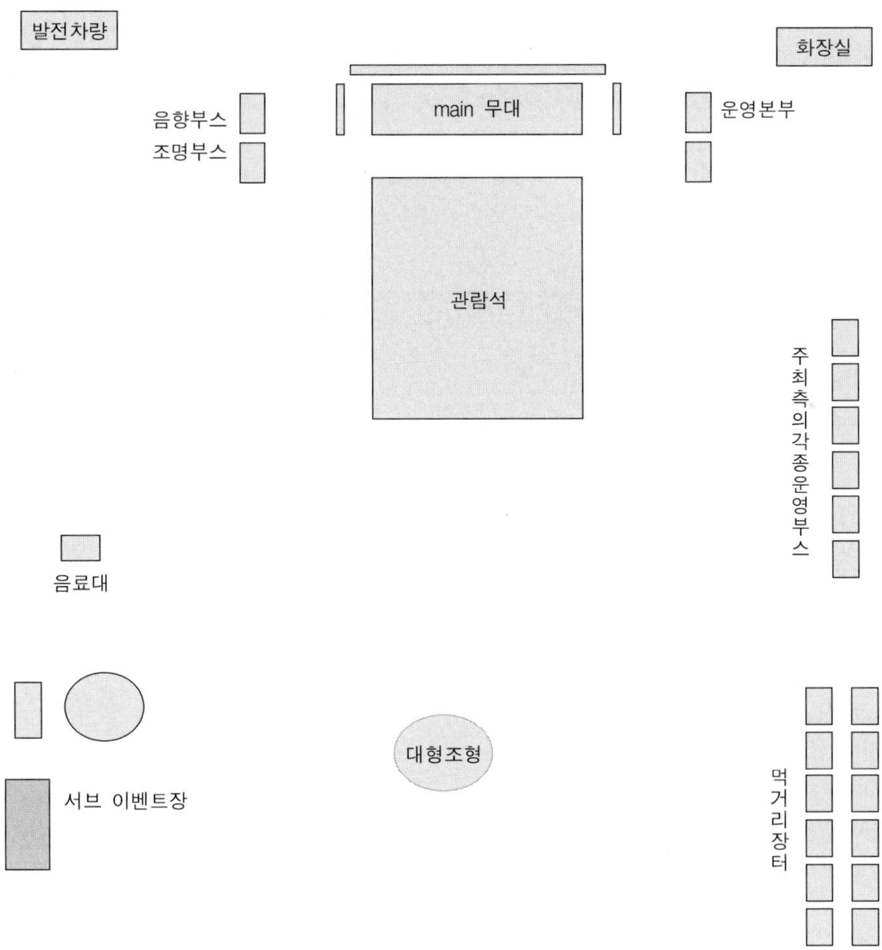

Chapter 3

# 각종 행사의 흐름도

| 순서 | 내 용 | 비 고 |
|---|---|---|
| 1 | 행사 기획 | 아이디어 발상 |
| 2 | 영업 | 행사수주 |
| 3 | 주최 측과의 미팅 | |
| 4 | 행사현장 답사 | 행사장 상황파악 |
| 5 | 주최 측과의 행사 발주 | 행사 구상협의 |
| 6 | 행사 기획 | 새로운 아이디어 창출 |
| 7 | 1차 기획서 제출 | |
| 8 | 주최 측 검토 (수정, 보완요구) | |
| 9 | 2차 기획서 제출 | |
| 10 | 주최 측 최종 견적협의 후 발주 확정 | 행사계약 |
| 11 | 행사비 일부수령 | 계약에 따른 선급금 |
| 12 | 행사에 필요한 각종 섭외의건 확정 | |
| 13 | 행사장에 필요한 시설 및 제작품 의뢰 및 구매 | |
| 14 | 행사 D-day 1일전 또는 행사 전 세팅 마무리 | |
| 15 | 행사진행 | |
| 16 | 장비 및 행사 제작물 철수 | |
| 17 | 기획 또는 영업부 소요 행사비용 산출 및 정산 | 정산서류(관공서) |
| 18 | 행사비 최종금액 수령 | |
| 19 | 주최 측에 정산자료 전달 | |
| 20 | 기획사는 행사자료 정리 및 피드백실시 | 기획사 또는 축제위원회 |

### 1) 행사 출연진 섭외

행사에 필요한 출연진 섭외는 대부분 기획사에서 대행을 하고 있으며 지역에서는 인맥을 통한 연예인 섭외도 하고 있다.

주로 이루어지는 섭외는 가수, 사회자, 밴드, 국악인, 등으로 섭외비용 은 각각 다르며 연예인들의 인기도 및 스케줄에 따라 섭외비용이 결정되며 성사가 된다.

또한 트로트 가수 보다는 신세대 가수들의 유명도에 따라 엄청난 개런티가 지불될 수 있다.

그리고 연예인 등급을 대략적으로 A. B. C. D급으로 구분하여 섭외된다.

아래의 섭외비용 산출내역은 대략적인 섭외비용이며 등급에 따라 정확한 산출내용은 국내에서는 정한바가 없음을 미리 알려둔다.

### 2) 가수 섭외

출연료는 섭외 시 연예인 매니저에게 통장 선입금이며 통장확인으로 계약이 이루어지는 것이 보통이다.

더욱 정확히 계약을 하기위해서는 계약서를 준비하는 것이 좋다.

아울러 섭외 시 메인 가수섭외 및 다수의 섭외 시 섭외비용은 절감될 수 있다.

트로트 가수 : A급=1천만원 B급=7백만원 C급=4백만원 D급=2백만원

신세대 가수 : A급=2천만원 B급=1천만원 C급=5백만원 D급=3백만원

### 3) 밴드 섭외

밴드 섭외는 밴드의 인조 수 또는 악단의 연주경력, 능력에 따라 결정되며 섭외 시 악단의 숙식비가 별도로 책정된다.

또한 행사의 내용에 따라 연주를 위해서라면 편곡비용 까지 책정하여야 한다.

우리나라에서는 Rock 밴드 및 악단을 운영하는 팀이 많지 않아 섭외 시 어려운 점이 많이 있다.

Rock 밴드 : A급=6백만원 B급=4백만원 C급=2백만원 D급=1백만원
경음악단 : 12인조 악단의 경우=약 5백만원

### 4) 국 악

국악에는 명창 또는 연주인, 사물놀이패, 풍물패, 무형문화전수자, 등등 여러 분야에 있으며 국악인 섭외에 있어서는 지역문화발전에 지속적으로 연구, 개발하며 활동하는 지역 국악인들도 있다는 것을 알아두어야 한다.

위의 사항을 총괄적으로 정리 하자면 프로와 아마추어는 구분이 되며 섭외에는 공식적인 금액이 없다는 것이다 따라서 인맥을 잘 통하여도 섭외는 쉽게 할 수가 있다.

### 5) 사회자 및 레크레이션 강사

사회자 섭외 시는 먼저 행사의 규모나 성격을 파악하여 섭외를 하여야 한다. 왜냐 하면 회갑연이나 파티 전문으로 하는 사회자가 있고 대학축제에 걸 맞는 사회자가 있기 때문이다.
즉 행사에 따라 전문 사회자가 있다는 것이다.
이러한 문제를 파악하지 않고 섭외를 한다면 행사의 흐름이 다르게 갈수 있다.
레크레이션 강사 또한 마찬가지이다.
강사들 또한 실력이 기존의 방송인들보다 더 잘하는 강사들이 얼마든지 있음을 알고 강사료 또한 천차만별임을 알아야 한다.
아울러 레크레이션 강사 섭외 에는 강사의 활동내역과 프로필을 자세히 참조 하는 것도 좋은 방법이다.

### 6) 기타 섭외

행사에 필요한 각종 섭외부분은 인근지역과 타 지역의 행사를 잘 살펴보고 중복되거나 고액의 섭외비용이 들어가지 않도록 신중을 기하여야 하며  또한 행사의 성격에 맞게 섭외를 하되 항상 주최 측과 협의를 통한 섭외가 이루어 져야 한다.

음악부분 : 군악대, 경찰악대, 취타대, 악단, 그룹, 관악부, 오케스트라.
무용부분 : 고전무용, 현대무용, 탈춤.
행사부분 : 에어쇼, 패러글라이더, 의장대시범, 무형문화재, 모터사이클, 전통 민속 예술, 치어리더, 마술, 등등.

### 7) 행사 장비 렌탈(rental)

① 음향

음향 렌탈에는 가까이는 지역 이벤트사의 음향 장비 업체를 통해 섭외 할 수 있다 또한 음향의 대여에는 행사규모에 따라 Kw를 책정하면 된다.

중요한 것은 음향기기의 내용도 좋아야 하지만 가장 중요한 것은 기기를 다루는 오퍼레이터의 경력과 실력이 좋아야 한다.

또한 행사에 따라 스피커의 종류와 배치에도 신경을 써야 한다.

렌탈 비용은 음향 업체에 따라 약간의 차이가 있지만 대략적으로 1Kw당 20만원으로 생각하면 되겠으나 행사성격에 따라 마이크 사용이 많거나 특수적인 행사 즉 오페라 또는 교향악단 연주, 연극, 등에는 더 많은 비용이 산출됨을 알아야 한다.

아울러 무선마이크 사용이 6대 이상 사용이 극히 적음에 있어 무선마이크가 많이 사용된다면 업체에 별도의 요청과 아울러 섭외가 있어야 하겠다.

② 조명

조명 렌탈에 있어서는 일반 조명과 특수조명 섭외가 각기 다르다는 것을 유념해야 한다.

일반조명 즉 Par Light 와 뱅크조명, 핀 조명 등으로 현 조명업체에서 는 대파라이트 1개당으로 산출하였고 조명을 설치할 비계 [1]트러스는 견적을 따로 산출하여야 한다.

약 150Kw 렌탈에는 150만원 200Kw 렌탈에는 200만원으로 생각 하면 되겠다.

이 산출역시 기존 기획사와의 거래가 활발히 있어야 가능 하다 하겠다.

③ 특수조명

특수조명은 즉 무빙라이트라고 말하는데 여기에는 스카이로즈를 포함해서 스캔, 또는 맥 라이트 등이다 이러한 특수조명 렌탈에는 기기의 조작이 전산화 되어 섬세하고 예민한 장비이기 때문에 섭외비용도 많이 들 수밖에 없다.

약 무빙8대를 렌탈 하는데 비용은 약 2백~3백만 원 정도의 고가이다.

④ 무대

이벤트 행사 무대 렌탈에는 조립식이 대부분이고 약 평당 4만원으로 이루어지고 있고 백드롭 즉 무대뒷면 세팅에는 별도의 제작비가 소요된다.

대형 무대 세트장이 아니면 대부분 간단한 실사 출력의 현수막으로도 대처하는 것이 보통이다.

⑤ 발전기

발전기에는 디젤 엔진의 발전기가 대부분이며 무 소음 발전차량과 일반 디젤발전기 즉 좌식이 있다. 여기서 말하는 좌식은 대부분 공사현장에서 사용하는 발전기이다 그러나 사용료가 저렴하여 가끔 이벤트 현장에서도 사용하는 경우도 있는데 이때 좌식 발전기는 무대와 멀리 떨어져 설치하여야 발전기에서 나오는 소음으로부터 방해를 받지 않게 된다.

따라서 소음이 심한 좌식 발전기보다는 발전용 차량을 섭외하여 사용하는 것이

---

1) 이벤트에서는(truss) 가볍고 강한 구조물로서 여러 단으로 되어있는 구조물을 볼트 또는 핀으로 연결하여 설치시간이 빠르고 각종 조명 음향을 설치하는데 쓰인다.

바람직하다 이러한 발전기의 용량에는 150Kw부터 250Kw용량의 있는데 섭외비용은 소요되는 경유 값은 별도 지급 하여야 하고 1회 행사에 약 50만원을 생각하면 되겠다.

⑥ 특수효과

대표적인 특수효과 에는 Co2 및 에어샷, 분수화약연출, 라인로켓, 가스를 이용한 불과, 연화 등이 있고 그 밖의  많은 종류의 특수효과 장비가 있다 따라서 행사장이 실내, 실외냐에 따라서 설치와 행사비가 달라진다. 이러한 특효설치에는  1회 행사에 약 1백만 원 정도의 행사비가 소요된다고 보면 되겠다.

⑦ 영상

멀티비전과 큐브, 프로젝터, 멀티차량, 많은 영상기기가 있으나 장비에 따라 각각 섭외비용이 틀린다. 예를 들어 큐브섭외를 보면 [2)]4by×4by에는 3백만원 정도가 들어가는 것이 보통이나 큐브는 밝은 주간에는 효과를 보지 못한다는 것에 유념해야 한다.

이에 요즘 선호하는 것은 LED 전광판이다.

⑧ 행사에 소요 및  부수적인 렌탈 장비

- 에어댄서(송풍식 인형)

이것은 90년도 중반에 국내에 도입되었으며 전동 모터로 송풍을 시켜 천으로 된 인형을 움직이도록 한 기구이다.

이러한 장비는 회사마다 명칭을 다르게 하여 제작 판매를 한다. 또한 인형뿐만 아니라 각종 모형을 만들어 송풍장치를 하여 사용하기도 하며 체육행사 및 광고, 이벤트 현장에서 시선집중효과를 보게 하기 위하여 설치한다.

야간에는 인형의 내부에 조명기기를 설치하여 어두운 곳에서도 잘 보이게끔 하며 조명기기가 설치되어 있지 않는 것은 외부에서 인형에게 비춰 주기도 한다.

---

2) 큐브는 멀티비전처럼 브라운관 여러 대를 연결하여 하나의 영상을 만들어 내는대 즉 가로, 세로, 4대씩 즉 8대로 운용한다는 것.

- 캐릭터인형(동물, 지역의 상징물 등을 인형으로 제작)

국내에는 각종 탈 인형 및 캐릭터인형을 제작하는 업체가 많다 이곳에 행사를 위해 렌탈 또는 제작의뢰를 하는데 대부분 제작비가 많이 소요되어 업체에 빌려서 사용하기도 한다.

제작의뢰 에서는 먼저 요구하는 시안을 보내고 나서 수정보완을 걸쳐 발주를 한다.

인형은 보수 유지를 잘하여 고가의 인형이 훼손되는 것을 막아야 하겠다.

또한 이러한 인형의상을 입고 연출하는 사람은 인형의 재질이 두터워 한 여름의 행사에는 가볍고 시원한 인형을 착용하여 행사를 하여야 하겠다.

Chapter 4

# 이벤트 음향

## 1) 음향개요

이벤트 행사장에 있어서는 필수적인 요소이며 행사에 있어 가장 중요한 역할을 맡고 있다

또한 행사규모에 따라 음향설치의 용량과 규격이 달라질 수 있다.

물론 학술적인 음향학 이론부터 배워야 하겠지만 가장 기초적인 행사관련 음향을 서술하였다. 따라서 이벤트 음향에 있어서는 각종 행사에 있어 가장 명확하고 실제적인 원음을 만든다거나 음향기기를 이용하여 원하는 소리를 만들어 낼 수 있어야 하겠다.

이러한 이벤트 음향은 설치와 수많은 기기의 운용에 있어 숙련되고 세심한 작업과정을 요구한다. 국내의 많은 음향업체가 현재 전국에서 활동하고 있으며 이 또한 경험과 실력을 바탕으로 한 전문 인력들을 보유하고 있다.

음향기기는 예민한 기기가 많음으로 취급에 있어 지식과 경험을 바탕으로 한 오퍼레이터(operator) 역할 중요하다고 하겠다.

아래의 표는 일반적으로 소리가 재생되는 순서를 말한다.

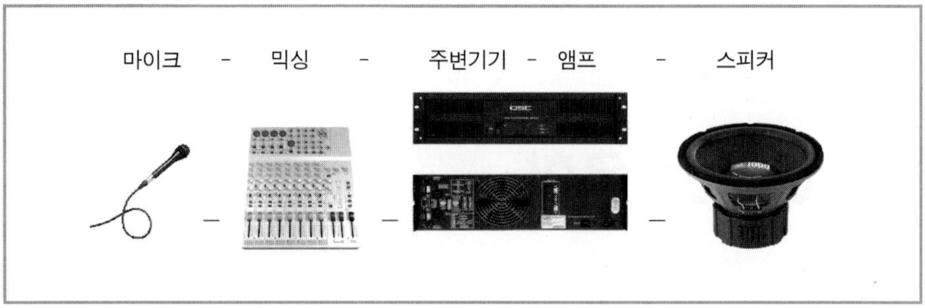


## 2) 음향장비 종류(마이크)

① 마이크 용도에 따른 분류

- 핸드마이크 : 쇼, 토킹 등에 많이 사용 한다.
- 붐마이크 : 드라마나 경기장 등 넓은 공간에서 사용하는 마이크로써 영화 촬영 시 동시 녹음용으로 많이 사용되고 있다.
- 레버리어 마이크(Lavalier Mic) : 좌담회나 토론회 등에서 옷깃에 사용하는 마이크

② 특성별 분류

- 압전 마이크 : 속칭 현장에서 콩 마이크라고도 하며 크리스털 또는 세라믹 마이크라고 하고, 극히 한정된 주파수의 음만 전 한다.
- 리본 마이크 : 음성을 녹음하는데 가장 적합하나 충격에 약한 것이 흠이다.
- 다이나믹 마이크 : 보편적으로 행사용 및 방송용으로 많이 쓰이는 비교적 광범위한 주파수대를 수용하는 마이크로써 충격에도 비교적 강하다.
- 콘덴서 마이크 : 표현이 섬세하고 고와서 음악용, 방송용으로 많이 쓰이고 있으며, 배터리를 내장하고 있어서 어느 정도 넓은 주파수대에도 사용이 가능하다.

③ 음의 수용에 따른 분류

- 무지향성마이크 : 어떤 방향으로 오는 음이라도 모두 흡수하는 마이크로써 조용한 스튜디오나 연극 무대 등에서 사용하기에 알맞다.
- 지향성 마이크 : 일정한 방향의 음만 흡수하고 그 밖의 음에 대해서는 감응하지 않는 마이크로써 다음과 같은 종류가 있다.
- 단일지향성 : 정면 약 30도 방향에서 들려오는 음만을 받아들이는 데, 너무 가까이 사용하면 저음의 파열음이 생긴다.
- 가변지향성 : 단일 지향성 보다 음을 수용하는 범위가 조금 넓은 마이크이다.
- 양지향성 : 앞과 뒤에서 들여오는 두 방향의 음에 대하여 모두 감응하는 마이크이다.

### 3) 무선 마이크(wireless)

내부에 무선 송신기 있어서 음성신호를 수신기에 전달하고 앰프로 증폭하여 재생시키는 마이크 송신기는 출력이 작아서 장해물이 없는 야외에서도 전파의 도달거리가 불과 200 m 정도로 한정되며 따라서 무선국의 면허가 필요 없고 널리 사용할 수 있다. 또한 송신기의 핸드마이크 송신 변조방식은 주파수변조(FM)방식이다.

와이어리스 마이크로폰과 비슷한 것으로 라디오 마이크로폰라고 하는 것이 있는데, 워키토키 일명 무전기라고도 하며 공중파를 사용하며 이러한 장비는 무선국 면허와 자격이 필요하다.

또한 이러한 워키토키의 사용이 행사장 근처에서 같은 주파수대역으로 사용된다면 무선 마이크 수신기를 통해 방송되는 일이 간혹 일어 날수가 있으며 (업무국, 또는 아마추어 무선국의 전파) 이러한 일들을 방지하기 위해 700 MHz 등의 주파수 대역을 사용 한다.

① 여러 형태의 무선마이크 모양

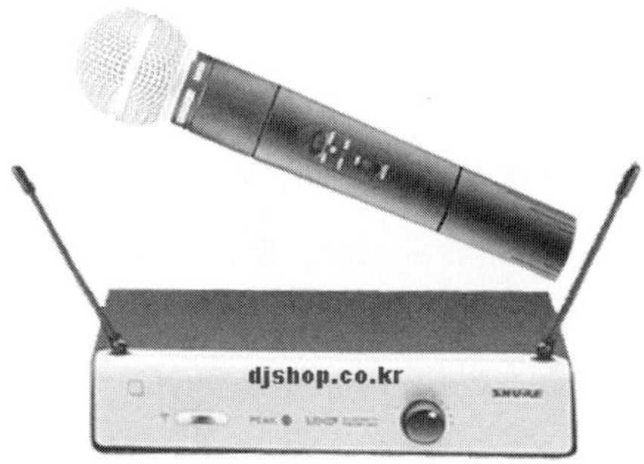

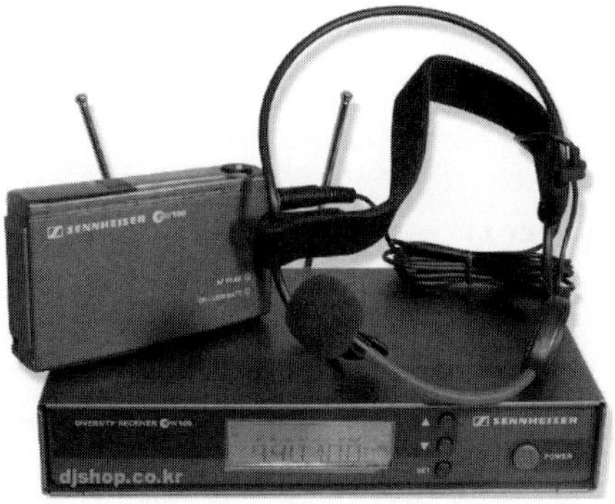


위의 사진은 수신기와 송신 할 수 있는 마이크의 모습이며 아래에는 헤드셋의 사진이다.

② 무선마이크의 사용 장점

- 무대 및 행사장에서 마이크선이 없어 편리하게 사용된다.
- 헤드셋 등의 장치로 소형화되어 착용하기에 편리한 점.
- 유선 마이크처럼 누전으로 인한 감전사고의 위험이 없다.

③ 무선마이크의 사용 단점

- 무선마이크는 마이크사용을 위하여 ON 스위치를 켜면 약 2~3초간 소리가 나지 않는다.

- 사용자가 무선마이크의 특성을 모르는 것이 대부분이며 이에 송수신 거리를 이탈하는 사례가 많이 일어나 노이즈를 발생시킨다.
- 송수신기의 주파수 대역이 1대별로 각각 되어 있어 마이크 사용수량이 많으면 많을수록 수신기의 본체를 많이 설치하여야 한다.

④ 현 업계들의 건전지 사용 실태

현 음향 렌탈사 에서는 무선마이크의 건전지 사용에 있어 각별이 신경을 쓰고 있으며 전지의 성능에 장시간 사용할 수 있는 것을 선호 하고 있다.

이에 국내의 건전지 별 성능은 각 제품별로 차이가 있음으로 현 업체에서 주로 듀라셀 전지를 선호하고 있는 것이 현실이다.

⑤ 현재 업체에서의 무선마이크 사용 실태

무선마이크는 국내 및 국외에서 생산하고 있으나 업체에서 가장 선호하는 제품으로서는 현 독일제품의 제나이져 무선마이크를 선호하고 있으며 그 밖의 수많은 제품들이 가지고 있는 장단점을 고려하여 업체별로 선별하여 사용하고 있는 추세이다.

따라서 좋은 무선마이크 선별에는 내구성 및 수신거리, 음질, 등이 있다.

### 4) 유선 마이크 cable microphone

유선 마이크는 그야말로 현장에서 마이크의 사용용도에 따라 마이크를 설치하며 마이크 및 케이블 즉 음의 손실을 막는 동축케이블을 사용하여 무선마이크처럼 전파에 의해 음이 끊어지는 일이 없으며 가급적 유선마이크를 사용하는데 유선마이크를 사용할 때는 마이크와 케이블 이 상태가 양호해야하나 중요한 것은 사용용도별로 각기 마이크 성능이 다르므로 지향성 마이크 와 무지향성 마이크를 구분하며 행사에 따라 구분을 하여 사용해야 하며 특히 마이크에 장착된 카트리지 상태가 좋아야 한다.

제작회사별로 마이크의 특성이 있다 즉 고음 저음을 받아들이고 믹서에까지 음성신호를 보냄에 있어 특유의 성질을 가지고 있다는 것이다.

또한 케이블 에 있어서는 유선마이크 사용이 많을 때 케이블이 엉키지 않도록 해야 하며 행사가 끝난 후 케이블 을 철수할 때도 각별히 신경을 써 케이블을 감도록해야 하며 보관과 다음 행사에 있어 사용하기 편리하도록 하여야 한다.

유선 마이크의 단점은 케이블 설치와 케이블 길이에 따라 마이크의 유동이 한정되어 있다는 것이다.

① 여러 형태의 마이크의 종류

다이나믹 스피치용 마이크

붐 마이크

레코팅용 마이크

드럼용 마이크

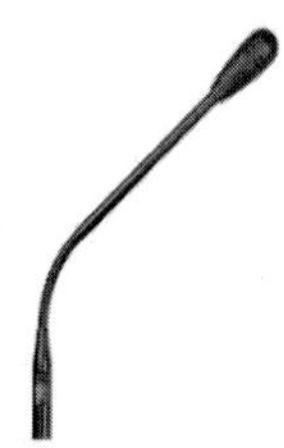

회의용 마이크

악기용 마이크

관현악기용 마이크

② 마이크 스탠드

T형 마이크 스텐드와 탁상용 자바라 스텐드[1)]

③ 마이크 케이블 및 컨넥터

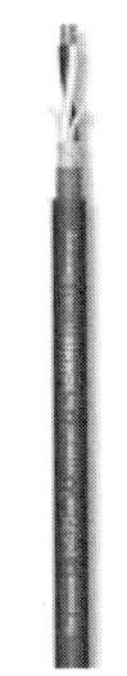

마이크 롤(roll) 선과 실드선이 내장되어있는 동축케이블 그림

뉴트릭 컨넥터

1) 주름져서 접는 것을 총칭해서 '쟈바라'라고하며 일본어 '쟈바라'이다. じゃばら(蛇腹) 라고 쓰는데, '쟈'는 '뱀'이란 뜻이고, '하라'는 '배'라는 뜻.

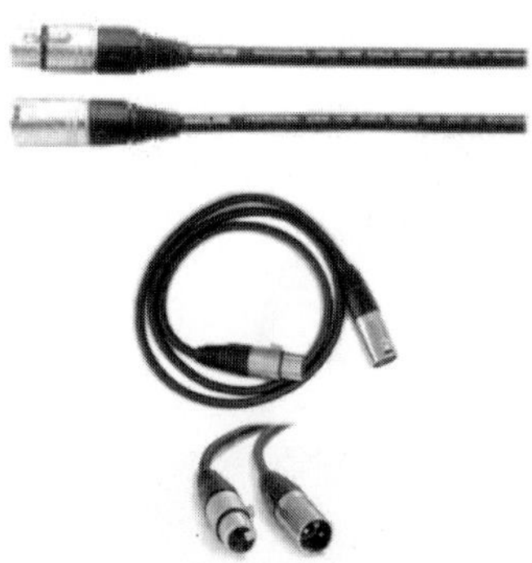

케논+케논

케논+55잭의 모습

이것은 동축케이블 모양이며 케이블내부에는 전파의 손실을 막는 실드선이 포함이 되어있다.

케이블의 임피던스를 맞추는 것인데, 주파수가 낮은 AUDIO용은 별 관계없지만 주파수가 높은 영상이나 RF는 50Ω, 또는 75Ω의 임피던스를 맞추어 사용해야 한다.

DVD나 TV 영상입출력은 모두 75Ω으로 되어 있다. 그러므로 케이블도 75Ω용을 사용해야 한다. 물론 임피던스를 맞추지 않아도 그럭저럭 영상은 나오지만 반사파에 의해 화면이 깨끗하지 못하고 고스트가 발생할 수 있다.

두 번째 이유는 외부의 노이즈를 차단한다. 가운데 심선이 신호선인데 외부노이즈가 많은 환경에서 인입되는 노이즈를 방지하기 위해 외부에 실드를 시키는 목적이며 특히 좀 더 완벽한 실드를 위해 2중 실드를 하는 경우도 있다.

### 5) 믹서(sound) mixer.

믹서는 그야말로 혼합이라는 어원을 가지고 있듯이 음향에 있어서도 소리 신호를 믹서를 통하여 이펙트 및 분배를 할 수가 있는 기기라고도 한다.

요약한다면 믹서는 마이크에서 전달되는 음향신호를 분배 또는 구분, 주변기기와 연결 해주는 역할이다.

① 믹서의 기능 (8ch, 16ch, 24ch, 32ch 등이 있음)

믹서에는 고음, 중음, 저음을 스피커로 재생시킬 주파수의 음량(볼륨)을 조절 할 수 있다.

이것은 영문그대로 고음 중음 저음..을 조정하는 노부(knob)이다.

믹서에는 aux1,aux2라는(auxiliary input) 는 보조 입력 단자를 통하여 이펙트기기를 연결한다.

또한 믹서에서 스테레오와 모노 입력을 별개의 회로로 작동하고 입력 라인이 분리 되어 있다.

② 믹서의 종류

4채널 믹서

주로 간단한 라이브 또는 마이크채널이 많이 사용되지 않고 운반 또는 소형행사에서 자주 쓰인다.

8채널 믹서

각종 작은 라이브 행사장 및 예식장등에 보면 설치가 되어 있는 것을 볼 수가 있다.

16채널 믹서

주로 악단 및 독주를 하는 밴드들이 많이 사용하고 있는 믹서인데 작은 무대에서 마이크 및 음향기기를 연결하는데 채널이 많지 않는 조건을 가지고 있다.

채널의 분배사용 용도를 보면 싱어 2, CD데크 2, 반주기 2, 녹음데크 2, 악기 2, 등이 있다.

24ch 믹서

마이크를 많이 사용 하는 곳이나 각종 축제 등에 보편적으로 사용할 수 있는 믹서이다. 24 in / 4 out

32 채널믹서

대용량의 마이크사용에 있어 음향 장비 업체 에서는 이러한 사양을 많이 선호하고 있는 현실이다. 따라서 채널별로 구분을 하자면 이벤트 즉 소형 4ch부터 32ch 등으로 구분하며 광범위하게 제작사별로 제품이 나와 있으며 채널수와 기능성으로 구분 음반 레코드(record) 또는 이벤트용, 방송용등으로 사용목적에 따라 사용된다.

디지털 믹서

일반적으로 디지털 믹서에는 흔히 야마하 02가 널리 알려져 있는 상황이며 이는 곧 음악 하는 연주인들이 많이 애호하고 있는 상황이다.

즉 디지털 믹서의 기능에는 간단히 설명해서 이미 음원 자체를 특성에 맞게 메모리를 저장해 수동으로 페다를 움직이지 않아도 입력되어 있는 음질을 찾아 사용하도록 되어있다. 보다 많은 기능이 내장되어 있어 AUTO 형식으로 사용 하도록 됨에 따라 오퍼레이터가 귀로 듣고 조작하는 번거로움을 덜어주는 역할도 한다.

③ 믹서 사용방법과 채널분류

믹서의 사용은 크게 in과 out로 나누며 이것은 곧 입력과 출력(신호)을 주고받는 역할을 한다.

즉 in은 각 채널별 마이크(신호) 입력 과 out 출력 즉 신호를 앰프(증폭기)로 보내는 역할을 한다.

아래의 그림은 믹서의 각종 기능에 대하여 설명해 놓은 것인데 함축하면 각종 주변기기나 스피커는 IN과 OUT으로 소스를 주고받음 을 알 수 있겠다.

또한 믹서는 보기에 굉장히 복잡하게 채널이 설치되어 있는 것처럼 보이나  간단히 생각하면 이 또한 1채널로 구분하여 보면 복잡하지는 않을 것이다.

그림의 좌측 채널 1줄만 생각하면 맨 위쪽의 IN PUT단자를 제외하면 거의 음원의 량을 많게 하고 나뉘며 효과음을 삽입하는 등의 역할을 하는 것이다.

이러한 기능을 하는 믹서는 거의 방법은 유사하다 그러나 제작 회사에 따라 사양이 틀려 질뿐임을 알아야 한다.

즉 우리가 쉽게 볼 수 있는 가정용 오디오, 차량에  장착 된 음향시설 에서도 이퀄라이져, 또는 음원을 스테레오, 모노로 조작하는 기능이 내장 되어있어 조작을 한번쯤은 해볼 수가 있었을 것이다.

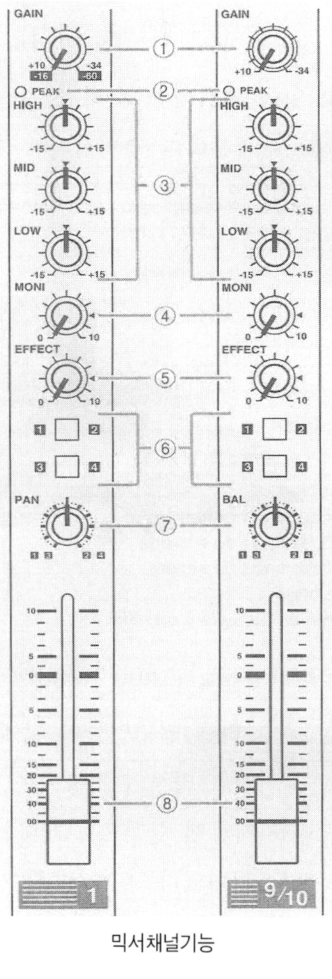


믹서채널기능

### 믹서의 채널 기능

① gain : 음원의 소스를 최소, 최대치를 조절하는 기능

② peak : 음원이 피크 치에 도달하면 발광다이오드에 불이 들어온다.

③ 이퀄라이져 : 이 기능은 고음, 중음, 저음, 의 주파수 대역을 조절하는 기능이며 또한 음색의 균형(밸런스)을 맞추는 기능이다

④ 모니터 컨트롤 레벨 : 모니터 스피커의 음량을 컨트롤하는 기능 이다.

⑤ 이펙트 : 믹서에 내장되어 있는 이펙트기능을 조절한다.

⑥ 그룹 버튼 : 이벤트 현장용어에서는 fader라고도 불리 우는데 즉 이러한 컨트롤 레벨을 조절하는 기능을 2개를 1개로 묶어 사용하도록 되어있는 기능이다.

⑦ pan : 양쪽 2개의 스피커 소리를 좌, 우로 조절할 수 있는 기능이다 이것은 스테레오와 모노 방식이 아니다.

⑧ canal 레벨 : Gain의 역할과 비슷하지만 믹싱 기에 곧 바로 들어오는 음원을 먼저 Gain으로 조절한 후 음량을 조절하는 기능을 한다.

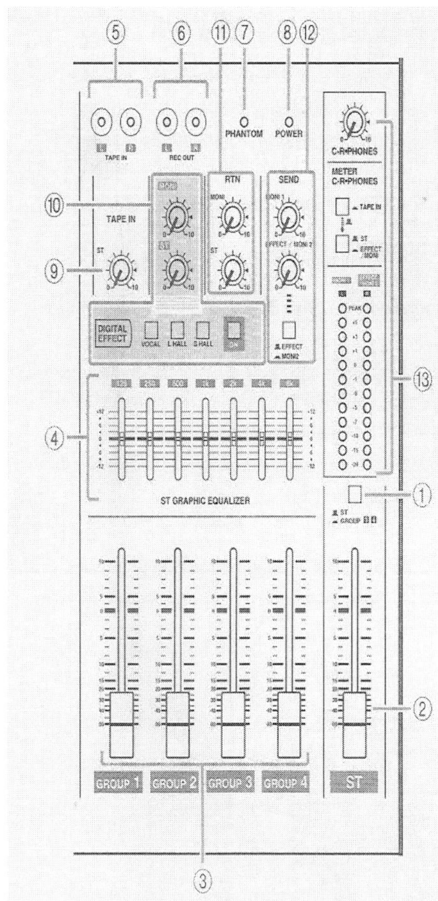


믹서의 in-out의 조절기능

● 믹서의 IN, OUT 의 조절 기능

① 스테레오 ON, OFF 기능 check버튼

② master 슬라이더(fader)

③ 그룹별 슬라이더(fader)

④ Stereo graphic equalizer(E.Q)

⑤ 각종 음원을 믹서로 받는 IN단자(connected)

⑥ 믹서에서 나오는 음원을 보내는 OUT단자

⑦ ponga Phantom lamp 로서 콘덴서마이크사용표시등

⑧ 믹서의 파워 등 즉 전원의 on, off표시등

⑨ monitor level

⑩ 내장형 디지털 이펙트 signal 컨트롤 기능

⑪ RTN 즉 연결된 외부기기를 컨트롤 하는 기능

⑫ 이펙트기능을 컨트롤 체크

⑬ out 시그널 표시

## Application Example

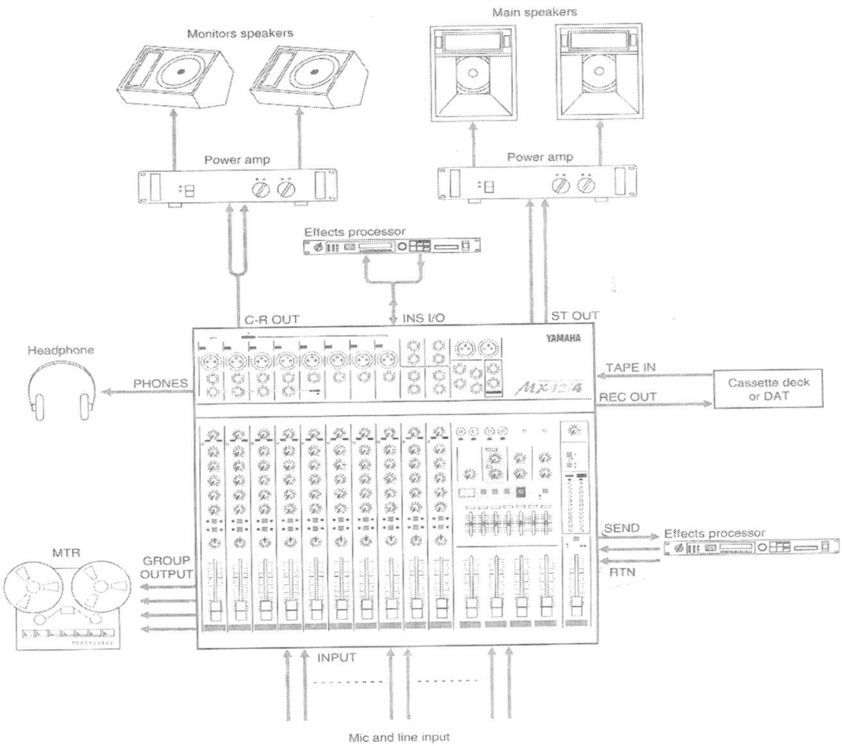


위의 그림 과  같이 믹서의 기능을 구분 시켜 보면 마스터 컨트롤 기능과 이펙트 기능, IN, OUT을 할 수 있도록 만들어 진 것을 알 수 있을 것이다. 아울러 기기의 취급에 있어서는 습기, 먼지, 등의 이물질에 매우 민감하므로 항상 청결을 유지하여 야 한다. 이벤트 행사장에 있어서는 대부분이 야외에서 공연을 주로 하기 때문에 모래, 흙 등으로 기기의 고장이 심하다 따라서 부드러운 브러시로 항상 청소하는 습관을 가져야겠다. 이러한 이물질로 인하여  fader를 조작하는데 있어 잘 움직이지 않는 현상이 바로 나타나므로 먼지뿐만 아니라 청량음료와 같은 액체가 믹서에 쏟아 지지  않도록 주의해야 한다. 아울러 행사장에서 음향부스의 근처에서 무전기 사용은 주변의 전기. 전파의 영향을 줄 수가 있음으로  음향부스 근처에서 무전기를 사용하는 것을 가급적 피하는 것이 좋다.

음향 세팅

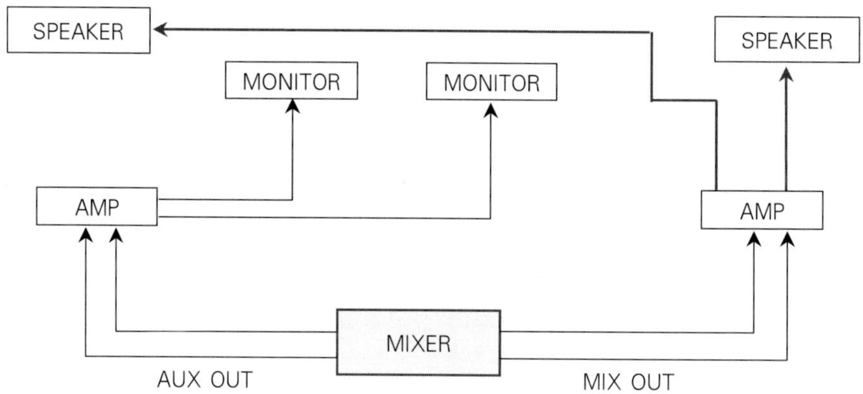


그룹별 페다 사용법 예시

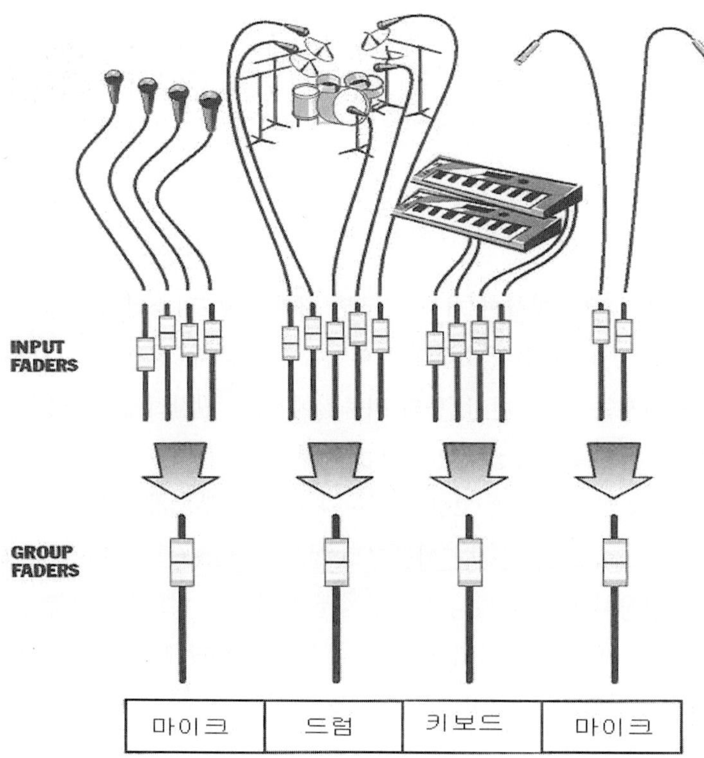

### 6) 파워 앰프(power ampli-fier)

앰프는 곧 증폭기인데 소리신호가 마이크를 통해 입력 측에 들어가는 적은 소리 신호를 큰 신호로 변환시켜 스피커를 통하여 재생하는 장치를 말한다.

앰프의 종류는 트랜지스터방식과 진공관 방식이 있으며 이벤트현장에서는 와트(W) 또는 킬로와트(Kw)로 이야기한다.

앰프의 설치 및 사용은 현장에  따라 틀려지며 야외 및 실내 그리고 청취인원에 따라 출력을 높고 낮추어 와트를 결정 설치한다.

각종 파워앰프의 앞면과 뒷면의 모습

파워앰프만으로 되어있는 모습

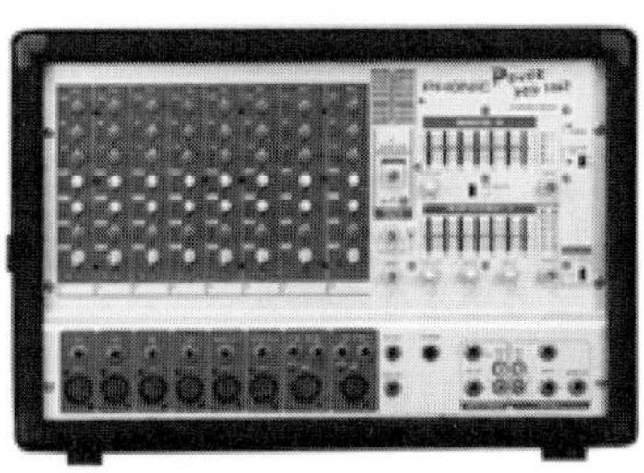

믹서 기능이 혼합되어 있는 일체형 앰프

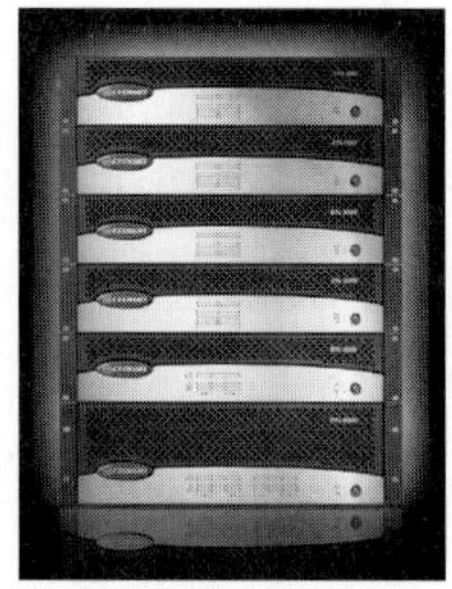

위의 사진은 파워앰프를 용량이 큰 순서대로 세팅 하였을 때의 모습이며
아래에서부터 랙에 세팅을 하면 용량이 큰 순서대로 한다.

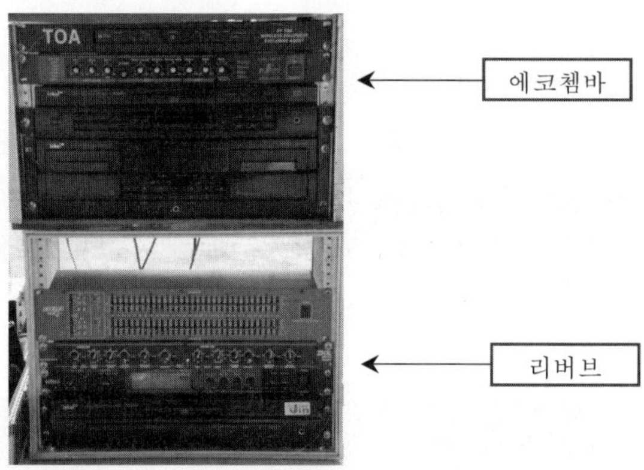


랙에 주변기기를 장착한 모습이며 아래쪽부터 C.D, 리버브, 크로스오버, EQ, 녹음데크, C,D, 에코첌바, 무선마이크본체.

E . Q

사람의 귀로서 들을 수 있는 가청주파수가 20hz에서 20Khz이며 Khz로 분류해보면

16hz ~ 60hz는 초저음

60hz ~ 250hz는 저음

250hz ~ 2Khz는 중저음

2Khz ~ 4Khz는 중역대

4Khz ~ 6Khz는 고음

초고음 이런 주파수특성을 기준으로 3밴드에서 24밴드이상으로 되어있다.

또한 이큐는 주파수를 바꾸는 기기 이며 최적의 사운드를 뽑기 위해 사용하는 것이다.

이러한 E.Q의 주파수 조절을 통하여 각 스피커에서 생기는 하울링을 줄이는 것에도 사용하기도 한다.

### 7) 이펙트(effect)

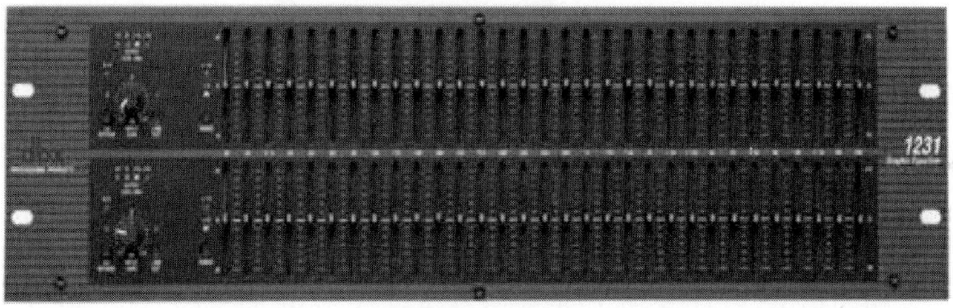


2밴드 이퀄라이저

이퀄라이저는 쉽게 설명하여 소리의 재생에 있어 고음, 중음, 저음 즉 소리의 주파수대역별로 조정이 가능하도록 한 기기이며 현장에서 하울링방지라든가 대역별로 주파수를  자르는(cut) 효과를 섬세하게 할 수가 있다.

에코 쳄바라고 하는 기기가 있는데 이것은 리버브의 성능과 유사하지만 기능은 매우 단순하다. 원음을 동굴에서 울리는 것처럼 음을 반복과 지연을 하는 효과 기능만을 하는 기기이다.  아래의 사진에서 위쪽 상단의 두 번째 장착 되어 있는 것이 에코 쳄바이다.

### 8) 주변기기

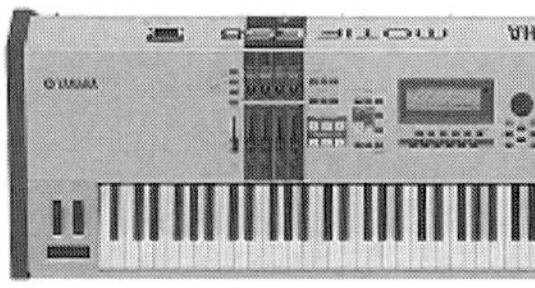

미디 건반

믹서에는 많은 주변기기들이 연결될 수가 있다. 즉 각종 음원을 제공하는 CD 플레이어. MD. 녹음장치 등이 있으며 아래와 같은 기기들이 AUX또는 IN PUT에 연결된다.

또한 국내에서 제작되는 반주기는 MR역할을 할 수 있도록 제작되어 시판되고 있는데 이것이 앨프(elfe)사에서 시판하는 모델 303, 505, 707등의 반주기이다. 이러한 반주기 이외 태진, 금영, 등의 굴지의 회사에서 제작하는 노래방 기기등과 아울러 주변기기들이 많이 있다.

위의 릴 형식의 녹음기는 현 이벤트현장에서는 거의 사용이 되지 않고 MD(미니디스크)또는 카셋 테이프로 사용한다.

CDP

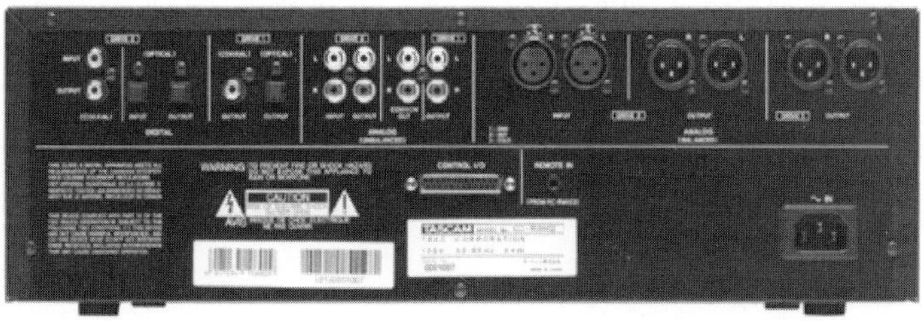

CDP의 뒷면모습 이곳에는 음원을 재생 녹음 할 수 있는 입력과 출력을 받는 단자가 있다.

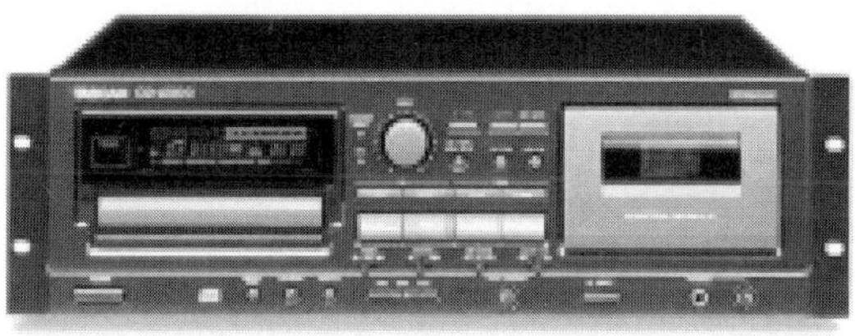

더블 녹음데크 이벤트 음향에 있어 모든 장비는 내구성과 성능이 가장 좋아야만 하듯이 데크 또한 프로장비를 사용하여 행사에 지장을 초래 하지 않도록 해야 할 것이다.

헤드폰( head phone)

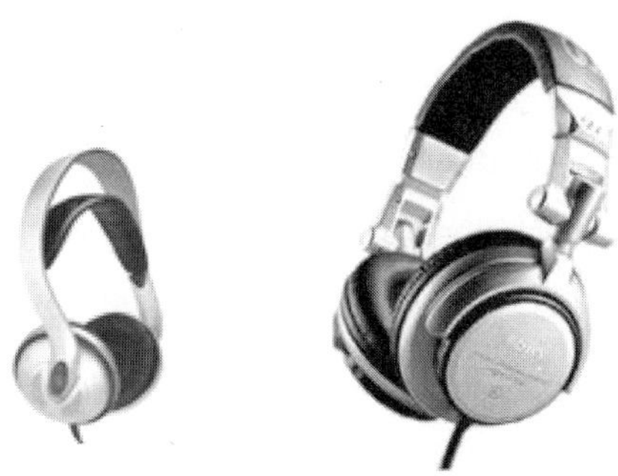

헤드폰은 오퍼레이터가 많은 음원을 받으며 믹싱을 할 때 사용된다.

만약 믹서에 마이크 채널과 각종 주변기기의 연결이 많을 때 컨트롤하기 위해서는 다른 음원에 지장을 주지 않으며 체크 또는 믹싱을 해야 할 것이다.

### 9) 스피커(speaker)

① 종류

● 트위터(Tweeter)

고음역(High-Range)의 재생을 담당하는 고음전용 스피커를 트위터라고 하며 작은 새가 우는 소리를 영어로 Tweet라고 하는데서 유래 되었다. 고음역을 재생하기 위해서는 빠르게 진동해야 하고 소리의 확산(지향) 특성이 좋아야 하며 진동판이 가볍고 구경이 작아야 하며 트위터로 사용되는 스피커는 재생하는 주파수 대역에 따라 다르지만 1인치의 돔형을 주로 사용한다.

● 슈퍼 트위터(Super-Tweeter)

10Khz 이상만을 재생 목적으로 하는 초고음전용 트위터를 수퍼 트위터라고 한다. 보통의 트위터는 10Khz이상의 주파수 대역에서 재생능력이 떨어지거나 지향특성이 떨어진다. 이러한 고음 특성의 부족함을 느낄 때 트위터의 재생능력이 떨어지는 최고음역을 커버하기 위해 트위터에 추가해서 사용합니다. 재생범위는 수십Khz까지 가능하다.

● 스코커(Squawker)

중음역(Mid-Range)의 재생을 담당하는 중음전용 스피커를 스코커라고 하며 새가 우는 소리를 Squawk라고 하는데서 유래되었다. 스코커란 용어는 홈 오디오에서나 사용되며 카오디오에서는 이대역의 스피커를 미드레인지 스피커라고 한다. 미드레인지용은 저음용과 고음용 스피커의 중간을 담당하는 것으로 이대역에는 음성을 비롯해서 다양한 악기의 음이 분포해 있기 때문에 음악 재생에 있어서 매우 중요한 부분이다. 보통 3인치 돔형이나 4인치 또는 5인치의 콘형 을 사용한다.

● 우퍼(Woofer)

트위터의 상대적인 용어로 중저음역의 재생을 담당하는 중저음전용 스피커를 우퍼라고 하며 이대역의 음이 개나 이리가 으르렁대는 소리와 비슷하다고 하여 영어로 Woof라고 하는데서 유래되었다. 주로 콘(con)형을 사용하며 4인치에서 18인치까지 다양하게 있다. 진동판의 크기가 작을수록 빠르게 진동할 수 있어 고음 재생에 유리하고, 좀 더 낮은 음역까지 큰 음량으로 재생하기 위해서는 공기를 보다 크게 진동시킬 필요가 있어 큰 진동판이 유리하다. 물론 진동판의 구경이 커지면 진동판을 포함한 진동계의 중량도 증가하기 때문에 그것을 움직이는 마그네트를 포함한 자기회로도 당연히 대형이 되며 우퍼의 중량도 커진다.

● 서브우퍼(Sub-Woofer)

앞뒤 스피커의 우퍼로는 인간이 들을 수 있는 최저 음역인 20Hz까지를 플래트하게 재생 하는 것은 대단히 어려우므로 우퍼의 재생 능력이 뒤떨어진 최저음역을 커버하기 위해서 특별히 설계된 우퍼가 서브우퍼이다.

6인치에서 18인치까지 다양한 크기가 있으나 10~15인치의 콘 형이 주로 많이 사용된다. 100Hz이하를 재생할 목적으로 제작되므로 무 지향성이다.

● 풀 레인지(Full-Range)

저음역에서 고음역까지 1대로 재생하는 전 대역(Full-Range)형의 스피커를 말한다. 멀티웨이와 같이 주파수를 분할해서 재생하는 것이 아니라, 한 대의 스피커로 저음에서 고음까지 재생하기 때문에 저음에서 고음까지 자연스런 소리의 연관성을 얻을 수 있다. 보통은 4~5인치 더블 콘 구조를 사용하지만 고음을 재생하기에는 비교적 유닛이 크기 때문에 섬세한 고음은 얻을 수 없다. 결국 하나의 유닛으로 전 대역 재생이 불가능하기 때문에 적당한 인치의 1대의 콘 형에 고음 스피커들을 붙여 일체형으로 만든 코엑셜(Coaxial) 타입이 주로 사용된다.

② 스피커 유닛의 진동판에 따른 종류

● 콘(Cone) 형

진동판의 형상이 원추형을 한 스피커를 콘형 이라고 하며 진동판을 진동시켜 음파를 발생하는 스피커 중에서 가장 일반적인 스피커이다. 구조가 비교적 간단하기 때문에 보급형에서 고급형까지 폭넓게 설계할 수 있으며 저음용에서 고음용에 이르기까지 용도에 따라 만들 수 있다. 현재 사용되고 있는 스피커는 거의 콘형을 사용한다.

● 더블 콘(Double Cone)

콘형의 진동판 중심부에 또 하나의 작은 콘을 부착하여 고음의 재생을 담당하게 한 것 이다. 작은 콘은 서브-콘(Sub-Cone)이다.

● 드론 콘(Dron Cone)

포트형 스피커에서 포트 대신에 또 하나의 진동판을 두고 저음방사 효과를 증강시키고자 할 때 사용한다. 즉 통풍구를 장치하는 대신에 무동력의 우퍼 콘 하나를 부가 설치하여 밀폐형 구조에서 손실되곤 하던 동력 우퍼의 후면 압력을 이용하게 되는 것이다. 이 진동판은 자기회로와 보이스 코일이 없고 자체가 스스로 진동하지는 않지만 스피커의 배압을 받아 자신의 공진주파수 부근에서 진동하여 저역 반응을 상승시키고 주파수응답 특성의 불규칙한 면을 부드럽게 순화시킨다. JBL에서는 드론 콘이라는 명칭 이외에 패시브 베이스 라디에이터(Passive Bass Radiator)방식이라고 한다.

● 돔(Dome) 형

진동판 형상이 둥근 지붕을 씌운 것과 같아 돔형이라고 하며 진동판은 일반적으로 콘형에 비해 작기 때문에 그 만큼 지향특성이 좋아 구조상 저음용으로는 거의 사용되지 않고, 거의가 지향특성을 잘 살리기 위해 고음용으로 사용된다. 진동판의 재질에 따라 실크를 사용한 소프트 돔과 알루미늄을 사용한 하드 돔으로 구별하며 스피커의 음색을 좌우한다.

● 혼(Horn) 형

돔형 스피커와 비슷한 드라이브 유닛에 혼을 장치한 스피커로 소리를 효율적으로 멀리까지 보내기 위해 사용하는 메가폰의 원리와 같다. 다른 스피커에 비해서 능률이 극히 높아 잘 설계된 것은 소리가 시원시원하고, 중고음용으로 사용된다.

● 평면(flat Diaphragm)형

가장 보편적인 다이나믹 스피커는 콘형 진동판을 가지고 있으나 디지털 오디오 대응이라는 명분 아래 스피커의 특성을 향상시키기 위해 진동판 표면을 평면으로 제작한 스피커를 말합니다. 장점으로는 콘형이나 돔형과 같이 요철이 있는 진동판 중 특히 콘형은 그 형상에 따라 각 부에서 방사된 음파가 스피커의 앞면에서 서로 부딪쳐서 주파수특성의 혼란(前室효과)이 생기는 것을 막을 수 있고, 진동판을 평면으로 하여 강성을 증가시켰기 때문에 주파수가 높아지면 진동하지 않는 부분(節)까지도 구동함으로써 피스톤 운동역을 콘의 경우보다 2~3배로 넓힐 수 있다. 종류에는 진동판의 구부러짐이나 비틀림을 막기 위해 강한 재료가 요구되므로 벌집구조(Honeycomb)의 진동판을 사용한 것, 중량이 늘어나는 단점이지만 메탈 콘의 앞면에 발포수지를 채운 것, 폴리프로필렌(PP) 합성수지로 된 대형 진동판 면의 전체에 코일을 붙이거나 또는 정전압으로 평면을 진동을 시켜서 구형 방사를 하는 것이 있다.

● 리본(Ribbon) 형

진동판 자체가 도체로써 종이나 금속판은 아니고 얇은 알루미늄 필름을 약간의 주름 상태로 리본처럼 길게 하여 고음용은 좁고 짧게, 중음용은 길게, 저음용은 면적을 넓게 하여 강력한 영구자석의 가장 가까운 자장 안에 두고 이 리본 형태의 진동판에 음성신호의 전류를 전용 변성기를 통하여 흘림으로써 이 리본 자체가 진동판이 되어 직접 소리를 발생시킨다. 진동판 등 진동계의 중량을 가볍게 만들 수 있으므로 고음이나 초고음용으로 사용합니다. 트위터 용으로 그 음색이 깨끗하고 부드럽고 투명하여 그 우수성은 이미 알려져 있으나 많이 보급되어 있지는 않다. 결점은 다이나믹 스피커에 비하여 대형 마그네트를 사용해야 하며 능률이 낮아 작은 혼을 부착해야 하고 임피던스가 낮아 파워앰프로부터 직접 리본 진동판에 연결할 수 없으므로 임피던스를 맞추기 위하여 트랜스로 임피던스를 정합해야 한다.

또한 진동막에 코일을 프린트하여 임피던스를 높여 트랜스가 필요 없는 다이렉트 드라이브형도 있다.

● 이온(Ion) 형

진동판은 가벼울수록 이상적이라고 했지만, 진동판이 없는 경우라면 더욱 이상적일 것입니다. 실제로 진동판이 없는 트위터로 고안된 것이 이온 트위터 이다. 이 스피커의 장점은 진동판이 없기 때문에 과도특성이나 고역 특성이 뛰어나고 원리는 대기 속의 방전에 의해서도 음이 발생한다는 사실에서 착안한 것이다. 즉 공기를 직접 음성전류에 의해서 진동시키는 것이다. 그러나 공기는 보통의 상태에서는 전기에 의해서 움직이지 않는다. 단지 공기의 분자가 전기를 띤 상태(이온)가 되면 외부의 전기의 영향으로 움직이게 되는 것이다. 제작상에 여러 가지 난점이 있고 능률이 아주 낮으므로 자체에 앰프를 내장시켜 이러한 결점을 해소시킨다.

● EMIT 형

Electro Magnetic Induction Tweeter의 약칭으로 인피니티(INFINITY)사가 독창적으로 개발하여 중, 고음이나 고음 및 초고음용으로 사용하고 있는 스피커 유닛의 고유명칭 이며 특징은 일반 다이나믹 스피커의 유닛은 영구자석에 보이스 코일을 사용하여 콘이나 돔 형태의 진동판을 진동시키지만 이 EMIT는 신호 전류를 전자석의 코일에 직접 공급하여 그 전자석의 자장 변화로 자계 내에 놓인 얇은 금속 평면 판을 진동시켜서 소리를 내는 구조로 되어 있다.

③ 스피커의 구조에 따른 종류

2 / 3 / 4 웨이(Way): 1개의 유닛으로는 전 대역의 음을 재생할 수 없어 여러 대역으로 나누어 각각의 유닛이 맡은 대역만 재생하도록 한 것이 멀티웨이(Multi-Way)방식이다. 몇 개의 대역으로 나누었느냐에 따라 결정되며 보통 스피커 유닛의 수를 보면 파악된다. 예를 들어 같은 고음용, 중음용, 저음용의 유닛이 1개의 스피커를 이룰 때 3Way 스피커라 한다.

◉ 코엑셜(Coaxial)

저음과 중음, 고음 하나에 붙어 있는 일체(동축)형 스피커를 말합니다. 가장 밸런스를 맞추기 쉬워 라디오 카세트나 TV 에 주로 사용되며 중 음역에 대해서 저음과 고음을 조금씩 넓혀서 밸런스를 잡고 2웨이 에서 4웨이 까지 있으며 능률이 좋고 전 대역(Full-Range)을 재생하며 가격이 저렴하다.

◉ 컴포넌트(Component)

저음과 중음, 고음스피커가 따로따로 떨어져 있는 분리형 스피커를 말하며 2웨이는 Tw + Woofer 2개의 스피커로 구성되고, 3웨이는 Tw + Mid + Woofer 3개의 스피커로 구성된다. 유닛을 자유롭게 배치할 수 있어 다양한 시스템을 구성할 수 있으며 음의 높낮이 및 음의 방향을 조정할 수 있다. 또한 크로스오버로 각각의 맡은 대역대만 재생할 수 있도록 음을 분리하여 넣어 주므로 음이 명확하고 트위터의 레벨을 취향에 맞게 조정할 수 있다.

발췌 http://blog.naver.com/wkscl3419

즉 스피커는 앰프에서 소리 신호를 받아 진동판으로 재생시켜주는 역할이며 스피커의 콘지나 유닛의 사용이 스피커의 용도에 따라 틀린다.

그림으로 보는 다양한 스피커의 모습

옥내 및 옥외 기둥에 설치될 수 있는 방송용 컬럼스피커 호텔 학교구내 또는 공원, 각종 랜드와 공공기관 옥외에 보면 설치되어 있는 것을 우리는 쉽게 볼 수가 있을 것이다.

이러한 스피커는 약 25W 출력과 40W 출력으로 생각하면 되겠고 본체에는 거의 25W용량의 스피커가 2개 가 설치되어 있다.

위의 4구혼 스피커는 국내 선거법과 관련하여 선거홍보차량 1대에 설치 될 수 있는 관계로 음향시설은 유세 차량 설치에 있어서 나발수1개로 지정되어 부득이 제작사에서는 스피커 한 통 에 드라이버 4개를 붙여 제작 한 것임 출력 용량은 약 200W정도임 성능은 고출력을 낼 수가 있는 스피커이다.

일반적인 혼스피커 로서 약 25W~35W정도의 출력을 낼 수 있으며 충분한 저음대역의 음량은 낼 수가 없다. 따라서 사용용도는 연설, 강의와 같은 스피치용으로 많이 쓰인다. 이보다 혼 이 작고 모양이 다양한 스피커 가 많이 시판 되고 있으며 고정식부터 차량용 그리고 AC용과 인버터[2]를 사용하여 DC전원으로 사용하는 방법을 달리하는 스피커도 있다.

위 사진은 일반적으로 스피커의 드라이버로서 영구자석 및 내부에는 진동판과 코일로 구성되어 있다.

여기서 진동판 이라는 것은 콘지와 같은 역할을 하는 것으로 고음대역의 진동판을 말한다.

아래의 그림과 같이 음의 재생은 코일에서의 + 극과 - 극의 전류 흐름에 따라 콘지의 떨림으로 인하여 재생된다고 생각하면 된다.

2) 인버터란 DC 전원으로 AC 전용기기를 사용할 때 전기를 바꾸어주는 트랜스를 말한다.

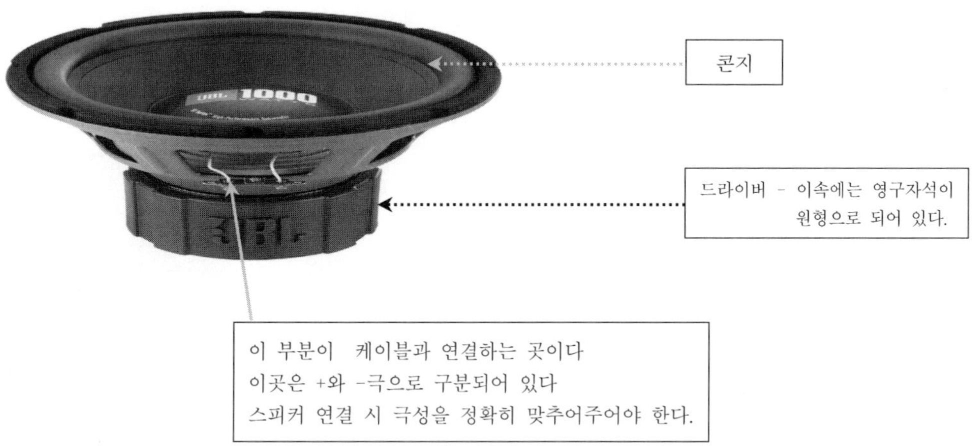
콘지
드라이버 - 이속에는 영구자석이 원형으로 되어 있다.
이 부분이 케이블과 연결하는 곳이다
이곳은 +와 -극으로 구분되어 있다
스피커 연결 시 극성을 정확히 맞추어주어야 한다.

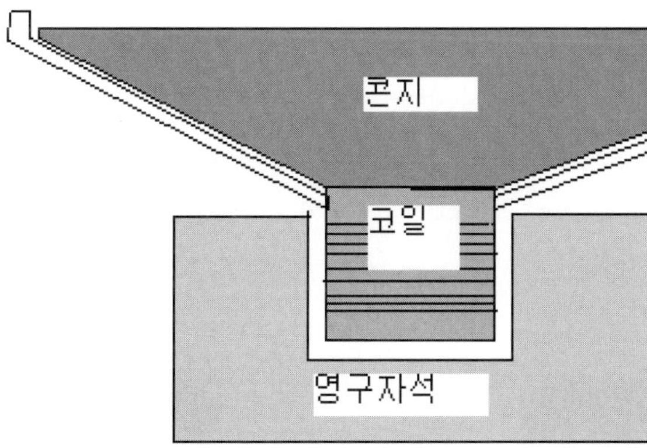
콘지
코일
영구자석

스피커의 단면도

드라이버와 콘지로 되어있는 모습 일반적으로 스피커라 불리 운다 드라이버 및 콘지의 종류에 따라 스피커의 용도가 틀려지는 것이 대부분이다.

즉 콘지의 부드러움과 딱딱한 콘지가 재생하는 음의 차이가 있다는 것을 말한다.

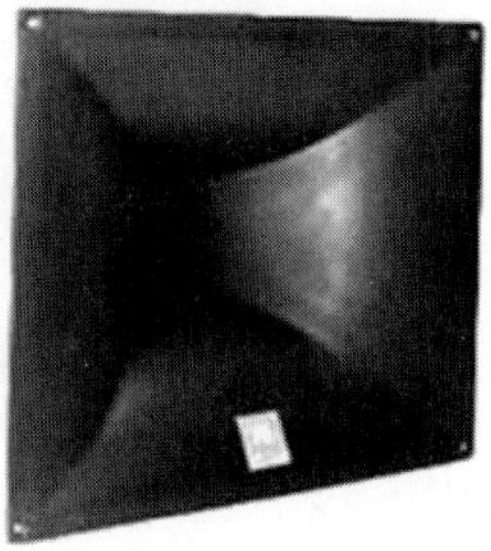

콘지의 중앙에 불록 튀어나온 곳이 있는데 사람들은 이 부분을 손가락 또는 다른 물체로 누르는 경우가 있다. 이러한 것 때문에 소리가 나지 않는 것은 아니나 그로 인해 섬세한 소리가 저항을 받을 수는 있다 따라서 들어간 것은 가느다란 핀을 사용하여 다시 꺼내어 놓도록 함이 좋다.

위의 사진은 고음스피커의 혼의 모습이다 다양한 혼의 모양이 있다는 것도 알아두어야 한다. 이러한 혼의 재질은 금속으로 된 것도 있으나 대부분 플라스틱과 유사하나 강도가 강하여 잘 깨어지지 않는 것으로 되어있다.

또한 혼에 장착되어 있는 드라이버 무게 때문에 스피커 운반 할 때 충격을 준다면 드라이버 무게 때문에 혼이 깨어지는 경우가 흔하다. 이에 스피커를 운반할 때에는  가급적 무리한 충격은 주지 않는 것이 좋다.

위의 사진은 PA장비로서 약 1Kw정도의 출력을 낼 수가 있는 스피커의 모습이다 이러한 스피커를 1조씩 세팅하면 약 2Kw의 출력을 낼 수가 있다고 보면 되겠다.

또한 제작사별로 틀리겠지만 거의 네트웍크[3] 방식의 스피커이다.

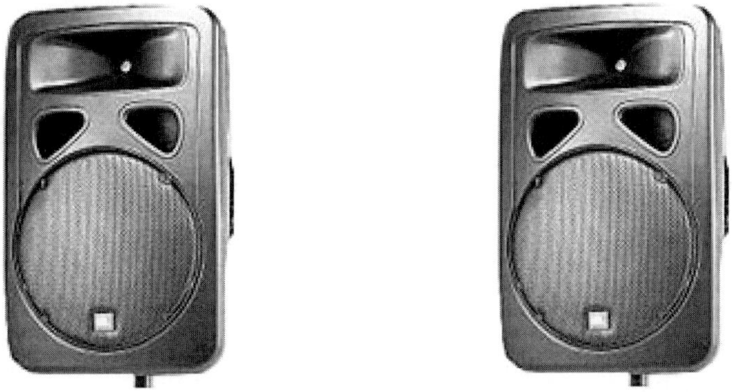

이온(ion)형 스피커의 모습이다 이러한 스피커는 간단한 스피치용으로도 많이 사용하며 행사에 있어서는 모니터 스피커 용도로도 사용하며 사용하기가 편리하여 도우미 행사 또는 간단한 실내외 행사에도 많이 사용한다.

출력은 200W~300W정도라고 보면 될 것이다.

트위터 스피커 내부 모양

3) 고음, 중음, 저음 의 주파수 대역을 나누는 장치를 스피커 자체 장착하여 음을 재생 하는 방식

위의 사진은 고음 스피커의 드라이버와 진동판 모습이다.

④ 스피커의 사용의 분류

스피커는 사용 목적에 따라 틀리며

오디오 스피커, 라디오용 스피커, 휴대전화, 무전기 등에 사용되는 특수목적용 스피커, 공연장 등에서 사용하는 PA(또는 SR)용 스피커 등으로 분류 한다.

확성기 또는 라우드스피커라고도 한다. 진동판이 공기 중에 직접 놓이는 종류를 복사형 스피커라 하고, 진동판이 혼(horn) 속에 놓이는 종류를 혼형 스피커라고 한다. 직접 복사형은 보통 라디오 ·스테레오 장치에 많이 쓰이는 콘(cone)스피커가 대부분이며, 금속진동판을 사용한 것도 있다.

● 풀레인지(full range)스피커

한 개의 스피커가 전체 주파수 대역을 담당하는 풀레인지(full range)형으로 몇 개가 병렬로 연결된 형태이다. 이것은 특별히 음성용으로 제작되었기 때문에 스피치용으로 적합하며 가격이 싸고 매칭 트랜스를 사용하여 여러 개를 연결하여 사용할 수 있다는 장점이 있으나, 풍부한 저음 재생을 필요로 하는 전자 악기 등을 사용하기에는 부족한 면이 있다.

● 네트워크방식 스피커

이러한 스피커는 스피커 케이스 안쪽에 고음, 중음, 저음을 분리하는 크로스오버(분배)의 역할을 담당하는 부품을 장착시킨 스피커라고 할 수가 있다. 따라서 음을 재생 시킬 때 고음과 저음의 역할이 스피커에서 이루어진다고 보면 된다.

● 스피커 케이블 사용상 주의 할 점

각종 케이블 연결선 교체 시 합선으로 인한 쇼트발생을 미리 납땜으로 방지를 하여야 한다.

즉 모든 전선이나 케이블은 납땜으로 전선의 가시가 생기지 않도록 하여야 한다.

● 하울링 발생

대부분 마이크가 스피커 쪽으로 가까이 있거나 음원이 고음으로 피치가 올라가 있으면 마이크와 스피커에서 음이 회절되는 소리로 발생되는 삑~ 하는 소리이다

이것이 심하면 소리의 회절에 의해서 스피커의 고장 원인이 된다.

주로 행사시 사용자가 자신도 모르는 사이에 마이크 방향을 스피커 쪽으로 향하게 하여 하울링이 생기는 수가 많아 오퍼레이터는 적당량의 볼륨을 주어 미리 방지를 하는 것도 바람직하다.

● 앰프 전원 on, off

이러한 작동이 확실치 않으면 앰프에서 커다란 소리와 함께 앰프의 트랜지스터 등 부품이 타버리는 경우가 있음으로 항상 순서에 의해 on, off를 하여야 한다.

이러한 방법을 순차적으로 숙지를 하여 아무기기나 on, off 시키는 일이 없도록 하여야 한다.

● 기기의 on, off 작동 순서

on : 주변기기- 믹서 - 앰프

off : 앰프 - 믹서 - 주변기기

⑤ 스피커 특성

기본적으로 주파수 특성, 능률(표준음압), 허용 입력 등을 우선적으로 보게 된다.

즉 앰프 및 기기의 뒷 판넬 또는 사용설명서에 보면 이러한 내용의 문구를 볼 수가 있다.

스피커의 능률이란 스피커에 공급된 입력전력, 즉 앰프에서 나온 신호가 음향에너지로 변환 되는 것을 말한다.

소리의 크기는 보통 데시벨(dB)로 표시한다. 일반적으로 93데시벨 이상의 스피커를 고감도 스피커, 85데시벨 이하의 스피커를 저감도 스피커라고 한다.

◉ 허용입력

앰프에서 나오는 출력을 받아들이는 것. 즉 허용입력 100W라 함은, 앰프에서 출력 100와트가 스피커로 전달되어도 스피커가 무리 없이 재생 시키는 것을 말한다.

스피커의 허용입력이 100W인 경우, 앰프의 출력은 여유 있게 200W인 것을 사용하여야 음의 일그러짐, 끊어짐 등이 없이 원만한 재생을 할 수가 있다.

◉ 옴의 법칙

전류의 양은 회로에 인가해주는 전압의 크기에 비례하고, 저항의 크기에 반비례한다.

◉ 저항

전기의 흐름을 방해하는 것, 전기가 잘 흐르지 못하게 하는 것이다. 1V의 전압을 가했을 때 1A의 전류가 흐르는 경우의 저항을 1옴 (Ω)이라 한다.

⑥ 스피커 연결

스피커를 병렬 혹은 직렬로 여러 개를 연결할 때에는 임피던스(교류에서 저항을 말한다)를 맞추어 주고, 전체적인 허용 입력을 고려하여 연결한다. 각 앰프의 출력 단에는 각각 한 개의 스피커를 연결하는 것이 바람직하나 여러 개의 스피커를 한 개의 출력단에 연결하게 될 때도 있다 . 이때에는 무조건 스피커선만 서로 이어주면 되는 것이 아니고, 임피던스[4]를 맞추어 주어야 한다. 위에서 말했듯이 칼럼스피커를 사용할 때에는 매칭 트랜스를 사용하면 되고, 공연장용 스피커는 4옴(Ω)

에서 8옴(Ω)16옴(Ω)등 의 저 임피던스(impedence)형 이므로 임피던스 계산을 하여 저항 값을 반드시 맞추어 주어야 한다.

임피던스(저항치 = 전압 / 전류).

콘솔 출력을 패치[5](patch)하기 이전에 반드시 임피던스(impedence)를 고려해야만 한다. 옴(ohm)이 회로에서 잘못 매치(미스매치)된 경우 한 요소의 출력(600ohm)이 다른 요소의 입력(10,000ohm이상)에 공급되는 경우를 제외하고는 심각한 주파수 특성의 손실이 생기게 된다.

그러나 주파수 손실은 없이 신호 레벨의 손실만 있을 때, 이를 브리징(bridging)이라 부르는 데, 이는 브리징 기기의 이득이나 이런 브리징 기기를 지원하는 앰프에 의해 만들어진다.

현장에서는 오퍼레이터가 흔히 브릿지라고 부르는 것도 볼 수가 있을 것이다.

우리가 흔히 볼 수 있는 프리앰프는 입력 임피던스가 마이크 출력과 매치되도록 디자인 되어 있다(150-200ohm)

이것은 라인, 큐와 모니터 앰프와 매치되도록 되어있으며 이것의 모든 입력과 출력 임피던스는 600ohm이다.

임피던스란 한마디로 "신호에 대한 저항치"를 말한다. 전기기기 회로에는 콘덴서나 트랜지스터, 저항, 다이오드 등이 있다.

그런데 라우드스피커(Loudspeaker)를 제외한 모든 음향기기가 신호로서 필요로 하고 있는 것은 전압이다.

이 전압에 의해서 음향기기는 여러 가지 기능을 컨트롤하고 있는 것이다. 그러

4) 임피던스를 단지 전류의 흐름을 방해하는 양을 나타내는 값 또는 전압을 전류로 나눈 복소수값

5) 임시로 접속, 연결 등

므로 노이즈에 상관없이 신호의 주고받음만 생각하면 임피던스는 높으면 높을수록 좋다고 하는 것이 된다.

임피던스가 높으면 높을수록 같은 신호라도 높은 전압을 얻을 수 있기 때문이다.

하이 임피던스로 신호를 보내었다고 하면, 지면과의 저항은 적기 때문에 신호의 로스(Loss)없이 신호를 보내는 것이 가능하지만 임피던스가 높으면 높은 만큼 노이즈에 약하다.

이번에는 로우 임피던스로 보내었다고 하면 지면과의 접촉면이 크기 때문에 신호를 보내는데 파워는 있지만 임피던스가 낮으면 낮을수록 노이즈에는 강한 것이다.

그러므로 노이즈에 강하게 하기 위해서는 임피던스가 낮으면 낮을수록 좋다고 하는 결론을 얻을 수 있다.

이것으로 신호를 보내는 전송 효율로부터 보면 하이임피던스 쪽이 좋고, 노이즈가 강한 것을 생각하면 로우 임피던스 쪽이 좋다.

그러므로 현실적으로 너무나 임피던스가 낮으면 난처하지만 어느 정도 낮은 정도라면 음향기기 쪽에서는 유리하다는 그런 생각에서 기준화한 것일지는 모르나 현재 프로용 음향기기 들은 신호 전송에 의한 로스보다는 노이즈를 염두 하여 기본적으로 600Ω의 로우 임피던스를 기준이라고 하고 있다.

● 임피던스의 매칭

그러면 노이즈를 염려하여 로우 임피던스로 신호를 출력한다고 했을 때 이번에는 신호를 받는 측의 임피던스를 어떻게 해야 할까 하는 문제가 생길 것이다.

가장 좋은 것은 출력 측과 입력 측의 임피던스가 완전히 같은 경우(이것을 임피던스의 매칭이라고 한다)로 이때가 가장 신호의 로스 없이 전송을 할 수 있다.

실제로 음향 시스템에는 가능한 한 입력이나 출력의 임피던스를 600Ω이 되도록 설계되어 있다.

양쪽의 임피던스가 같을 경우 출력 측의 전압과 전류는 입력 측의 전압과 전류와 같게 되기 때문에 출력측이 0 VU[6] 때는 입력 측에 나타나는 신호도 0 VU가

된다. 이것은 아주 중요한 것으로, 프로용의 스튜디오 시스템으로서는 믹서의 출력 이후로는 엄격히 600Ω의 입출력이 지켜지고 있다.

그런데 이번에는 출력 측의 임피던스에 비교하여 입력 측의 임피던스가 큰 경우. 이 경우는 전송 로스는 있지만 일단 신호의 주고받음은 할 수 있다.

최악인 것은 출력 측의 임피던스에 비교하여 입력 측의 임피던스가 낮은 경우에 이 경우는 신호의 주고받음이 매끄럽지 않아 신호가 일그러지거나 고역의 열화가 생긴다.

그러므로 음향 시스템으로서는 출력 측의 임피던스에 비교하여 입력 측의 임피던스가 낮은 것은 절대로 있어서는 안 된다.

그럼 출력 임피던스를 알 수 없는 경우는 어떻게 할까?

유감스럽지만(특히 PA의 세계에서는) 출력 임피던스를 알 수 없는 상황이 대부분이기 때문에, 음향기기의 대부분은 비교적 높은 임피던스에 대응할 수 있도록 입력 임피던스를 높게 잡고 있는 것이다.

같은 출력이라도 보내는 곳의 임피던스를 모르기 때문에 제법 낮은 임피던스로 출력하게 되어 있다. 이것을 일반적으로 「로우로 보내고 하이로 받는다.」 라고 말한다.

덧붙여서 말하면 다이렉트 박스(DI) 등은 상대가 베이스의 픽 업 등의 초 하이 임피던스(수백 kΩ)이기 때문에, 패시브 타입(Passive Type)은 수십 kΩ~수백 kΩ, 액티브 타입의 것은 1 MΩ 이상 정도의 입력 임피던스로 되어 있고, 출력 임피던스는 600Ω으로 되어 있다.

참조 Toshifumi Noda (일본지국)

---

6) volume unit.

앰프와 스피커 직렬연결

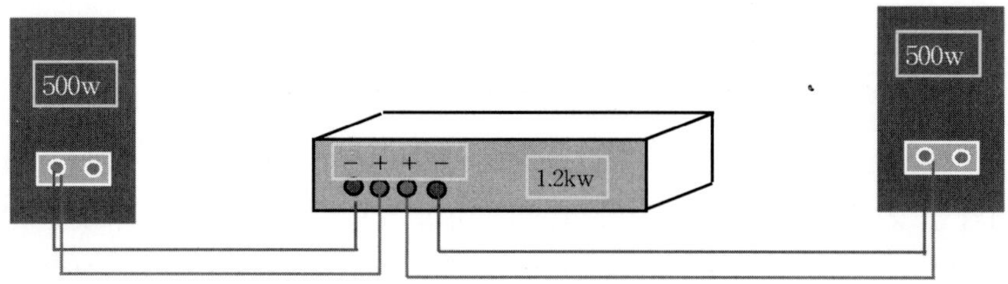


위의 그림은 직렬로 배선을 한 것이며 이것은 앰프 출력단자에서 스피커1조 연결한 모습이다.

앰프와 스피커 2조 직렬연결

R1 + R2 = R3

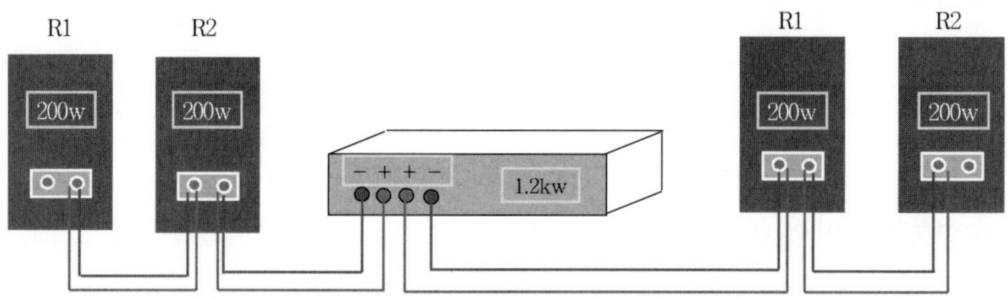


앰프와 스피커 직 병렬연결

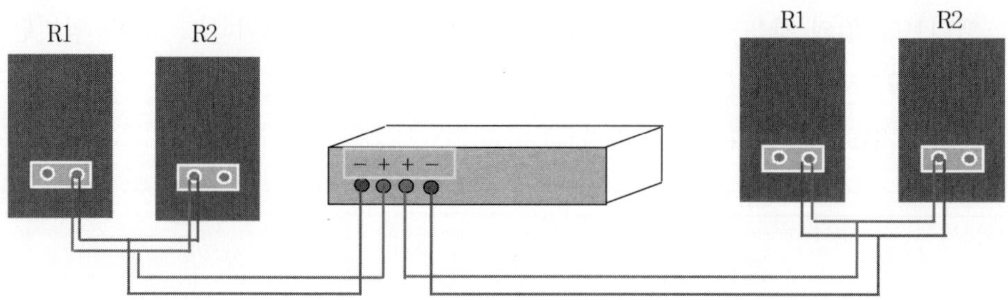


$(R1+R2) + (R1+R2) = R1^2\ R2^2$

스피커를 병렬로 연결하면 임피던스는 반으로 줄고, 직렬로 연결하면 두 배로 늘어난다. 또한 앰프의 출력을 고려하지 않고 스피커를 너무 많이 연결하면 앰프에 무리가 가게 되므로 주의 하여야 한다.

즉 저항이 직렬로 연결되어 있으면 그 합성 저항은 증가하고, 병렬로 연결되어 있으면 합성 저항은 감소한다.

이상적인 입력 임피던스는 무한대여야 하고 출력 임피던스는 이라야 하는 것이다. 출력임피던스는 가능한 작아야 큰 입력 임피던스를 가진 모든 Op-Amp나 다른 장치 혹은 부품에 연결 할 수 있을 테고 입력 임피던스는 가능한 커야만 그보다 작은 어떤 출력에든지 접속 할 수가 있다.

다시 말해서 임피던스란 저항과는 개념이 조금 다르고 어떤 장치나 부품의 저항이 온도, 주파수, 코일성분, 저항성분등 다른 요소의 영향을 받은 저항을 의미한다.

즉 임피던스가 매칭이 되지 않으면 트랜스에 무리가 될 수 있다.

가급적 앰프임피던스를 스피커 임피던스보다 낮도록 해야 한다.

소리도 조금은 달라집니다만. 가장 큰 차이는 소리가 작게 난다는 것이며 예를 들면
8옴 스피커를 4옴 단자에 물리면 소리가 반으로 줄어들고
4옴 스피커를 8옴 단자에 물리면 4옴에 물릴 때 보다 소리가 커지긴 하는데
댐핑이 나빠져서 저역이 소리가 나빠진다.

두 개 이상의 스피커를 사용할 때에는 극성을 맞추어 주어야 한다. 스테레오로 스피커를 사용하는 경우이건 혹은 모노로 사용하는 경우이건, 각각의 스피커 단자에는 플러스와 마이너스 단자가 있는데, 이것을 반드시 똑같이 맞추어 주어야 한다. 그렇지 않으면 음이 자연스럽지 못하게 들리며, 음의 상쇄현상[7]이 일어나게 된다. 그러므로 앰프와 스피커 단자 사이의 플러스와 마이너스 단자는 모두 똑같이 맞추어 주어야 한다.

스피커 연결선은 신호의 전달이 좋은 굵고 순도가 높은 선을 사용하는 것이 좋다.

---

7) 음원이 손실 되는 것을 말함.

● 스피커의 소리전달에 의한 설치

이벤트 행사장의 스피커 설치된 모습을 생각하면 되겠다.

즉 고음 및 중음을 사용하는 스피커는 대부분 위쪽으로 설치가 되고 우퍼 즉 저음스피커는 지면 쪽으로 설치된 것을 볼 수가 있다 이것은 고음, 중음의 소리가 멀리까지 들리게 하고 저음은 풍부한 소리를 낼 수 있도록 함이다.

이러한 이유는 저음의 풍부한 소리를 내기 위해서 스피커를 자세히 보면 콘지에서 소리가 나기도 하지만 스피커의 케이스 즉 통에서 울리는 영향을 고려하여 제작하는 것이다.

스피커의 설치장소의 유형에 따라  스피커에서 나오는 소리가 듣는 사람에게 다르게 들린다. 음의 사각지대가 생기지 않고, 음파가 골고루 분산될 수 있도록 고음스피커와 저음 스피커를 잘 설치해야한다 또한 실내에서의 스피커 설치를 한다.면 실내의 구석과 모서리 부분 또는 기둥이 어떻게 되어 있나 잘 살펴서 설치를 해야한다.

야외에서의 저음 스피커 설치 시 에는 보통 우퍼 스피커를 바닥에 설치를 한다. 이것은 단단한 바닥 면이나 벽 등에 스피커가 가까울수록 저음이 더 많이 재생되어서 들리는 것을 이용하는 것이다  일반적으로 스피커를 높이 설치할수록 저음보다 고음 재생이 좋은 편이라는 사실을 염두에 두고 스피커 설치를 하면 좋다.

● 스피커의 설치 각도

스피커는 설치되는 각도에 의해서 들리는 소리가 틀리게 된다. 만약 여러 개의 스피커를 설치 할 때는 사람들이 들을 수 있는 방향을 충분히 고려하여야 한다.

즉 얼마만한 각도로 스피커의 재생음이 퍼져나가는 가를 확인하여 스피커 간격을 조절해 주며, 너무 높게 스피커를 설치하여 소리가 확실하게 들리지 않는다거나 너무 귀에 가깝게 설치되어 있다거나 혼형 스피커가 듣는 사람과 직선으로 설치가 되어 있어 청취에 부담이 되지 않도록 고려되어야 한다.

위의 사진은 스피커의 음향각도를 고려하여 설치한 모습이다.

◉ 모니터 스피커 (MONITOR)

아래의 그림은 모니터 스피커로서 공연장에서 흔히 볼 수 있는 것으로 공연을 하는 사람에게 자신의 소리를 들을 수 있게 하여야 한다.

즉 메인 스피커로 재생되는 소리는 각종 이펙트를 거친 소리이기 때문에 공연자는 자신의 소리가 합성된소리로 들리기 때문에 혼돈을 가져올 수 있다.

따라서 모니터 스피커에서 나오는 소리는 공연자의 소리 그대로를 전달시켜야 한다.

모니터(monitor) 에는 스테이지 모니터는 필수적이며 또한  엔지니어 모니터 (ENGINEER'S MONITOR)를 설치하여야 할 때도 있다.

악기가 설치되어 있을 경우 드럼연주인 (DRUMMER'S)을 위하여 별도로 모니터 스피커를 설치하여야만 한다. 그래야만 드럼 연주자가 다른 악기의 소리와 본인의 드럼소리를 조절하는데 쓰이게 된다.

위의 사진은 모니터 스피커로서 무대 또는 행사장 바닥에 설치 할 수 있도록 설계되어 있다.

◉ 스피커와 마이크 위치

스피커를 설치할 때에는 음원인 마이크와 멀리 떨어지게 설치하거나 각도를 빗

나가게 하여 조금 볼륨을 올리면 삐익- 하는 소리가 나는 하울링을 방지해야 한다. 보통 스피커를 정면 양쪽에 설치하는데, 이럴 경우 마이크와 거리가 가까워서 하울링이 많이 생긴다. 사용하고 있는 마이크와 조금 떨어져서 앞쪽으로 스피커를 설치하면 하울링을 많이 감소시킬 수가 있다.

파워서플라이

50A 카오디오용 파워서플라이

안정된 전압으로 기기보호기능과 역전압 보호기능 또한 기기의 쇼트보호기능 및 과열 방지를 함으로서 많은 음향장비를 보호 할 수 있는 주변기기이다.

⑦ 용도별 스피커

이러한 음향 셋트는 운반이 손쉬우므로 소규모의 이벤트에서 많이 사용하고 있다.

학교 구내 강당에 브라켓을 이용하여 벽면에 부착시킨 모습이다.

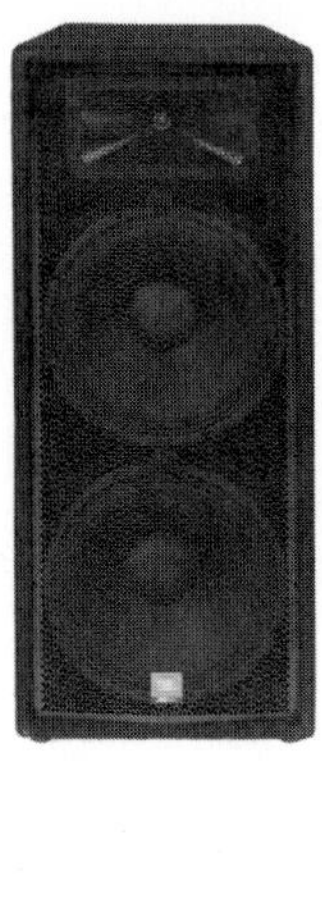

각종 동축 케이블

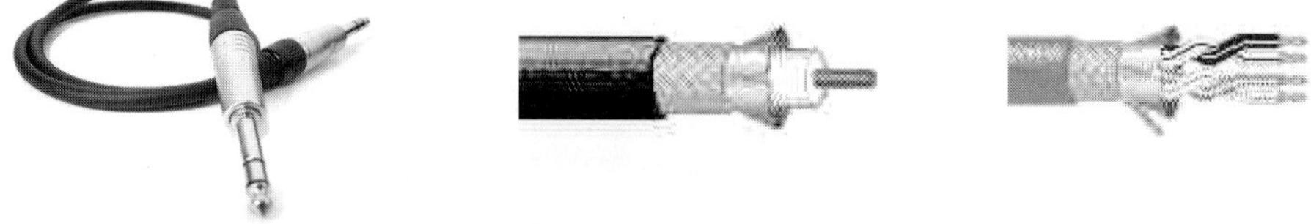

⑧ 랙(rack)

랙이란 모든 장비를 외부의 충격, 손상으로부터 보호하고 각종 기기를 집약시켜 사용이 편리하도록 하며 또한 운반이 용이하도록 만든 하드케이스의 일종이다.

이벤트 장비 렌탈에는 필수적인 장비이다.

이러한 하드 케이스는 높이가 낮아 리버브, EQ 같은 기기를 넣고 장착하는데 쓰인다.

이 곳 에 는 채널수가 작은 믹서 또는 이퀄라이져, 데크와 간단한 앰프정도가 장착 될 수가 있다.

또한 랙의 형태와 모양에 따라 기기를 탈부착 시키는데 모든 장비는 랙에 볼트로 부착시키게 되어 있어 사용 용도에 따라 집약 시킬 수가 있다.

16채널정도의 믹서 또는 필요한 장비를 세팅할 수가 있는 랙이며 바퀴가 달려있어 이동하기도 편리하게 만들어 졌다.

국내의 장비 업체에게 널리 알져진 하드케이스는 위나비 일 것이다.

Chapter 5

# 이벤트 조명

일반적으로 이벤트 행사 조명에는 행사 규모에 따라  라이트를 설치하며 일반조명과 특수조명으로 구분한다. 또한 상당부분이 전기를 사용하기 때문에 감전으로 인한 사고를 대비하여 철저히 예방조치를 하여 행사에 지장이 없도록 하여야 한다. 기자재 및 설치구조물 또한 금속으로 되어있고 연결케이블이 무대 주위에 방치되지 않도록 하여야 하며 라이트 용량에 맞게 설치하여 전기의 과부하로 인하여 화재 및 감전 사고를 방지하여야 한다.

좌측 사진은 조명을 설치하기 위해 철재[1] 구조물을 쌓아 놓은 모습이며 뒤쪽과

옆 날개를 붙여 놓은 모습이다.

우측 사진은 뒷면 4폭 5단 과 날개 2폭 4단을 설치 한 모습.

이러한 구조물은 반듯이 바람, 충격에도 쓰러지지 않도록 철 파이프 등으로 단단히 고정 시켜야 할 것이다.

고정 시킬 때에는 파이프 전용 클립을 사용 할 수도 있지만 경우에 따라 철사를 이용하여 묶어 고정시키는 경우도 있다.

라이트를 설치 할 때는 스텝이 구조물에 올라가 작업을 하게 되는데 5단까지의 높이에서는 가장 공포심을 느끼는 높이로서 항상 구조물에서 미끌어지지 않는 신발을 신고 작업을 해야 하며 안전에 유의하여 작업을 하여야 한다.

트러스 조명무대모습이며 이러한 조명시설은 대형 무대에서는 필수적이다 트러스 설치는 보유하고 있는 전문회사에서 설치를 하며 트러스의 대여비 또한 고가임을 알아두어야 한다.

1) 비계 [飛階, scaffolding] 흔히들 현장에서는 일본어로 아시바(あしば)라 칭한다.

이러한 트러스의 재질은 항공기 제작에도 사용하는 듀랄뉴민 같은 가볍고 견고한 금속으로 되어있어 트러스의 1단의 무게는 한손으로도 들 수 있을 정도로 가볍다.

트러스 작업에는 많은 볼트, 너트를 사용하는 작업으로 되기 때문에 공구사용이 많아진다. 예를 들어 체인블럭(chin block)사용으로 중량물을 들어 올리는 작업 또한 이루어지기 때문에 공구사용에 있어 안전사고도 유념하여 사용하여야 한다.

또한 트러스는 각종조명을 쉽게 설치할 수 있으며 트러스의 조립 또한 상당한 시간이 소요 될 수 있다. 여러분들이 만약 행사 기획을 한다면 행사의 규모와 행사비에 따라 조명 설치 견적을 심도 있게 생각하여야 할부분이다.

### 1) 기초전기

음향과 조명에 있어서는 기초전기에 대해 이벤트를 전공하는 사람이면 이에 대하여 필수적으로 배워야 할 필요성이 있다.

이벤트 음향에는 많은 전기가 필요 없으나 조명에는 많은 용량의 전기가 필요하다 또한 음향과 조명은 같은 라인의  전기를 가급적 같이 사용하지 않는 것을 원칙으로 한다. 왜냐하면 조명의 전기적 노이즈가 음향에 영향을 준다.

① 전기를 사용하는 기기들의 뒷 판넬에 보면 기기의 A(암페어)가 적혀 있는데 그 기기의 암페어 수를 참조하여 전기의 용량을 계산하는 것도 적절하다.

아울러 전기를 사용하는 각종 기기는 주변의 전기. 전파의 영향에 예민하므로 음향부스 근처에서 무전기를 사용하는 것을 가급적 피하는 것이 좋다.

② 조명의 전기 사용에서는 항상 주의를 요하며 PAR Light 개당 1Kw라고 보며 발전기 및 전기용량을 충분히 하여 행사 도중 전기가 다운되는 것을 막아야 한다. 예를 들면 발전 차 1대당 150Kw 또는 250Kw정도의 용량을 낼 수 있는 것이 있어 행사 조명에는 무난히 사용 할 수 있다.

이에 행사장 주변에는 많은 전기 케이블과 각종 시설물이 있어 정리 정돈이 잘 되어있어야 전기케이블의 단락, 또는 합선 등의 사고를 예방할 수 있다.

### 2) 전기기초지식

다음부터의 알아둘 전기 기초는 중등과정 및 고교과정에서도 다루는 상식적인 기초만을 기술하였고 일상생활에서 흔히 이야기 할 수 있는 기초이다.

또한 일상생활에서 우리가 기본적으로 습득하여 활용할 수 있는 것은 이벤트 관련 분야에서도 기초적인 전기관련상식은 알아둘 필요가 있다.

### 3) 전기 용어

① 전압 (V)

용어는 볼트라 하며 전기의 흐름에 있어 전류는 전위의 차가 없으면 흐르지 못하며 전위차를 전압 이라고 한다.

② 전류 (W)

용어는 와트라 하며 도체의 단면을 단위시간에 통과하는 전하의 양이며 1초 동안에 1쿨롬의 전기량이 흐를 때의 전류를 1 암페어라 한다.

③ 저항 (Ω)

용어는 옴이라고 하며 도체에 전류가 흐를 때 이것을 막으려 하는 것을 저항이라고 하며 전기저항은 R로 표시하며 단위는 옴[Ω]을 사용한다.

④ 옴의 법칙

도체간의 2점간을 흐르는 전류는 2점간의 전압에 비례하고 전기저항에 반비례한다. 전기저항 또는 전압을 구하는 공식

R = V/I[Ω], V = IR[V]

⑤ 전력

단위시간에 하는 일의 양, 즉 일의 대소로 나타내는데 이를 전력이라고 하며 P로 표시하고 단위는 [W]를 사용한다.

⑥ 전력량

전류가 어느 시간 내에 한 일의 총량을 그 시간 내의 전력량이라 한다.

⑦ 교류

전류의 흐르는 방향이 일정한 시간을 두고 (+)와(-)로 변화하는 전류.

⑧ 직류

전류의 흐르는 방향이 시간적으로 변하지 않는 전류. (+)극이나 (-)극 한 방향으로 보내는 전류

⑨ 단상

하나의 위상각의 변화에 의해서 표시하는 보통의 사인파 교류로 하나의 전원과 부하사이를2개의 선으로 연결한 가장 간단한 회로.

⑩ 삼상

120 ℃ 씩 위상이 다른 3개의 단상교류로 엘리베이터, 공기조화기 등 동력용 전원.

⑪ 동축케이블

음성 및 미디어 등 전파의 손실을 막기 위해 차단막을 케이블에 감아 놓은 것이라고 할 수 있다.

### 4) 전기 일반 상식 - 전기는 가장 이상적인 에너지

전기는 깨끗하고 편리한 청정에너지로 인류가 찾아낸 가장 이상적인 에너지입니다.

이제 전기는 현대생활에 있어 공기나 물과 같이 한 순간도 없어서는 안 될 생활 필수품으로 인간의 삶을 편리하고 윤택하게 할 뿐만 아니라 산업의 원동력으로서 인류 문명을 밝혀 오고 있다.

① 전기란 무엇인가?

- 전기는 물체를 마찰시킬 때 생성되는 에너지로서 플러스(+)와 마이너스(-) 입자(전기)가 있는데 이 작은 입자가 빛도 만들고 열도 발생 시킨다.
- 전기의 성질 : (+)전기와(-)전기는 서로 끌어당기지만 (+)전기 나 (-)전기는 서로 밀어내는 성질이 있다.
- 전기의 속도 : 전기가 이동하는 속도는 매우 빨라 빛의 속도와 같다. 즉, 1초에 30만 km를 갈 수 있어 지구를 7바퀴 반이나 돌 수 있다.
- 전기의 흐름 : 물의 흐름과 비슷하여 물의 흐름이 수압이나 파이프 크기에 따라 다르듯이 전기도 전압과 전선의 굵기, 길이, 재질에 따라 흐르는 양과 세기가 다르다.

② 전기 공급 방식

전기의 공급 방식에서는 주변의 전기 공급할 수 있는 시설이 있다면 발전차량의 사용을 하지 않고 행사비를 줄일 수 있다.

대체로 작은 행사에서는 행사비용이 많지 않은 관계로 주변의 전기를 사용한다면 전기의 용량과 전기를 사용할 수 있는 곳을 알아야 하겠다.

일반적으로 여러분들은 3상 배전함 또는 분전함이라고 들어 봤을 것이다.

이것은 전주의 트랜스로부터 사용되는 배전함으로 공급이 되는 것을 알 수 있다 즉 이곳의 (암페어)용량을 충분히 숙지한 후 가능하면 사용하되 용량이 적은데도 무리하게 사용하여 화재의 위험을 초래 하지 말기 바란다.

3상 배전함을 열어보면 건물에 있는 전기의 사용처에 분배되는 여러 동선이 보일 것이다. 가급적 메인전원스위치를 차단하고 연결시키는 것이 바람직하다.

부득이 한 경우 테스터기로 220V를 찾아내어 연결을 한다.

3상 배전함 동선은 R.S.T.N로 구분하며 N상은 항상 접지선으로 구분한다.

R상과 N상 S상과 N상 T상과 N상으로 연결하여 전기적 부하가 걸리지 않도록 하여야 한다.

동판을 보면 흰색, 붉은색, 청색, 검은색 등으로 색깔이 구분되어 있는 것을 볼 수 있는데 검은색은 주로 N상 - 전극으로 구분되고 나머지 색깔은(R.S.T) +전극으로 되어있다.

### 5) 전압의 종류

① 저압

옥내에서 사용할 수 있는 전압으로서 주택 등 일반 수용가에 공급

② 고압

주로 시가지 가공전선로에 사용하고 있는 것으로 중. 소규모 빌딩에 공급

③ 특별 고압

송전선로에 사용하고 있으며 우리나라의 경우 배전선로에는 22,900V가 공급되며 서울 등 시가지, 대규모 빌딩은 지중화 하여 지하케이블로 22,900V를 수전하고 있다.

### 6) 전기사용방식

단상 2선식 220V

각 세대 전등, 전열 공급 전압으로 사용.

단상 3선식 110/220V

각 세대에 110V 전원이 필요한 경우 사용.

3상 3선식 220V
일반 빌딩이나 공장 등에서 동력전원으로 사용.

3상 4선식 220V/380V
빌딩, 공장, 병원 및 아파트 단지에서 간선으로 이 방식을 사용하며 전등. 전열부하는 220V로 공급하고, 동력부하는 380V로 공급한다.

간선 - 간선은 사용목적과 배전방식, 배선방식 등에 따라 분류할 수 있다.

① 사용목적에 따른 분류

- 동력간선
  일반 동력간선 : 일반용 오배수용펌프, 반송설비 등
  비상 동력간선 : 정전 시 나 화재 시 가동되는 동력
- 전등간선
  일반 전등간선 : 일반전등
  비상 전등간선 : 정전이나 화재 시 점등되는 전등
- 특수간선
  전산기기용 간선, 기타 특수용도 간선 등

② 배전방식에 따른 분류 - 고압간선, 저압간선, 특별고압간선으로 구분된다.

- 저압간선
  단상 2선식 : 220V
  단상 3선식 : 220/110V
  3상 3선식 : 220V
  3상 4선식 : 380/220V
- 고압간선
- 특별고압간선

## 7) 전자기초

① 교류와 직류

저항의 종류와 저항 값 계산하기

종류 : 저항은 크게 고정저항기와 가변 저항기로 나누어진다.

고정저항기 :저항 값이 정해진 저항기입니다.(색 띠를 사용하여 저항 값을 계산할 수 있다.)

가변저항기 : 저항기의 값을 조정할 수 있는 저항기이다.

단위 : 옴(ohm, Ω)

저항의 색깔과 표를 이용하여 저항 값 계산하기

고정 저항의 저항 값 : R(Ω)=AB x 10c [Ω] ± D[%]

설명

A=4, B=7, C=104(=10000),

D=±5% 이므로, 저항 값은

47 X 10000= 470000 Ω

= 470 kΩ (±5%)

② 콘 덴 서

콘덴서는 이벤트 음향 기기에서 앰프의 킷판을 보면 각종 콘덴서가 장착되어있는 것을 볼 수 있다.

이러한 콘덴서가 기기의 이상 징후를 빨리 파악할 수 있는 요건이 된다 우리가 눈으로 보면 콘덴서의 위쪽을 보면 평편하게 되어있어야 하는데 콘덴서의 이상이 있으면 윗부분이 불룩하게 돌출되어 있음을 파악할 수 있을 것이다.

기능 : 콘덴서는 전기를 저장하는 역할을 합니다. 즉, 금속판을 일정한 간격을 두고 맞붙인 것으로 전압을 공급하면 금속판 사이에 전기가 축적(충전)된다. 전극

판의 면적이 클수록, 두 전극 판의 거리가 짧을수록 전기가 많이 축적된다.

③ 콘덴서의 충전과 방전

충전의 경우 : 두 개의 금속판에 전지를 연결하면 금속판에 전기력선이 발생하여 전자가 이동하기 시작한다. 전자는 (-)이므로 전지의 플러스극에 끌려서 전원 쪽으로 흘러간다. 전지의 (-)극에서 흘러나와 (+)극 쪽 금속판으로 흐른다. 이렇게 하여 (+)극에 연결된 금속판은 (-)전자가 부족하여 (+)로 대전되고 반대로 (-)쪽에 연결된 금속판은 (-)전선의 과잉으로 (+)로 대전된다. 이 때 전자의 흐름은 두 장의 금속판사이의 전위차가 전지의 전압과 똑 같아질 때까지 흐른다. 이것이 콘덴서의 충전원리이고 전하를 저장 할 수 있는 용량을 정전용량이라 한다.

④ 콘덴서의 충전원리

방전의 경우 : 충전된 콘덴서에 전극을 연결하면 전자가 남아 있는 쪽에서 전자가 부족한 쪽으로 순식간에 흘러듭니다. 이렇게 하여 전기가 흐르게 되는 것이다.

콘덴서의 단위 : 전기의 양을 나타내는 단위로서 패럿[F]을 쓰지만, 이 단위는 너무 커서 백만분의 1인 마이크로 패럿[μF]을 단위로 쓴다.

● 종류

고정 콘덴서(용량을 바꿀 수 없는 것) : 전해 콘덴서, 마일러 콘덴서

가변 콘덴서(용량을 바꿀 수 있는 것) : 동조 코일과 더불어 라디오 방송을 선택하는 부품으로 사용되며, 바리콘이라고도 한다.

부품 조립 시 유의 사항 : 전해 콘덴서의 경우 다리가 긴 쪽이 (+), 짧은 쪽이 (-)가 되게 해야 한다.

⑤ 다이오드

다이오드란 전류를 한쪽 방향으로만 흘리는 반도체 부품이다. 반도체란 원래 이

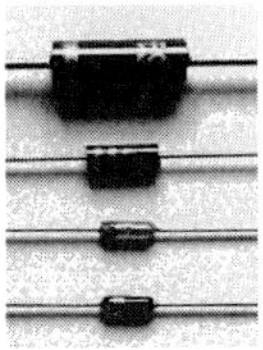

러한 성질을 가지고 있기 때문에 반도체라 부르는 것이다. 트랜지스터도 반도체이지만, 다이오드는 특히 이와 같은 한쪽 방향으로만 전류가 흐르도록 하는 것을 목적으로 하고 있다.

반도체의 재료는 실리콘(규소)이 많지만, 그 외에 게르마늄, 셀렌 등이 있다.

다이오드의 용도는 전원장치에서 교류전류를 직류전류로 바꾸는 정류기로서의 용도, 라디오의 고주파에서 신호를 꺼내는 검파용, 전류의 ON/OFF를 제어하는 스위치 용도 등 매우 광범위하게 사용되고 있다.

● 구조

P 형 반도체와 N 형 반도체를 접합하여 만든 것으로, N 형 반도체 쪽을 캐소드(cathode)라고 하고, P 형 반도체 쪽을 애노드(anode)라고 한다.

● 특성

순방향으로는 전류가 잘 흐르지만, 역방향으로는 전류가 잘 흐르지 않으며, 교류를 직류로 바꾸는 역할(정류 작용)을 한다.

● 종류

P형 반도체 : 원자가전자가 4개인 99.999999%의 순수한 실리콘(Si)이나 게르마늄(Ge)에 소량의 불순물로 원자가전가가 3개인 붕소(B), 알루미늄(Al), 인듐(In)이나 갈륨(Ga)을 첨가하여 전자가 부족한 상태로 만든 반도체를 말한다. 이때 전자가 부족한 자리를 정공(hole)이라 한다.

● P형 반도체의 전자 배열

N형 반도체 : 원자가전자가 4개인 게르마늄(Ge)이나 실리콘(Si)에 원자가전자가 5개인 비소(As)나 안티몬(Sb)을 첨가하여 전자가 남는 상태로 만든 반도체를 말한다. 이때 남는 전자를 과잉전자(excess electron)라 한다.

● N형 반도체의 전자 배열

부품 시험 : 다이오드의 저항 값을 회로 시험기로 측정해서, 순방향은 0Ω에 가

깝고 역방향은 ∞Ω 가까우면 정상이다.

⑥ 발광 다이오드

발광 다이오드의 구조는 갈륨의 화합물인 갈륨비소(GaAs), 갈륨인(GaP) 등 발광하기 쉬운 성질을 갖고 있는 재료로 접합되어 있으며, 이 다이오드에 순방향 전압을 걸면 전자와 정공이 재결합하여 녹색, 적색, 황색등의 빛이 난다.

극성 판별 방법 : 발광 다이오드 역시 다이오드와 같이 극성을 정확하게 판별하여 바르게 꽂아 납땜해야 빛이 난다. 극성이 반대로 되면 빛이 나지 않습니다. 발광 다이오드를 살펴보면 두 개의 리드선이 있다. 이 중 한 개의 리드선이 다른 한 개에 비해 짧게 되어 있는데 짧은 쪽이 N형 반도체로 캐소드(cathode : K)를 의미한다.

회로 시험기의 두 리드 봉을 발광 다이오드의 리드 선에 접촉시켜 발광 다이오드가 점등될 때 순방향을 지시하며, 이때 적색 리드 봉이 닿는 쪽이 캐소드(K)이고 흑색 리드 봉이 닿는 쪽이 애노드(A)이다.

⑦ 트랜지스터

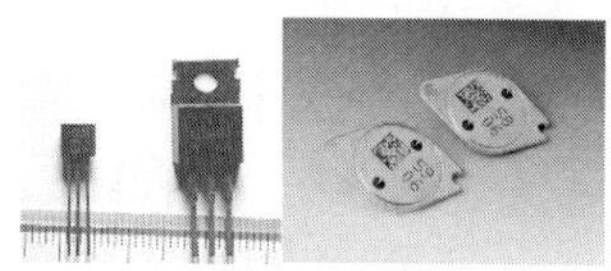

트랜지스터가 상용화됨으로 해서 진공관사용이 줄어들고 있으며 현재의 추세로는 고가의 오디오앰프에는 아직도 진공관을 이용하고 있다 이러한 진공관은 트랜지스터와 비교해서 장단점이 있다 진공관의 단점을 보완하여 만든 것이 널리 쓰이고 있는 트랜지스터이다.

트랜지스터에는 NPN형과 PNP형이 있다. NPN형은 중앙에 P형 반도체, 양측에 N형 반도체로 구성되어 있고, PNP형은 중앙에 N형 반도체, 양측에 P형 반도체로 구성되어 있다. 이때 중앙에 끼워져 있는 반도체는 두께가 수 µm정도에 불과할 정도로 얇게 되어 있다. 이 부분을 베이스(Base : B)라고 한다. 베이스양쪽에 있는 다른 종류의 반도체 중 어느 한쪽을 이미터(Emitter: E), 다른 한쪽을 콜렉터

(Collector : C)라 한다. 이미터와 콜렉터는 불순물의 농도, 접합부의 면적 등 구조상 다르게 되어 있다.

⑧ 진공관

트랜지스터를 디지털이라 하면 진공관은 아날로그라 한다.

진공관의 특성은 원음그대로를 출력하는데 있어 전력손실이 트랜지스터보다 없다는 것이다.

그러나 현재의 이벤트 음향 파워앰프에는 전혀 사용하지 않고 있는 것이 현실이다 이러한 진공관 앰프는 오디오 부분에서 지식을 습득하는 것이 좋을 것이다.

트랜지스터의 증폭 구조 : 트랜지스터의 기본은 다이오드(다이오드 부분 참고)이다. 제1단계로 NPN형 트랜지스터에서 콜렉터와 베이스가 콜렉터에 건전지의 (+)전압을 연결하고 베이스에 건전지의 (-)전압을 걸면 다이오드에서 설명한 것과 같이 역방향 전압이 되어 전류는 흐르지 않는다. 제2단계로 콜렉터와 베이스 간에 역방향 전압을 그대로 두고, 베이스와 이미터 간에 아래 그림 (b)와 같이 베이스에 건전지의 (+)전압을 걸고, 이미터에 건전지의 (-)전압을 연결하면 베이스에 단 1㎃의 전류만 흐르게 하였는데도 콜렉터에는 100㎃의 전류가 흐르게 된다. 이렇게 베이스에 1㎃의 전류를 흐르게 하였을 때 콜렉터에 100㎃의 전류가 흐르게 되는 것이 트랜지스터의 증폭 구조이다. 그래서 트랜지스터는 전류의 증폭 작용을 한다.

## 8) 이벤트 행사 조명의 이해

① Lighting

행사 조명은 크게 일반 조명과 특수 조명으로 나뉘며 일반적으로 PAR LIGHT를 사용한다. 이러한 조명은 무대를 화려하게 보이게 하며 무대 세트와 출연자에게 비추어 관객들로 하여금 잘 보이며 행사내용에 따라 라이트의 기법을 달리하여 무대의 효과를 극대화 시켜 주는 것이라고 할 수 있겠다.

달리 설명하자면 빛을 인위적으로 조명하여 [2]실경을 요구되는 분위기로 보이도록 하는 것이다.

이러한 조명의 기법에서는 다음과 같은 기법을 습득하여야 한다.

● 적정조도를 얻는다.

이것은 디머[3]를 이용해서 밝고 어두움을 조종하여 빛의 세기를 조정하여야 한다.

● 필요한 컨트라스트를 만든다.

명암의 필요성은 행사조명에서도 필요한부분이며 또한 조명의 설치, 밝기, 등을 조정하여 적당한 명암을 만들 수가 있다.

명암 컨트라스트를 어떻게 만들 것인가는 라이팅의 중요한 기법이다.

● 라이팅 컨트라스트

어두운 곳을 밝게 하든가 너무 밝은 데를 어둡게 하는 것이 바로 조명이 하는 일인데, 거기에다 더해 어느 부분을 살리고 어느 부분을 죽일 것인지를 빛의 강도로 조정하는 것이 라이팅 컨트라스트이다.

● 컬러 밸런스를 만든다.

컬러 밸런스를  배합, 선정을 하여 Par 라이트를 설치하기 전 조명기사는 항상 조명의 수와 칼라 배합에 만전을 기하여야 한다.

이 또한 행사를 시작하기 전 조명의 리허설을 분명히 하여야 한다.

컬러에는 무작정 화려함보다는 행사의 컨셉을 사전에 파악하고 계절, 분위기, 등에 맞도록 하여야 한다.

즉 컬러지에는 각종의 색이 있으므로 붉은색 계통과 파란색 계통의 칼라지 배합에 신경을 써야 한다.

---

2) 실제 경치를 말함.

3) 라이트의 밝기를 폐다를 사용하여 조절하는 장치

주로 파라이트에서 뿐만 아니라 뱅크, 소파라이트에도 배합을 잘하여야 한다.

● 라이트 기본 설치

| 전원부 | 콘트롤박스 | 분배기 | 라이트 |
|---|---|---|---|

② PAR LIGHT

PAR[4] 라이트가 설치된 모습이며 뱅크 조명과 특수효과인 비누방울 및 $CO_2$의 모습이 보인다.

파라이트에는 110V 사용 전구와 220V사용 전구가 있으므로 항상 주의 하여야 한다.

또한 현재의 파라이트는 거의 220V용이 대부분이다.

110V 파라이트에서 주로 사용되는 라이트와 라이트 사이에 연결하는 소켓 부분을 와이바라고 하는데 이러

4) (Par) Parabolic Aluminized Reflector

한 연결 와이바는 빠지기 쉽고 우천 시에 항상 테이핑 처리를 함이 안전하다.

그럼 110V 파라이트 설치에 있어 와이바를 사용하는 이유를 를 알아보자.

전구의 사용전압이 110V용량의 파라이트라면 당연 220V로 사용될 수 있게 2개의 파라이트를 1조로 만들어 (110V+110V=220V)주어야 한다.

와이바

이 때문에 라이트 뒤에 있는 프러그에 소켓을 연결하여야 한다.

③ 뱅크 라이트

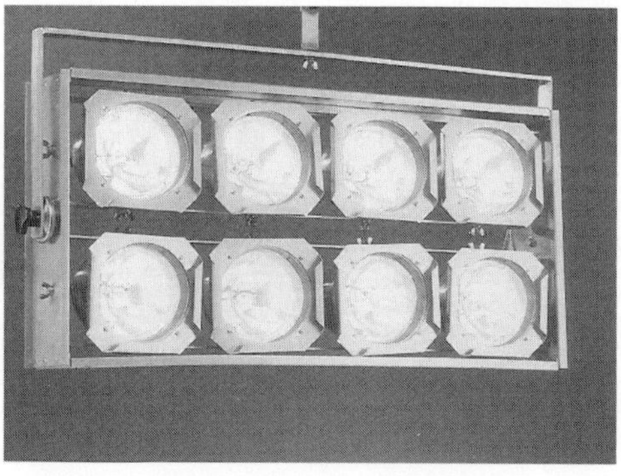

사각 뱅크 PAR 28V 250W(AL)

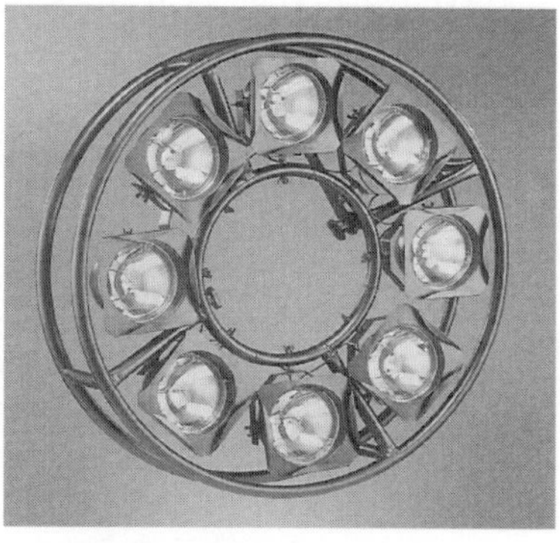

원형 뱅크 PAR 28V 250W(철)

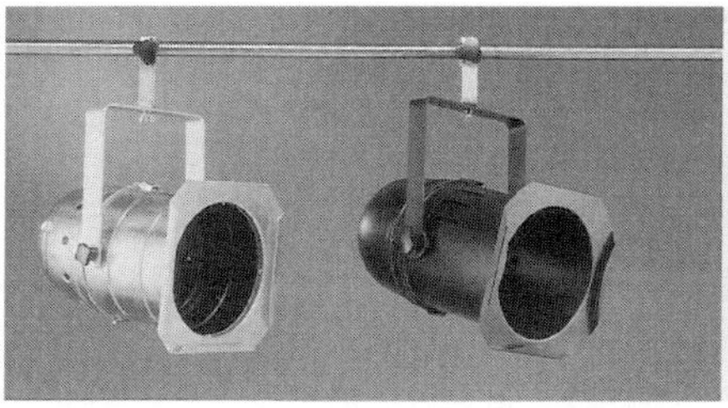

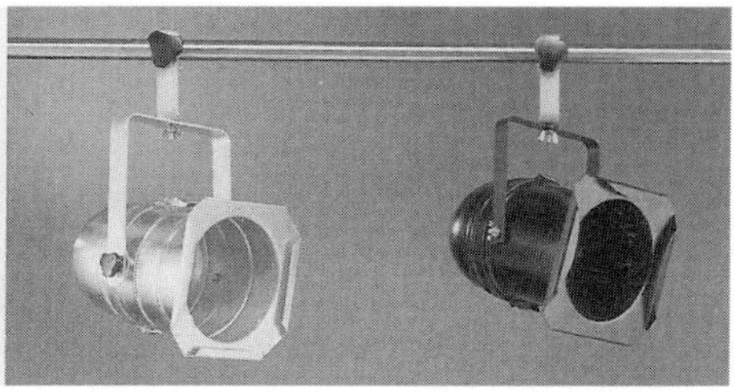

대파라이트(AL) / (철) PAR 64 1000W 소파라이트(AL) / (철) PAR 56 28V 250W

뱅크라이트는 전구를 4개 또는 8개로 묶어 강렬한 빛을 주는 조명기구이다.

또한 앞부분에 칼라지를 끼워 아름다운 연출을 할 수가 있으며 여러 대의 뱅크 조명으로도 훌륭한 조명연출이 가능하다.

조명기구에는 Spot Light와 Flood Light가 있다.

● Spot Light

행사용 스포트 조명기구에는 흔히 말하는 그림과 같은 일명 핀 조명 이라고 불리 우는 조명이 있다 이러한 조명은 무대에 강렬한 빛과 함께 색을 주는 조명기기이다 주로 공연행사에서 많이 사용된다.

사진은 일반적으로 이벤트업계에서는 롱핀이라고 불리우고 있다.

● Flood Light

자연광 중 2차광의 효과를 얻기 위해 광원의 광속 확산도가 일정한 설계조건으로 부드러운 확산광을 넓은 범위에 걸쳐 빛이 고르게 퍼지며 그림자가 적고 골고루 잘 보이게 한다. 반면에 입체감이 없고 짜임새가 없다. 그러므로 가장 이상적인 조명은 Spot light 와 Flood light의 조화에 있다.

④ 사이키 조명(Strobe)

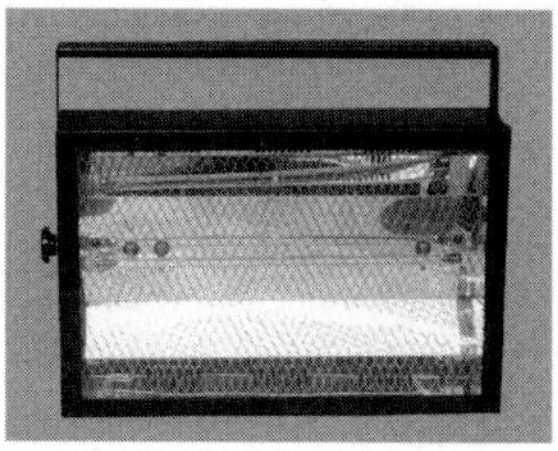

일명 사이키라고 불리우기도 하는 점멸등은 순간적으로 점등과 점멸을 반복하는 기능을 가진 조명이다. 우리가 쉽게 볼 수 있고 접할 수 있는 조명으로서 일반적으로 유흥주점인 나이트클럽 등에 많이 사용되나 행사에 있어 댄스공연, 가수 공연 등에 사용되며 순간적인 점멸이 이루어져 시각적인 효과에 있어 형체가 끊어지듯 보이는 점멸등이다.

또한 이 조명에는 콘덴서 즉 잔류 전기가 축적이 되어 있기 때문에 사용직후 플러그를 만지면 잔류 전기에 감전이 되는 수가 있으므로 주의해야 한다.

고정식의 스트로브는 만질 위험이 없지만 이벤트 행사장에서는 그렇지 않다.

⑤ 특수조명

특수 조명에는 레이져 빔, 스켄, 맥, 스카이로즈 등 여러 가지의 특수조명이 있다.

우리가 흔히 TV에서 볼수 있는 show 프로그램 중에도 간혹 레이져 조명을 볼 수 있다.

먼저 레이져 조명에 대해서 간단히 알아보자 레이져 조명은 붉은색과, 녹색, 청색, 등으로 발사가 되는데 흔히 녹색을 많이 사용한다.

레이져 기기는 수냉식과 공냉식으로 되어있다 국내에서는 주로 수냉식을 사용하고 있어 레이져에서 방출되는 열을 깨끗한 물로 식혀주는 것이다.

또한 레이져 조명은 각종 동영상을 미리 편집하여 연출할 수가 있어 다양한 용도로 사용이 된다.

레이져 빔의 하루 렌탈비가 국내에서는 적게는 300만원에서 700만원선으로 보면 되며 국내에서는 보유하고 있는 회사가 많지가 않음을 알아두기 바란다.

스카이 로즈 는 모양이 원으로 된 빛을 빙빙 돌려가며 강렬한 빛을 비추는 조명으로서 모양이 장미의 다발처럼 보인다 하여 스카이 로즈라 불리 운다. 이 조명은 맥이라는 조명이 나오자 크게 사용되는 일이 적어졌다.

우리가 흔히 볼 수 있는 스켄 조명은 주로 예식장에서 프로그래밍을 하여 많이 사용하는 것을 볼 수 있으며 행사조명에도 가끔씩 사용되고 있다. 이러한  조명 또한 맥과 흡사한 역할을 한다고 보면 되겠다.

기기의 섬세함이 있어 주로 고정식으로 사용한다.

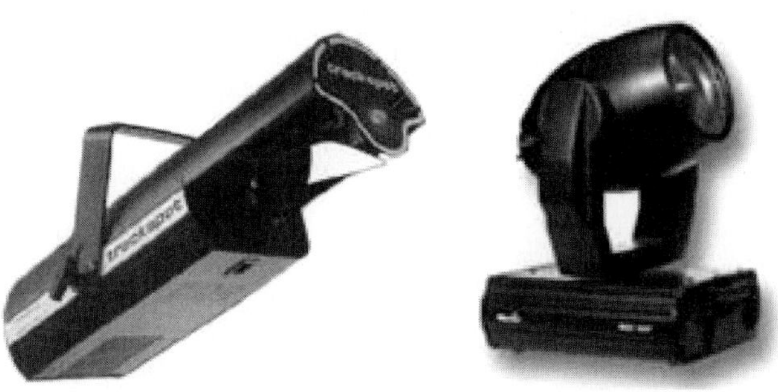

참고 http://cafe.naver.com/hite202/120

### 9) 조명이론

● 칸델라 Candela(cd)

빛의 세기, 광도 Luminous intensity를 측정하는 단위. 1967년 개정된 정의는, 10

만 1325 Pa(파스칼)의 압력에서 백금의 응고점온도(2047k)에 있는 흑체(黑體)의 $1/(60 \times 10^4)m^2$의 표면에 수직인 방향의 광도를 1 칸델라라 한다.

● 푸트 캔들 Foot candle (fc)

조도 illumination을 측정하는 단위. 조도는 일정 거리에서의 빛의 세기(광도)를 말한다.

1cd의 빛을 내는 광원(=촛불 1개)으로부터 1피트 떨어진 곳에 위치하고 있는 피사체의 표면을 조명하는 광량을 1푸트 캔들이라 부른다.

● 럭스 Lux (lx)

조도의 미터법에 의거한 단위. 1cd의 광원으로부터 1 미터 떨어진 표면에 도달하는 광량을1럭스라고 한다. 1 Foot candle = 10.764 lx

● 루멘 Lumens (lm)

광속 Flus, Luminous Flux의 단위. 광속은 광원으로부터 방사되어 눈에 감지되는 광선의 총 출력량을 말한다. 1cd의 광원으로부터 1 평방 단위에 도달하는 광속을 1 루멘이라 한다.

1 lm은 1 평방 피트의 넓이를 1Foot candle의 밝기로 비추는데 필요한 광속이며, 동시에 1평방 미터의 넓이를 1 lx의 밝기로 비추는데 필요한 광속이다.

● Peak Candela (PC)

PC 조명기의 최대 강도를 나타내는 값으로, 조명기 렌즈 앞의 정확한 중심에 측광기를 위치시켜 얻은 루멘 Lumen값이다. 어떤 카탈로그에는 Candlepower 나 Beam Center Candlepower(BCCP)라고 표시되어 있다. 일단 조명기의 Peak Candela 값을 얻으면, Inverse Square law(역제곱의 법칙; 광량은 거리의 제곱 비율로 감소한다.)를 통해서 주어진 거리에서의 광량을 얻을 수 있다.

만일 조명기의 Peak Candela 값이 34,000이라 하면, 27미터의 거리에서의 광량은 얼마나 되는가?

Lux (lx) = Peak Candela (lm) ÷ 거리(m) × 거리(m)

Lux (lx) = 34,000 lm ÷ 27 m × 27 m

Lux (lx) = 34,000 lm ÷ 729 $m^2$

Lux (lx) = 466,39 lx

◉ 색온도 Color Temperature /켈빈도 Kelvin Degree (K)

백색광이 상대적으로 푸른빛을 띠는지 붉은 빛을 띠는지 측정하는 기준치. 이론적으로 흑체(Black Body)에 인공적으로 열을 가하고 그것이 가열되어 백열하면 흑체가 온도 변화에 따라 여러 가지로 나타내는 색의 정도를 의미한다. 19세기 영국의 과학자 켈빈의 이론에 따라 단위를 정하였으며, 절대온도의 단위에 의거 -273。C = 0K 이다. 색온도가 높은 빛은 색온도가 낮은 빛보다 상대적으로 붉은 빛을 띠며, 색온도가 높은 빛은 색온도가 낮은 빛보다 상대적으로 푸른빛을 띤다.

◉ 대표적인 광원의 색온도표

청명한 날의 태양광 10,000 - 20,000K 텅스텐 할로겐 램프 3,200K

흐린 날의 태양광 6,800K 카본 아크 램프 5,000K

새벽의 태양광 2,000K HMI 램프 5,600 - 5,800K

아침과 오후의 태양광 4,400K 저출력 텅스텐 램프 2,900K

촛불 2,000K 사진 촬영용 램프 3,400K

◉ 센각 Beam Angle

센각이란 조명기가 만들어내는 중앙 부분이나 Hot Spot을 설명 할 때 사용한다. 모든 조명기의 원천으로부터 일정하게 발산하는 빛을 선택하는데 반사경이나 렌즈에 의해서 하나의 방향으로 빛을 모은다. 빛을 포커스 한다는 것은 원뿔 모양의 빛줄기를 만들어 낸다는 것인데 빛의 각도라는 단어로 설명된다.

빛의 좁은 원뿔은 작은 각도로 설명되고 넓은 각도 혹은 센각은 큰 각도를 설명한다. 센각은 최대 빛의 강도가 50% 아래로 떨어지지 않는 빛의 원

뿔의 중앙 부분이다. Beam Angle이 만들어 내는 빛의 직경을 Beam Diameter라 한다.

◉ 약각 Field Angle

약각은 빛의 전체 광선을 의미한다. 보다 정확히 말하면, 약각은 빛의 최대 강도

가 10%로 떨어지지 않는 빛의 원뿔의 부분이다. Field Angle이 만들어 내는 빛의 직경을 Field Diameter라 한다.

● Cut-Off Angle

빛의 강도가 최대의 0%로 떨어지는 점으로 빛의 원뿔을 가리킨다.

● Multiplication Factor (MF)

Multiplication Factor(MF)란 투사거리에 의해서 증가하는 값인데, 특정거리에서의 빛의 직경을 말한다. 각각의 차트에는 MF라 표기된 직경의 수치가 있는데, MF는 투사거리에서의 광선 직경(Beam Diameter)을 발견하기 위해서 사용된다. 카탈로그 상에 10, 20, 30 피트에 대한 MF가 표시되어 있기 때문에 쉽사리 참고할 수 있다. 만일 27피트의 거리에서의 광선 직경을 알아야 한다면, 20피트와 30피트 사이의 MF를 보고 추측으로 개략의 수치를 찾을 수 있을 것이고, 아니면 정확한 직경을 얻기 위해서는 MF를 27피트에 곱하면 얻을 수 있다.

MF는 투사거리에 의한 직경을 나눈 결과이다.

* 만일 카탈로그에서 100피트의 거리에서 20피트의 Field Diameter를 갖는다면, MF는 얼마가 되는가?

  MF= 20' 직경 ÷ 100' 거리

  MF= 0.20

  이 MF를 이용하여 27피트 거리에 대한 Field Diameter를 얻을 수 있다.

  직경 = 투사거리 × 0.20

  직경 = 27' × 0.20

  직경 = 5.4'

● 최대각 Flood Field Angle

퍼넬 스팟 조명기에서 최대의 광원을 얻을 수 있는 각도. 전구가 렌즈에 가장 가까운 위치에서 얻어진다.

* 만일 각각의 거리에서의 직경을 나타내는 측광 데이터가 없고, 단지 조명기의 30°라는 각도를 약각만 알고 있다면 20피트 거리에서의 Field Diameter를 어

떻게 구할 수 있을까?

직경 = 2×(거리 × Tangent × 약각/ 2)

직경 = 2 × (20′ × 0.2679) ← (Tangent 15°는 0.2679 이다)

직경 = 10.7160

● 초점 Focal Point

일정한 거리에 떨어진 빛의 근원에서 들어오는 빛들이 렌즈를 통과하면서 굴절되어 작은 구역으로 집중되는데, 빛들이 모이는 지점을 초점이라 한다.

● 초점거리 Focal Length

렌즈의 중심에서 초점까지의 거리. 예를 들어 6×9는 Leko가 렌즈의 직경이 6″이고 초점거리가 9″인 조명기를 말한다.( Leko; 2. 조명기 및 악세사리 참고)

● 투사거리 Throw Distance

조명기에서 피사체까지의 거리

● 일반조명 General Illumination

일정한 시스템에 의해 모든 연기구역을 골고루 비춰주는 조명을 말한다.

● 구역조명 Lighting Area

각각의 연기 구역을 별도로 조절하는 조명방식이다.

● 배경조명 Ambient Light

특정 장소에 집중된 조명을 제외한 나머지 조명. 예를 들어, 슬라이드를 영사기로 비출 때, 방안의 조명이 배경조명.

● 사각 Dead Spot

조명이 미치지 못하는 어두운 구역.

● 전광 Front Light

피사체의 앞쪽에서 비추는 조명으로, 이 빛은 표면의 조형성 촉감이 완전히 없어지는 단점 이 있다. 그러나 반면에 불필요한 그림자를 없애주는 동시에, 원하지 않는 입체감을 없애주며, 얼굴을 젊고 탄력 있게 보이게 하는 장점도 있다.

● 역광/후광 Back Light

TV나 영화조명에서 발전된 조명으로 피사체의 뒤쪽에서 빛을 비추면 물체의 윤곽만 선명하게 드러난다.

● 측광 Side Light

피사체와 관객의 눈을 잇는 선에 90도를 이루는 방향에서 비치는 조명. 피사체가 굴곡이 있는 물체라면, 광선을 직각으로 받은 튀어나온 부분만이 매우 밝게 조명될 것이고, 굴곡 이 적은 결도 강하게 표현될 수 있다. 피사체의 모든 평행선들을 부각시킨다. 전광이나 역광보다 대부분의 경우 무대를 넓게 비추기 때문에 극적 효과를 낼 때 효과적으로 사용된다.

● 각광 Foots/Foot Light

피사체의 발아래에서 비추어, 그림자를 위쪽으로 생기게 하여, 자연스러운 상태와 정반대 의 효과를 얻게 한다.

● 주광 Key Light

태양이라든가 달, 그리고 벽난로에서 나오는 불빛과 같이 특정한 동기가 설정된 방향에서 들어오는 방향성이 강한 빛으로, 연기자의 윤곽을 뚜렷하게 만들고, 따라서 짙은 그림자를 만든다.

● 부광 Fill Light

넓은 광원에서 나와 부드러운 윤곽의 그림자를 내는 빛으로 질감을 억제시켜 그림자부위를 부드럽게 처리할 때 사용되는 빛이다.

● 세척광 Wash Light

각도가 낮은 전광은 세척광이라고 부르며, 이는 주로 발코니 조명 봉에 매단 조명기에서 나오는 빛으로, 장치의 색깔이나 질감을 바꿀 때 주로 사용한다.

● 반사광 Bounce Light

부드럽고 간접적인 반사광을 얻기 위해 빛을 확산시킬 수 있는 표면에 투사된 빛이다.

● 탑조명 Top Light

피사체의 머리 바로 위에서 비추는 빛으로 피사체를 짧게 보이게 만들며, 피사체의 모든 평행선들을 부각시킨다.

## 10) 조명기 및 악세사리

조명기 illumination/ 픽스춰 Fixture / 프로젝터 Projector

공연에 사용되는 조명기의 총칭.

● 타원반사경 스팟조명기 ERS(Ellipsoidal Reflector Spotlight) /리코 Leko

렌즈가 장착되어 있는 조명기의 대표적인 형태. 셔터를 가지고 빛 모양을 여러 가지로 만들어 낼 수 있는 특성을 가지고 있고, 투사된 빛의 원은 밝기가 고르고, 테두리를 강하게 하거나 혹은 부드럽게 할 수 있다. ERS는 렌즈의 특성에 따라 각각 좁거나 넓은 폭의 빛을 만들어내며 먼 거리를 투사할 수 있다. 리코(Leko)는 별칭을 가지고 있는데, 이는 이 ERS를 처음 만든 제조회사의 이름이다. 국내에서는 엘립(Ellip.)이라는 약칭으로 불리기도 한다. ERS는 빛이 퍼지는 각도에 따라 12°, 19°, 26°, 36°, 50°등으로 표시한다.

● 줌 ERS 조명기 Zoom ERS

일반적으로 고정되는 퍼짐 각도를 가지고 있는 것이 아니라 퍼짐 각도를 자유롭게 조절할 수 있도록 렌즈가 2개 장착되어 있는 ERS 조명기이다. 렌즈의 볼록한 면을 서로 맞대두면 초점거리를 조절할 수 있으며, 이러한 2중 렌즈 시스템을 이용하여 넓은 각도와 좁은 각도를 자유롭게 조절할 수 있다.

● 렌즈 Lens

빛을 일정한 방식으로 굴절을 시키기 위해 고안된 유리 혹은 특수 플라스틱. 조명기 앞쪽 에 장착되어 빛을 효과적으로 통제하는 목적으로 제작된다.

● 셔터 Shutter

ERS 조명기를 구성하는 부품으로 조명기에서 나오는 빛의 형태를 다양하게 만들 수 있다.

● 조리개 Iris

ERS 조명기의 광원 크기를 기계적으로 조절하는 장치로 일반적으로 팔로우 스팟 조명기 와 ERS 조명기에 유용하게 사용되는 부속품이다.

● 크램프 Clamp

크램프는 조명기와 조명봉을 연결하는데 사용되는 부속장치며 그 종류는 모양에 따라, C, G, S, U 타입 등이 있으며, 조명기 자체와 부속품들의 무게를 지탱할 만큼 견고한 것이 매우 중요하다.

● 안전고리 Safety Chain

조명기를 설치하고 나서 안전을 위해 조명기와 조명봉을 연결해 주는 고리와 체인이다.

● 칼라 프레임/ 칼라틀 Color Frame

색매체(젤, 칼라 필터)를 부착하여 조명기 앞에 끼울 수 있게 하는 조명기 부속품.

● 젤라틴 필터/ 젤 Gelatin Filter(Gel.)

현재는 색 매체 가운데 젤라틴과 플라스틱 매체를 통칭하는 말로도 사용되고 있으나, 엄밀하게는 초기에 사용되었던 젤라틴을 일컫는 말로, 이것은 요즈음 특별한 경우를 제외하고 는 사용되지 않는다.

● 색지/칼라 필터 Color Filter

조명기의 칼라 틀에 부착하여 조명의 색을 변화시키는 도구. 유리필터, 젤라틴 필터를 아우르는 명칭이지만, 현재는 조명 업체에서 생산되는 플라스틱 매체를 주로 가리킨다. 현재 쓰이는 칼라필터로는 Lee, Rosco, 동경칼라, Gamcolor 등에서 생산되는 제품이 있다.

통상 각각의 칼라 필터의 색상에 대하여 고유한 번호를 부여하여 구분하며, 이 번호는 회사 마다 다르다.

● 확산 필터 Difusion Filter

빛을 분산시키는 효과를 갖는 필터. 스팟 조명기를 이용하여 부드러운 광선을 얻고자 할 때 사용하며, 확산의 정도와 방향에 따라 다양한 형태가 있다.

● 색온도 보정 필터 Color Correction Filter, Conversion Filter

각기 다른 광원의 색온도를 맞추기 위해 사용되는 필터. 색온도 보정의 정도에 따라, 다양한 보정 값을 가진 필터가 있다. 무대 조명의 경우 조명기의 색온도가 낮은 편이므로, 색온도를 높이는 필터가 주로 쓰인다.

● 고보틀 Gobo Holder

고보를 ERS에 고정시킬 수 있도록 하는 부품. 얇은 고보 판을 가장자리에서 붙잡아 두는 구조로 되어 있다.

● 전동 고보 회전판 Gobo Rotater

고보 패턴을 회전시키는 특수한 효과를 낼 때 사용하는 기구. ERS 조명기 앞에 부착하고 별도의 시그널 라인을 통해 조작한다.

● 고보 Gobo/쿠키 Cookie/ 패턴 Pattern

열에 강하고 특수 처리된 철재, 알루미늄, 금속성 재질에 여러 가지 모양의 그림을 새기거나 파내어 틀에 끼워 ERS 조명기에 삽입하면, 이것을 통과하는 빛이 특정한 문양을 만들고 렌즈에 의해 확대되어 투사된다.

고보의 종류는 제조회사에 따라 다양한 모양의 패턴을 제작하여 판매하며, 직접 자신이 만들어 사용할 수도 있다. 제작에는 여러 가지가 있는데, 실톱의 방법, 부식 방법, 실크 스크린 방법, 필름의 방법 등을 이용하여 자신이 직접 제작 가능하고, 업체에서 판매하는 고보 제조기를 이용하여 만드는 방법도 있다.

● 퍼넬 스팟조명기 Fresnel Spotlight

퍼넬 렌즈가 장착되어 있는 조명기. 주로 텅스텐 할로겐램프를 광원으로 사용한다. 이 조명기의 특성은 원의 중앙은 밝고 테두리는 부드러운 빛을 만들어 내며, 치수는 렌즈의 직경에 따라 3″, 6″, 8″, 10″, 12″ 등으로 표기한다.

● 대표적인 퍼넬 조명기의 각도

| 조명기 | 최소각 | 최대각 |
|---|---|---|
| 6″Fresnel | 16° | 60° |
| 8″Fresnel | 14° | 50° |

● 잉키 Inky

직경 1.5 또는 3인치의 렌즈를 가진 퍼넬 스팟 조명기로 조명 실험실이나 모형 촬영용, 작은 지역을 비추는데 사용한다.

● 퍼스널렌즈 Fresnel Lens

Augustin Jean Fresnel (1788-1827. 프랑스) 이라는 사람에 의해 고안되어 등대용으로 사용되었던 렌즈이다. 스텝 렌즈와 같은 효과를 얻기 위해 만들어진 것으로 빛의 투과율을 높이고, 열에 의해 금이 가는 것을 방지하려는 목적을 가지고 있다. 또한 표면을 약간 앰보싱 처리를 하여 보다 부드럽게 빛이 퍼지게 한다.

● 텅스텐 할로겐램프 Tungsten Halogen(T-H) Lamp

기본적으로 백열등의 원리를 이용하면서 할로겐 가스를 사용해 좀 더 밝은 빛을 얻어낸다.

이 전구는 높은 열을 내기 때문에 열에 강한 석영 등의 물질을 이용하는 외피 때문에 쿼츠 램프라고 부른다. 백열등에 비해 일정한 조도를 유지할 수 있으며, 무대에서 사용되는 T-H 램프의 수명은 통상 150-2000 시간이다. 이 램프의 특성은 텅스텐램프가 가지고 있던 검댕이의 문제점을 해결하여 화학적으로 반응하는 가스인 할로겐을 주입한 것이다. T-H램프는 기화된 메탈을 필라멘트로 되돌리도록 작용하는 가스 순환에 의해 작동하며 텅스텐 분자가 필라멘트를 떠날 때에 이 분자들은 램프 내부의 아이오다인 및 브롬 가스와 화학적으로 결합된다. 그 결과 텅스텐 할라이드는 필라멘트로 되돌아가고 이때에 필라멘트의 고열은 텅스텐 아이오다인 그리고 브롬으로 분해하게 된다.

● 도우넛 Dounut

도우넛 효과를 내기 위해 조명기 앞에 부착하여 사용하는 부품.

● 주둥이 Top-hot/ 스누트 Snoot

주로 ERS나 파 조명기 앞에 붙여 관객들로부터 빛의 근원을 가리거나 빛의 퍼짐을 막기 위해 사용한다. 안전 고리로 조명기와 고정한다.

● 리테이닝링 Retaining ring

렌즈가 밑으로 떨어지지 않도록 고정하는데 사용되는 신축성 있는 철링.

● 빛가리개 Barn Door

퍼스널이나 대파(PAR)와 같은 조명기에 붙여 빛의 방향을 통제하는 부속품이다. 빛을 가리 는 판은 2, 4, 6개 등 다양하며, 주로 4개의 판을 가지고 있다.

● 플라노컨벡스 스팟조명기 Plano-Convex (PC) Spotlight

PC렌즈가 장착되어 있으며, 원의 중앙은 매우 밝고, 테두리는 퍼스널에 비해 뚜렷한 경향이 있다. 치수는 퍼넬과 마찬가지로 렌즈 직경으로 표기한다. 램프 역시 퍼스널과 마찬가지로 텅스텐 할로겐램프를 주로 사용한다. 통상 6″렌즈의 경우 500W, 750W 램프가 장착되어 있으며, 8″의 경우 1KW, 2KW 램프를 장착한다.

● 플라노컨벡스 렌즈 Plano-Convex(PC) Lens

한쪽이 평평하고 다른 쪽은 볼록하게 생긴 렌즈. 렌즈의 만곡률이 크면 클수록 초점 거리는 짧아진다. 이론적으로 렌즈의 볼록한 면인 만곡률이 크면 효율적이다. 이것은 두꺼운 렌즈를 의미하는데, 두꺼운 렌즈는 제작의 어려움 (렌즈 제작 시에 냉각되는 속도의 차이가  생김) 때문에 열을 받으면 금 가기 쉽고, 렌즈가 두꺼우면 투사하는 빛의 양을 감소시키는 2가지의 단점이 있다.

● 2중 플라노컨벡스 렌즈 Double Plano-Convex(PC) Lens

PC렌즈를 서로 마주 보게 설치한 렌즈 시스템. 얇은 2개의 렌즈로 하나의 두꺼운 렌즈가 가지고 있는 만곡률을 얻기 위해 사용된다. 렌즈의 무게를 줄이면서도 두꺼운 렌즈와 같이 좁은 각도의 빛을 얻을 수 있다.

● 스텝 렌즈 Step Lens

PC렌즈의 평평한 측면을 잘라서 계단형 으로 만든 렌즈이다. PC의 단점인 짧은 초점거리 와 두께를 개선 할 수 있다. 스텝 렌즈는 프리즘과 같은 효과를 내기 때문에 광선과 평행한 스텝의 면에 검은 세라믹 코팅을 하여 단점을 보완한다.

대파 &소파 PAR (Parabolic Aluminized Reflector)

● 파조명기 PAR Can Light

실내 극장에서 강한 광선을 만들어 Wash용으로 주로 사용하며, 넓은 지역의 투사가 필요할 때와 좁은 지역을 투사할 때 램프 종류를 목적에 맞게 선택해서 사용할 수 있고 램프의 유리 표면과 필라멘트의 특성으로 타원형의 빛이 나온다. 가격면이나 다루기가 용이하여 야외 공연용이나 혹은 콘서트용으로 많이 사용된다. 치수는 램프의 크기에 따라 16, 38, 46 , 56, 64 등으로 분리된다.

PAR 램프의 수치는 무엇을 의미하는가?
PAR 64 : 8인치 직경
8인치를 미터법으로 환산하고 ×π3.14=64CM가 산출됨

PAR 46 : 5 3/4 인치 직경
5 3/4 인치를 미터법으로 환산하고 ×π3.14=약 46CM가 산출됨

원둘레 구하는 공식 = 직경(지름) × π3.14
1 Inch : 2.5395Cm. π=3.14

혹은 쉬운 방법은 램프의 둘레를 미터법으로 측정하는 것

PAR Lamp의 해석 (PAR64의 경우) 220V 120V

VNSPP: Very Narrow Spot EXC CP60 FFN

NSP: Narrow Sopt EXD CP61 FFP

MFL: Medium Flood EXE CP62 FFR

WFL: Wide Flood EXG CP63 FFS

● 칼라 체인징 스크롤러 Color Changing Scroller

간단한 무대 조명기(ERS, PAR)의 앞면에 부착하여 리모트 콘트럴 Remote Control을 통해 칼라를 변화시키거나 아른거리는 효과를 낼 때 사용하는 장치. 근래에는 디지털 신호에 의해 모터가 작동하면서 셀룰로이드 필터를 변환시키는 방식을 사용한다.

● 보더 Border/ 보더라이트 Border light/ 스트립라이트 Striplight

Par 150W, 200W, 300W 램프를 사용하여 넓은 지역을 밝게 비출 수 있고 배경막을 투사할 때 주로 사용한다. 스트립은 배경막의 작은 부분이나 국부적인 장치의 조명용으로 사용하고, 보더 조명기는 무대장치에 설치된 막이나 장치, 무대의 Wash 용도로 주로 사용한다.

● 채색유리/ 라운델 Roundel

채색된 유리를 라운델이라 한다. 스티립이나 보더조명기 등에 플라스틱의 색 매체 대신 라운델을 삽입하여 사용한다. 장기공연의 경우 혹은 조명 디자인 교체가 거의 없는 공연장 의 경우에 스티립과 보더조명기에 사용된다. 라운델은 선택 할 수 있는 색의 종류가 다양 하지 않기 때문에 점차 사라져가는 실정이다.

● 스트립 행거 Strip Hanger

스트립 라이트를 조명 파이프에 고정할 때 사용하는 악세사리.

● 하늘막 조명 Cyc Light, Horizont Light

하늘막을 비춰주는 조명으로 예전에는 하늘막의 아래, 위에서 보더라이트로 비

췄으나, 요즘은 스카이 사이크 Sky Cyc라는 조명기를 사용한다. 조명봉에 설치하여 사용하는 것을 upper/sky Cyc라 하고, 무대바닥에 놓고 배경막을 비추는 것을 lower/ground Cyc라 한다. upper와 lower Cyc 조명기는 빛의 퍼짐을 일정하고 균형 있게 만들어 주어야 하기 때문에 동일한 회사의 제품을 사용하고, 램프 역시 동일한 회사 제품과 출력을 일치시키는 것이 중요하다. 종류는 얼마만큼의 색 매체를 삽입할 수 있느냐에 따라 1-4칼라용 등 다양 하며, 램프의 출력이 작음 Cyc 조명기는 작음 배경막 용으로 사용한다.

● 팔로우 스팟조명기 Follow Spotlight

통상 핀(Pin Spot)이라고 부르며, 작은 각의 매우 강한 빛으로 25M 이상의 장거리에서 조명할 수 있다. 사용되는 전구로는 HID(High Intensity Discharge), CID (Compact Iodide Daylight), HMI(Hydrargyrum Medium Arc Lenght Iodide), Xenon 등을 사용하며, 높은 색온도 때문에 거의 백색에 가까운 빛을 만들어 무대위 중요한 인물을 강조할 때 사용한다.

● HMI (Hydrargyrum Medium Arc Length Iodide)

아크 램프의 한 종류. HMI 램프는 고열에 견딜 수 있는 쿼츠 유리로 만들어져 있으며 그 양축에 텅스텐으로 만들어진 전극을 가지고 있어서 텅스텐을 실린더형의 방전 구역으로 투사 시킨다. HMI는 T-H 램프의 광량보다 3-4배의 광량을 만들어내고 같은 광량을 만들어 내기 위해 사용되는 조명기의 전기 에너지보다 75%를 절약할 수 있다. 태양광과 비슷한 상태의 유사-연속 스펙트럼을 만들어 낼 수 있으며 Double Ended 모양의 전구로써 굉장히 밝은 빛을 만들어 낼 수 있다. 안정기를 사용해야 하는 단점과 밝기를 완전히 조절하기 힘들다는 단점이 있다.

● 제논 램프 Xenon Lamp

아크 램프의 한 종류. 거대한 장치의 배경을 조명해 줄 수 있는 강력한 전구이며, FOLLOW SPOT용으로 사용한다.

● 칼라휠 Color Wheel

팔로우 스팟라이트의 경우, 조명기의 앞쪽에 부착하여 칼라를 바꾸어 줄 때 사용하는 수동 식 회전판.

◎ 빔 라이트 Beam Light

광선이 평행하게 나오고 포물선형의 반사경과 조절나사를 가지고 있어 빛의 최소각과 최대각을 만들어 낼 수 있다. 가끔 팔로우 스팟으로 사용해도 유용한 조명기이다. 치수는 10″″, 12″′등이 있다. 현재는 보다 진보한 형태의 빔 프로젝터를 사용한다.

◎ 스쿱 Scoop/타원반사경 플러드조명기 Ellipsodal Reflector Floodlight (ERF)

렌즈가 없고 타우너형 반사경을 사용하는 플러드 조명기로 광원의 테두리가 매우 부드러운 빛이 나온다. 종전에는 하늘막 등의 배경 막을 비추는데 사용되기도 했으나, 요즈음은 무대 위의 작업등으로 주로 쓰이는 경향이며, 치수는 10″, 12″, 14″, 16″, 18″ 등이 있다.

◎ 스트로브 Strobe

사진을 찍을 때 사용하는 플래시와 같은 빛을 주기적으로 켰다 껐다 함으로써 연속동작이 불연속동작으로 보이도록 할 수 있는 조명기. 국내에서는 사이키 Psychy라는 별칭으로도 불린다.

◎ 아크등 Arc Light

빛의 근원으로 탄소아크를 사용하는 조명기이다.

◎ 아크램프 Arc Lamp

아크 광원은 양과 음의 전극을 가지고 있다. 음극의 카본 끝 주변을 따라 높은 전류가 흐르면서 카본/세리움 메탈 전극을 가스로 만들면서 아크에 의해 초고온 상태의 플라즈마라는 청백색의 빛을 만들어 낸다. 아크가 타면서 전극이 소모되고 점등을 계속 유지하기 위해서 전극을 계속 밀어 주어야 한다. Follow-spot으로 사용된다. HMI, Xenon 등과 같은 것은  Dimming이 안 된다.

이러한 탄소아크를 이용하여 예전에는 영사기에도 사용하여 왔다.

● 수은등 Mercury Arc Lamp

형광등과 같이 전구 안에 형광물질을 사용하는 경우인데 푸르스름한 하얀 빛이 나온다.

● 야광등 Black Light/ 자외선 라이트 Ultra-violet(UV) Light 파장이 가시광선에 육박하는 320~380나노미터 정도가 나오는 빛을 낼 수 있는 조명기. 이대역의 빛이 자외선(UV) 대역에 가깝기 때문에 UV 라이트로도 불린다.

● 형광램프 Fluorescent Lamp

전구 안에 형광 물질을 사용하는데 안정기를 사용하는 단점과 밝기를 완전히 조절 할 수없는 단점이 있다. 종류로는 일반 형광램프, Black Light 램프가 있다.

스라이드 영사기 Slide Projector

● 대물렌즈 Objective Lens

일반적인 렌즈 프로젝트를 구성하는 한 요소로서, 영사기 본체 앞에 장착하여 영사의 크기를 조절한다.

● 씬머신 Scene Machine

렌즈프로젝터의 일종으로 일본의 루덴샤 회사에서 제조하여 미국의 Great American Market에서 판매하는 조명기이다. 600W, 1,000W, 2,000W 그리고 2,500W 램프를 사용할 수 있도록 되어 있고, 대물렌즈의 종류로는 OL4(23cm, 센각 50°)에서 OL16(59cm, 센각 12°)까지 있다. 원격조정도 가능하며, 크기가 10cm x 13cm(4인치 x 5인치)인 슬라이드를 다섯 개까지 사용할 수 있다. 그 밖에 필름머신에는 필름 루프를 사용하고, 디스크머신에는 슬라이드 이외에 디스크도 사용할 수 있도록 제작되어 있다.

● 파니 프로젝터 PANI Projector

오스트리아의 파니 회사에서 제작하는 프로젝트를 말한다. 파니는 2,000w 할로겐전구, 2.5kw HQI 전구, 1kw, 2kw, 4kw, 6kw, 12kw HMI 전구를 사용한다. 투사용 원고는 18cm x 18cm 크기의 슬라이드를 사용하며 슬라이드의 교체방식에 따라 두 장의 슬라이드를 손으로 좌우로 움직여서 교체하는 방식과 DMX 신호를 사용하여 최대 32장면의 슬라이드  교체와 속도 그리고 정지점 Stop Point 조절이 가능한 환등기와 같은 원리인 카루셀  Carousel방식 그리고 동영상을 얻기 위한 스크롤러가 있다.

사용 가능한 대물렌즈도 다양해서 초점거리 11cm에서 초점거리 125cm까지 다양하며, 초점거리가 25cm 60cm까지 원격조정이 가능한 줌 렌즈도 있다.

그리고 HMI전구도 할로겐전구와 달리 자체 내에서 밝기의 조절이 불가능한 방전전구이다. 따라서 대물렌즈 앞에 두 장의 회색 유리 Dimming Shutter를 움직여서 영상의 밝기를 조절한다.

● 전자동 조명기 Automated Luminaire

조명기의 상하좌우 회전은 물론, 초점, 광원의 크기, 색깔, 고보 효과까지 원격조정이 가능한 조명기로 현재 많이 보편화 되어 있다. 앞으로 작동 중에 발생하는 소음 처리, 가격, 신뢰도를 높이면 공연에 더 많이 사용될 것으로 보인다.

스캔 Scan / 무빙 라이트 Moving Light

### 11) 광선의 방향에 의한 분류

● 순광 (Front light)

시계방향은 11시~1시 0~30  범위

가장 능률이 좋으며 불필요한 그림자는 만들지 않기 때문에 사진 Strobo news 취재에 많이 사용하지만 입체감이 없다.

피사체의 앞쪽에서 비추는 조명으로 이 빛은 표면의 조형성이나 촉감이 완전히 없어지고 마는 단점이 있다. 그러나 주름살과 굴곡을 없애주고, 얼굴을 평평하고 부드럽게 보이게 하는 장점도 있다. 각도가 낮은 전광은 세척광(Wash)이라고 부르기도 하며 질감이 떨어지는 결점 대신에 여현의 법칙이 성립되어 고능률 이라는 장점 때문에 많이 사용함.

● 역광 (Back light) : 시계방향은 4시20분~7시40분 수직 45 ~70 범위

TV나 영화조명에서 발전된 조명으로 피사체의 뒤쪽에서 빛을 비추면 물체의 윤곽만이 선명하게 드러나게 된다. 따라서 역광은 배경에서 이격 되어 드러난다. 역광은 신비함, 엄숙함, 환상적인 느낌 등을 표현한다. 역광의 사용법에 따라 인물을 생생하게 보이기도하고 초라하게 보이게도 하여 생명을 주는 빛이라고도 말할 수 있다 .

● 측광 (Side lihgt) : 시계방향 8시~10시 2~4시 수직 0~30

피사체와 관객의 눈을 잇는 선에 90도를 이루는 방향에서 비치는 조명으로 피사체가 굴곡이 있는 물체라면, 광선을 직각으로 받은 튀어나온 부분만이 매우 밝게 조명될 것이고 굴곡이 적은 결(질감)도 강하게 표현될 수 있다. 피사체의 모든 평행선들을 부각시킨다. 전광이나 역광보다 대부분의 경우 무대를 넓게 비추기 때문에 극적 효과를 낼 때 효과적으로 사용할 수 있고 얼굴의 주름살을 강조할 수 있다. 인물의 입체감을 강조 할 수 있으나 음영이 특히 강하게 나타나 강한 콘트라스트로 강렬한 인상을 만든다.

● 탑조명 (Top light) : 0시 근처에 한정되며 수직45~100 범위

피사체의 머리 바로 위에서 비추는 빛으로 피사체를 짧게 보이게 만들며, 피사체의 모든 평행선들을 부각시킨다. 인물의 존재감이나 위치표시, 몸 전체의 그림자가 짧아 배경에 영향을 주지 않는다. 하지 날의 12시의 태양광이다. 가로등 밑에서 있는 사람이라면 고민에 찬 표정이라든가 고독감을 나타내면서 누군가를 기다리는 느낌을 준다.

● Under light :순광과 마찬가지로 11시~1시 사이

피사체의 발밑에서 위로 비추는 빛으로 그림자가 위쪽으로 생겨 "자연스러운 형태"와는 정 반대되는 효과를 얻는데 주로 사용한다. 유령과 같은 괴기 씬을 연출할 때 주로 사용한다.

● Rim light :4시 4시20분 7시40분 8시 수직 45 ~70 범위

측광과 역광의 중간으로서 머리 한쪽 편(Edge)의 윤곽을 강하게 나타낸다.

● Rembrant‘s Light : 1시~2시 10시~11시 범위

피사체의 특징을 잘 재현시키는 광으로 수직, 수평 모두 45°의 광이다.

## 12) 라이팅 기법에 의한 분류

● Key light

피사체의 주광원으로 피사체의 성격이나 특징을 잘 나타내 주어야하며 강하게 사용된다. Key light의 방향과 위치는 카메라의 위치와 얼굴의 형태, 머리형 시선 방향 등을 참고로 하여 15°~30° 수직 20°~ 45°범위 내에서 많이 사용한다.

● Key light 사용 시 주의 사항

인물에게만 비추고, 카메라 앵글에 들어오는 다른 어떤 것에도 비추지 않는 것이 원칙이다.

동일인물에 비추는 Key light 는 반드시 하나를 사용하고 그림자는 언제나 하나 일것

Key light의 방향은 2차원의 화면상에 나타나는 Nose line과 교차하는 방향에서 비춘다. Anchor 뒤 Effect가 있을 때는 Effect가 없는 쪽으로 그림자가 떨어지게 한다.

Key light가 되는 조명기구는 피사체와 거리가 가까우면 피사체의 움직임에 따라 조도의 변화가 심하므로 될 수 있는 대로 피사체와의 거리가 조금 떨어지게 하여 조도가 거리의 제곱에 역비례 함에 따라 생기는 조도의 변화를 적게 할 것.

빛이 딱딱한 Light는 미인에 대한 Lighting에 적합 치 않으므로 부드러운 빛을 가진 Light를 사용하는 게 좋다.

인물의 피부색의 변화는 가장 엄밀하게 주시되는 것이기 때문에 디머를 떨어뜨려 색온도가 변하거나 렌즈에 먼지가 끼지 않도록 관리에 주의할 것

### Back light

카메라의 반대방향에서 비추는 광으로서 피사체를 배경으로부터 떠오르게 하거나 머리카락에 윤기와 어깨선을 밝게 하여 질감을 주면서 윤곽이 뚜렷하게 보이게 한다.

### Base light

Set 및 전체를 균일하게 밝게 하거나, 강한 Contrast를 줄이기 위해 사용하는 것으로서 Low key나 Hard key 에서는 사용하지 않는 것이 보통이지만 다른 Tone에서는 필히 사용해야 한다. 강한 그림자를 연하게 하여 부드럽게 확산된 광을 얻기 위해 Flat light 기구를 사용해야 한다.

### Touch light

배경 Set나 Horizont에 악센트를 주기 위한 Light로 부분조명을 함으로서 Set 분위기를 강하게 표현한다. 畵龍點睛(화룡점정)이라는 말과 같이 마무리를 의미하기도 하고 마지막 터치를 가한다고 한다.

### Set light

Set는 Base light로 처리하는 경우도 있고 Spot light로 Color를 사용하여 Set를 돋보이게 할 수도 있다.

Set가 밝아서 인물이 어둡게 되지 않도록 광량을 조절해 주어야 한다.

### Horizont light

Horizont 전체를 (벽면) 상부 하부로부터 평탄하게 밝게 한다. 상부를 밝히는 것을 Upper Light 하부를 밝히는 것을 Lower Light 라하며 하늘의 효과를 나타낸다. 색 조명으로 변화를 많이 주어 사용하는데 등기구가 4구로 된 것이 있어 R,G,B 삼원색을 이용하여 여러 가지 색을 만들어 사용할 수 있으며 Floodight 같이 렌즈 없는 기구가 사용된다.

### Suspension light

Action area light 라고도 한다. 가수 등 피사체의 머리 위에서 내리 비추는 조명이다.

● 라이팅의 실제

Lighting 이란 사실적인 것과 창조적인 것으로 분류할 수 있다. 사실적인 라이팅은 부자연스럽지 않는 범위에서 빛의 방향 강약 색상 등을 변화시켜 피사체의 이미지를 살리기 위한 방법이다. 즉 시간 기후 계절 시대 등을 명확하게 느낄 수 있으나 부자연스러움을 느끼지 않게 하는 특징이 있다. 창조적 라이팅 은 자연의 채광 법칙에서 벗어나 자유 분망한 각도에서 임의 의 밝기나 색광을 비춰 보이는 피사체의 형태를 적극적으로 변화시킴으로서 미적 표현을 추구하는 것이다. 배경은 어떠한 색으로 할 것인가 빛의 모양은 어떻게 하고 그림자는 어떠한 방향으로 얼마나 길게 할 것인가 등 모든 것을 창조적으로 생각 할 수 있다.

## 13) 발전기

| 출　력 75kw | 145kw | 160kw |
|---|---|---|
| 연속출력 68kw | 120kw | 145kw |
| 사용전압 | 220~440V 3상 4선식 | |
| 사용연료 | 디　　젤 | |
| 연료소비량 14ℓ / hr | 26ℓ／hr | 31.3ℓ／hr |
| 연료탱크 150ℓ | 160ℓ | 300ℓ |
| 중　량 1800kg | 2700kg | 2900kg |
| 특징 : 방음형으로 저소음이므로 이벤트행사 및 도심에서 사용적합 | | |

좌식 발전기 : 보통 건설현장에서 많이 사용하며 소음이 크다. 그러나 렌탈 비용이 저렴하여 행사에 가끔 사용 하는 곳도 있으며 1일 렌탈 비용은 30만원 선이다.

무소음 발전차 : 4.5t 차량에 탑재 되어 있으며 소음이 거의 없다.

1일 렌탈 비용은 50만원 이다.

행사에 있어 소요 예산 절감으로 인하여 좌식발전기를 사용할 때 가 간혹 있으나 이것은 분명 발전기로부터 나오는 소음을 감수 하여야 할 것이다.

예를 들면 조용한 라이브 행사에 있어 좌식 발전기를 사용하면 엔진에서 나오는 커다란 엔진소음으로 인하여 행사를 망칠수가 있음을 유념하여야 한다.

발전차량은 보통 무대 주위에서 떨어진 곳에 위치하여 발전차량에서 발생되는 소음을 줄이며 또한 보통 200kw정도의 전력을 발생하는 차량으로 일반인들의 접근을 피해야 한다.

① 발전기의 전원 연결방법

전원연결에는 물론 발전차량의 기사가 하여주나 부득이한 경우에는 직접 연결을 하여야 할 때 가 있을 수 있다.

이러한 때에 잘못 연결하여 기기의 손상으로 인하여 행사에 지장을 초래하는 경우가 있다는 것은 명심하여야 한다.

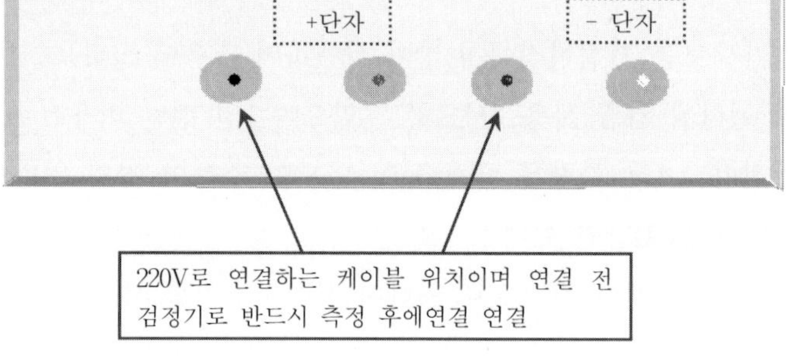

② 발전차량 사용 시 주의 점

발전차량의 전원 on. off상태 확인

음향, 조명등 전기를 필요로 하는 모든 기기의 전원상태

절연 장치가 되어 있는 공구 및 장갑 사용

발전차량 단자의 극성 확인

발전차량의 연료체크

전원케이블의 상태(피복과 단락)

행사장에 노출된 케이블 설치 상태

발전차량의 위치 상태

행사 시간에 따른 발전차량 사용계약 확인

③ 검정기

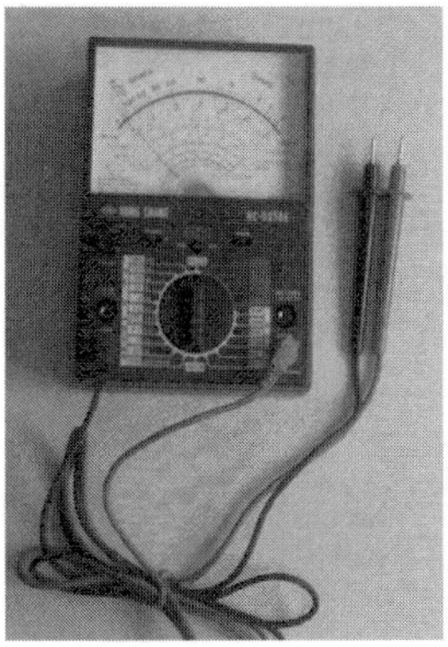

즉 전압과 저항을 측정할 수 있는 테스터기이다.

아날로그 방식과 디지털 방식의 기기가 있으며 저항을 측정하고 나서 볼트를 측정하는데 다이얼을 측정하고자 하는 위치에 맞추어 놓지 않고 측정하면 검정기 내부의 휴즈 및 부품의 고장우려가 매우 크다.

또한 측정 전에 항상 계기의 바늘위치를 영점에 필히 맞추어 놓고 측정하도록 한다.

④ 멀티소켓

멀티 텝은 소량의 전력을 요구하는 많은 기기에 사용하나 암페어에 맞도록 사용해야 하여 과부하가 되지 않도록 주의해서 사용해야 하며 또한 기기의 고장으로 인한 누전 에 안전하도록 전원차단용 휴즈가 부착 되어 있는 것으로 사용하여야 안전하다 또한 이러한 것은 조명에는 별로 사용하지 않으나 음향에는 많은 주변기기가 설치가 되어 사용한다.

위의 사진은 4구 멀티이며 별도의 스위치가 부착되어 쓰기가 용이하다.

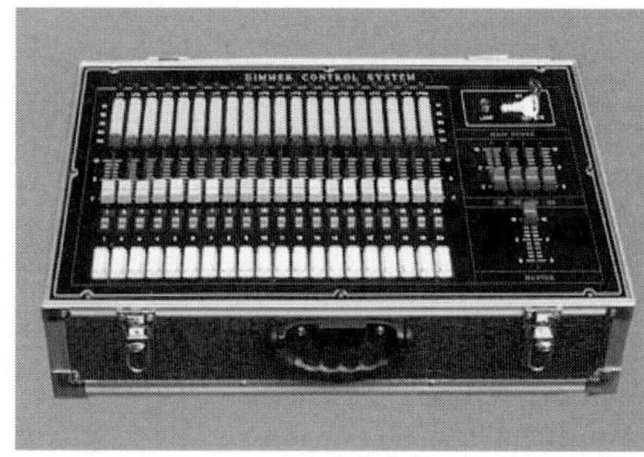


위의 사진은 이동식 조명 콘트롤 박스이다.

이동식 디머는 간단한 조명을 설치 할 수 있는 것으로 소규모의 파 조명과 뱅크 정도를 설치하여 사용 할 수 있다고 보면 되겠다.

### 14) 그림으로 보는 각종 라이트 종류

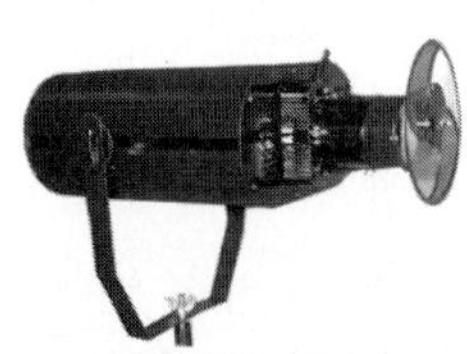

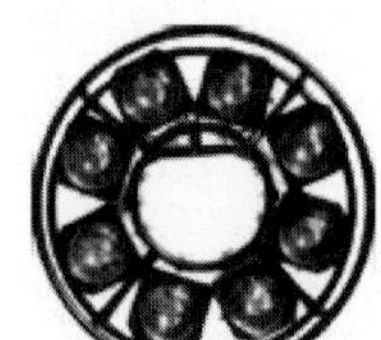

   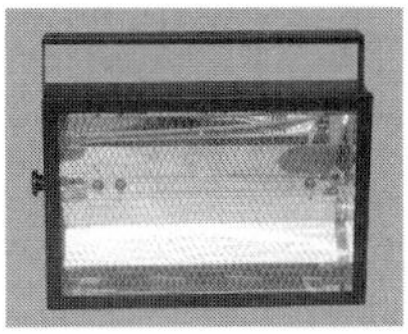

### 15) 논네온(non neon lamp)

논네온은 발광체가 네온으로 되어 있는 것이 아니며 흔히 네온조명처럼 글자나 형태를 만들 수 있다하여 붙여진 이름이며 길 다란 호스 형태 속에 램프를 넣어 발광 하게 하는 조명이며 현재 각종 홍보용으로 널리 사용되고 있다.

가격은 네온보다 저렴하며 요즘은 중국제품이 많이 수입되어 있다.

단점은 램프의 충격으로 해서 단선이 되어 불이 들어오지 않는 경우가 있는데 약 1m씩 소등이 된다.

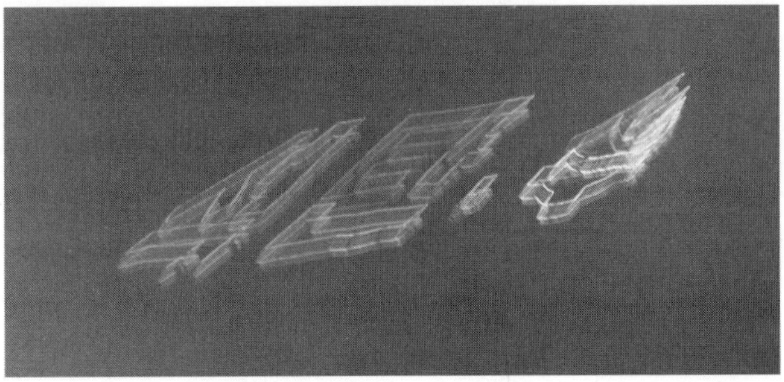

위의 사진은 논네온을 이용하여 행사장에 설치한 모습이며 글자의 길이가 50m 정도의 대형으로 연출 한 것이다

① 논네온 설치 주의 점

꺽임이 되지 않도록 취급을 하여야 한다.

논네온은 1롤씩 감겨져 있으며 이러한 롤에 점등을 시켜 오랜 시간 방치하면 자체에 발열로 인하여 피복이 녹아 쓰지 못하는 경우가 있다.

논네온 부착에는 금속으로 된 것은 가급적 피하고 케이블 타이 및 접착제로 고정 시키는 것이 꺾임, 단락에 보호를 할 수가 있다.

메인전기의 용량에 따라 설치하여야 하며 과부하가 되지 않도록 하여야 한다.

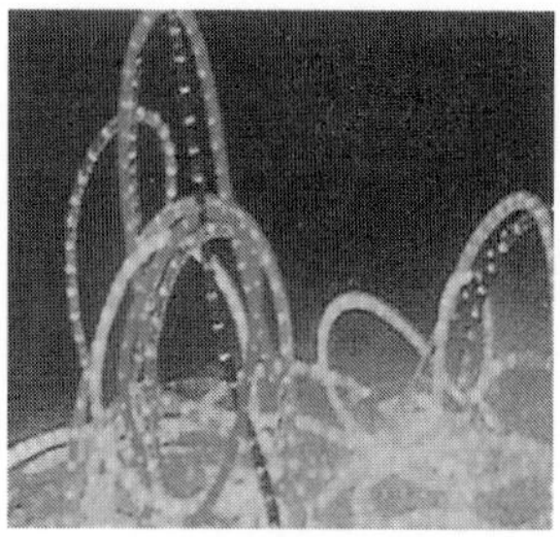

원형 논네온 / 적·황·녹·청·투(5색칼라)

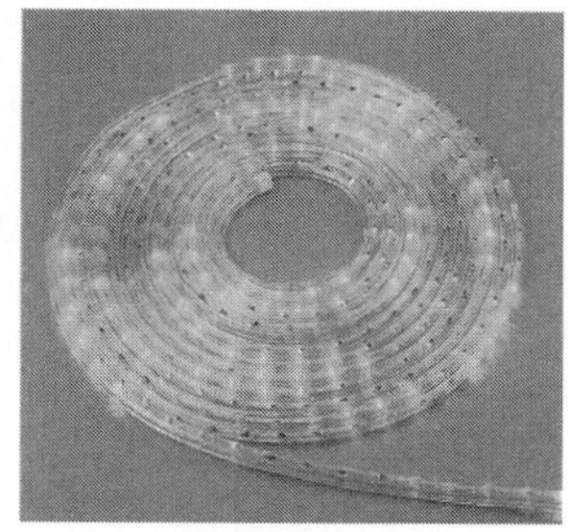

논네온 3P

사각 논네온 / 적·황·녹·투(4색칼라)

각종 논네온의 모습

Chapter 6

# 이벤트 특수효과

특수효과로 말하자면 영화, 미디어 등에서 화면의 기법 등 수 많은 특수효과가 있지만 여기서 말하는 특수 효과는 이벤트행사에 사용되는 특수 효과를 말하고자 한다.

많은 특수효과에 있어서는 화약 특효, 조명특효, 분장특효, 등등 이 있으며 특수효과의 범위는 매우 다양하고 창작적이며 기술적 효과를 포함하여 여러 가지 특수효과 장비를 다루게 되는 것이다.

이러한 특수효과를 배움에 있어 기초적인 화약 및 가스, 등 이벤트 분야에서 쉽게 다룰 수 있는 것을 익히도록 한다.

먼저 이벤트 특효에서 흔히 사용 되고 있는 것은 가스와 화약을 이용한 특효이다.

화약과의 밀접한 관계를 가지고 있어 많은 법적 규약(총포화약단속법)을 안고 있는 특수효과 분야는 주로 불꽃놀이와 무대 특수효과 연출에 있으며 화약이외에도 가스(GAS)를 이용한 행사에 있어 극적인 효과를 연출하는 것이다.

이에 따라 이벤트 특수효과에서는 주로 화약사용에 따른 특수효과가 많아 화약의 취급에 있어 안전 취급이 뒤따르며 이에 화약취급을 할 수 있는 자격자에 한하여 할 수 있음이다.

### 1) 화약(폭죽) 취급자격

폭죽 취급 및 사용에 있어서는 1981년에 제정된 총포·도검·화약류 단속법에 의해서 엄격히 규정되어 있으며, 화약류를 취급할 수 있는 사람은 화약기사1급 및 2급, 화약기능사3급등 자격증을 소지하고 있는 자에 있다.

### 2) 기초 화약

화약류는 법규적으로 화약·폭약·화공품(火工品)으로 분류된다. 연소에 의해서 탄환 등의 물체를 추진시키는 것을 단순히 화약, 파괴적 폭발의 용도를 가진 것을 폭약이라고 한다. 또 다른 분류법으로는 화약류를 파괴약·추진제·화공품으로 분류하고 있다. 파괴 약에는 암석의 폭파(발파라고 한다)에 사용되는 파괴약과 폭탄 등을 작열시키는 작약(炸藥:단지 폭약이라고도 한다)이 있다. 추진제는 앞에서 말한 바와 같이 포탄 또는 로켓의 발사에 사용된다. 화공품은 파괴약이나 추진제에 폭발을 일으키거나(점화·점폭) 전달하는 구실을 한다.

화약류의 폭발은 주로 산화반응, 즉 연소에 의해서 일어나는데 연소속도가 빠르고 높은 온도가 되며 급격한 가스팽창에 의해서 음향과 파괴력이 발생하는 현상을 폭발이라고 한다. 그리고 폭발의 전파속도가 매질 내의 음속보다 커서 강한 충격파를 발생하는 경우를 폭굉(爆轟)이라고 한다.

일반적으로 폭발이라는 말은 압력의 급격한 해방을 가리키지만, 화약류의 경우는 폭발로 간주되는 경우라도 폭발속도(정확히 말하면 화염전파속도)가 음속보다 작을 때는 연소라고 한다. 그리고 폭발은 폭굉의 뜻으로 사용되는 일이 많다. 그러나 연소와 폭굉을 합한 것을 폭발이라고 하는 일도 있다.

특수화약 등 많은 새로운 화약이 제조되고 있다. 이상에서 말한 것 외에 화약류를 사용한 제품으로서는 연화(煙火)·발광제 제품(조명탄·색광제 제품)·발연통(發煙筒)·성냥 등이 있으며, 화약류 및 이들 여러 제품을 제조하는 공업을 화약공업이라고 한다.

### 3) 성능

화약류 폭발의 난이(難易)는 감도로 나타낸다. 감도에는 열감도·충격감도·순폭성(殉爆性:유폭) 마찰감도 등의 종류가 있다. 감도가 극히 높아서 약간의 충격에 의해서도 폭발하면 운반·보존이 곤란하므로 다이너마이트와 같은 실용화약은 일반적으로 화학적 또는 물리적으로 감도를 저하시키는 처치가 되어 있다.

### 4) 조성

화약류를 조성(組成)에 따라 분류하면 단일화합물로 이루어지는 화합화약류와, 2종 이상의 폭발성 화합물의 혼합물, 폭발성 화합물과 비활성 물질의 혼합물, 산화제와 가연물(可燃物)의 혼합물, 2종 이상의 비폭발성 물질의 혼합물 등으로 이루어지는 혼합 화약류의 두 가지가 있다.

① 화합화약류

각 화합물이 모두 분자 속에 N-O결합·N-N결합 등 폭발성 물질의 특유한 구조를 가지며, 또한 1분자 속에 산소성분과 피산화성분(被酸化成分)이 들어 있어서 1분자가 화약류로서의 형태를 취하고 있다. 질산 에스테르류는 알코올에 질산을 작용시키면 얻어지며, 또 방향족 탄화수소에 질산을 작용시키면 니트로화합물이 얻어진다.

② 혼합화약류

대부분은 산소·질산염·질소산화물·과염소산염 등의 산화제와 가연물과의 혼합물이다. 화합화약류에 비해서 일반적으로 폭속은 느리지만 충격이나 마찰에 대하여 민감하여 폭발하기 쉽다.

주요한 것으로는 질산암모늄폭약· 칼릿·흑색화약·액체산소폭약 등이 있다. 질산암모늄폭약은 질산암모늄(질안)을 기제(基劑)로 하고 이것에 가연물 및 다른 약제를 배합한 것이며, 질산암모늄유제폭약(ANFO폭약)도 넓은 뜻으로는 이에 속한다. 질산암모늄폭약에는 탄갱용으로서 폭발 시 갱내 가스와의 인화를 방지하기 위한 감열(減熱)·소염제(消炎劑)를 첨가한 단지'질산암모늄폭약'이라 불리는 것과 암석 발파용의'안몬 폭약'이 있다. 칼릿은 과염소산암모늄을 기제로 하고 이것에 규소철·목분(木粉)·중유를 배합한 것이다. 흑색화약은 질산칼륨 60~70%, 황 10~25%, 목탄 10~20%의 혼합물이며, 폭발은 일으키지 않고 약간의 충격에 의해서 격렬하게 연소한다. 액체산소폭약은 강력한 산화제가 되는 액체산소를 연질목탄 등 다공성(多孔性)인 가연물에 스며들게 하여 점화·폭발시키는 폭약이다. 폭발시의 발열량은 폭약 중에서 최대이고 맹도도 크지만, 액체산소의 저장·운반이 곤란하여 갱외채석(坑外採石)과 토목공사에 한해서 사용되고 있다.

### 5) 화약류와 화공품

중요한 화약류로는 다이너마이트와 무연화약이 있다. 다이너마이트는 니트로글리세린 및 그 유사물을 기제로서 6% 이상 함유하는 폭파약으로서 종류가 매우 많으며, 규조토(珪藻土) 다이너마이트나 질산나트륨과 질산암모늄을 배합한 암모니아다이너마이트 등 혼합화약에 속하는 것도 있다. 다이너마이트는 현재 공업용 화약류 중에서 가장 중요한 위치를 차지하고 있다. 무연화약은 혼합화약의 일종으로서 발사제와 로켓 추진제로 사용되고 있다. 기제에 적당한 용제를 가하여 팽윤 용해시킨 다음 용제를 제거하면 치밀한 조직을 가진 화약이 되며, 연소할 때 검은 연기를 내지 않고 고체인 연소생성물도 남지 않는다. 단일 기제를 사용한 싱글베이스 휘발성 용제추진제(B화약 등)나 니트로셀룰로오스와 니트로글리세린 등 2종의 기제로 이루어지는 더블베이스 추진제(코다이트 등)가 그 예이다.

화약류가 연소나 폭발을 일으킬 때 필요량의 산소분을 가지고 있지 않거나 연소·폭발의 상황에 따라서는 다량으로 발생하는 질소·이산화탄소·수증기 외에 질소화합물·일산화탄소 등의 유독가스가 함유되어 있다. 이러한 가스를 전체적으로 후생(後生)가스라고 하며, 일반적으로는 유독가스의 발생을 방지하기 위해서 질산암모늄이나 염소산칼륨 등이 산화제로서 과잉으로 배합되어 있다. 또한 갱외용 칼릿의 폭발에서는 염화수소가, 또 황광산(黃鑛山)에서의 폭발에서는 후생가스 속에

황화수소나 이산화황(아황산가스)이 함유되어 있는 일이 있으므로 주의해야 한다. 금속·종이 또는 천으로 만든 용기에 화약류를 넣고 그 연소 또는 폭발에 의해서 다른 화약류를 안전 확실하게 연소 또는 폭발시키는 데 사용하는 각종 화약제품의 총칭이다.

### 6) 도화선과 도폭선

도화선은 지름 1.5mm 정도의 분말 흑색화약인 심약(心藥)을 실이나 종이로 피복하여 끈처럼 만든 것이다. 한쪽 끝에 점화하면 심약의 연소가 진행되어 다른 끝에서 발한 불꽃이 접속한 뇌관(雷管)이나 화약·폭약을 점화·점폭한다. 심약이 연소하는 속도에 따라 완연식(緩燃式)과 속연식(速燃式)의 2종이 있는데, 보통 완연식이 실용되며, 1m 연소하는 데 100~140초가 소요된다. 도폭선(導爆線)은 화합화약을 심약으로 사용한 것으로서 트리니트로톨루엔(TNT)·피크르산 등을 가느다란 금속관에 채운 것과 펜트라이트를 실이나 종이로 피복한 것(펜트라이트 도폭선)이 있다. 폭속은 4,500~5,500 sec 로서 매우 빠르며, 필요량의 폭약을 도폭선의 한 끝에 잡아매고 다른 끝을 뇌관에 의해서 점폭하면 다량의 폭약을 거의 동시에 폭발시킬 수 있다.

### 7) 뇌관

뇌관은 화약류를 기폭시킬 목적으로 사용되는 것으로서, 알루미늄 또는 구리로 만든 관체(管體)·기폭제·첨장약(添裝藥)으로 구성되는 혼성뇌관이 주로 사용되고 있다. 관체의 바닥에 강력한 폭약인 테트릴·펜트라이트·헥소겐 등의 첨장약을, 그 위에 뇌홍·염소산칼륨·아지드화납·트리니트로레조르신납 등의 기폭제를 채운 것이다. 접속한 도화선의 불꽃에 의해서 기폭제가 연소·폭발하고, 이에 따라 첨장약이 기폭 된다. 도화선을 바닥에 잡아맨 뇌관을, 점화시키고자 하는 폭약 속에 넣고 발화시키면 첨장약의 폭발에 의해서 관체는 파편이 되어 주위의 폭약에 격렬한 충격을 주어 기폭 시킨다. 공업뇌관에는 전기적 점화장치를 내장한 전기뇌관이 있는

데, 이 경우 도화선은 불필요하며 원격조작 할 수 있다.

### 8) 특수효과 분류

① 화약

화약류에는 연화류, 분수, 로켓류, 장난감 불꽃류 등이 있으며 연화류를 구분을 한다면 타상용과 관상용으로 구분을 할 수가 있다.

먼저 타상용으로는 각 인치(inch)별로 나눌 수가 있으며 각 축제의 처음과 마지막으로 불꽃놀이를 하는 것을 볼 수가 있을 것이다.

이러한 불꽃놀이도 음향의 음악과 나레이션을 곁들여 행사를 진행시키면 관중들로 하여금 더더욱 극적인 감동을 줄 것이다.

② 연화의 특색

불꽃놀이를 관람하는 수많은 사람들에게서 저절로 감탄사가 나오게 하는 이것이 불꽃놀이 매력이다. 즉 이러한 폭죽은 화약으로 만들어진다. 연화는 밤하늘에 화합물이 연소하는 것이며 연화가 사람을 감동시키는 것은 소리나 빛의 강함뿐만 아니고 아름다움을 동시에 갖고 있기 때문이다.

③ 국화형 할물연화의 특색

동그랗고(구형), 커다랗게 하늘에 색색의 꽃을 펼친다.

불꽃변의 하나하나의 색이 변한다.

하나의 원이 아닌 불꽃심처럼 2중 3중의 원(동심구)를 나타낸다.

동그랗게 구형으로 퍼지는 것은 국화형 연화가 그림과 같은 구조로(할물 심이 넣어진 국화의 대표적인 예)되어 있고, 게다가 완성된 연화옥이 처음부터 Ball처럼 동그란 형체로 되어있기 때문이다.

④ 연화 내부 설명

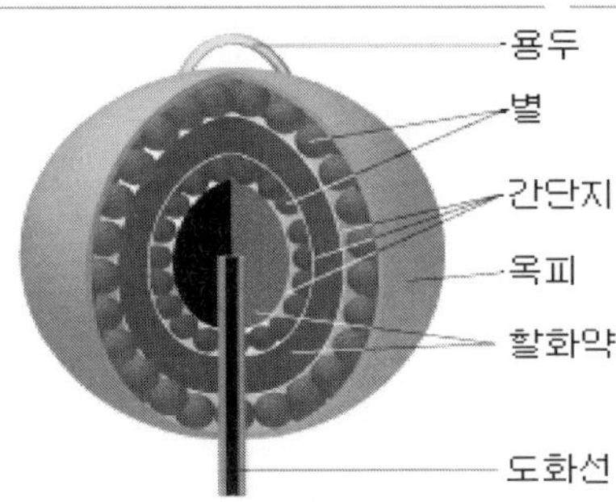

활물시 국화모양의 예

- 옥의 : 껍데기
- 옥피 : 연화의 부품을 싸는 용기이다. 옛날에는 신문지나 고유의 종이를 붙여 가면서 제작한다.

  현재 생산되는 옥은 보루지를 Press한 것을 사용하고 있다.
- 별 : 개화됐을 때 불꽃이 되는 연화의 주요한 구성 부품이다. 완성된 옥의

크기에 따라 넣는 별의 직경도 변한다. 윗 그림처럼 심물 이라고 불려지는 복수의 동심구에 퍼지는 할물로는 1개의 옥에 넣어진 별의 크기도 다르다.

이 경우 안측의 별은 외측의 것보다 직경이 적은 것이 보통이다.

- 도화선 : 일반 도화선을 말합니다. 쏘아 올려진 순간에 착화되어 일정시간 연소 후에 연화옥의 중심의 할 화약에 불을 전달한다.

상공에서 옥이 조금 좋은 위치에서 퍼질 때까지의 Time Swich 역할이 되며 이것도 옥의 크기에 따라 다르다.

- 할약 : 할화약, 파안약이라고도 합니다. 옥피를 파괴하고 별에 점화하여 4방으로 날아가는 역할을 한다.

- 상첨지 : 조립을 끝낸 연화옥은 아직 완성품은 아니다. 옥피의 외측에 다시금 몇번이고 위에 종이로 붙임(옥첨)을 하여 강도를 낸다. 연화가 충분히 크게 퍼지게 하기 위하여 는 이 옥피 의 강약에 따라 폭발력이 달라지며 건조도 중요한 작업이다.

- 간단지 : 별과 할화약이 직접 닿지 않도록 차단합니다. 현재에도 경기용 옥이나 특수한 경우 [화지]나 [안피지]를 사용한다.

- 용두(거는 고리) : 여기에 끈을 봉하여 매달아 내려 발사 통에 장진한다.

별의 한 개 한 개의 색이 변하는 것은 기본적으로 별이 동그랗고 틀린색을 내는 화약이 중심을 향해 몇 층이라도 겹쳐있기 때문이다.

외측에서 중심으로 향하여 연소하고 순차색이 변하여 가는 것이다.

연화기술 개발로 한 줄이 아닌 2중, 3중의 동심구 구조를 갖는 심이 넣어진 연화를 만들어 내었다.

2중 [심물, 심입], 3중을 [팔중심], 4중은 [삼중심]이라고 한다.

중심의 국화 중앙으로부터 은, 홍, 청, 국화홍, 광로의 4중 구조로 되어있다. 팔중심의 완성으로 연화제조의 기교는 정점에 도달했다고 말한다. 동심구의 중심이 일점에서 가지런히 정리된 것 같이 완전한 심물 연화의 제작은 어렵고 높은 기술력이 요구 되어진다.

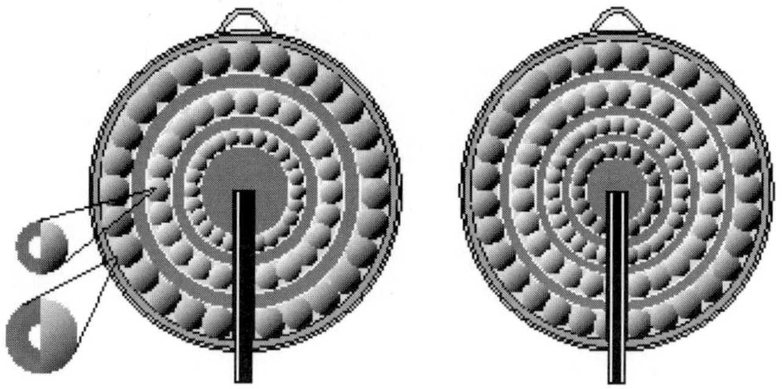


삼겹국화, 여덟겹국화에는 대개 그림과 같은 구조로 되어 있다. 윗 그림은 심이 넣어진 모양식의 그림이며 복잡한 구조로 되어있고 폭발하는 시차는 시계처럼 정밀하게 되어 있다.

⑤ 연화옥의 크기

아래 사진은 가까운 쪽에서 2.5인치(6cm)부터 인치 뒤 중앙은 16인치 옥을 배열한 것이다.

불꽃대회에서 사용되는 연화옥의 크기는 물론 예산에 따라 달라지며, 불꽃연출에서 쏘아 올릴 수 있는 최대의 옥의 크기는 [보안거리]에 의하여 결정된다.

연화는 다양하게 타상연화와 장치연화, 그리고 주간용과 야간용, 용도별로는 신호용과 관상용으로 나누어져 있다. 그리고 연화의 또 하나의 분류는 옥의 크기이다.

타상연화를 크기(타상발사 전의 치수)로 분류하면, 보통 인치 ≒ 2.54cm를 기준으로 하여 작은 2.5인치부터 3인치, 4인치, 5인치, 6인치, 8인치, 10인치, 12인치와 직경 1m를 초과하는 것까지 있다.

이것은 발사하는 장소에서 관객 이라든지 부근의 건물까지 옥의 크기에 맞춰서 일정의 거리를 두어야 한다. 보다 넓은 보안거리가 확보될 수 있는 장소에서는 예산의 범위 내에서 큰 玉이 쏘아 올려질 수 있지만, 반대로 대도시 근교에서는 [발사장소가 협소]하여 작은 5인치 이하의 옥들을 사용한다.

실제의 연화옥의 발사 전에 옥의 크기, 도달고도, 개화 됐을 때의 크기는 아래 그림표와 같다. 도달고도, 개화직경은 평균치로 생각하고 같은 크기라도 제조자나 옥의 종류, 내용에 따라 일정하지는 않다.

⑥ 호수에 의한 도달고도와 개화시의 크기(반경)

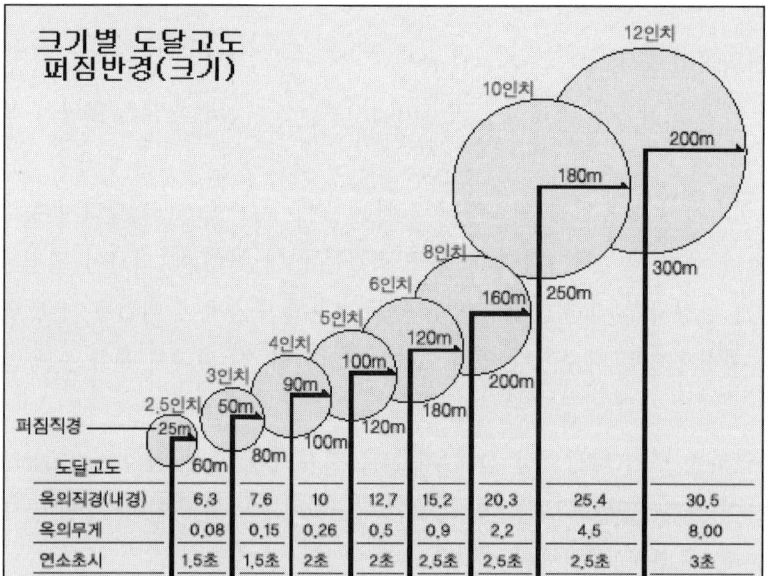


| | | | | | | | | |
|---|---|---|---|---|---|---|---|---|
| 옥의직경(내경) | 6,3 | 7,6 | 10 | 12,7 | 15,2 | 20,3 | 25,4 | 30,5 |
| 옥의무게 | 0,08 | 0,15 | 0,26 | 0,5 | 0,9 | 2,2 | 4,5 | 8,00 |
| 연소초시 | 1,5초 | 1,5초 | 2초 | 2초 | 2,5초 | 2,5초 | 2,5초 | 3초 |
| 연소초시(Lift time) | 2,5초 | 3초 | 3초 | 3초 | 4초 | 5초 | 6초 | 7초 |

|  | 2.5인치 | 3인치 | 4인치 | 5인치 | 6인치 | 8인치 | 10인치 | 12인치 |
|---|---|---|---|---|---|---|---|---|
| 옥의직경(실치수, cm) | 6.3 | 7.6 | 10 | 12.7 | 15.2 | 20.3 | 25.4 | 30.5 |
| 옥 의 중 량(kg) | 0.08 | 0.15 | 0.26 | 0.5 | 0.9 | 2.2 | 4.5 | 8.00 |
| 도 달 고 도(m) | 60 | 80 | 100 | 120 | 180 | 200 | 250 | 300 |
| 개화시 직경(m) | 25 | 50 | 90 | 100 | 120 | 160 | 180 | 200 |

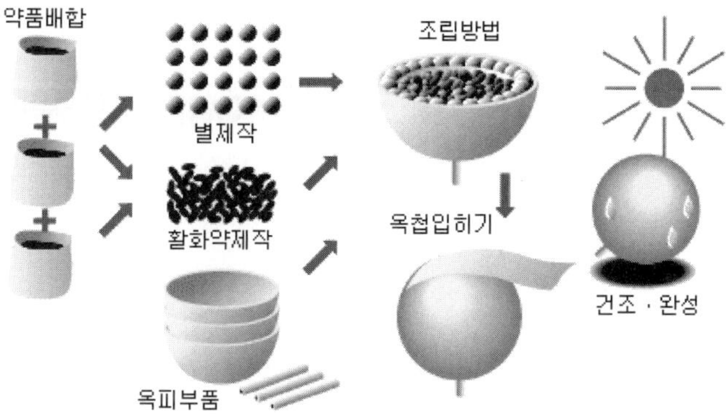


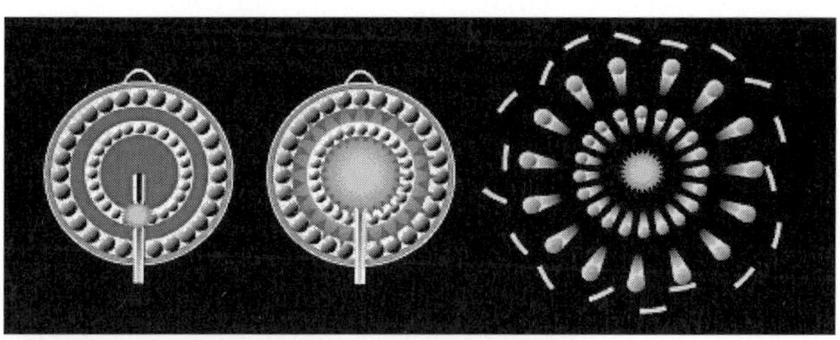

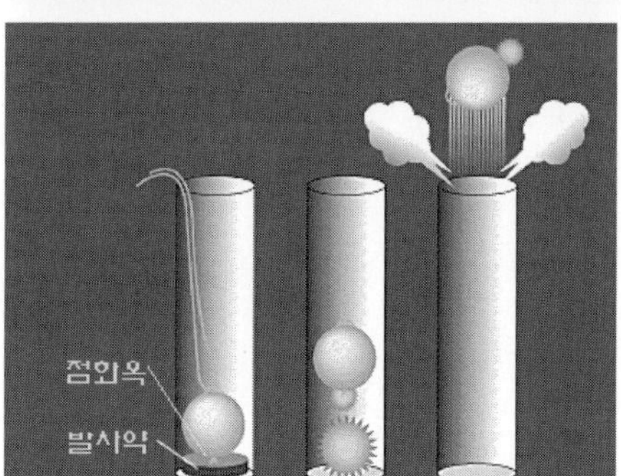

타상연화는 발사관으로부터 발사되어 내부의 도화선이 연소되면서 추진하고, 공중에서 할 화약에 불씨가 도화선을 통해 전달되면 폭발한다. 그러면 사방팔방으로 별이 타면서 날아간다.

옥피 : 종이로 만들어진 박 모양의 외피를 말하며 이것은 불꽃화약의 내용물을 담아서 공중에 이동시켜주는 비행물체이며, 중심의 할화약이 폭발할 때 반작용의 힘을 발휘하여 불꽃이 크고 둥글게 만들어준다.

추진약 : 불꽃화약이 공중으로 추진시키는데 필요한 힘을 만들어낸다. 흑색화약의 폭발로 발생하는 고압의 가스가 타상연화를 공중으로 추진시킨다. 흑색화약이 주원료이다.

도화선 : 발사관으로부터 발사된 타상연화가 추진하여 수초 후에 공중에서 터지는데 이것은 도화선의 지연초시에 의한 것이다. 도화선의 길이에 따라 타상연화가 공중에서 개화되는 시점이 다르게 된다. 불꽃모양이 가장 이상적으로 보이게 하려면 지연초시를 정확하게 맞추어 주어야 한다.

할약 : 할약 또는 할화약이라고 하며, 타상연화가 추진하여 일정고도에 위치했을 때 폭발하는데 사용되는 화약이다. 이것의 주원료는 흑색화약(Black Powder), 왕겨(Rice Hull) 등이다.



⑦ 분수화약

분수 불꽃 에는 순간분수, 2 Time, 5초 분수, 터보 등 여러 가지 형태의 분수가 사용되며 주로 무대 앞에서 효과를 낸다.

이러한 특수효과는 분수 화약류를 이용하여 특수효과를 연출하는데 있어서 가장 기본적으로 알아야 할 부분이라 할 수 있겠다.

분수화약이 점화옥과 전기를 이용하여 연출 할 때에 중요 한 것은 화약류의 방향과 모선, 각선의 단락 유무를 철저히 점검하여야 한다.

이러한 분수화약 불꽃의 높이는 5m~6m 정도의 효과를 볼 수 있다.

⑧ 라인로켓

라인로켓은 가느다란 와이어에 장착시켜 화약의 추진력으로 날아가게 되는데 화약의 양에 따라 50m 100m 등  날아가는 거리가 달라진다.

이러한 라인 로켓의 효과는 여러분들이 행사장에서 많이 볼 수 있는데 야간 또는 실내에서 극적인 효과 연출을 위해 사용하며 사람들이 보기에는  불덩이가 날아가는 모습으로 보인다.

라인 로켓은 특효 팀 에서 행사 전 라인을 먼저 설치하여 놓아야 되며 라인로켓의 날아가는 방향을 정확히 설치하고 각선 설치를 잘하여 특정한 쪽으로 발사를 하는 것이다.

또한 영화촬영에서도 가끔 사용하는데 불화살을 정확하게 목표지점까지 날리는 연출에도 쓰인다.

그리고 라인로켓 설치 시 와이어가 늘어지는 것을 최대한 방지하고 와이어 설치 방향이 상향 또는 하향설치에 주의를 하며 라인로켓의 종류(유효 거리 50m, 100m)를 살펴 도중에 라인로켓이 정지되는 일이 발생되지 않도록 해야 한다.

라인로켓이 발사되어 도착하는 지점에서 화재 발생 및 인명 피해가 없도록 최대한 안전에 주의를 하며 설치해야 할 것이다.

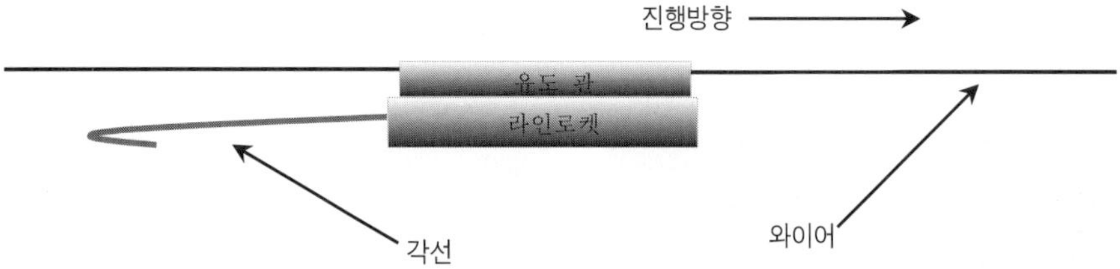


⑨ **포그 머쉰** (fog machine)

포그머쉰은 조명에서 라이트의 초점을 맞추는 역할도 하며 따라서 조명의 색채를 나타나게 하여 화려한 칼라를 연출할 때 사용하기도 한다.

따라서 주간에는 드라이아이스 및 무대의 특수효과 역할을 하기도하는 것이 포그머쉰이며 현재에는 무선으로 작동하게 하는 방법을 사용 한다

우측의 그림은 유선으로 작동하는 포그이다.

⑩ 나이아가라

이러한 화약은 와이어에 수십 발 또는 수백발의 화약을 아래로 향하게 설치하여 발사하는 화약으로서 불꽃의 떨어지는 모습이 마치 폭포의 형상처럼 흐른다 하여 나이아가라라고 불리 운다.

이러한 화약류는 사진에서 와 같이 엄청난 연기를 동반하기 때문에 행사에 지장이 없는 시간을 잘 맞추어 연출하여야 한다.

또한 떨어지는 잔류 불똥으로 인하여 화재의 위험이 없는가도 잘 살펴야 한다.

위의 사진은 나이아가라와 유사한 화약으로 문자를 새겨 넣은 모습니다.

⑪ GAS

가스 분사기에는 대표적으로 CO2가 있는데 이것은 액화상태의 가스가 밸브의 개폐로 인하여 기화되어 흰 수증기모양으로 분출 시키는 장비이다.

먼저 CO2의 가스에 대해서 알아보면  CO2는 무색, 무미, 무취이며 비중은 산소보다 무겁고 폭발성이 아닌 질식성 가스이다

주로 고압의 가스통에 압축 시켜 시중에서 유통되는 가스이다 행사장에서는 운

반이 용이 하도록 적은 용량의 가스통을 사용하며  분사기를 여러 대 설치할 수도 있다 행사를 하다보면 가스 분사 구에서 흰 수증기가 잘 분사되지 않는 경우가 있는데 이러한 경우에 가스통의 주입구 방향을 낮게 눕혀 놓는 방법을 쓰고 있다 CO2의 호스는 유압호스처럼 고압에도 견딜 수 있도록 특수한 호스를 사용하고 있고 사용시 꺾이지 않도록 유의 하여야 한다.

또한 가스 용기로부터 호스를 분리 할 때는 잔류 가스를 완전히 제거 한 후 분리를 하여야 잔류 가스의 압축에 의해 연결부의 너트 뭉치에 다치는 일이 없도록 하여야 하겠다.

CO2 기기 : 흰연기가 지상 5m위로 수직분출

⑫ 드라이아이스

이것은 얼음보다 엄청난 냉매체로서 맨손으로는 취급을 할 수 없는 상태이며 이러한 드라이아이스에 더운 물을 주입 시킬 때 나오는 것이 흰 수증기 상태이다.

특히 이러한 트라이 아이스는 판매하는 곳이 드물기 때문에 사전 지식이 있어야 공급 받을 수 있다.

⑬ 비누방울

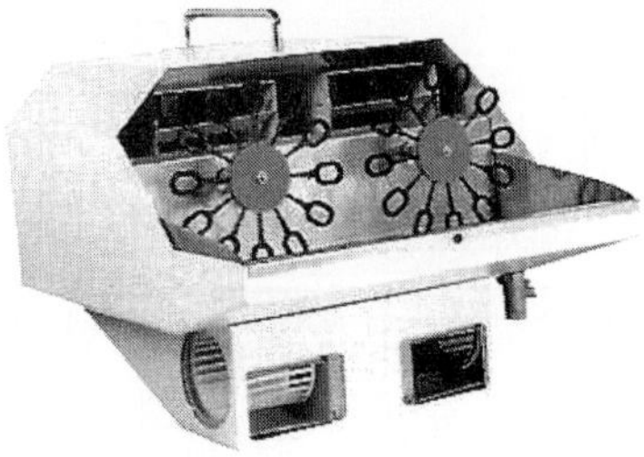

비누방울은 전용액 으로 사용하며 야외 행사시는 바람의 영향으로 사용하기가 곤란한 점이 많다.

⑭ 그림으로 보는 장남감 꽃불류 화약(자료참조 : 유지곤 폭죽연구소)

이러한 장남감 꽃불류는 문방구 또는 예식장에서 더러 판매가 되고 있으나 화약 단속법에 있어 화약류의 량(mg) 저촉되는 부분이 있어 불법 판매가 많다.

장난감류의 사용에 있어서 아무런 지식이 없고 주위의 환경을 무시한 발사를 통하여 안전사고와 폭발로 인한 소음이 따라 오늘날 많은 문제점을 안고 있다.

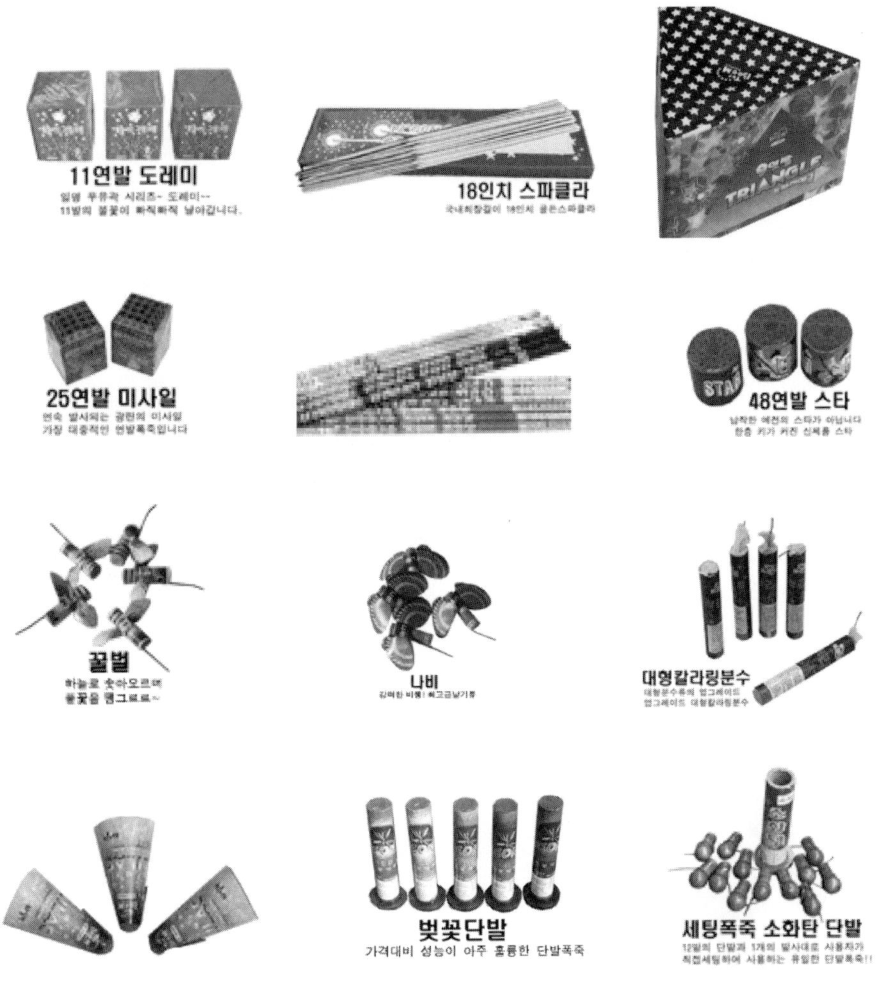

**하트 스파클라**

고백, 프로포즈 이벤트의 필수아이템!
하트모양으로 타오르는 하트 스파클라~

**실내무연분수**

작은고추가 맵다?
연기와 냄새가 거의 없고
연출시간도 긴 제품입니다.

**실폭죽**

도정에서 승관려파용으로..
양쪽 실이 당겨지면 펑~!하며 터지는
재미있는 장난감으로 사용하는 특수제품

**야광팔찌**

손목에 감고 목에걸고 머리에~고
누구나 좋아하는 야광팔찌

**올챙이 콩알탄**

눌러도 탁! 던져도 탁! 밟아도 탁!
무조건 탁탁!탁! 추억의 콩알탄

**지랄탄**

종잡을수 없는 등꽃!
어디로튈어오를까?

**CF 단발칼라후레쉬**

불을 붙이면 강력한 종테이프와 꽃가루가! 팡!!
야외에서 사용시 좋은 효과를 얻을 수 있습니다

**특대해 5호 단발**

색다른 연출과 뛰어난 안전성을 강조한 제품

**별**

국내독점 특수효과 폭죽 별
이런것이 있었다니..

**파티샷 2호**

파티샷 시리즈 강력한 화력!
하단을 비틀면 멋진 축포가 빵~
공기압축식이벤트용품입니다^^

⑮ 특수효과 장비

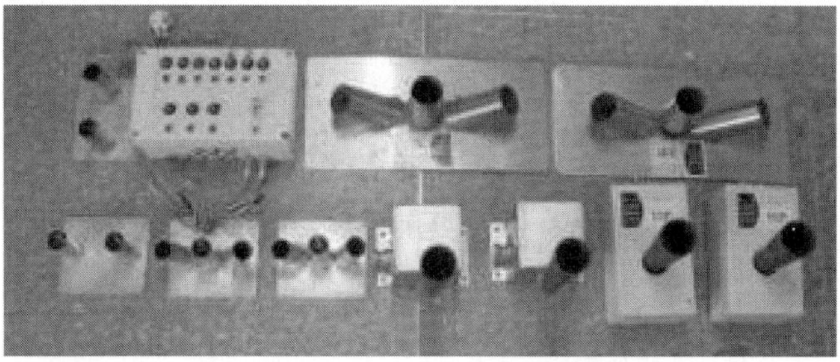

각종 분수화약을 사용 할 수 있는 장비

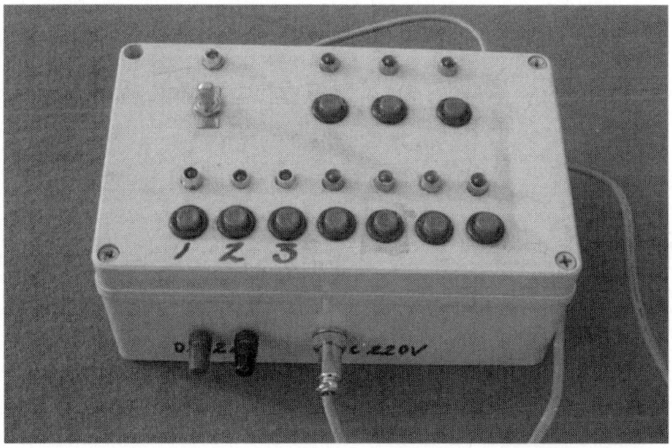


AC전원을 DC로 바꾸어 사용하는 소형 스위치박스

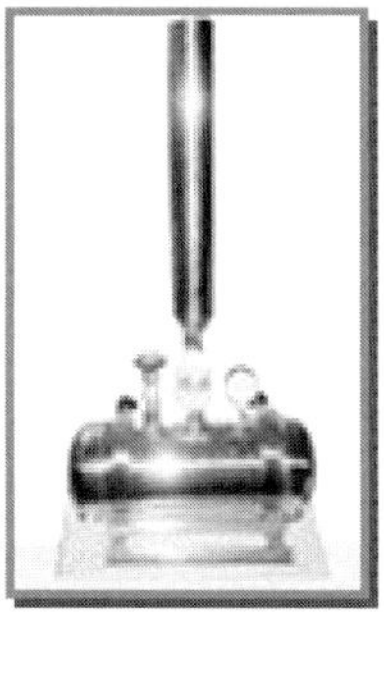

에어샷 : 에어 순간발사. 꽃가루, 릴테이프, 케이라이트 이용, 시상식, 테이프커팅 분위기 고조 순간 발사하여 폭음 연출

위의 사진은 에어샷으로 탱크에 Co2가스 및 압축가스를 사용하여 포신에 꽃가루 또는 오색 릴 테잎 을 넣고 발사 할 수 있는 장비이다.

현재 이벤트사에서는 탄산가스의 사용에 번거로움과 가스비용을 줄이기 위하여 요즈음은 압축공기를 넣어 사용을 하고 있다.

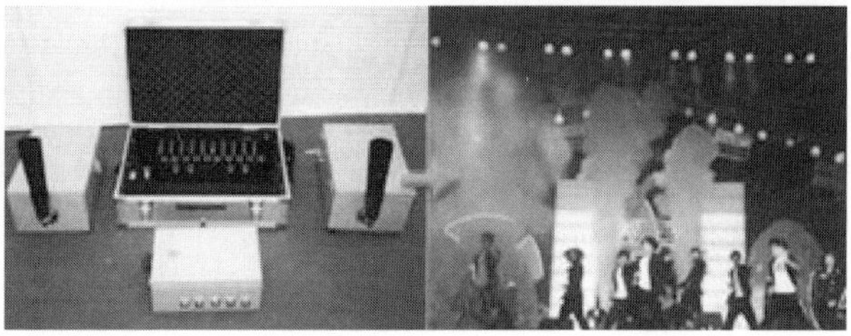

CO2 기기 : 흰연기가 지상 5m위로 수직분출

위의 사진은 Co2(탄산가스) 를 분출하여 연기형태의 효과를 연출하는 기기.

⑯ 화약류 신청 방법과 작성할 문서

화약 사용 신청에는 관할 경찰서 방범과 에서 담당을 하는데 이러한 문서는 행사 7일 전에 접수를 하여야 한다.

이 밖에 화약 취급자의 자격증 사본, 운반 경로 등의 많은 서류가 첨부되며

또한 이러한 서류 작성은 업체에서 작성하며 접수는 대행이 가능하다.

<table>
<tr><td colspan="5">화약류 사용(소지) 허가 신청서</td><td>처리기간<br>7일</td></tr>
<tr><td rowspan="2">신청인</td><td>① 성 명</td><td colspan="2"></td><td>② 주민등록번호</td><td></td></tr>
<tr><td>③ 주 소</td><td colspan="4">(전화 )</td></tr>
<tr><td colspan="2">④ 업 체 명</td><td colspan="4"></td></tr>
<tr><td colspan="2">⑤ 소 재 지</td><td colspan="4"></td></tr>
<tr><td colspan="2">⑥ 종 류 및 수 량</td><td colspan="2"></td><td>⑦ 사용목적</td><td></td></tr>
<tr><td colspan="2">⑦ 사 용 장 소</td><td colspan="2"></td><td>⑨ 사용기간</td><td>년 월 일부터<br>년 월 일까지</td></tr>
<tr><td colspan="2">⑩ 제 조 소 명</td><td colspan="4"></td></tr>
<tr><td colspan="2">⑪ 사 용 자 성 명</td><td>책 임 자</td><td></td><td>작 업 자</td><td></td></tr>
<tr><td colspan="2">⑫ 위해 예방 방법</td><td colspan="4"></td></tr>
<tr><td colspan="6">총포·도검·화약류 등 단속법 제12조 또는 제18조의 규정에 의하여 위와 같이 신청합니다.<br>년 월 일<br>신청인 서명(인)<br>경 찰 서 장 귀하</td></tr>
<tr><td colspan="5">※ 구비서류</td><td>수수료<br>원</td></tr>
<tr><td colspan="6">1. 꽃불류 사용허가 신청의 경우<br>가. 사용 순서 대장<br>나. 사용 장소 부근 약도<br>2. 꽃불류 외의 화약류의 사용허가 신청의 경우<br>가. 사용계획서<br>나. 사용하고자 하는 화약류 저장소 설치허가증 사본</td></tr>
</table>

21026-08011민
'90. 3. 10 승인
(뒷면)

190mm×268mm
신문용지 54g/m2

〔별지 제20호서식〕

<table>
<tr><td colspan="5" rowspan="2">화 약 류 운 반 신 고 서</td><td>처리기간</td></tr>
<tr><td>즉 시</td></tr>
<tr><td colspan="2" rowspan="2">신 고 인<br>(발송인)</td><td>① 성 명</td><td></td><td>② 주민등록번호</td><td></td></tr>
<tr><td>③ 주 소</td><td colspan="3">(전화 )</td></tr>
<tr><td colspan="3">④ 화약류의종류 및 수 량</td><td></td><td>⑤ 양수허가년월일 및 허가번호</td><td></td></tr>
<tr><td colspan="3">⑥ 발 송 지</td><td></td><td>⑦ 도 착 지</td><td></td></tr>
<tr><td rowspan="2">수<br>취<br>인</td><td colspan="2">⑧ 성 명</td><td></td><td>⑨ 주민등록번호</td><td></td></tr>
<tr><td colspan="2">⑩ 주 소</td><td colspan="3">(전화 )</td></tr>
<tr><td rowspan="7">운<br>반<br>계<br>획</td><td colspan="2">⑪ 구 간 및 경 유 지</td><td colspan="3"></td></tr>
<tr><td rowspan="2">운 반<br>책임자</td><td>⑫ 성 명</td><td></td><td>⑬ 주민등록번호</td><td></td></tr>
<tr><td>⑭ 주 소</td><td colspan="3">(전화 )</td></tr>
<tr><td rowspan="2">운 반<br>수 단</td><td>⑮ 종 류</td><td></td><td>⑯ 운전자 성명</td><td></td></tr>
<tr><td>⑰ 대 수</td><td></td><td>⑱ 운 반 기 간</td><td></td></tr>
<tr><td>운 반<br>경 비</td><td>⑲ 성 명</td><td colspan="3">외 명</td></tr>
<tr><td colspan="6">총포·도검·화약류 등 단속법 제26조의 규정에 의하여 위와 같이 신고합니다<br>년 월 일<br>신청인 (인)<br><br>(지방경찰청장) 귀하</td></tr>
<tr><td colspan="5" rowspan="2"></td><td>수수료</td></tr>
<tr><td>없 음</td></tr>
<tr><td colspan="6"></td></tr>
</table>

21026-08611민 190mm×268mm
'90. 3. 10 승인 신문용지 54g/m2

〔별지 제14호서식〕

※ ⑪,⑫ 란은 꽃불류 사용허가신청의 경우에만 기재합니다. (앞면)

| 화약류 사용(소지) 허가 신청서 | | | | 처리기간<br>7일 |
|---|---|---|---|---|
| 신청인 | ① 성 명 | | ② 주민등록번호 | |
| | ③ 주 소 | (전화 ) | | |
| ④ 업 체 명 | | | | |
| ⑤ 소 재 지 | | | | |
| ⑥ 종류및수량 | | ⑦ 사용목적 | | |
| ⑦ 사 용 장 소 | | ⑨ 사용기간 | 년 월 일부터<br>년 월 일까지 | |
| ⑩ 제 조 소 명 | | | | |
| ⑪ 사용자성명 | 책 임 자 | | 작 업 자 | |
| ⑫ 위해 예방 방법 | | | | |

총포·도검·화약류 등 단속법 제12조 또는 제18조의 규정에 의하여 위와 같이 신청합니다.

년 월 일

신청인 서명(인)

경 찰 서 장 귀하

| ※ 구비서류 | 수수료<br>원 |
|---|---|

1. 꽃불류 사용허가 신청의 경우
   가. 사용순서대장
   나. 사용장소 부근 약도
2. 꽃불류 외의 화약류의 사용허가 신청의 경우
   가. 사용계획서
   나. 사용하고자 하는 화약류 저장소 설치허가증 사본

21026-08011민
'90. 3. 10 승인

190mm×268mm
신문용지 54g/m2

〔별지 제22호서식〕

(앞면)

<table>
<tr><td colspan="4" rowspan="2">화약류 제조(관리)보안책임자 □선임 □해임 신고서</td><td>처리기간</td></tr>
<tr><td>15 일</td></tr>
<tr><td colspan="2">① 사 업 의 종 류</td><td>② 사 업 소 명 칭</td><td colspan="2">③ 사 업 소 소 재 지</td></tr>
<tr><td colspan="2"></td><td></td><td colspan="2">(전화 )</td></tr>
<tr><td rowspan="3">제조보안<br>책 임 자</td><td>④ 성 명</td><td></td><td>⑤ 면 허 의 종 류</td><td></td></tr>
<tr><td>⑥ 주민등록번호</td><td></td><td>⑦ 면 허 번 호</td><td></td></tr>
<tr><td>⑧ 면 허 등 급</td><td></td><td>⑨ 교 부 관 청</td><td></td></tr>
<tr><td rowspan="3">관리보안<br>책 임 자</td><td>⑩ 성 명</td><td></td><td>⑪ 면 허 의 종 류</td><td></td></tr>
<tr><td>⑫ 주민등록번호</td><td></td><td>⑬ 면 허 번 호</td><td></td></tr>
<tr><td>⑭ 면 허 등 급</td><td></td><td>⑮ 교 부 관 청</td><td></td></tr>
<tr><td>⑯ 취급및<br>취급장소</td><td colspan="2"></td><td>⑰ 2인이상의 경우는<br>직무의 범위</td><td></td></tr>
<tr><td>⑱ 해임및<br>변경사유</td><td colspan="2"></td><td>⑲ 선임 · 해임 · 변경<br>연 월 일</td><td></td></tr>
<tr><td colspan="5">총포 · 도검 · 화약류 등 단속법 제27조의 규정에 의하여 위와 같이 신고합니다.<br><br>년 월 일<br><br>신고인 (인)<br><br>지방경찰청장<br>경 찰 서 장 귀하</td></tr>
<tr><td colspan="4" rowspan="2">※ 구비서류 :</td><td>수수료</td></tr>
<tr><td>없 음</td></tr>
<tr><td colspan="5">1. 화약류 제조보안책임자 또는 화약류 관리보안책임자 면허증</td></tr>
</table>

21026-09811민 190mm×268mm

이 신청서는 아래와 같이 처리됩니다.

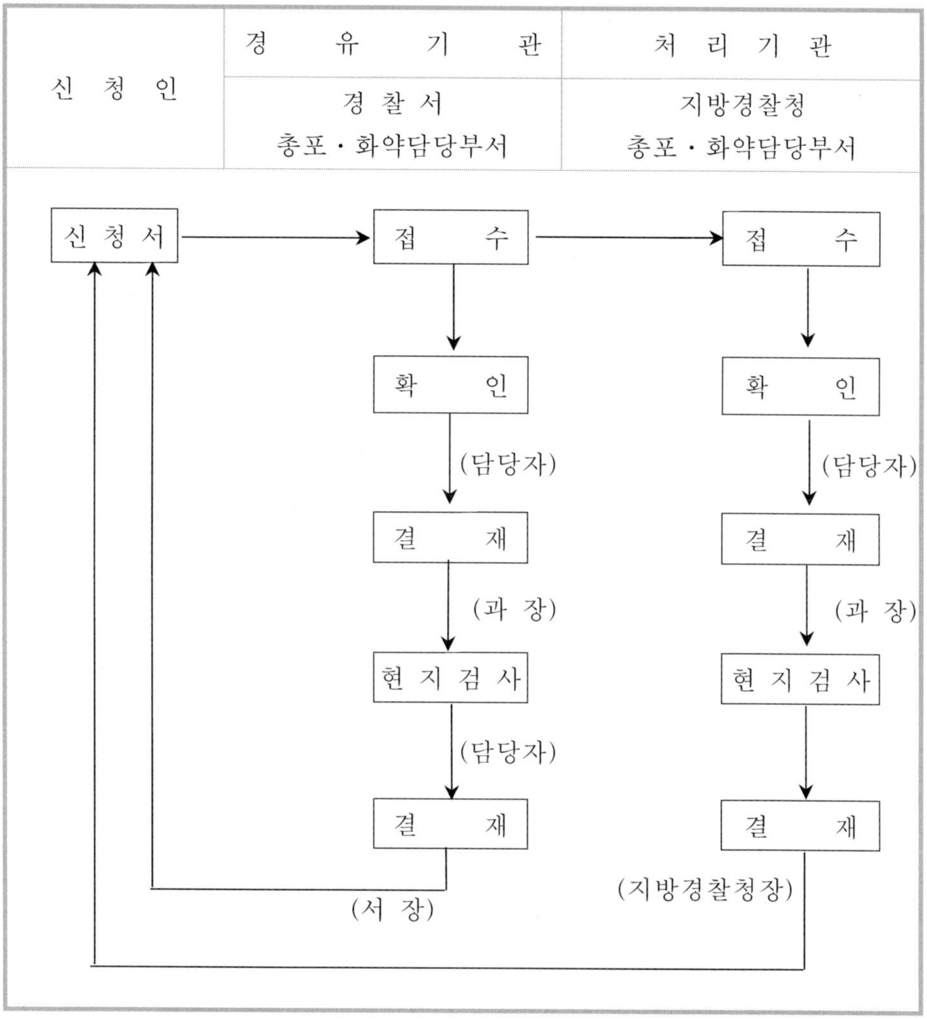

사용장소 부근 약도

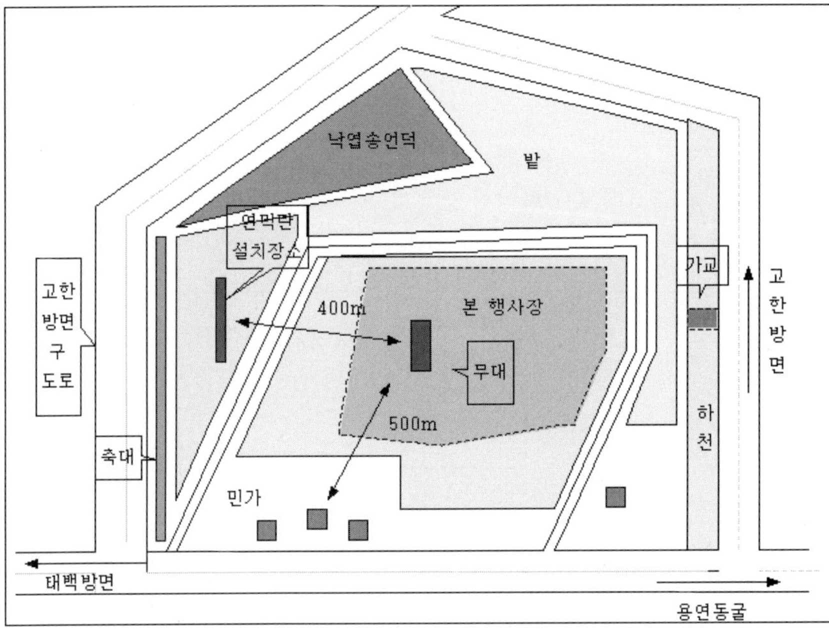


현장 사진

상기 구조물 은 11월26일 철거됨.

위의 사진은 기공식 화약 신고서에 첨부된 약도 및 현장사진이다.

화약류의 현장사용에 따른 운반경로

| 순번 | 내 용 | 비 고 |
|---|---|---|
| 1 | 화약사용신청 허가서 제출 및 보안책임자선임. | 관할경찰서 |
| 2 | 신청서에 따른 사용량 수령 | 저장소 |
| 3 | 현장까지 도착 예정 시간에 따른 운반 | 출발지와 경유지와 도착지 |
| 4 | 현장 도착 | |
| 5 | 현지 담당 경찰 입회 검수 | |
| 6 | 사용 예정시간 엄수 발사 | |
| 7 | 보안책임자 해임 신고 | 관할경찰서 |

Chapter 7

# 무 대

일반적으로 무대는 고정식과 조립식, 가변식으로 구분하며 고정식으로는 공연장 즉 극장식 Hall, 문화예술회관, 청소년수련관, 등에서 공연을 할 수 있도록 무대, 조명, 음향 등 시설이 갖추어 져 있으며 무대사용료는 관계자와 협의하여야 한다.

이러한 고정식에는 시설의 규모에 따라 무대의 평수가 제한되어 있어 공연 등의 내용에 적합한지를 먼저 파악을 하여 섭외를 해야 한다.

따라서 고정식 무대 활용에 있어서는 별도의 장치 비 부담이 줄어들어 행사비 지출에 있어서는 많은 도움이 되나 행사의 전문성을 요구 할 때는 반드시 전문장비 업체의 섭외가 불가피 하다고 보겠다.

또한 예전에는 목재를 이용한 무대 제작을 하였으나 이러한 무대는 설치와 해체 문제가 있어 조립식 무대를 선호하고 있다.

무대는 가변식 무대가 있어 무대가 회전 또는 상, 하, 좌, 우로 동작 한다던지 무대의 일부분이 움직일 수 있게끔 장치를 하는 곳 도 있다 이러한 무대는 고정식 무대에서 흔히 사용한다.

무대설치에 있어 가장 중요한 것은 어느 행사장을 보더라도 무대가 제일먼저 설치되어야 따라서 조명과 음향의 설치가 용이하다 그러므로 무대설치가 행사장의 기본 중심적인 위치로 확고히 자리 잡고 있으며 설치되어야만 하겠다.

### 1) 무대의 규격

무대의 규격은 정한 바는 없으나 일반적으로 평(坪)을 놓고 규격을 말한다.

무대는 제작 업체에 따라 각양각색 의 모양과 규격이 나오며 상판 즉 무대의 바닥 처리 또한 여러 형태로 이루어진다.

규격은 무대에 올라가서 출연하는 인원에 따라 평수가 넓고 좁게 설치한다.

만약 10명이상의 출연진이 무대에 올라간다고 하면 적어도 20평 이상으로 설치하여야 한다.

예를 들어 대학가의 축제무대를 시설한다면 적어도 50평은 갖추어 져야 하겠다. 많은 인원이 한꺼번에 올라서서 움직인다면 무대의 하중도 비례하여 튼튼하고 넓어야만 한다.

무대의 프레임은 가볍고 강한 재질로서 만드는데 운반과 조립이 간단하여야만 무대 설치에 시간과 인원이 적게 든다.

25평의 무대 제작에는 조립식으로 할 경우 2시간 안에 충분히 조립을 한다.

상판으로는 예전에 합판 을 주로 많이 사용하고 합판에 골격을 갖추어 구조물에 얹는 방법을 쓰며 합판위에 포멕스라는 건축자재로 덮고 테이핑 처리를 하였다.

그러나 이러한 포멕스는 동절기에 잘 부러지는 단점이 있어 고가의 포멕스가 쉽게 손실되는 일이 많다.

이에 업체에서는 바닥 처리에 있어 1회성의 부직포 또는 아크릴 등 다른 재질로 하고 있다.

무대의 높이는 약 80 cm 정도 이상 이면 무난하다 이것은 관람객들이 보기에 무리 없는 높이라고 생각하면 된다.

무대높이(다리) : 30 50 70 90 100 120 150~200cm 등.

재질 : 철재 등 (원형, 파이프 등).

※ 넓이 (1평당) : 합판 3x6 자 ( 91x182cm) 2 장.

※ 4x8 자 (122x244cm) 1 장.

### 2) 무대 형식 구분

BT 연결형 : 수송과 이동 및 견고, 보관 관리 등이 용이고 부품 또 한 간편하며 소수의 작업인 으로 설치, 해체 할 수 있다.

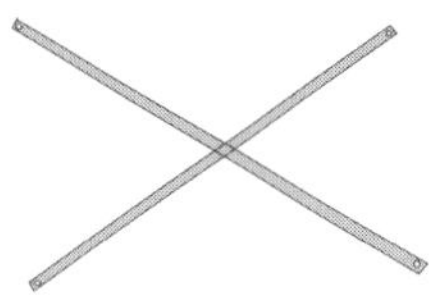

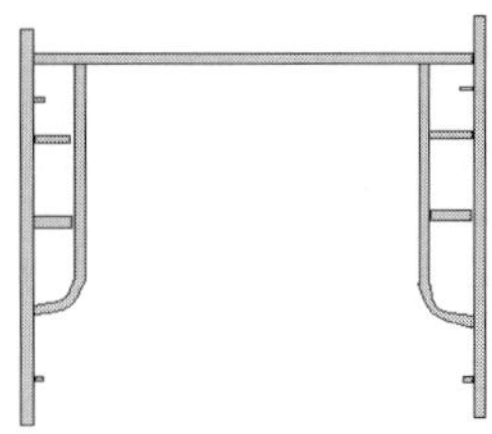

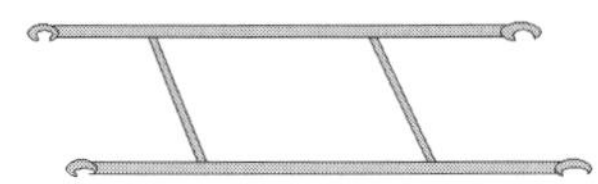

일체형 : 불규칙한 지면과 과 하중에 용이하며, 수평 맞추기가 쉽다 그러나 프레임의 크기가 있어 운반이 쉽지 않으며 작업또한 많은 인원이 필요하다.

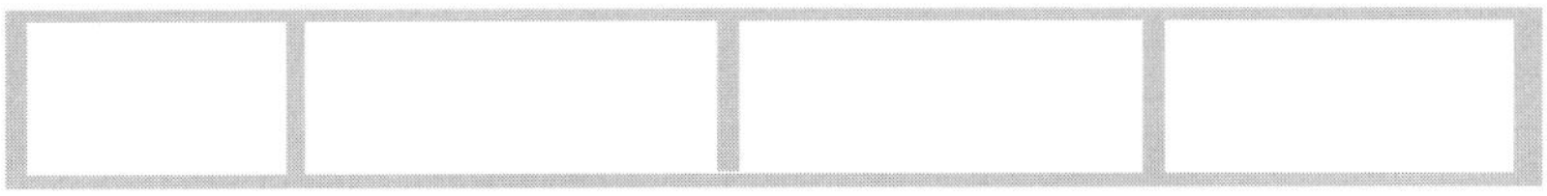

이러한 트러스 형태의 일체형 무대는 설치가 간편하며 프레임 무게 또한 가벼워서 적은 인원으로도 충분히 빠른 시간 내에 설치가 가능하다.

특수형 : 투명 판넬 전용으로서 설치 후 조명을 장착 하여 사용할 수 있다.
또한 무거운 중량 에도 견딜 수 있도록 제작한 것이다.

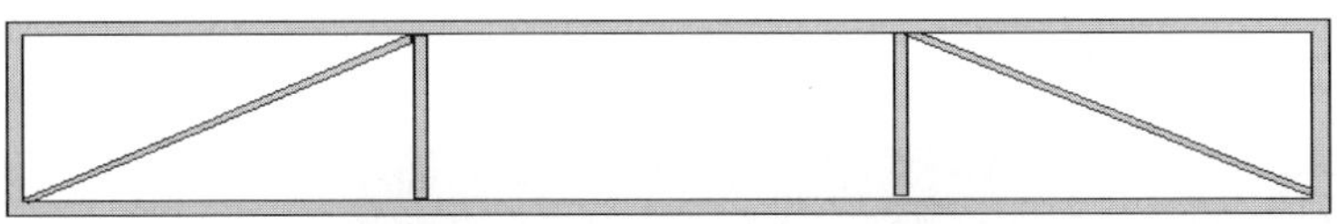

무대의 내부를 촬영한 사진으로서 위의 판넬은 아크릴을 사용한 모습이다.

X 밴드(band)를 사용한 프레임 무대설치 그림

이와 같은 그림은 철재 프레임을 평수에 맞게 설치하고 그 위에 상판을 얹는 방식이며 앞, 뒤, 그리고 넓히고자 하는 쪽으로 계속 설치하면 된다.

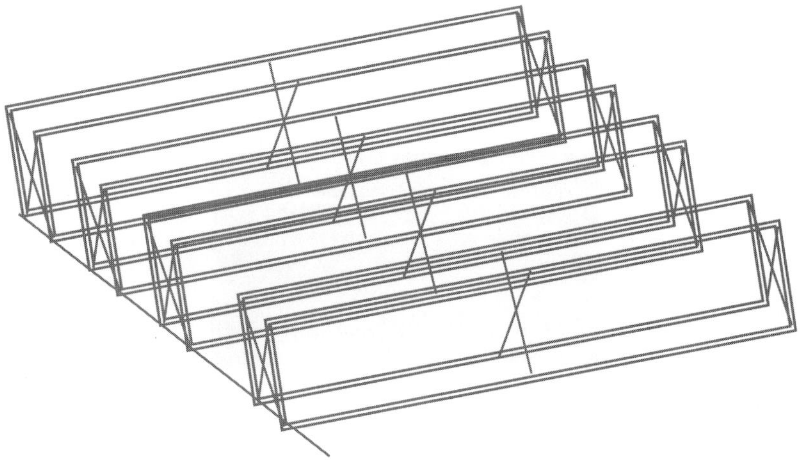

이러한 구조의 무대와는 달리 현재에는 우리나라에서도 무대 제작 기술이 좋아 많은 조립식 무대가 출시되고 있다.

재질이 가볍고 튼튼하며 외관이 수려한 기성 제품이 주문 제작되어 사용되고 있음을 알아야 한다.

위의 사진은 야외에서의 대형 오페라 무대이다 각종 무대 세트와 인원수를 보면 무대의 크기를 짐작 할 수 있겠다.

이 무대의 프레임은 비계(즉 일본어로 あしば)를 사용하였고 100여(平) 이상의 크기이다.

보기에 앞부분이 비닐로 되어 있는 것은 야외의 일기 관계로 악단들이 위치를 하고 있기 때문이다.

이것은 행사 관계자들이 우천을 대비 한 모습이지만 행사로 보아선 무대 및 출연자들에게 별로 좋지 않은 시설이 되어 버렸다.

위의 사진들을 여러분들이 참고로 해야 할 부분은 무대의 크기, 높이, 등의 규격과 무대 의 백드롭[1)](Back drop)을 참고로 보면 되겠다.

위의 사진은 대학 축제의 무대로서 목재를 사용하여 제작된 무대이다.

태백인의 대제전 전야제 공연무대 시안

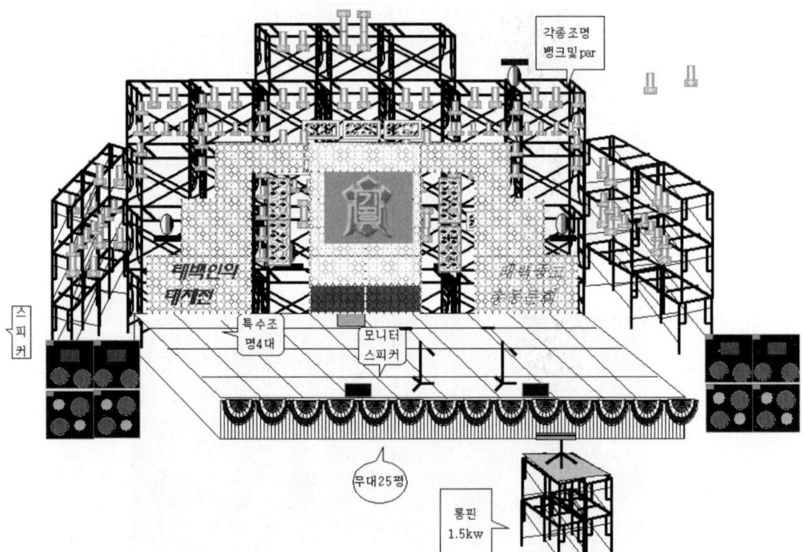


위의 그림은 무대 설치 전 주최 측 과 협의 무대 시안을 한 자료임 즉 무대 위치와 조명 그리고 백드롭, 음향 등의 위치를 한눈에 보도록 한 것이다.

---

1) Back drop 사전적인 의미에서 '배경막'으로 이벤트에서 말하는 백드롭(back drop)은 벽면이나 무대 뒤, 행사장 주변에 설치하는 대형 배너나 걸개그림을 가리킨다.

Chapter 8

# Event balloon decoration

풍선장식은 가장 쉽게 접할 수 있으며 화려한 색상과 모양으로 이벤트행사에서는 거의 빠지지 않고 볼 수가 있으나 전문적 지식을 가지고 만드는 사람들이 극히 적고 풍선장식 업체의 수가 그리 많지 않다.

그러나 도심지와 각 지역에서는 풍선관련 교육프로그램이 점차 확산되는 추세이며 온라인상의 지식습득이 용이하다.

현재 국내에 수입 또는 제작되는 풍선의 종류는 색상, 크기, 모양, 재질 제조사 등 많은 제품과 분류로 나누어지고 있다. 이러한 제품을 활용하여, 전문가적 지식과 시장성에 대한 장식가들의 활발한 활동으로 조금씩 풍선의 분야가 자리를 잡고 있다고 보며 이러한 풍성장식에는 수많은 아이템을

요구하는 분야이다. 따라서 실전에 사용되는 풍선장식에 관하여 가장 기초적인 부분만을 서술한다.

본 풍선장식은 풍선의 기본적인 작은 행사의 아치(arch)에서부터 케릭터 모형, 방송국 디스플레이, 야외무대 백드롭까지 살펴보기로 한다.

### 1) 풍선의 역사

르네상스시대(14~16C)에 유럽에서 중세 그리스도교의 학문예술이 크게 일어났던 시기에 사용 되었다는 설이 있으며, 학습적으로 인정된 풍선의 탄생은 1824년 영국의 마이클 패러데이(Michael Faraday)교수가 caoutchoue(천연고무) 라는 물질에 수소를 주입한 실험에서 탄생되어 진다.

패러데이 교수는 두 장의 고무를 함께 겹쳐 놓고 둥글게 자른 다음 고무의 가장자리를 함께 눌러 그의 실험용 풍선들을 만들었다.

패러데이 교수는 Caoutchoue의 접착력으로 인해 풍선 안에 밀가루를 넣고 비벼대어 전체 고무 면이 서로 붙지 않게 만든 풍선이 세계최초의 고무풍선으로 인정되고 있으며, 그 다음해인 1825년, 파이어니어 고무제조회사(Pioneer rubber manufacture)의 토마스 핸칵(Hancock)이 고무용액이 들어 있는 병과 고무용액 응축 펌프로 구성된 손수 만드는 고무풍선 세트를 소개하면서 장난감용 풍선이 시작되었다.

현대의 장난감용 풍선의 원형으로 간주될 수 있는 고무를 경화시켜 만든 장난감 풍선은 1847년 영국의 런던에서 J.G. lngram이 처음 제작했다. 이 풍선들은 이전의 풍선과는 달리 기온의 변화에 영향을 받지 않았다.

### 2) 국내의 풍선 발자취

풍선에 관련한 문화가 정착되기 이전 까지는  공기나 가스를 넣어 어린이들의 놀이기구의 일부분으로 인식하여 풍선이 가지고 있는 특유의 친밀함, 화려함, 대중화는 발견하지 못하여 풍선이 차지하는 공간 활용을 대수롭지 않게 생각하였던 것이 88년 서울 올림픽이후 국내에 풍선이 수입되면서 풍선에 대한 관심도가 크게 작용되었다고 볼 수 있다.(현재는 폭발의 위험성으로 인해 헬륨가스를 사용하고 있다.)

실제로 풍선에 주입하는 가스의 폭발성 때문에 대형사고가 종종 일어나는데 이것은 가스의 위험성을 잘 인식하지 못하여 일어나는 사고라 할 수 있겠다.

90년도 말에  전국적인 외환위기인 IMF를 거치며 지방자치에의 지역축제 활성화와 관계되어 이벤트 사업의 붐이 일어나고 아울러 각종 새로운 창업으로서 풍선과 관련 업종이 생겨나기 시작 하였다 한국풍선장식가 협회, 한국풍선협회(KBAA)와 공인풍선장식가[1](CBA) 등 많은 풍선관련 협회가 탄생되어 회원확보와 교육, 세미나 등으로 풍선관계 저변확대로 각종 연회장, 축제, 세미나, 등의 이벤트현장과 함께 현재 국내에서는 많은 풍선관련 창업과 장식가들이 활동을 하고 있다.

특히 미국에서는 매년 PBC주관으로 국제 풍선대회가[2](IBAC) 열리며 자격증, 정보교환 과 아울러 풍선아티스트들의 친목을 다지는 행사가 열리고 있다.

### 3) 풍선은 어떻게 만들어질까?

고무나무의 액(하얀 빛깔의 액체)을 사용하여 만들어지며, 자연에서 채취한 풍선은 환경에 피해를 주지 않으며 참나무 잎이 썩는 시간과 같이 썩어서 분해 된다.

대부분의 고무나무 유액의 원산지는 동남아 지역과 남아메리카 등이다.

생산되는 곳은 미국, 캐나다, 멕시코, 인도네시아등과 국내에서도 생산되어지고 있다.

---

1) 공인풍선장식가(CBA: Cerifed Balloon Artist)는 세계 최대의 풍선 Maker인 미국 PBC (Pioneer Balloon Company)사가 그 자격은 인증해 주는 공인풍선장식가 제도이다.

2) IBAC : International Balloon Arts Convention

### 4) 풍선아트의 등장

풍선아트의 등장을 크게 두 가지 관점에서 보면 다음과 같다고 볼 수 있다.

첫째, 풍선을 만드는 회사의 판매 전략적 인면과 둘째, 약 20년 전 로스엔젤리tm의 디즈니랜드에서, 돌풍으로 인하여 대량의 풍선이 서로 뒤엉켜 재미있는 새로운 창조물로 보이게 된 계기로 인하여 등장된 것이라 본다.

### 5) 풍선아트란?

풍선아트란 풍선을 사용하여 만들어 예술로 승화시키는 창조물을 통칭하여 일컫는 말이다.

풍선분야 : 260분야, 환타지 분야, 장식분야, 센터피스분야, 딜리버리, SDS판넬 기법, 구조물을 이용한 모형제작.

우선 풍선을 배우고자 하는 사람들이 많이 접하여 보는것이 흔히 요술풍선이라 하는 (260Q=콸라텍스 제조사의 단위) 풍선을 다루어야 할 것이다.

현대 사회에서는 대형 이벤트와 그리고 작게는 생일 파티와 결혼식 등 크고 작은 행사가 이루어지는데 이러한 행사장에 풍선으로 화려하게 장식을 꾸밀 수 있는 아티스트를 양성하는 곳이 학교, 여성회관, 문화원, 청소년 수련원 등 많은 교육기관 또는 민간단체에서 실행을 하고 있다.

따라서 이벤트 실무자라면 당연히 알아야 하는 분야이기도 하다.

풍선의 분야가 일반인들에게 잘 알려지지 않은 분야이기도 하지만 다른 분야와 비교하여 볼 때 매력 있는 분야이다.

풍선1개를 볼 때면 별것이 아니다 고 생각 할 수 있지만 이러한 풍선을 조합하여 모양을 만들고 색상과 크기를 잘 디자인하여 디스플레이를 한다면 엄청난 행사장의 효과를 볼 것이다.

### 6) 풍선이 주는 장점

저렴한 가격으로 훌륭한 공간 연출효과.

아름다움과 예술의 미를 제공함으로써 분위기를 조성.

색의 조화로 단조로운 공간을 화려하게 꾸미는 효과.

시선을 끄는 효과로 광고의 매출 증대로 이어진다.

대부분의 장식이 실내에서 이루어지며 예외로 야외에서 풍선을 사용하는 특수한 기술과 아이템은 아티스트의 생각에 달려 있다.

### 7) 풍선이 주는 단점

대형 이벤트에서는 많게는 수백~수천 개의 풍선을 불어야 하는데 제작시간이 많아 작업자와 소요 시간이 많이 걸린다.

헬륨 가스의 값이 고가이며 운반 이 어렵고 자칫 주의하지 않으면 풍선을 날려버리기 가 쉽다.

풍선으로 꾸민 장식은 내구성으로 인해 오래가지 못한다는 점.

오랜 시간이 지나면 특유의 고무 냄새가 발생한다.

또한 장식을 하고나 일정시간이 지나면 공기가 새거나 터지는 것으로 말미암아 눈에 쉽게 띠어 빠른 교체 및 보완을 요한다.

저렴한 비용으로 장식을 할 수 있으나 섬세함을 요구하는 풍선장식은 난이도에 따라 제작 소요시간이 길어진다.

풍선장식이 차지하는 공간은 적은 곳부터 초대형 장식이면 장식의 범위가 엄청나게 차지를 할 수도 있다.

손쉽게 행사장을 꾸밀 수 있으나 전문적이지 못하면 오히려 행사장의 분위기가 촌스럽게 변하여 쉽게 눈에 띌 수가 있다.

### 8) 풍선장식

풍선장식은 풍선아트의 한 분야에 포함되어 있으며, 풍선장식을 화려하면서도 공간을 멋지게 장식하는 최고의 장식방법 이라고 말할 수 있겠다.

풍선장식의 필요성이 대두되는 현시점에서 보면 최소의 비용으로 최대의 효과를 나타내려고 하는 경제적 효과와 새로운 것을 원하는(다양성)심리, 등 공간을 멋지게 장식하려는 마음을 충족시키기에 충분하리라 본다.

풍선은 누구나 좋아하며, 풍선이 사용 되어지는 곳은 무궁무진하며, 풍선으로 공간을 메우기 (장식)에 이보다 더 값싸고, 멋지고, 훌륭한 장식은 없다고 본다.

① 풍선장식의 목적

다양한 색상의 풍선을 가지고 각종 행사 및 행사장 분위기에 맞게 색상과 장식의 다양한 기법 및 디자인을 첨가하여 그 행사 및 장소를 최대한으로 멋지고 환상적으로 꾸미어 그 행사를 더욱 더 돋보이게 하여 일련의 효과를 극대화 시키는 작업을 말한다.

또한 참가자들에게는 시각적인 효과와 분위기적인 측면을 통하여 분위기를 상승시켜주며 행사자 들에게 목적한 바를 제공하고 참가자에게 행복감을 주어 밝고 명랑한 행사분위기를 만드는 작업을 말한다.

또한 파티문화의 다양성에 힘입어 저렴하고 최소의 시간과 노력으로 꾸밀 수 있는 풍선 장식 기법은 경제적인 면에서 보면 최소의 비용으로 최대의 효과를 노릴 수 있다는 장점과 누구나 풍선을 좋아한다는 공통점으로 행사의 목적한 바를 성취하는데 큰 도움을 준다고 본다.

② 풍선장식의 기본

풍선의 크기 단위는 주로 인치(inch)로 쓰인다. 주로 5인치, 9인치, 11인치가 많이 쓰이는데 작은 5인치 풍선은 조형물을 제작하는 데 많이 쓰이며 9인치와 11인치는 실외의 제작물에 쓰이기도 한다.

풍선의 제작 즉 공기 또는 가스를 불어넣어 줄때에는 적정 사이즈별로 넣어주는 것이나 이때 풍선의 사이즈 에 따라 약 80% ~ 90% 정도로 사용 하는 것이 바람직하다.

풍선의 재질이 신축성이 있는 만큼 재질이 좋은 풍선은 크게도 불어 넣을 수가 있을 것이다.

③ 풍선장식을 할 수 있는 장소

어느 특정 공간에만 한정된 것은 아니다. 축하를 목적으로 하거나, 축제 분위기를 고조 시키는 수단으로 활용되고 있다.

이러한 장소로는 개막식, 기념식, 각종이벤트현장, 개업open식 행사, 결혼식, 모델하우스장식, 방송국, 방송 촬영, 정당행사, 체육대회, 축제, 캠페인, 회갑, 홍보, 등등 이루 헤아릴 수 없이 다양하게 활용되고 있다.

참고문헌 : 한국풍선아트연구회 윤현 발췌12p~17p

④ 풍선 조형물 만들기의 단계

현장파악 ⇒ 디자인 ⇒ 구조도 ⇒ 미니어춰 만들기 ⇒ 재료선정 ⇒ 작업팀 구성

## 9) 미리 알아두는 풍선에 대한 용어

● 아치(ARCH)

일반적으로 폴 대 및 낚시 줄을 이용한 반원형 의 모형으로 4~5개의 묶음 풍선을 꽈배기 또는 헬륨을 이용하여 반원으로 디자인하며 제작이 쉬워 오프닝 행사에 많이 사용된다.

아치에 들어가는 풍선은 대략적으로 140여개의 풍선이 소요된다.

● 원형 풍선(Round balloon)

우리가 흔히 볼 수 있는 풍선의 모양으로 5인치, 9인치, 11인치, 12인치, 16인치, 18인치 등 크기에 따라 구분할 수 있으며 풍선의 재질 및 색감으로 구분 할 수도 있다.

공기를 주입하여 부풀렸을 때 동그란 모양의 원형을 나타낸다.

● 요술풍선

풍선을 부풀렸을 때 기다란 모양을 나타내며 이러한 풍선으로 여러 가지 모양을

나타낼 수 있으며 풍선의 크기에는 160, 260, 321, 350, 646등으로 구분을 한다.

이러한 수치의 첫 글자는 풍선을 부풀렸을 때 두께를 말하는 수치를 말한다.

● 가랜드(Garland)

낚시줄, 파이프에 연속적으로 엮어 긴 줄의 모양을 말하며 대형작업에도 많이 사용하고 있는 것이다.

● 듀플릿(Duplet)

풍선 2개를 엮은 것으로 기본이 되는 형태이다.

● 스파이랄(Spiral)

꽈배기 형태를 말한다.

● 인플레이터(Inflator)

전동모터를 이용하여 공기가 나오도록 한 기구이며 이러한 펌프사용에는 많은 양의 풍선을 불어넣는 작업이기 때문에 펌프에서의 별도 냉각장치가 없어 펌프내의 많은 열 때문에 2개의 인플레이터로 작업을 하는 것이 바람직하다.

● 사이저(Sizer)

풍선의 크기를 조절하기 위한 기구이며 풍선을 불어 넣을 때 사이저에 있는 기둥 공간에 풍선의 공기를 빼면서 크기를 조절한다.

● 실링기(Heat sealer)

전기 열선으로 은박풍선의 공기주입부분을 압착하여 공기를 새어나가지 않도록 하는 기구.

● 글루건(Glue gun)

물체를 접착시키는 도구로서 실리콘 막대를 전기적 열작용으로 녹여 사용하는 권총 모양의 기구이며 풍선에는 영향을 주지 않도록 하는 낮은 온도의 글루건을 사용한다.

이러한 실리콘 막대를 구분하는 것은 막대에 725 ALL TEMP 로 표시 되어 있다.

● SDS 판넬(Skistmas Desing System)

풍선을 장식 할 때 쓰이는 판넬로서 철망 모양의 구조물이다 이것은 풍선을 끼워 넣어 사용하며 풍선의 색을 배합하여 사용하며 글자나 각종 모양을 연출 백드롭으로도 사용한다.

● 하이플로 코팅제( Hi-Float)

풍선의 내부 코팅제로서 헬륨가스의 새는 것을 방지하는 역할을 하는 것.

코팅제는 풍선의 내부에 적당량을 넣고 풍선을 손으로 잘 문질러 골고루 코팅을 해주어야 한다.

● 마운트(Mount)

풍선을 고정 또는 부착시키는 플라스틱재질의 접착제가 있는 풍선재료.

● 클러스터(Cluster)

풍선을 2개 또는 4개 단위로 묶어 주는 것을 말한다.

● 센터피스(Centerpiece)

연회장이나 행사 장소에서의 테이블 중앙에 장식하는 것을 말한다.

● 어레이지먼트(Arrangement)

풍선과 여러 가지 다른 재료를 가지고 만드는 형태를 말하는데 주로 테이블장식이라고도 한다.

● 칼럼(column)

풍선 장식가들은 흔히 풍선기둥을 말한다.

### 10) 풍선장식(balloon)

① 장식에 있어서의 가랜드 기본패턴

- 스파이랄 패턴 : 4개의 풍선으로 클러스터로 만들어 색상이 한 단계씩 반복되게 제작하는 것을 말한다.

• 그라데이션 패턴 : 가랜드의 밑 부분부터 색상 배열이 짙은색 또는 옅은색 으로 연출시키는 것을 말한다.

• 슬로우 스파이랄 패턴 : 꽈배기 모양의 색상배열을 동적인 효과로 볼 때 느린 느낌을 주도록 배열 시킨 것을 말한다.

이외에 다이아몬드, 블러섬(꽃모양), 지그재그 등등 장식가의 응용에 따라 연출시킬 수가 있는 것이다.

② 아치(Arch)

이 사진은 풍선장식의 가장 기본이 될 수 있는 아치제작 모습이다 보편적으로 개업, 오픈행사에 많이 사용된다.

위의 사진은 애드벌룬 2구로 눈사람 형태를 제작하였으며 눈사람의 단추역시 풍선으로 제작 한 모습이다.

위의 사진은 거리 축제에 차량을 장식한 모습이며 그물망을 사용하여 풍선을 부착한 모습이다.

마운트

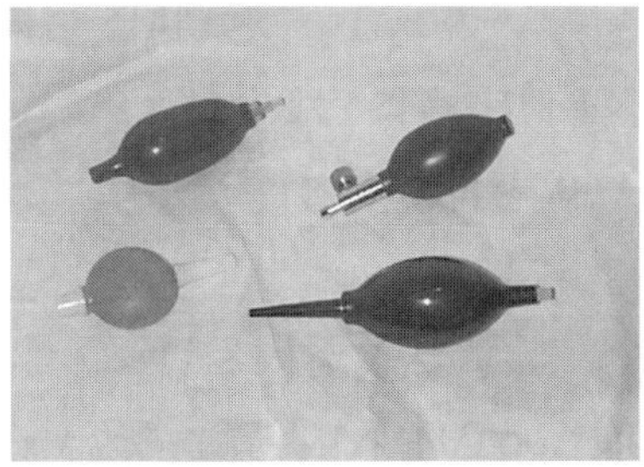

손펌프

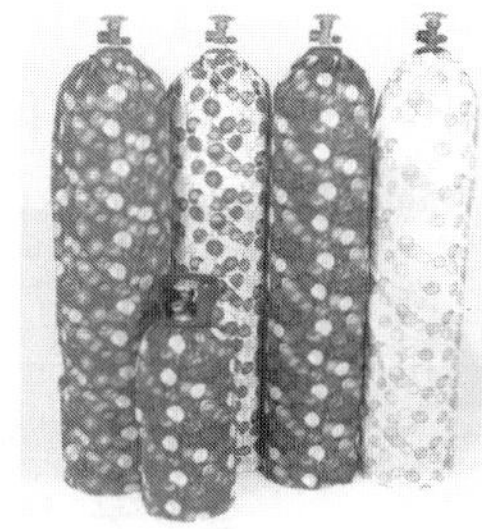

47ℓ 대형 헬륨용기

⑤ 풍선의 종류

일반적으로 풍선에 대하여 많이 접하지 못한 사람들은 풍선의 종류를 많지 않게 생각하기 쉬운데 현재 풍선시장은 많은 종류와 재질로서 상품으로 시판 되어 지는 것을 알아야 한다.

또한 장식을 위주로 흔히 사용하는 풍선은 색상, 재질, 다양성 등 을 고려하여 풍선을 주로 사용하고 있는 추세이다.

| 종 류 | 내 용 |
|---|---|
| 라운드 풍선 | 일반적인 둥근형의 풍선 |
| 막대형 풍선 | 흔히 요술풍선이라고도 한다. |
| 인쇄 풍선 | 각종 풍선에 로고및 홍보메시지 등을 인쇄하여 홍보를 목적으로 인쇄하는 풍선. |
| 은박 풍선 | 풍선의 면은 폴리에틸렌 과 마이크로 포일의 소재로 되어있다. 신축성은 전혀 없음. |
| 모형 및 캐릭터 풍선 | 각종 모형의 기성풍선으로서 판매를 하고 있다. |

⑥ 색 상

기본색상 (Standard Tone) : 일반적인 색채감을 띄고 있으며 불투명한 풍선이다.

파스텔(Pastel Tone) : 부드럽고 연한 색상

펄톤(Pearl Tone) : 진주빛 같은 형태의 색상으로 고급스런 모양을 띄고 있다

메탈릭(Metallic) : 금속 같은 색채감을 주는 풍선으로 펄톤 같은 색상과 조화를 잘 이룰 수 있다.

투명(Jewel Tone) : 투명한 풍선에 색을 띠고 있으며 파스텔풍선과도 조화를 잘 이룰 수 있다. 또한 햇빛에 많이 노출이 되면 투명도가 떨어지기도 한다.

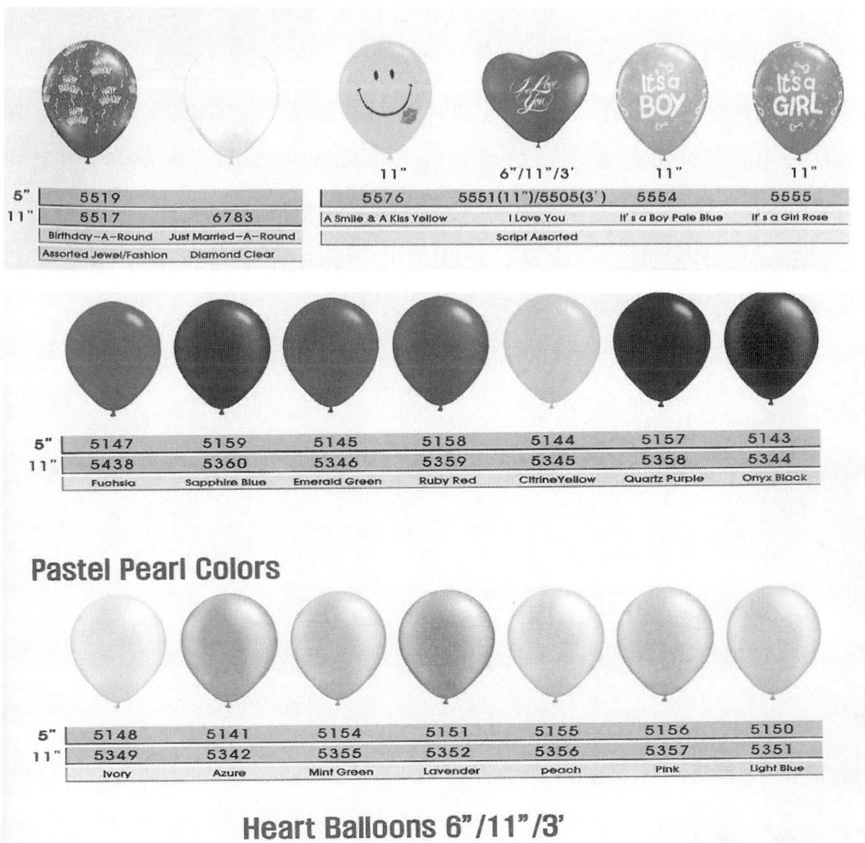


## 11) 사용되고 있는 국내외의 풍선 제조사 의 명칭

| | |
|---|---|
| 콸라텍스(Qualatex) | 네오룬즈(NEO Loons) |
| 자야(jaya Latexindo internusa) | 라텍스 |
| 조이텍스 | 프라임텍스 |

### 12) 헬륨 풍선

헬륨 이란 화학기호로 He로 불리 운다 이 기체는 수소와 마찬가지로 공기보다 비중이 가벼운 기체이다.

또한 무색, 무미, 무취, 로서 1988년 이후 풍선 이 국내에 수입되면서부터 활용이 되기 시작 하였다.

그 이전에는 풍선에 수소 가스를 주입하여 사용하였으나 가스 폭발로 인한 대형 사고가 일어나 풍선 또는 에드벌룬에는 반듯이 헬륨 가스를 주입하여야 안전하다.

실 예로 88년 서울 공설운동장에서 학생들을 동원한 행사에 수소 풍선을 나누어 주어 연출 하였다가 연출 중에 풍선에 화원이 접근하여 연쇄 폭발을 일으켜 많은 학생들이 화상을 입은 사례가 있다.

따라서 간혹 지역행사에 상인들이 수소를 주입한 어린이용 풍선을 팔고 있는데 이것은 가장 위험천만한 일이다.

수소 즉 H 는 공기보다 가벼우나 폭발성으로서 화기에 예민하여 화원을 가지고 취급을 하지 않는 것이 좋다.

그러면 현재 각종 이벤트에 사용되는 가스 중 우리가 알아야 되는 가스 용기를 구분 방법을 알아보자.

| 가스 | 용기의 색 | 기호 | 비중 | 풍선 사용용도 | 비고 |
|---|---|---|---|---|---|
| 수소 | 적색 | H | 0.08987 | 불가 | 폭 발 성 |
| 헬륨 | 회색 | He | 0.1785 | 풍선을 상승 시키는 효과 | 비가연성 |
| 산소 | 녹색 | O | 1 | 아치 및 일반적인 쓰임새 | 비가연성 |
| 탄산 | 청색 | $Co_2$ | 1.529 | 사용하지 않음 | 질 식 성 |
| 질소 | 밤색 | N | 1.2507 | 풍선을 아래로 떨어뜨릴 때 | 질 식 성 |

가스를 충전하는 용기는 내압 250kg/㎠ 로 최고치의 충전 압력은 130kg/㎠ 이며 이러한 헬륨용기에는 풍선아티스트를 위한 10ℓ~ 47ℓ까지의 용기가 있음을 알아 두어야 한다.

또한 우리가 유념 할 것은 행사에 있어 미리 가스를 구입하지 못하여 낭패를 보는 일들이 있는데 현지에서 가스를 구입하여야 하는 때도 있을 것이다.

그런데 만약 가지고 있는 가스통과의 교체를 원하면 반듯이 가스통 주입구 쪽의 가스통의 유효 기간 표시를 살펴보고 교체를 하여야 한다.

왜냐면 가스통 자체도 검사를 필하게 되는데 자치 잘못하면 유효기간이 지난 가스 용기와의  교체가 이루어진다. 이렇게 되면 잘못 구입 교체한 가스용기는 사용하지 못하게 됨을 유념하여야 한다.

47리터 대형 가스사용에 있어 단가를 살펴보면 지역마다 다를 수도 있다고 생각하며 시세에 따라 변동이 있을 수 있음을 고려하며 단 수소와 헬륨의 가격 차이를 비교하여 보면 되겠다.

(2005년도 현재)

| 가 스 | 단 가 |
|---|---|
| H | 25,000 |
| He | 130,000 |
| $Co_2$ | 25,000 |

위의 표와 같이 헬륨 가스는 다른 가스에 비해 고가이므로 여러분들이 풍선에 주입 시키면 풍선의 원가는 당연히 상승 한다고 보면 되겠다.

따라서 시중에 헬륨 풍선 1개당 약 1,000원으로 시판되고 있을 것이다.

또한 47ℓ 헬륨용기는 1개당 9인치 풍선 약 500개 정도 넣을 수가 있으며 주입 시에는 용기의 게이지를 항상 체크 하는 것이 좋다.

헬륨 가스를 사용하여 작업을 하고 있는 모습

위 사진은 헬륨을 이용한 풍선기둥 제작 장면이다 여기서 보면 많은 헬륨용기와 풍선을 볼 수 있을 것이다 또한 낚시 줄을 이용한 꽈배기 형식의 풍선기둥 형태를 만들고 있다.

이러한 작업에는 4~5명 정도의 인원이 필요하다.

헬륨풍선 에는 왜 내부 코팅제(하이 플로)를 넣어야 하는가?

이것은 즉 헬륨 가스를 풍선에 주입시켜 공중에 떠있는 시간 (체공) 을 오래 지속 시켜 주기 위함이다 따라서 풍선의 크기별로 헬륨가스의 주입 양에 따라 떠있는 시간(체공시간)이 다르기 때문이며 가급적 10″ 이하의 풍선에는 사용하지 않는다.

그러나 대량의 풍선 작업에는 코팅제를 사용하기란 쉽지 않으며 코팅제는 장식용 및 소량의 실내에서 사용한다고 보면 된다.

완성된 헬륨가스 풍선장식 의 모습

좌측의 풍선은 실내 무대의 장식이며 이러한 헬륨 풍선의 장식은 바람의 영향을 받지 않는 곳에서 설치하여야만 가능하며 풍선이 공중에 떠있는 듯한 느낌을 주도록 낚시 줄의 굵기에도 신경을 써야만 한다.

사진에서 보듯이 좌우측의 풍선기둥은 헬륨을 넣지 않은 상태이며 이러한 기둥은 알루미늄 봉과 철판을 이용하여 고정을 시킨 모습니다.

우측의 풍선은 야외 공설운동장에서의 설치 장면이며 이러한 풍선의 고정은 무거운 물체를 이용하여 고정하였다.

실내에서의 펄 스트링 아치의 장면

야외에서의 헬륨풍선 아치 장식

웨딩 테이블 장식

실내 테이블 장식의 헬륨풍선의 사진

방송 스튜디오에서 장식된 풍선들의 모습

### 13) SDS(Skistimas Dressing System)

① 풍선 작업

기본적 규격은 가로 60cm 세로 120cm 정도의 사각의 강철 판넬로서 두 겹으로 되어있으며 철망에 풍선이 터지지 않도록 코팅이 되어 있는 구조물이며 이러한 판넬로 작업을 함에 있어 각종 풍선벽, 현수막형의 장식 등 여러 가지 백드롭작업에는 많은 디자인 연구가 필요하다.

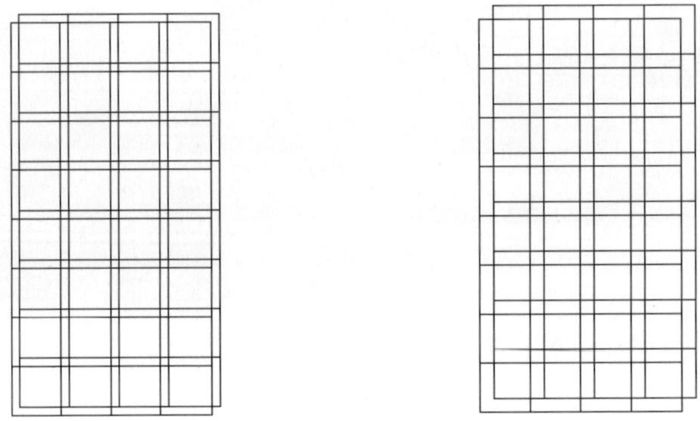

SDS 작업은 철망처럼 생긴 이중 사각의 틀에 풍선을 끼워 여러 모양을 연출시키는 작업이라 할 수 있다.

이러한 작업공정과정에서 발생 될 수 있는 어려움은 일기의 상태가 습하거나 건조하면 풍선의 삽입이 어려워지고 풍선의 규격이 일정하지 않으면 또한 어려워진다.

판넬의 작업 시 풍선을 끼워 넣을 때는 항상 풍선의 묶은 꼭지점이 아래쪽으로 향하게 끼워 넣어 꼭지 부분의 모양이 나타나지 않도록 해야 모양이 좋다.

SDS판넬 취급에 있어서는 조심히 다루며 철망표면이 절대적으로 흠집이 나지 않게 관리하여야 계속적인 풍선작업에 있어 판넬의 거친 부분에 풍선이 터지지 않을 것이다.

SDS 작업시 판넬과 판넬의 연결은(19mm) 알루미늄 봉 또는 스텐 봉을 끼워 넣고 케이블 타이로 연결하면 된다. 이때 케이블 타이를 너무 세게 조이게 되면 판넬의 변형을 가져올 수 있으니 적당한 조임으로 철망을 보호해야 한다.

이러한 판넬 작업에는 많은 양과 다양한 색의 풍선 그리고 세심한 디자인의 요구가 따르며 또한 풍선장식이 설치를 하여 놓고 오랜 시간 동안 방치를 하여 놓으면 풍선의 재질이 고무로 되어 있는 만큼 특유의 고무냄새가 날수 가 있다 따라서 2~3일 정도 유지 하고 철수를 하는 것이 바람직하다.

행사 전 무대 및 사용할 장소 그리고 컨셉에 맞도록 디자인을 하여 미리 사용될 재료를 준비해야 한다.

판넬 장식을 어떻게 하여야 하는 것은 사전에 도면을 이용하여 풍선의 색, 크기, 배치를 하여야 하며 현장에서 즉석으로 구상하는 것은 무리이다. 이러한 판넬은 풍선을 취급하는 전문점에서 구입하여야 하며 주로 풍선장식가들이 실내 또는 야외에서 많이 사용한다.

위의 사진은 무대장식의 모습이며 SDS판넬을 사용하여 제작한 장면이다.

SDS 작업은 계절에 따라 풍선작업 조건이 달라 질수가 있다.

풍선에 들어간 공기 또는 가스의 팽창률이 여름과 겨울에 현저히 달라지며 풍선의 표면의 고무 재질이 온도에 따라 변화 되는 것이다.

이러한 풍선의 조건에 따라 SDS 작업 중 풍선을 판넬에 끼워 넣을 때 야외에서의 여름계절에는 판넬에 삽입하기가 조금은 어려움이 따른다.

따라서 온도, 습도 등 기후조건을 감안 하여 작업준비를 하는 것이 바람직 할 것이다.

위의 사진은 펄톤 풍선을 이용하여 조명에 화려함을 더한 SDS 판넬 설치장면이다.

이러한 작업은 야외에서의 야간 공연을 하기 위하여 풍선작업을 한 것인데 펄톤 색상으로 사용하였고 조명 연출로 인한 화려함이 돋보이며 추운계절에서의 따뜻한 느낌을 주도록 한 SDS판넬 작업이라고 볼 수 있다.

은박풍선을 이용한 SDS판넬 모습

판넬과 판넬을 붙여 연출한 모양

sds 판넬 연결 설치 모양

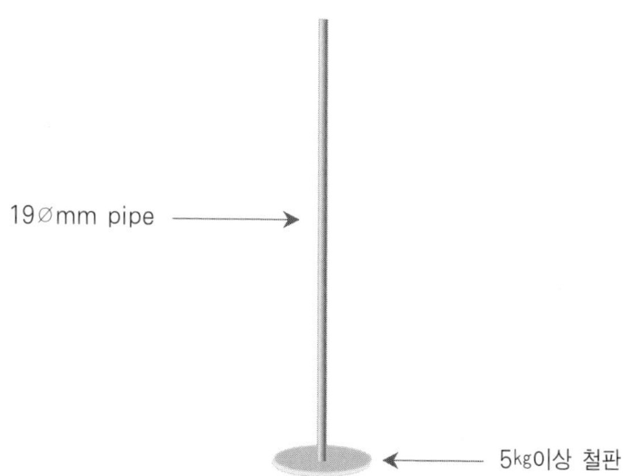

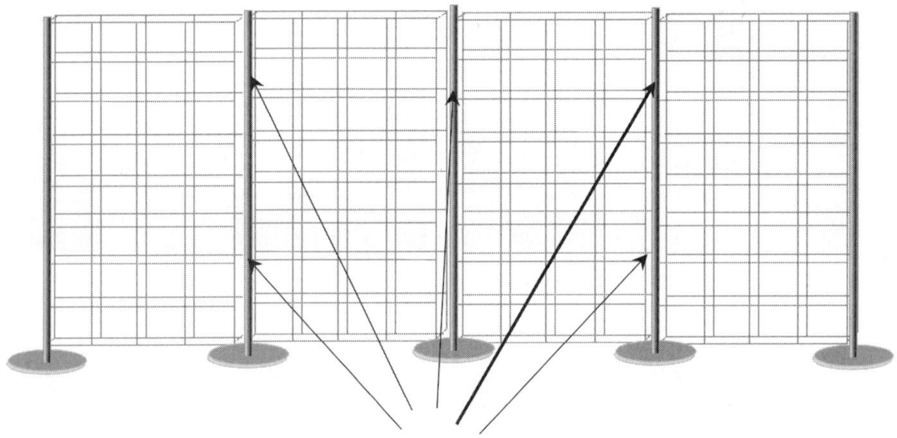


풍선의 방향과 배색의 조화 등의 디자인은 여러분들이 신선한 아이템으로 제작을 해보아야 하겠다.

② 풍선장식에 사용되는 알루미늄 파이프(pipe) 사용 방법

알루미늄 파이프 사용에는 sds 판넬 작업에도 판넬 과 판넬 사이에 연결지주로도 사용되나 풍선장식의 기둥에 사용되기도 한다.

이러한 파이프의 바닥에는 필히 파이프를 세울 수 있는 장비가 있어야 한다.

시중에는 물을 넣어 중량을 주어 사용하게 하는 물통이 시판되고 있으나 이것은 주로 아치형의 풍선장식에 사용되는 것이다.

따라서 파이프를 사용한 장식에는 필히 장비를 준비하여야 한다.

보통 스텐레이스 파이프 또는 알루미늄 파이프를 사용하는데 이러한 파이프를 고정시키는 형태의 장비는 자체 제작도 가능하다고 본다.

사용 시 주의 점에는 행사시 파이프를 절단하여야 할 때 가 많다.

파이프 커팅기로 사용에 맞게 절단을 하고 난 다음 못 쓰는 풍선조각이라도 절단하고 난후의 날카로운 면을 생각하여 버려진 풍선조각을 이용하여 봉의 끝부분을 마무리 하여주어야 풍선이 터지는 일이 없다.

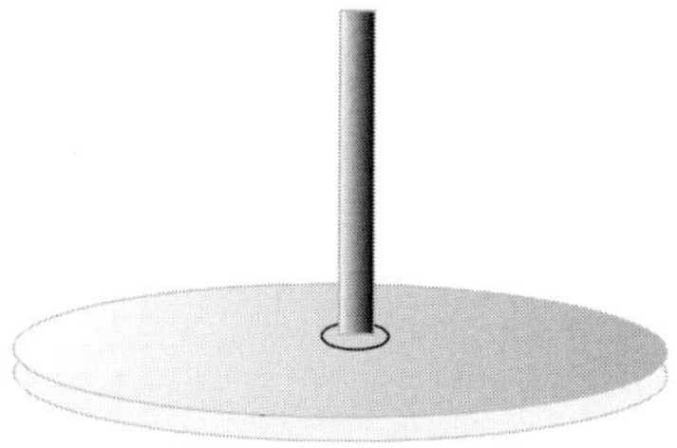

파이프를 끼워 넣을 수 있는 봉 과 원형철판 5kg

이 고정 받침대는 파이프를 끼워 넣을 수 있는 곳과 원형판이 분리 되는 것으로 운반과 관리가 쉽다 또한 행사의 규모를 생각 할 때에는 보통 짝수로 제작하되 8 조정도 보유하고 있는 것이 좋다.

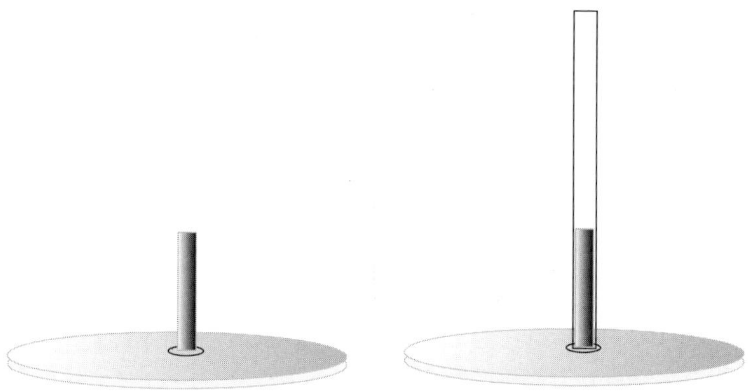

파이프를 삽입한 상태

③ 풍선장식에 쓰이는 풍선 고정 장비

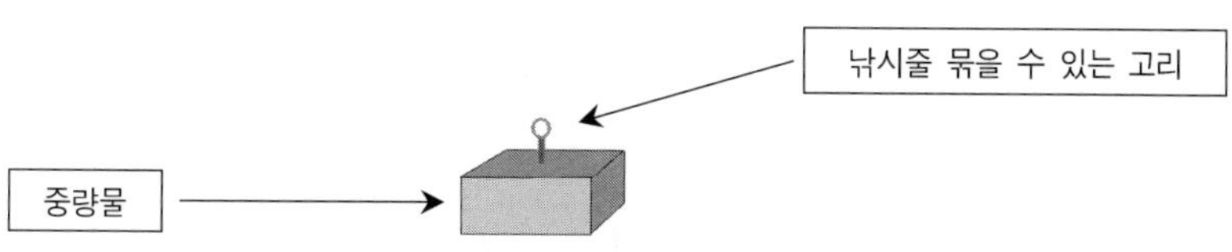


꽈배기 형식의 풍선장식물을 고정 시킬 때 사용하는 것은 헬륨풍선에 많이 쓰이며 알루미늄봉을 사용하지 않을 때 고정하는 것을 살펴보자.

장식을 할 헬륨풍선의 개수가 많아지면 많아질수록 중량물은 비례하여 중량이 많이 있는 무거운 것으로 하여야 한다.

예를 들면 풍선장식이 헬륨으로 이루어졌고 이것을 바닥에 눕혀놓았다가 일어서거나 비상시킬 때에는 분명히 사용이 된다.

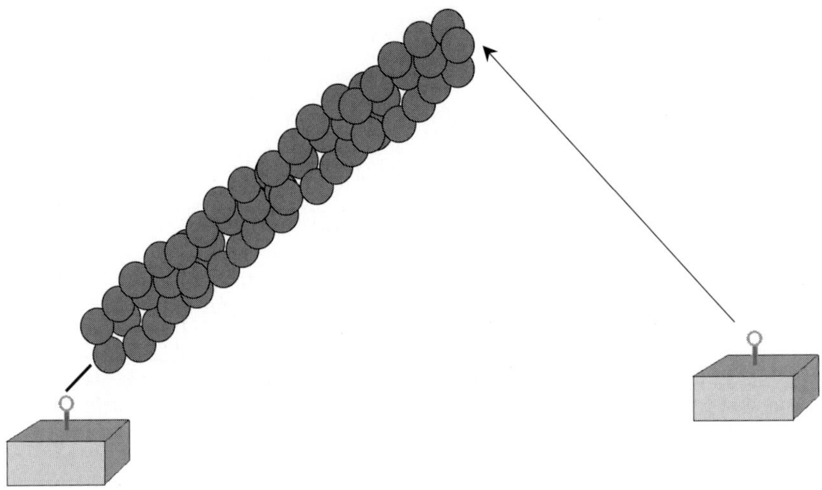

위의 그림은 헬륨풍선 기둥을 일으켜 세울 때 방법으로 좌측에 고정시키며 우측에는 고정을 하였다가 낚시 줄을 커팅 시키어 풍선기둥을 일어서게 하는 방법이다.

### 14) 막대풍선(요술풍선)

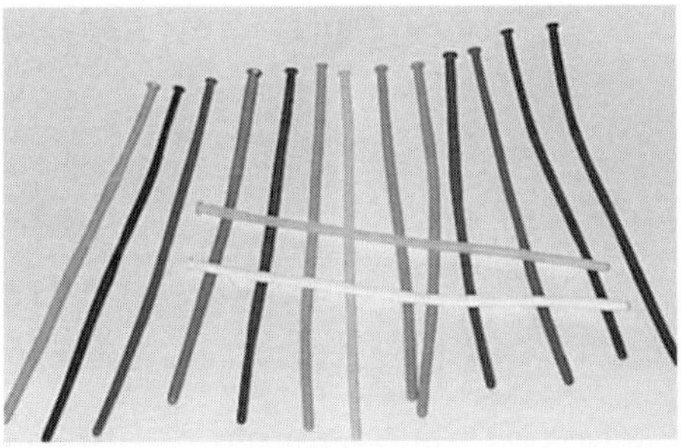

막대풍선이란 흔히 우리가 말하는 요술풍선 또는 제작사별 네임으로 말한다.

이러한 풍선은 기다란 막대모양의 풍선으로 꽃, 동물, 모형등을 연출할수 있는 풍선으로서 이벤트 행사장이나 교육프로그램, 등 다양한 곳에서 볼 수 있는 풍선이기도 한다.

또한 풍선을 접하는 많은 사람들이 제일 먼저 호기심으로 다가서는 부분이 이러한 요술풍선일 것이다.

현재는 색상별, 크기별로 봉지에 많은 수량으로 판매를 하고 있는 것이 보통이며 풍선장식가들에 의해 국내에 많은 프로그램을 실시하고 있는 것이다.

초보자들이 쉽게 접근할 수 있는 막대풍선은 기초적으로 비틀어 꼬아 방울 형태로부터 시작되며 제작물의 형태에 따라 꼬는 방법과 규격이 달라진다.

요술풍선의 색상 이며 풍선을 제작하는 제작사에 따라 색상, 재질 등이 조금씩 다를 수가 있다.

요술풍선으로 만든 과일 모양과  동물 모양이며 이러한 모양을 제작하기에는 풍선을 비틀기, 꼬기, 접기, 붙이기, 등 많은 훈련과 아이디어 창출이 필요한 것이다.

● 풍선의 구분과 크기

160 / 260 / 321 / 350 / 646

위의 숫자는 요술풍선의 크기를 나타내는 것으로 단위는 인치(inch)이다

예 : 2(풍선의 두께) 60(길이)를 표시한 것으로 공기를 넣어 부풀렸을 때의 크기를 말한다.

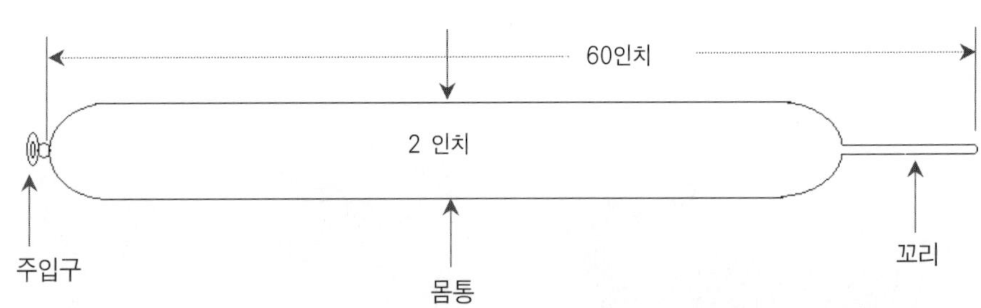


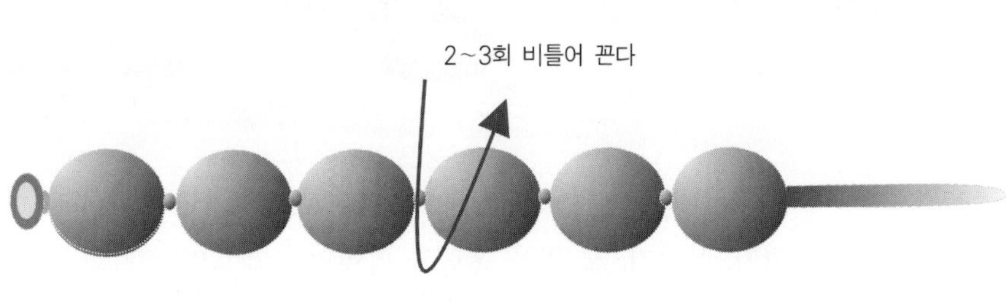

풍선의 방울은 2~3cm 정도의 방울은 겹 꼬기 또는 꼬집어내기를 할때 사용되며 4~5cm 정도의 방울을 동물의 목이나 발, 작은 동물을 만드는데 사용되며 5~7cm 크기의 방울은 큰 동물의 얼굴이나 목, 발부분, 몸통부분을 만들 때 사용하며 9cm이상의 방울은 원형고리 또는 칼 모형을 만들 때 사용된다.

요술 풍선 의 가장 기초적인 방울은 여러 형태의 모양으로 만들 수 있으며 풍선을 꼬아보기도 하며 풍선의 성질을 익히는 것이 도움이 될 것이다.

따라서 요술 풍선의 기초에 대해서는 현재 시판되고 있는 요술풍선에 대한 서적이 많이 출판되어 있어 손쉽게 접할 수 있을 것이다.

요술풍선(260)작품

### 15) 풍선관련 자격증

현재 국내에서는 발급하고 있는 자격증은 사단법인체에서 발급하고 있는 것으로 일정한 교육 과정을 이수하여 취득하게 되는데 많은 풍선관련 협회는 풍선 전문가 양성과 아울러 풍선의 저변확대와 부업, 취업, 사업 을 하고자하는 사람들을 위해서 취득하도록 권장하고 있다.

이러한 풍선관련 자격증은 국내의 자격증도 있지만 세계적으로 인정받을 수 있는 자격증이 아직까지는 CBA 즉 미국 PBC (Pioneer Balloon Company)사가 그 자격은 인증해 주는 공인풍선장식가 제도이다.

많은 장식가들이 CBA자격증을 취득하기 위하여 각종 세미나 참석, 교육을 통한 도전을 하고 있으며 국내에서도 이러한 자격증을 보유한 많은 장식가들이 활동을 하고 있다.

따라서 이벤트 분야에 있어 필수적으로 알아야 할 부분이 풍선장식이며 이 또한 풍선장식 분야에 있어서는 엄청난 분야를 가지고 있다.

여러분들이 알아 두어야 할 풍선의 분야에 있어서는 풍선으로 만드는 공예, 요술풍선, 가랜드 장식, 아치, 심지어는 에드벌룬 등등의 풍선관련 기초적인 지식은 습득을 하여야 할 것이다.

이에 국내의 많은 풍선관련 협회 또는 기획사, 이벤트사 등을 찾아보면서 기술을 습득하고 신선한 아이디어로 풍선 관련 자격증 취득을 해보는 것도 좋을 것이다.

### 16) 국내 풍선관련 사이트 모음

한국풍선협회 www.kbaa.or.kr/
한국풍선아트협회 www.kbaa.co.kr/
국제파티예술문화협회 www.partykorea.or.kr/
한국레크리에이션교육협회 www.krea21.com/
신풍선문화협회 http://nbca.or.kr/

네오텍스 (국내업체) - http://www.neo-tex.com
정진상사(수입업체) - http://www.jjballoon.co.kr
벌룬데코 - http://www.balloondeco.co.kr
벌룬투데이 - http://www.balloon.co.kr
조이파티 - http://www.joyparty.co.kr

### 17) 해외 풍선관련 사이트 모음

| 인터넷주소 | 회사명 |
|---|---|
| www.balloonhq.com/ | BalloonHQ |
| www.redballoon.com/ | Red balloon |
| www.balloonsandparties.com/ | Balloon &Party |
| www.balloons.com/ | Balloons |
| www.christopher-horne.co.uk/ | Chirstopher |
| www.prosperballoons.com/ | Prosper |
| www.party-world.com.au/ | Party World |
| www.fantasyballoons.com/ | Fantasy |
| www.flowersincballoons.net/ | Flower |
| www.balloondecorating.com/ | Balloon |
| www.balloon.com.tw/ | Balloon TW |
| www.balloontwisters.com/ | Twisters |
| www.captainballoon.com/ | Captainball |
| www.balloonanimal.com/ | Ballanimal |
| www.b-loony.co.uk/ | B-loony |
| www.balloonbasics.com/ | Balloonbasic |
| www.bwi-balloons.com/ | Balloonook |
| www.balloon.co.nz/ | What_we_d |
| www.bmagic.com/ | Bmagic |
| www.dfwbiz.com/ | Dfwbiz |
| www.balloonbouquets.com/ | Balloonbouquet |
| www.cbdecor.com/ | Cbdecor |
| www.din.or.jp/~kyonta/bal/index.htm | Kyonta |
| www.stewartsballoons.com/ | Stewarts |
| www.clio.ne.jp/home/balloon/balloon.htm | Clio |
| www.balloonstore.com/ | Balloonstore |
| www.balloonplatoon.com/ | Balloonplatoon |
| www.balloonhq.com | 각종풍선정보 |
| www.rouseinternational.com | 벌룬시트 |
| www.conwinonline.com | Conwin장비 |
| www.balloonlink.com | 링 커 룬 |
| www.qualatex.com | Qualatex풍선 |

Chapter 9

# 행사 도우미

### 1) 행사 도우미 실태

행사도우미로서 갖추어야할 여러 조건 중에서는 화려한 댄싱과 즉흥적인 화술도 있으며 이러한 것은 많은 연습과 실전의 경험을 바탕으로 나타나게 된다.

현재 행사 도우미를 하고 있는 업체를 보면 약 6~8명으로 구성하여 각종 행사에 참여 하고 있으며 홈페이지를 통하여 홍보를 활발히 하고 있다.

행사 도우미가 받는 행사료는 업체에서 정하는 등급에 의해 지불되고 있다.

업체의 도우미 실장 재량에 따라 행사에 참여하거나 행사료를 받고 있다고 보면 된다.

- 현장 행사도우미의 과정과 셋팅

  1일 행사 조건

  50분 행사 10분 휴식으로 일 6시간을 기준으로 한다.

  식사 와 숙박은 발주 측의 협의로 이루어진다.

  행사의 시간은 휴식시간까지 포함되나 진행과정에 있어 도우미들의 컨디션에 따라 full 로 하는 때도 있으며 이러한 과정으로 인하여 발주자로부터 부가적 수당을 지급 받기도 한다.

- 행사 준비
  - 행사장 운송수단 확인
  - 의상 및 신발
  - 나레이션 대본
  - 홍보 전단지및 내용 숙지
  - 음악 C.D및 테잎
  - 음향기기(스피커, 앰프, 마이크, 전기 릴선, C.D데크.)
  - 풍선장식 장비 (풍선, 인플레이터, 물통 등)

### 2) 의전행사 도우미

오픈행사 도우미와 의전행사 도우미로 구분한다.

오픈행사의 도우미는 2인 1조로 되어 있는 것이 보통이며 음악과 함께 댄스, 복합적인 내레이터의 역할을 하고 있다.

이들은 행사에 따라 의전행사에도 참가를 하며 주로 상가의 개업 등에서 많은 이용을 하고 있고 기획사나 이벤트사에서 수주를 하여 행사를 하고 있다.

이들은 오픈행사를 위해 댄스및 나레이터 등 많은 연습을 필요로 하고 있다.

아울러 도우미 모델들의 조직도를 살펴보면 소속 기획사나 전문 도우미 이벤트사에 소속되어 있으며 도우미 행사를 위해 의상, 팀 관리, 행사 수주 등 많은 일을 하고 있는 팀장 또는 실장이 있으며 덧붙이면 로드 매니저 등이 있다.

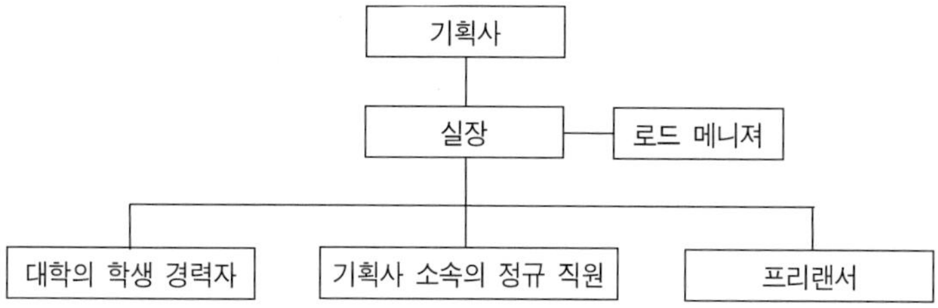


나레이터 모델이란 글자그대로 '나레이션'을 하는 모델이다.

나레이터 모델은 단정한 용모로 전시회, 박람회 및 각종 이벤트, 신제품발표회, 백화점행사, 패션쇼 등에서 안내나 MC를 맡아보는 운영요원이며 산뜻한 인상, 날씬한 몸매, 기지를 발휘 할 수 있는 순발력, 그리고 관중의 시선을 집중 시킬 수 있는 화술과 끼를 겸비한 엔터테이너( entertainer) 이다.

나레이터 모델은 대전 엑스포를 계기로, 94년 한국방문의 해와 94년 한국무역박람회를 치르면서 나레이터 모델의 활약상이 각종 언론에 보도되기 시작 하면서 관심을 모으기 시작했다.

특히 최근 들어 기업홍보전이 불꽃을 튀기면서 나레이터 모델의 수요가 급증하는 한편, COEX 등에 상설전시장을 마련한 업체에서는 전속 나레이터 모델을 기용하기까지 하는 등 인기가 치솟고 있다.

요즘 나레이터 모델이 젊은 여성들에게 인기를 끌고 있는 이유는 CF나 패션모델처럼 외모나 신체조건이 뛰어나지 않아도 되며 165cm 이상의 키와 활달한 성격을 가진 여성이면 누구나 지원이 가능하기 때문이다.

나레이터 모델의 교육과정은 보통 3개월로 나레이터 모델로서 갖추어야 할 기본 소양을 가르친다. 교육이 끝나면 프리랜서나 전속 나레이터 모델로 일할 수 있는 기회가 주어지는데, 특히 프리랜서의 경우 자기시간을 나름대로 활용할 수 있다는 장점이 있으나 그만큼 프로의식이 뒤따라야 한다.

### 3) 나레이션 기초

좋은 목소리 듣기 좋은 목소리는 매우 주관적인 것이라 특정하게 어떠어떠한 목소리가 좋은 목소리라 말할 수 없지만 부담이 없고 상대가 듣기에 좋은 것임에는 분명하다.

① 선천적으로 타고난 목소리가 가장 좋다.
② 명랑하고 건강한 소리라야 한다.
③ 자신 있고 당당한 목소리가 좋다.
④ 다양한 감정과 음색이 많아야 한다.
⑤ 마이크 컨트롤에 능숙해야 한다.

기능성의 목소리 정보, 설명, 전달 등을 위한 객관적 기능을 가진 목소리로서 대개 한 문장을 한 호흡으로 길게 발화함으로써 세련미와 전달의 기능을 수행할 수 있어야 한다.

힘이 없는 목소리는 무성의하게 들리며 한 문장을 여러 마디로 나누어서 말하면 맥락이 끊어지기 쉬워 설득력이 없다. 따라서 힘이 있으면서 긴 문장을 발성하려면 호흡훈련이 필요하다.

의전 도우미는 행사에 따라 수십 명에 이르기 까지 배치가 되어 행사에 참여하며 친절과 예절에 익숙하고 각종행사에 있어 VIP동선 안내 등에 참여한다.

현재 국내에는 사설 도우미 대행업체가 많이 있어 전문적인 교육방법과 시스템으로 많은 도우미를 양성하고 있다. 의전행사는 나레이터 도우미와 다른 행사를 하게 되는데 영접과 환송까지의 책임을 맡고 있다.

또한 이러한 행사에는 의상준비에 만전을 기하여야 한다.

### 4) 인사요령

인사전후 꼭 상대에게 시선을 준다.

왼손을 오른손으로 감싸 아랫배에 가볍고 자연스럽게 대준다.

양발은 모아서 V자 모양으로 하여 왼발을 뒤로 약간 뺀 자세

정지된 상태로 인사하며 가볍고 상냥한 미소로서 겸손함과 상대에 대한 경의에 찬 마음이면 적합한 표정이 연출된다.

걸을 때는 2~3m 정도의 전방에서 인사하며 상급자가 지나간 이후에 움직인다.

### 5) 전화걸기

상대방이 나오면 인사와 함께 꼭 자신의 (신분)이름을 밝힌다.

용건이 있는 해당자를 바꿔 달라고 한다.

상대가 부재중인 경우에는 돌아올 예정시간을 확인하고 전언을 남긴다.

용건을 표현할 때 발음을 명확하게 하며 중요한 내용부분은 강조와 반복을 통하여 확인시킨다. 끝 인사를 잊지 않는다.

상대가 자기보다 상사 또는 연장자일 경우 먼저 끊으면 실례라는 것을 잊지 말고 기다렸다가 상대가 끊고 난 후 끊는다.

### 6) 유니폼

유니폼(UNIFORM)은 고객을 대할 때 많은 관람자로부터 자신이 소속한 회사 또는 단체의 얼굴이자 여성요원으로서 제2의 얼굴인 복장이기도 하며 일반 근무복 또는 단체복과는 달리 행사장의 안내요원으로서 세련되고 다듬어진 멋을 나타내 주어야 한다. 기업이나 이미지등이 모두 그 행사에 적합하도록 디자인이 되었으며 행사장의 수많은 관람자들의 시선을 끌 수 있도록 고안된 유니폼은 그것을 착용하는 행사장 모델의 착용에 대한 세심한 감각을 지녀야 한다.

### 7) 유니폼 착용 시 준수 사항

근무자격 외에서 착용은 금지한다.

유니폼을 착용하고 주류 등을 판매하는 업소에 출입할 수 없다.
완전한 상태로 착용해야 하며 청결 단정해야 한다.

### 8) 유니폼 착용 전 체크 사항

명찰 등 부착물 유무사항
명찰의 청결 상태, 위치확인
다림질 유무
깃과 소매의 청결함
단추나 스티커 결손 유무
지퍼상태

### 9) 페이스페인팅(face painting)

각종 행사에 보면 서브 이벤트로 페이스페인팅을 하는 것을 종종 볼 수가 있다 또한 월드컵 행사 응원전에서도 많은 사람들이 페이스페인팅을 하여 응원에 참가한 것을 우리는 볼 수 가 있었다.

이것은 즉 얼굴에 상징적인 문양을 그려 넣는 것을 말하는데 행사에 있어서는 많은 사람들을 대상으로 해야 하기 때문에 소요 인원도 항상 행사에 따라 대비를 하여야 한다.

또한 요즘은 직접 그리는 방법도 있지만 시중에 시판되는 판박이형태의 페이스페인팅 재료가 있어 쉽게 문양을 넣을 수가 있다.

이에 이벤트를 전공 하는 사람이라면 한번쯤은 페이스페인팅에 접하여 보는 것도 좋을 것이다.

이러한 페이스페인팅의 행사에 있어 다소 문제가 없지는 않다

즉 행사장 에 따라 페이스페인팅을 원하는 많은 사람들이 틀려지는데 페인팅을 하는데 있어 한 사람 당 소요되는 시간이 많게는 2분 정도의 시간을 소요함에 따라 페인팅을 하여 주는 실무자들이 많이 배치가 될 수 도 있다.

페이스페인팅의 대상이 거의 어린이가 많음으로  행사장의 분위기 및 그 당시 어린이들이 호감을 살 수 있는 모양이나 케릭터를 그려 넣어 주어야 한다.

또한 페이스페인팅 행사를 하기 전에  문양에 대해서 충분한 연습이 필요하다.

페이스페인팅을 할 수 있는 물감이나 붓 그리고 스틱커는  이벤트 용품을 취급하는 전문 업체에서 구할 수가 있다.

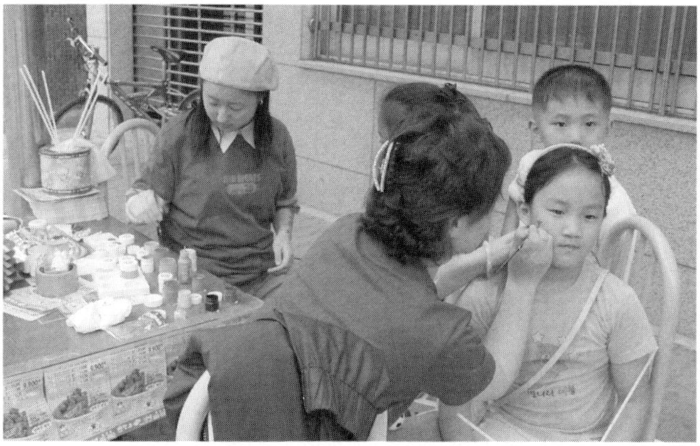

① 페이스페인팅(Face Painting)의 의미

바디 페인팅의 하나로 물감 또는 반짝이 기타 부재로 등으로 얼굴에 색을 칠하여 특정 메시지를 전달하거나 효과를 줄때 사용한다.

특히, 페이스페인팅은 생일파티, 헬로웬데이 등 각종 파티 시 얼굴에 연출함으로써 파티가 한층 더 빛나게 하는 효과가 있어 자주 사용 됩니다. 또한 축구, 야구 등 스포츠 응원 시 독특한 관중 퍼포먼스로 홍보 이벤트로 즐겨 사용되고 있는데 응원팀의 승리를 기원하고 응원열기와 동참의식을 고취시키는데 효과가 크다고 할 수 있다.

● 페이스 페인팅의 기원

원시미술과 고대 이집트 미술 시대로 거슬러 올라가야 한다. 고대 시대에는 부족 간의 싸움과 생존에 대한 불확실성 때문에 주술적인 보호의 의미를 갖거나 지위를 표시하고 위협적인 의미를 전달하는 것으로 시작되었다. 이때 사용했던 안료는 주로 천연무기 안료 또는 천연 유기 안료로서 주로 돌과 흙에서 얻은 것과 생물에서 얻은 색의 재료들이었다. 고착제도 진흙과 같은 점성이 있는 것을 사용하거나 식물에서 얻은 것을 주로 사용했던 것이 현대에 이뤄 페이스페인팅으로 발전한 것이다.

● 페이스페인팅의 재료

페이스페인팅에 사용되는 물감은 인체에 무해해야 하며, 페인팅은 화장이나 분장기법에 가깝다. 페이스페인팅 물감은 무독성이며 무취이어야 하고 그린 곳의 피부 세척이 손쉬워야 한다. 따라서 제품을 만들 때 까다로운 검증을 거친 물감 이어야 한다.

좋지 않은 색 재료를 사용하여 피부에 염착이 된다든지, 민감성 피부에 자극을 주는 재료가 들어간다든지 하는 것은 안 되는 것으로 ph값은 중성인 ph7.5 로 강산성이나 강알칼리성분을 사용하지 않는다. 따라서 정식 제품이 아닌 다른 대용품으로 페이스페인팅을 하는 경우 인체에 무해한지 먼저 확인을 해 보아야한다.

② 필요한 도구들

- 브러쉬 : 얼굴에 그림을 그리는데 사용.
- 앞치마 : 의류에 묻지 않도록 하는데 사용.
- 스폰지 : 얼굴 전체에 색을 펴 바를 때 사용.
- 면봉 : 수정하거나 작은 부분을 지우는데 사용.
- 물 : 물감을 섞어 칠 하거나 색상을 혼합할 때 사용.

③ 효과

페이스페인팅은 표현하는 능력을 길러 줌으로서 다른 사람과의 관계와 적응을 하는데 도움을 줄 수 있고 소 근육 발달을 효과적으로 할 수 있다.

눈과 손의 협응이 이루어져 주의력을 집중시키고 산만한 행동을 교정할 수도 있다. 또한 자신을 다른 일물로 변신시킴으로서 풍부한 감성을 표현할 수 있으며 상상력을 키워준다.

페이스페인팅은 절대 실수가 없다는 가장 큰 장점을 최대한 활용하여 아이에게 자신감과 성취감을 만족시켜 줄 수 있다.

● 프로젝트 실행 해보기

'페이스페인팅은 절대 실수가 없다'란 말을 세 번 이상 외친 후 실행한다. 이것은 페이스페인팅의 규칙으로 빨간 점은 사과가 될 수 있고, 초록 점은 나뭇잎이 될 수도 있다는 것이다.

페이스페인팅은 당신을 피카소처럼 멋진 화가로 만들어 줄 수도 있다. 페인팅 놀이를 통하여 무한한 상상력과 호기심을 유발할 수도 있다.

④ 주의사항

6세 미만의 어린이는 할 수 없으며, 절대 먹지 못하게 주의하여야 한다.

피부에 테스트를 하신 후 부작용이 있을 시에는 사용할 수 없다.

몸에 그림을 그리기 전 반드시 몸을 깨끗하게 씻어 준다.

색상의 혼합은 가능하나 덧칠을 할 때는 2~3분 기다려 마른 후 덧칠을 한다.

⑤ 페이스페인팅의 방법

페이스페인팅은 그보단 좀 가깝게 놀이공원에서 아이들 얼굴에 간단하게 붓 터치 몇 번으로 귀여운 그림 하나 그려주는 걸로 인식되어왔다. 그러던 것이 6월 월드컵을 기점으로 누구나 할 수 있고, 얼굴에 페이스페인팅 했다고 이상한 사람 쳐다보듯 하는 것도 없어졌다. 일상화 가 되었다.

판박이에서 헤나문신까지 이제 우리는 머리부터 발끝까지 어디에고 아름답게 치장하는데 주저할 필요는 없다.

● 페이스페인팅을 어떻게 하느냐? 해본 사람들은 알겠지만 그거 그렇게 어려운 건 아니다. 그냥 얼굴에 그리고 싶은 그림을 그리는 거라고 생각하면 된다. 월드컵 기간 중에 아크릴 물감으로 바디페인팅을 한 사람을 인터뷰 하는 걸

봤는데 바디 페인팅용 물감이 따로 있다. 자신의 몸을 고문할 게 아니라면 그림 그리는 물감으로 얼굴이나 몸에 칠하진 말길 바란다. 만약 한두 번 사용할 건데 사기는 부담스럽다고 생각된다면 그냥 자신이 가지고 있는 화장품을 이용하는 것도 좋다. 단, 립스틱을 사용할 경우, 특히나 짙은 색이라면 바탕에 화운데이션 처리를 꼭 하여야 한다. 화장하기 귀찮아서 맨얼굴에 빨간 립스틱을 칠해본 사람은 알겠지만, 생각보다 잘 안 지워 진다. 평상시 클린싱을 할 때도 눈과 입술은 전용 리무버로 꼼꼼히 지워줘야 하지 않는가. 그런 것을 화운데이션도 바르지 않고 볼이나 여타의 곳에 바르면 착색되리란 건 불을 보듯 뻔 한 일이다. 물론 유분이 있기 때문에 그라데이션도 잘 되고 색상도 예쁘게 나오기는 하지만 이런 점은 꼭 고려하길 바란다.

- 먼저 자신이 그리고 싶은 그림을 미리 준비하고 흰색(없다면 옅은 색상) 펜슬(눈 점막에 깨끗하게 보이도록 사용하는 흰색 펜슬 그거 이용하면 된다)으로 밑그림을 그린다. 그리곤 페이스페인팅용 물감으로 색칠하면 된다. 만약 번지는 걸 막고 싶다면 같은 색상의 섀도우를 그 위에 덧발라주면 지속력이 높아진다.

- 만약에 자신의 얼굴을 호랑이로 하고 싶다면 잠시 고민에 빠질거다. 베이스를 그냥 평상시 쓰던 화운데이션으로 일괄적으로 발라 버리면 어쩐지 평면적이고 영 어색 할 테니까. 맞다. 이런 경우에는 여러 색상의 화운데이션을 사용하면 된다. (당연히 이 경우에는 리퀴드가 아닌 크림 타입이 좋다) 화운데이션도 피부색에 가까운 색상만 있는 건 아니다. 알다시피 하일라이트로 나오는 색상은 굉장히 밝고, 섀딩용으로 나오는 색상은 이거 흑인용 아닌가 싶게 어둡다. 이런 색상을 이용하면 된다.

참고로 하이라이트 용도로 나오는 상아색 말고 정말 흰색 파운데이션도 있다는 사실. 기모노 라든가 삐에로 분장을 할 경우에 라면 이 흰색 파운데이션을 사용해야 한다. 그럼 파우더는 뭐로 하냐고? 물론 흰색 파우더가 있다. 근데 사기 부담스럽다면 집에 하나씩 있을 베이비 파우더를 이용하면 된다. 단, 얼굴이 당긴 다는 사실은 염두 해두길….

만약 이렇게 본격적인 페인팅을 하고 싶진 않다면 간단하게 몸에 문양 같은 걸 그려줄 수도 있다. 목이 훤히 드러나는 끈으로 된 원피스 같은 걸 입었는데 목걸이를 하긴 그렇다면 이런 방법이 괜찮다. 자신이 가진 화장품을 이용해서 그려주고 클린싱으로 간단히 지워주면 상당히 유용한 방법이 될 수도 있다. 바디 메이크업이라고 펄을 바르는 것만 있는 건 아니니까.

화장은 하는 것보다 지우는 것이 중요하다. 보통 화장보다 진한 메이크업인 만큼 꼭 여러번 깨끗이 지워주는 게 중요하다. 이렇게 짙은 메이크업의 경우, 로션이나 워터 타입 보다는 크림 타입의 클린싱이 좋다. 클린싱 크림을 아끼지 말고 사용해서 잘 지워낸 다음 폼클린저로 깨끗이 닦아내시라. 화운데이션 등을 짙게 한 경우라면 클린싱 크림으로 한번만 닦아내지 말고 두어 번 닦아주어 메이크업 잔여물을 완벽하게 제거하길 바란다.

내용출처: http://www.bestyun.co.kr/, http://www.womis.com/make_up/facepainting.htm

Chapter 10

# 테이프 커팅식(기공식)

일반적인 테이프 커팅에는  지역의 단체장 및 현장에 관계되는 사람들로 구성되어 커팅 식 을 하며 부수적으로 소규모 이벤트도 곁들일 수가 있다.

이러한 행사에는 의전도우미가 배치되며 VIP 동선 안내와 코사지 및 장갑, 가위 등 을 쟁반에 준비하였다가 전달하는 등의  역할을 맡는다.

내빈들과 참석자들은 하여금 행사장의 분위기가 의전도우미의 행동과 동작에 따라 움직일 수 있으므로 의전도우미는 행사에 있어 만전을 기하는 자세로 행사에 임하여야 한다.

## 1) 테이프 커팅식에 따른 간단한 준비물

오색 테잎
가 위
장 갑
코 사 지
쟁 반
대 봉 투

오색테잎 설치봉

특수 효과(에서샷 등 설치 간단한 장비)

음　　　향

다 과 회

아파트 기공식 테이프 커팅 모습이다.

오색테이프의 커팅 간격을 정렬하여 맞추어 주며 커팅자의 인원에 따라 테이프 길이를 정하여 미리 설치를 하여야 한다.

건물 기공식의 현장 의 모습이다.

이사진에서 보면 테이프 커팅봉의 고정이 필요한데 봉의 바닥면에 있어 행사전 단단히 고정을 시켜 커팅자들이 테이프를 들고 커팅 할 적에 넘어지는 일이 발생되서는 않될 것이다.

기공식행사는 많은 내빈들과 행사참석자들로 이루어지며 결정적 하이라이트는 화약의 연출에 있다.

이외에도 주최 측의 브리핑과 현장 순회 등이 있으며 특히 이러한 행사에는 사전 현장 답사를 통한 철저한 행사준비와 Vip 영접(의전)에 각별한 주의를 기울여야 한다.

### 2) 기공식 준비

① 음 향

참석인원 파악 후 음향을 몇kw를 준비 할 것인가를 정한다.

마이크 배치는 단상과 사회자용 그리고 사업개요 설명 시 필요한 무선마이크를 준비 하는 것이 좋다.

BGM은 내빈 입장, 국민의례, 감사패 증정 또는 시상식, 그리고 발파시에 사용할 것으로 준비하여야 하며 행사 종료 시에도 사용 될 것이다.

② 특수효과

발파대와 발파 스위치를 준비한다.

화약 사용에는 오색 분말 화약 또는 분수 화약종류를 사용할 수도 있음이다

이러한 것은 특수효과 를 맡은 회사에 자문을 구해 여러 방법을 사용할 수도 있다 또한 발파 대에 설치하는 발파 스위치는 왜소하지 않는 것으로 사용하여야 하며 스위치에서 나오는 전기선은 내빈들이 보이지 않도록 하는 것이 좋다. 어차피 내빈들에 의해서 발파가 되는 것이 아니고 특효팀의 오퍼레이터가 작동을 시켜 발파를 하기 때문이다

즉 내빈들은 스위치를 누르는데 이러한 스위치에는 전기가 흐르지 않는 전시효

과용이라는 것이다.

행사요원인 사회자의 구령에 맞추어 3. 2. 1. 0을 외치면 특효팀이 터트리는 것이기 때문이다.

③ 영 상

주최 측의 요구가 있을시 주최 측의 홍보, 전시효과용으로 준비 할 수 있다.

이러한 영상은 거의 대낮에 행사를 하기 때문에 큐브를 사용하는 것이 바람직하다. 이때 행사규모에 따라 4by×4 정도면 무난하겠다.

④ 의전도우미

VIP의 영접을 위한 요원과 동선안내요원 등으로 약 6~8명으로 구성 할 수도 있다.

⑤ 다 과

다과에는 축하 케익과 곁들여 할수도 있으며 간단하게 준비한다.

아울러 주최 측의 요구로 중식 을 요구 할 때도 있는데 대도시에서는 이동식당을 섭외하는데 어려움이 없으나 지방에서는 대형 웨딩홀 등에서 뷔페, 한식을 하는데도 있다 따라서 테이블 세팅가격 또한 음식 가격에도 유념을 하여 주문을 하여야 한다.

⑥ 시 삽

주최 측에서 준비를 하는데 삽에는 은분을 도색하여 준비 할 수 있다.

시삽에 있어 다양하게 준비 할 수도 있는데 미리 준비한 모래 또는 흙을 시삽 전에 모양을 내거나 틀에 맞추어 먼지가 나지 않도록 물을 뿌려둔다.

또한 시삽을 하는 내빈의 인원수에 맞도록 삽을 준비하여 둔다.

⑦ 에드벌룬

보통 2구~4구 로 주문제작을 하는데 에드벌룬에 부착시키는 통천은 에드벌룬의 공 개수에 따라 크기를 정 한다 여기서 주의해야 할 점은 우천 시 통천이 비에 젖어 가라앉을 수도 있음이며 또한 바람에 날리어 로프에 감길 수도 있다는 것이다.

따라서 제작사에서 각별한 주의를 요한다.

⑧ 오색풍선

아래의 사진에서 보면 그물망에 11″ 이상 풍선을 색상별로 배열하고 풍선을 날리는 준비를 하고 있는 것을 볼 수 있다.

여기서 그물망에 들어갈 수 있는 헬륨풍선은 약 500~700개 정도의 풍선으로서 한쪽에 고정시켜 가운데의 줄을 당기면 그물망이 양쪽으로 오픈되어 풍선이 날아갈수 있게 되었다.

그리고 풍선 날리기는 행사당일의 일기와도 예민하게 작용되는데 만약 우천 시에는 풍선에 물기가 묻어 빗물의 하중에 풍선이 가라앉는 현상이 발생하기도 하여 우천 시에는 투명 비닐에 넣어 날리기도 한다.

⑨ 의 자

이벤트 업체를 살펴보면 의자만 대여 하여 주는 곳이 있는데 대형행사가 아니면 그 지역의 시, 군에 보유하고 있는 것을 대여하여 사용 하는 것이 좋다.

Chapter 11

# 영 상

대형 행사에서 빠질 수 없는 것이 바로 영상이다 행사장 에 있어 출연자 또는 각종 홍보와 광고 또는 행사의 전반적인 상황을 우리는 영상을 통하여 볼 수가 있는 것이다.

따라서 많은 종류의 영상 기기 가 있고 이벤트 현장에서 사용되는 종류에 대해 간단히 설명해보자.

영상에는 LED[1] 방식 과 멀티큐브, 프로젝션, 멀티비전 등의 기기를 사용하는데 이러한 기기는 주간 에도 선명하게 영상을 보여주는 것이 많이 이용된다. 왜냐하면 행사가 반드시 야간에 이루어지지는 않기 때문이다.

따라서 이것 또한 행사를 잘 파악 한 후 장비 업체를 선정해야 할 것이다.

아래의 멀티큐브는 T.V 형태의 평면 브라운 관 처럼 되어 있어 여러 개의 화면을 붙여 화면의 크기를 만들 수 있다.

멀티큐브는 기본적으로 2×2(4개)부터 설치가 가능하며, 3×3 또는 4×4, 4×6, 5×5, 6×6 순으로 설치된다.

---

1) LED 는 전자 부품중의 하나로 발광 다이오드라 불리며 쉽게 작은 전구 형태라고 보면 된다.

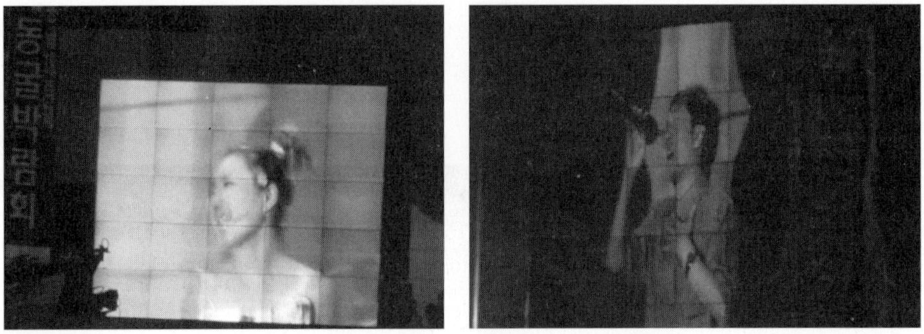


행사장에 멀티큐브를 설치하여 공연하는 모습

### 1) LED 전광판

요즘 거리의 광고 형태에서도 흔히 볼 수가 있듯이 점점 보편화되고 있는 추세이지만 LED 전광판 장비는 대여에 있어서 상당히 고액의 렌탈비가 들어간다. 이러한 전광판은 차량에도 설치되어 운영되고 있다.

우리가 알고 있듯이 이러한 발광 다이오드는 수명이 길고 전기의 소모가 극히 적기 때문에 자동차, 전광판, 손전등, 전자제품, 등 여러 분야에서 사용되고 있다. 실제로 LED 전광판을 보면 대낮에도 선명하게 영상을 볼 수가 있다.

### 2) 멀티 비전

아래의 그림과 같이 차량에 멀티비전을 설치하여 있는 것을 볼 수 있는데 이것은 우리가 텔레비전을 연상하면 쉬울 것이다 이러한 멀티비전은 조합 시 멀티비전과의 간격이 크게 있어 영상을 감상하기에는 부드럽지 못한 점이 있으며 주간에는 잘 보이지 않는 것도 단점이다.

현재에는 LED 전광판의 추세에 밀려 나고 있는 영상기기이다.

대학 축제에서 기업체의 후원으로 설치되어 있는 홍보용 멀티비전 차량

### 3) 빔 프로젝트

회의 시 또는 교육, 프리젠테이션을 할 때 많이 사용되는 기기이며 간혹 소형 이벤트 현장에서 사용하고 있으며 또한 가정에서 사용되는 홈시어터용  빔 프로젝트를 사용하여 영화관의 느낌을 갖도록 설치하는 곳도 있다.

이러한 영상기기는 안시[2]가 3,500 정도는 되어야 선명하게 보일 수 있다.

---

2) ANSI는 American National Standards Institute (미 국립 표준국)의 약자로 우리가 프로젝터의 밝기를 나타내는 단위. 즉 ANSI Lumen 이라고 한다.

그러나 가정에서 사용되는 프로젝트는 약 1,000안시 정도로 보면 되겠다.

### 4) 차량용 LED 전광판

선거용 차량이나 기업체의 홍보용 차량으로 많이 사용되고 있는데 이러한 차량은 이동이 쉽고 설치가 간단하여 소규모 행사에 자주 등장한다.

Chapter 12

# 지방자치제속의 행사

1995년부터 본격적으로 시작된 지방자치제에서는 그 지역의 경제 또는 도시의 활성화와 이미지 구축과 홍보를 위하여 각종 향토축제와 기획행사 등을 많이 치루고 있다 그러나 이벤트사에서 수주하여 단독적인 행사로 진행되는 이벤트는 거의 없을 것이다 왜냐하면 각 지방의 시청, 군청에는 축제와 행사를 전담하는 관광문화과라는 부서가 있어 그들이 발주를 하고 결정하여 행사를 치루기 때문이다

지역마다 축제위원회가 있음에도 불구하고 실질적인 권한은 관에서 행사를 하기 때문에 축제위원회는 대회적인 홍보 역할 만을 수행한다고 보면 되겠다.

실질적으로 행사기획은 전문 기획사에서 아이템 제공을 하고 관에서는 충분히 검토하고 수정 보완하여 성공적인 축제로 이끌어 나아가야 하는 것이 바람직하나 대부분의 경우 축제 조직 관계자들만이 검토하여 용역 발주를 하며 홍보, 마케팅을 하는 실정이다. 즉 지방자치제속의 많은 행사들이 주로 그 지역의 비영리 단체를 교섭하거나 자원봉사단체 등으로 이루어지는 것이 보통이다. 전문적 기획력이 없는 일부 축제관계자 들의 생각만으로 이벤트사를 섭외하고 행사를 치루어 나아간다는 것은 무리가 따를 수 있다.

이러한 막대한 예산을 들여 축제를 함에 있어 그들의 기득권 유지와 이권개입에 대한 영향력이 많다는 것이다.

결국 그 지역의 무형과 유형으로 되어 있는 문화예술을 일부 소수의 견해로 지역축제를 이끌어 간다면 지역축제 발전에 막대한 지장을 준다.

따라서 그 지역 또는 전문인들을 참여시켜 자문을 구하고 세심한 배려를 통한 기획을 한다. 라면 성공적인 행사로 이끌어 나아 갈 것이라고 본다.

예를 들어 모 지역의 2005년도 눈 축제 에서는 그곳을 찾는 관광객 수 만으로 축제의 성공을 가늠하고 있었다. 물론 외형적인 측면으로 판단하여 성공했다고 볼 수는 있을 것이다 하지만 각 동사무소의 동장 책임아래 통, 반장을 통하여 주민 동원에 막대한 예산을 지출하고 마지못해 행사를 준비하며 꿈과 현실의 만남이라는 주제를 무색할 정도로 산이 좋아 찾아오는 관광객들로부터 바가지와 교통난을 겪게 하였고 축제의 행사장엔 행사장만을 찾아 장사를 하는 외부 상인들로 가득하며 정작 그 도시의 문화예술은 간곳없는 볼 것 없는 축제의 장으로 만들어 놓고 축제 관계자들은 성공의 축제라고 운운 하고 있다고 한다.

참으로 안타까운 일이 아니라 할 수 없다 왜냐하면 그 도시는 축제의 내용과 준비는 철저히 대비하지 않고 많은 관광객이 찾아와서 그럴 수밖에 없었다는 축제 관계자들의 궁색한 변명만을 늘어놓고 있었다. 그 행사 이후 수많은 관광객들로부터 잘못된 지적과 질타는 시간이 흐르면 그만 이겠지 라는 생각과 내가 언제 까지 관광문화과에 만 있으라는 법이 있나 하는 짧은 생각도 하고 있을지도 모르지만 이러한 축제 관계자들이 있는 한 지역축제의 향방은 매우 어둡다. 결국 안티를 소리 내어 부르짖는 관광객들로부터 대책 없는 메아리로 밖에 볼 수 없는 것이다.

또한 지역민들이 외면하는 축제는 결국 실패한 축제가 될 것이다.

한편으로는 작고 왜소하지만 주민들이 공감 하고 자발적인 참여로 이루어지는 지역 행사도 있다. 주민들은 지역 축제를 통하여 지역의 소득 창출을 꿈꾸며 현실로 만들어 가는 특정지역도 있는 것이다.

즉 이러한 축제행사는 결국 지역에서 내놓아도 손색이 없는 꺼리를 특별한 이벤트 기획으로 만들어 관광객들로 하여금 공감을 가질 수 있도록 한 것이다.

이러한 지역축제의 방향은 지역 주민의 경제에 큰 도움이 된다는 것이다 결국 지역축제는 그 지역의 경제에 미치는 영향이 막대하다고 누구나 생각 하지만 축제의 성공과 실패는 축제를 주도하는 사람들의 사고에 달려 있다.

결국 소수의 생각만으로 축제 기획하며 기득권을 이용하여 독선적인 횡포로는 실패하는 축제가 될 수 밖에 없다는 것이다.

이에 민, 관이 함께하는 축제의 형태가 바람직한 축제이며 성공적인 축제로 이끌어 낼수가 있다고 본다.

축제 발주 에 따른 관계부서의 섭외 및 기획력

일반적으로 축제를 관장하는 부서 의 담당공무원들을 보면 특히 관광 또는 기획, 문화 예술 분야와는 전혀 무관한 전문 인력들이 아님에도 불구하고 행정기관에서는 순환 보직으로 하고 있음을 알아야 하겠다.

어느 날 갑자기 다른 부서로 발령을 내는가 하면 전혀 무관한 부서에서 근무하다가 기획과, 축제에 대한 예산, 섭외 등 을 하게 되는 것이다.

즉 이러한 것은 관에서 예산집행을 하는 기득권을 놓고 축제를 시행함에 크게 발전적이며 성공적이지 못한 축제를 거듭하고 있다는 것을 말한다.

특히 예산 범위라든가 축제의 장르에 있어서는 전문적이지 못한 담당자들이 인터넷과 타 시군의 행사 내용을 모방 또는 활용을 하고 있다는 것이다.

### 1) 축제 담당자들의 축제관련 기획 방법

1. 전년도 행사 실적 대비
2. 각 기획사 및 이벤트사에 기획서 제출요구와 제출된 기획서의 아이템 모방
3. 각종 축제에 관련된 인터넷 자료 검색
4. 담당 공무원 자체 실무자 회의에 따른 축제의 방향 결정
5. 축제 위원회 구성으로 인한 대내외적 명분 세우기

## 2) 축제에 따른 예산 집행 현실

1. 전년도 대비 상투적인 초기 예산 집행 결정
2. 소요된 축제 경비에서는 절대적 비공개 (홍보, 시설, 섭외, 등등)

## 3) 축제 평가 방법

1. 축제의 내용보다는 관람객 입장수와 홍행위주의 축제 선호
2. 지역 인사 및 단체장들을 통하여 축제의 성공여부를 홍보
3. 각 지역의 언론사 및 관계 된 인맥 최대 활용
4. 축제 위원회 개최 성공적으로 축제가 끝났음을 유도.
5. 축제로 인한 지역 경제 문제와 시민참여도에 있어 그다지 중요성을 느끼지 않음.

## 4) 행사의 종류

- 체육행사(각종 체전, 체육시설 기공식 및 준공식, 단체별 발대식, 등)
- 지역축제(지방자치단체 에서 실시하는 주민 축제, 지역별 문화행사)
- 축하공연(방송사의 프로그램을 지역에 유치하는 방송행위, 라디오나 TV 쇼 프로그램, 가요무대, 노래 자랑 등  각종 콘서트)
- 문화예술회관 공연(연간 공연유치 예산책정을 하여 년 중 초청공연 등을 행하는 것)

## 5) 행사의 예산 규모

지방자치단체 (시, 군, 구) 별로 각 각 다르지만 한 시의 예산을 예를 들어 보자

① 방송사를 끼고 하는 행사에는 보통  억대의 예산을 책정한다.
② 지역 축제의 행사에는 몇 천만원의 예산을 넘기 힘들다.
③ 지역의 문화 예술행사에는 이백만원이 넘는 예산이 드물다.

지방자치단체의 행사 보조금 지원 내용

지방자치단체 에서는 행사의 보조금 예산 책정이 단체별, 행사별로 이루어지는데  년 간 행사에 소요되는 행사보조금에 있어 시의 문화관광과는 년 내에 2억을 넘는 예산책정이 없음을 볼 수 있을 것이다.

행사지원금에 있어서는 시에서 보조되는 행사지원금과  도에서 지원되는 도비, 또한 문화재단에서 지원되는 문화예술진흥기금 등이 있는데 시에서는 지방자치제의 조례에 따라 도비가 지원되면 시비를 지원하게끔 되어있다.

지방자치제의 문화예술 행사에 있어 거의가 관 주도 형태를 벗어나지 못하고 있다 이것은 즉  축제 관계자들이 모든 행사에 있어 섭외, 진행함에 있어 주도권을 내어 놓지 않는다는 것이다.

다시 말해서 공무원들의 할 일이 많은데도 불구하고 행사를 직접적으로 행하며 과중한 업무를 운운 하며 논하고 있다는 것이다.

이것은 각종 행사에 있어 본인들 아니면 안 된다는 그릇된 관행이 계속 이어지고 있는 것이 다반사이다.

이러한 실태 속에서는 과연 얼마간의 이권개입이 없다고 할 수 있을 것인가는 추측만이 해볼 문제이다.

왜냐하면 홍보비, 시설비, 섭외비 등등의 많은 예산을 공무원들은 공개하지 않고 있다는 것으로 증명된다.

따라서 행사에 대한 각 기획사로부터의  기획에 있어서는 입찰제가 아닌 수의계약이기 때문이다.

행사의 기획력은 즉 행사에 있어 훌륭한 아이템이다

그런데 지방자치단체의 담당자들은 자기들 생각으로만 채택을 하고 실시하는 것이다.

이에 행사를 수주하기 위하여 모든 기획사에서는 담당 공무원들을 상전 모시듯이 대접을 해야 하고 비위를 건드리지 않는 것이다.

실제로 모든 행사비에 있어 행사를 위한 용도와 원만한 진행을 위하여 행사비를 쏟는다면 부실행사가 줄어들 것이다. 뿐만 아니라 각종 업체에서도 열의를 다하여 행사에 만전을 기할 것이다.

결국 이러한 관행을 막기 위해서라도  관 주도 형태의 행사보다는 민간인 즉 지역민들이 참여하는 지역민 주도형의 행사가 이루어져야만 한다.

### 6) 지역 축제 관련부서의 문제점 과 지자체의 대응방안 모색

① 교육 프로그램 또는 전문 인력 양성을 위한 지자체의 부단한 인력양성 노력과 각계 각층에서 활동하고 있는 전문가 초빙 을 통한 최소한의 자질을 갖춘 담당 부서 전문인력 양성
② 축제에 따른 투명한 회계와 진행
③ 지역민들의 축제 참여와 관련 순수 민간인들과의 커뮤니케이션을 통한 지역민들의 참여유도 방안 노력.
④ 아이템 창출에 있어 직위와 권력 또는 소수의 동지애적인 사고로 인한 몰아주기 식의 축제 관련 아이템 결정.
⑤ 지역 축제가 그 지역의 경제에 미치는 영향에 대하여 다각적인 노력.
⑥ 축제 진행에  따른 기득권과 실력행사, 권위의식 없애기.

### 7) 지역 축제의 흐름도

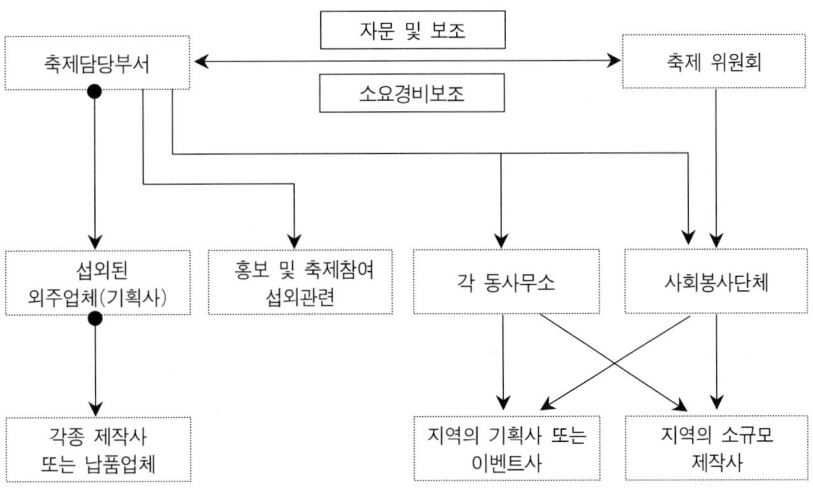


위의 그림을 보면 지역의 축제 기획, 예산집행, 섭외 등이 지방자치단체의 담당부서에서 주도함을 볼 수 가 있을 것이다.

즉 지역의 크고 작은 행사에 있어 관계자들은 행사 능력, 또는 추진력을 이유로

지역의 관계자들을 외면하고 실적과 관객동원, 그리고 예산을 집행함에 있어 성과에만 집착하며 책임과 의무가 따르는 것은 극소화함에 대부분 노력을 하는 것이다.

여기서 이벤트 실무자들은 행사 수주를 함에 있어 많은 회의감에 빠져 들고 있다.

결국 행사를 수주하는 경로에 있어 지역 업체들은 많은 애로 사항이 있다는 것이다. 따라서 각 지역에서는 전문 인력을 양성시키며 축제가 실질적인 주민 참여유도가 될 수 있도록 다각적인 노력이 있어야 할 것이다.

위의 일간지의 내용처럼 지역의 축제가 차별화된 행사를 갈구함에 있어 새로운 아이템이나 소재발굴에 있어 많은 문제점이 수시로 돌출됨에 적극적인 자세로 행사다운 행사를 치루 어 나아가야 하겠다.

즉 관의 주도하에 행사가 이루어짐에 전문성이 결여된 것을 여실히 보여주는 사례라고 볼 수 있겠다.

위의 내용은 동해축제에 국한 된 것이 아니며 각 지방에서 이루어지고 있는 한 단편적인 예라고 볼 수 있겠다.

위의 기사의  축제형태와는 달리 각 지역의 특색 있는 주제와 소재를 찾아 성공적인 축제로 발전시키려는 방안을 찾아 노력해야 한다.

그러나 많은 지역축제들이 인기성과 일회성으로 그치는 예가 많아 지역별로 성공을 하는 축제가 드문 형편이다.

또한 축제의 성공으로 기대되는 지역경제 활성화는 축제에 쏟아 넣는 예산보다 관광객 증가와 더불어 경제적 파급 효과등과 그 지역에 기여도가 커야만 성공이라고 할 것이다.

위의 사진들은 축제 길놀이 행사 장면이다.

살펴보면 길놀이에 있어 주민 동원 문제 및 소재의 빈약함이 그대로 나타나는 예이다. 또한 기획과 연출이 축제를 주관하는 각 동사무소의 직원들의 손에서 좌지우지하는 형편이고 보니 매년 치루어 지는 행사에 직원들은 엄청난 부담감을 안고 있다.

### 8) 지역축제의 행사의 부담감

① 축제 아이템의 빈곤 성

② 소규모의 축제 지원비용

③ 상급부서 및 주민들 관계

④ 매년 축제에 참가시킬 주민 동원문제

Chapter 13

# 파티 기획(파티플래닝)

## 1 파티플래너 (파티매니저)란?

파티의 전반적인 기획부터 섭외, 준비와 진행에서 파티 연출에 이르기까지 총체적으로 책임을 맡아 파티를 진행하는 사람을 말한다. 이제까지는 이벤트 회사나 레크리에이션 진행자, 벌룬 아티스트가 파티를 진행하고 장식했다면 앞으로는 파티플래너(매니저)가 전반적인 기획 (장소 및 진행자 섭외, 장식 등)을 통해 진행한다고 보면 된다. 신종업종인 관계로 발전성과 시장성을 가진 개척분야라고 하겠다.

용기 있는 도전으로 꾸준한 인내와 배움을 통해 적극적인 홍보와 준비된 실력을 겸비한다면 새로운 전문가로 자리 매김 될 것이다.

파티플래너(매니저)가 되기 위해서는 파티를 진행하기 위한 다양한 분야를 공부해야 하는데 물론 파티와 연관된 것들로 구성된다. 교육내용으로는 파티의 개념, 기획서 및 견적서 작성법, 고객 관리와 고객응대(상담) 교육(매너, 예절 친절서비스 대화법, 이미지 메이킹 등)  테이블 데코레이션(정의, 디자인 원리, 구성 등, 계절별, 행사별, 매너 등), 파티에 활용할 수 있는 리본장식(선물포장)법, 파티에서의 풍선(헬륨)장식 요령(색상, 디자인 등 기초에서 응용까지, 돌잔치, 생일파티를 위한 장식, 연인들을 위한 파티, 깜짝 이벤트 등), 페이스페인팅, 파티에서의 게임과 댄스. 레크리에이션 진행법, 이벤트 연출기법, 기타 소품 및 용품 설명, 기타 모임이나 행사 등의 음식을 비롯한 제반 준비사항, 파티 음악과 특수효과 활용 등 필요한 내용이 구성되어 진행된다.

### 1) 에디터의 파티 플래닝 체험기

화려한 무대의 주인공이 되지는 못하지만 관객들의 환한 웃음에서 보람을 찾는 공연 기획자들처럼, 화려한 파티의 이면에는 이 날을 위해 며칠 밤을 준비한 '파티 플래너'의 노력이 숨어있다. 파티를 연다는 것은 게스트로 즐길 때와는 다른 또 다른 즐거움이다. 홀의 한 쪽에 와인 잔을 손에 들고서 나를 찾아준 사람들이 흥겹게 즐기는 모습을 바라보는 것, 파티의 주인이 된다는 것은 무척이나 짜릿하고 뿌듯한 경험이다.

멋진 파티를 열어 호스트의 자격으로 손님들을 맞이하는 상상을 해오던 나에게, 엘르 온라인의 2주년 기념 파티는 정말 소중한 경험이었다. 파티의 컨셉을 정하고 초대할 사람들의 명단을 작성하는 것으로 시작한 '파티 플래닝(Party Planning)', 준비 첫날부터 머릿속 에는 파티장 을 가득 메운 사람들의 모습이 떠올랐다.

### D-20 초대 인원 파악하기

엘르 온라인의 2주년과 엘르걸 온라인의 론칭을 기념하는 축하 파티를 열기로 결정했다. 초대 주인공은 뷰티 브랜드 매니저들을 위한 파티, 너무 무겁거나 요란하지 않게 편안한 분위기를 연출하는 것이 좋을 듯하다. 엘르와 엘르걸의 이미지에 어울리는 '레드'와 '핑크' 컬러를 컨셉으로, 드레스 코드 역시 'Something Red or Pink'로 정했다. 초대할 사람들의 명단 작성을 끝내고 인원수를 파악한 후, 이제부터 본격적인 파티 준비에 들어갈 차례다.

### D-18 파티 장소 헌팅

파티 장소가 너무 좁으면 사람들이 금세 지치고, 반대로 너무 넓으면 서먹해지기 쉽다. 적당한 넓이에 편안히 즐길 수 있는 분위기, 따뜻한 봄기운을 느낄 수 있는 실외 공간이 있는 장소가 필요했다. 결국 우리가 선택한 곳은 청담동의 베트남 음식점 '빌라 드 하노이'. 2층 양옥 건물에 아담한 정원이 있는, 우리가 원하던 최적의 파티 장소였다. 자유롭고 편안한 분위기에서 대화를 즐길 수 있게 케이크 커팅과 럭키 드로우(Lucky Draw) 이외의 순서는 모두 생략, 음악도 부드럽고 편안한 곡들로 선택했다.

### D-15 초대장 보내기

장소와 날짜가 정해졌으니 사람들에게 초대장을 보내야 한다. 날짜, 시간, 장소, 드레스 코드, 약도 등을 간단한 인사말과 함께 적었다. 사람들에게 좀 더 잘 기억될 수 있게 손으로 쓴 카드나 톡톡 튀는 이메일 초대장을 보내면 더욱 효과적. 포토샵으로 만든 이메일 초대장에 약도와 레시피까지 함께 넣어 이메일로 발송했다.

### D-10 파티에 필요한 목록 주문

행사에 필요한 음식과 음료, 장식용품 등 모든 물품들의 목록을 만들었다. 단, 협찬을 받으려면 최소한 20일 이상 여유를 두고 협찬사들을 찾아볼 것. 파티의 성격에 맞는다면 협찬사들의 조그만 홍보 이벤트를 진행하는 것도 좋은 방법이다. 먹고 마실 것들부터 주문을 해두고, 현수막과 장식물 등 파티용품들을 준비하자. 이벤트 회사나 파티 전문 업체에서 패키지로 구입할 수도 있다. 세세한 물건들까지 잘 챙겨두지 않으면 파티 당일에 찾아다니느라 분주해지기 십상이다. 한 번 만들어 둔 리스트는 다음 번 파티를 준비할 때도 유용하게 써먹을 수 있으니 잘 보관해 두는 것도 잊지 말자.

### D-7 최종 확인

초대장을 보낸 사람들에게 전화를 걸어 최종 인원을 확정하고, 인원수에 맞게 필요한 것들을 최종 주문했다. 파티 장소인 빌라 드 하노이에서 음식도 맡기로 했고, 와인은 페라리(Ferarri)의 스파클링 와인 두 가지를 준비했다. 조니워커 위스키와 하이네켄 맥주, 에비앙 등으로 음료 준비도 마무리. 코핀느(Copine+)에서 맛있는 디저트 케이크도 주문했다. 현수막과 장식물 제작 업체의 시안까지 확인을 끝낸 후, 모두 행사 당일 오전 중에 배달될 수 있게 했다. 마지막으로 행사 당일 서빙과 진행을 도와줄 업체와 계약을 맺고, 돌아오는 길에 폴라로이드 카메라도 구입했다.

### D-3 계획과 달리 진행된 일 점검

나름대로 꼼꼼하게 준비를 했지만 예상치 못했던 몇 가지 문제들을 맞닥뜨렸다. 주문한 물건이 잘못 제작되었거나 도와주기로 했던 사람들이 약속을 펑크 내는 등 이런 저런 사고들을 처리하느라 정신이 없었다. 게다가 아무리 리스트 업을 열심히 했어도 나중에 보면 꼭 빠진 물건들이 몇 가지 있다. 방명록은 문구점에서 구입할 수 있었지만, 게스트들의 명함을 넣을 커다란 유리잔을 구하지 못해 한참을 헤맸다. 사전 준비의 중요성을 다시 한 번 체감하는 순간이었다.

### D-DAY 파티 공간 꾸미기

아침 일찍부터 속속 들어오는 물품들을 챙기고 일일이 배치하느라 정신이 없었다. 파티 장식을 너무 쉽게 생각한 탓에, 하루 종일 풍선을 불고 색 테이프를 나무에 매다느라 진이 빠져 버렸다. '물 폭탄용 풍선'을 스무 개만 불어 보면 그 심정을 이해하리라.

파티 시작 1시간 전, 예정한 대로 테이블 세팅이 끝나고 서빙과 진행 요원들도 모두 자리를 잡았다. 최종 확인을 마친 후 숨을 가다듬으며 방명록의 첫 페이지를 곱게 펴 두었다. 이제 나머지는 게스트들이 만들어 갈 몫이다.

### AFTER THE PARTY

맛있는 와인과 음식을 즐기는 사람들, 정원과 홀 안에서 삼삼오오 모여 이야기를 나누는 사람들, 폴라로이드 사진을 찍으며 환한 미소를 짓는 사람들의 모습들이 아직도 눈에 선하다. 나를 찾아준 손님들을 맞이하며 인사를 나누고, 그들이 앉은 테이블을 옮겨 다니며 즐거운 담소를 나누면서 그 어느 때보다 에너지가 넘치는 내 자신을 발견한다.

파티가 끝난 다음 날 미처 챙기지 못한 물건들 때문에 다시 골치가 아팠지만, 머리속에서 나는 벌써 다음 번 파티를 그리기 시작했다.

## 2) PARTY PLANNING GUIDE - 파티 플래너 박재은

꼬르동블루 출신의 요리사이자 파티 플래너 박재은, 아직은 낯선 이 분야에서 당당히 전문가로 인정받고 있다. 화려한 파티처럼 멋지고 자신감 넘치는 그녀와의 문답.

**Q** : 어떻게 파티 플래너가 되었나요?

처음엔 요리사로 시작을 했어요. 파티의 케이터링만을 담당하다가 점차 음식이 놓이는 테이블과 주변 공간으로 영역을 넓혀갔고, 결국 파티 전체를 기획하는 파티 플래너가 되었습니다. 저와 같은 케이터링, 게스트 릴레이션과 사교력이 재산인 홍보계통, 데코레이션 등 세 가지 분야에서 시작해 점점 더 큰 범위를 맡게 되는 케이스가 일반적이죠. 처음부터 모든 것을 잘 할 수는 없으니까요.

**Q** : 파티를 준비하는 과정을 이야기 해주세요.

파티 플래너에게 클라이언트가 연락을 해오면, 파티에 대한 기본 정보부터 받아요. 파티의 주제와 게스트에 대한 정보들인데, 나이와 직업 같은 백그라운드 정보가 있으면 게스트들의 취향을 파악하는데 도움이 되죠. 그런 다음 클라이언트와 미팅을 하며 의견을 교환하고 예산에 맞게 기획안을 만들어요. 아이디어 조율과 구체적인 진행 상황, 자료들은 메일과 팩스를 통하죠. 그렇게 구체적인 플랜이 만들어지면 이제 2차 미팅을 하면서 결재나 행사 진행의 동선 등 세부 내용들을 마무리 짓습니다. 보통 저는 파티 음식도 한꺼번에 맡기 때문에 전날 오후까지 테이블 세팅을 하고 큰 집기와 화초 등의 시설물을 설치해요. 플라워 데코레이션은 신선함을 유지하기 위해 당일 새벽에 꽃을 들여와 오후 3시 정도에 데코레이션을 마치구요.

**Q : 일이 힘들거나 어렵지는 않나요?**

물론 처음에는 익숙하지 않은 분야를 같이해야 하기 때문에 쉽지는 않아요. 파티를 준비하면서 며칠 밤을 새우는 것도 예사구요. 우여곡절이 많고 힘들긴 하지만, 그래도 끝나고 나서 느끼는 뭐랄까, 이전에 음식만을 담당할 때는 솔로 연주를 한 것 같은데 이제는 오케스트라의 공연을 끝낸 듯 한 느낌이랄까요? 조명, 음식, 모델, 게스트 등 모든 요소가 한꺼번에 조화를 이루어야 하니까요. 멋진 공연 한 편을 끝낸 것처럼, 무에서 유를 창조한 듯 한 기분이 너무 좋아요.

**Q : 파티 플래너가 되고 싶은 분들에게 조언을 해주세요.**

파티를 공연으로 비교하면 뮤지컬과 비슷하지 않을까 싶어요. 춤, 연기, 노래가 모두 필요한 뮤지컬처럼, 파티 플래너 역시 그런 다양한 재능들이 필요하죠. 하지만 한 번에 모든 것을 갖추는 것은 거의 불가능하다고 생각해요. 우선 세 가지 중에서 한 가지를 완벽하게 익혀서 신용을 쌓고 그 이후에 영역을 넓혀 나가는 것이 현명하리라 생각해요. 일인다역을 해내는 임기응변이랄까, 센스는 다방면의 공부가 쌓여있지 않으면 얻기 힘들어요.

**Q** : 파티 플래닝에서 가장 중요한 것은 무엇인가요?

게스트들이죠. 파티를 준비하면서 그들이 어떤 장소와 음식을 좋아할지 어떤 음악과 분위기를 좋아할지, 항상 게스트의 입장에서 생각해야 하죠.

### 3) 파티 플래너가 되려면?

파티 플래너를 양성하는 전문 교육기관은 아직 찾아보기 힘들다. 따라서 케이터링이나 플라워 데코레이션 등 한 가지 분야에서 시작해 현장에서 경험을 쌓으면서 '파티 플래너'로 성장한 경우가 대부분이었다. 작년에 처음 마련된 파티 센터의(www.partycenter.co.kr) '파티 플래너 초급 과정'은 여성경제인협회가 주관하며, 10주 과정으로 이루어져 있다. 또한 여성경제인협회 홈페이지(www.womanbiz.or.kr)의 동영상 교육관에서도 회원 가입만 하면 '파티플래너 창업과정' 동영상 강의를 무료로 볼 수 있다.

피처 웹 에디터 이규창 출처 www.elle.co.kr

### 4) 테마파티(할로윈, 쥬크파티)

고대 켈트인(人)의 삼하인(Samhain) 축제에서 비롯되었다고 한다. 그것은 죽음의 신(神) 삼하인을 찬양하고 새해와 겨울을 맞는 축제로, 이 날 밤에는 죽은 사람들의 영혼이 그들의 집으로 돌아온다고 믿어 이 축제는 유령·마녀·도깨비·요정 등과 함께 불길한 의미를 갖게 되었으며, 또한 이 날은 악마의 도움으로 결혼·행운·죽음에 관계되는 점을 치기에 좋은 때라고 생각하였다.

그리스도교의 전파와 함께 할로윈 축제는 모든 성인(聖人)의 날 대축일(11월 1일) 전날 밤의 행사로 자리 잡았다. 'hallow'란 앵글로색슨어(語)로 '성도(聖徒)'를 뜻하며, 'All Hallows' Eve(모든 성인의 날 대축일 前夜祭)'가 줄어서 'Halloween'이 되었다.

오늘날에는 미국 어린이들의 축제로 유명하다. 할로윈의 상징물이라 할 수 있는 호박 등은 속을 도려낸 큰 호박에 악마의 얼굴 모습을 새기고 그 안에 초를 고정시켜 놓은 것이다.

학교에서는 가장(假裝) 파티가 열리고, 밤이 되면 도깨비·마녀·해적 등으로 가장한 어린이들이 집집마다 다니며 '과자를 주지 않으면 장난을 치겠다'고 으름장을 놓으면서 초콜릿과 캔디를 얻어 간다.

참조 : 네이버 백과사전 발췌

① 할로윈(Halloween)

할로윈 데이는 성자의 날(11월 1일) 바로 전날(10월의 마지막날)이다.

비록 우리나라에서는 외국의 여느 명절(크리스마스나 발렌타인데이)처럼 익숙하거나 자연스러운 것은 아니지만 영국이나 특히 미국에서는 귀신 복장을 하거나 할로윈의 상징인 호박등을 달고 다니는 풍습이 아주 자연스러운 것이다. 왜 다른 명절처럼 이 재미있는 날이 우리나라에 본격적으로 도입되지 못하는지에 대해서는 다들 잘  알고 있으리라 생각된다.

하지만 영화나 기타 경로를 통해서 알려질 만큼 알려진 할로윈 데이를 한번 짚어보자.

● 죽음의 신을 달래는 의식

호박 속을 파서 만든 호박 등이나 횃불을 들고 마녀와 귀신 분장을 한 의상행렬, 가장무도회가 벌어지는 할로윈 데이의 기원은 정확하지 않다. 다만 기독교가 전래되기 전 1세기 중반, 당시 영국에 살고 있던 켈트족의 정신적 지주였던 승려 드루이드 (Druid)에 의해 전파되었다는 것이 신학자들의 설명이다.

켈트족들은 마법에 걸린 사후의 인간 영혼은 드루이드가 섬기는 신(神)인 삼하인(Samhain)에 의해 구원 받을 수 있다고 믿었다. 삼하인은 인간의 죽음과 사 후세계를 관장하는 죽음의 신. 당연히 두려움의 대상이었다.

켈트족들은 자신의 가족이나 친구 혹은 사랑하는 사람의 영혼이 구원을 받도록 하기 위해 동물을, 때로는 사람까지 희생 제물로 바치는 의식을 베풀었는데, 이 날이 바로 '할로윈 데이'의 기원이 되었다.

당시 사람들은 10월 31일에 겨울이 시작된다고 믿었다. 그리고 이날 열리는 삼하인 축제날에는 죽은 자들이 긴 겨울밤에 활동하기 위해 되살아난다고 생각했다. 즉, 유령이나 마귀, 마녀, 해적, 요정들이 인간을 대신해서 세상을 다스린다는 것. 이런 이유로 사람들은 가능한 바깥출입을 삼가고 귀신들에게 자신들의 집을 볼품없게 보이게 위해 일부로 벽난로의 불을 꺼뜨리기도 했다.

한편 켈트족을 포함한 유럽인들은 11월1일을 '모든 성인(聖人)들의 날(All Hallow Day)'로 지켜왔기 때문에 언젠가부터 그 전날의 삼하인 축제를 '모든 성인들의 날 이브(All Hallows'Eve)'라는 명칭으로 바꾸어 부르기 시작했다. 그리고 이 말이 훗날 '할로윈(Halloween)'으로 바뀌어 오늘날에 이르게 된 것이다.

② 할로윈의 상징 '잭-오-랜턴'

영국인들은 이 마법의 풍습을 미국으로 옮겨왔다. 그리고 이 풍습은 곧 이교도들의 축제로 자리 잡게 되었는데, 할로윈 데이에는 죽은 자들의 영혼, 유령, 마녀, 도깨비 등이 정처 없이 배회할 것으로 여겨 결혼·행운·건강·죽음에 관계되는 점치기에 가장 좋은 시기로 생각했다. 할로윈 데이의 상징은 '잭-오-랜턴(Jack-o'Lantern)' 즉, 망령의 갈 길을 밝혀주기 위한 등(燈)이란 이름에서 유래된 호박 등이다.

큰 호박의 속을 도려낸 뒤 도깨비의 얼굴을 새기고, 양초를 넣어 도깨비 눈이 반짝이는 것처럼 보이게 만든 '잭-오-랜턴'.

전설에 의하면 술 잘 먹고 교활한 잭이라는 사람이 마귀를 속여 골탕먹인 뒤 죽었다. 이후 앙심을 품은 마귀에 의해 그는 천국도 지옥도 가지 못하고, 추운 아일랜드의 날씨 속에서 암흑 속을 방황하게 되었다. 결국, 추위에 지친 잭이 마귀에게 사정하여 숯을 얻었는데 온기를 유지하기 위해 호박 속을 파고 이 숯을 넣어 랜턴을 만들었다고 한다. 그리고 이것이 할로윈을 상징하는 '잭-오-랜턴'이 되었다는 것이다.

③ 현대의 할로윈 데이

오늘날 할로윈 데이에 어린이들이 즐겨 입는 의상은 보통 마귀, 마녀, 유령, 해적, 요정, 야수 또는 잘 알려진 만화 캐릭터. 심지어는 미국 대통령의 얼굴을 본 따 만든 가면까지 등장했다. 할로윈 데이 가 오면 대부분의 가정에서는 집 문간 앞에 불을 환하게 밝혀둔다.

이는 어린이들에게 대접을 해준다는 뜻이다. 이윽고 다양하게 분장한 꼬마 귀신이 문을 열고 들어와서 '트릭 오어 트릿(Trick or Treat : 과자를 주지 않으면 장난을 칠테야!)'하고 외치면서 자루를 내민다. 그러면 어김없이 어른들은 그 자루에다 한줌의 풍선껌이나, 과자, 사과, 오렌지 혹은 케익 등을 넣어주는데 이것이 바로 오늘날의 할로윈 의 풍습이다.

내용출처 : http://www.iresys.pe.kr/seven/what/w014.htm

### 5) 소연회(약혼식, 생일, 돌)

우리들의 생활 속에서는 크고 작은 이벤트의 소연회가 이루어지고 있음이다. 이에 가장 많이 접하고 있는 행사부터 알아보자.

① 회갑 또는 고희 연회 준비 사항

- 초청장 및 답례품
- 행사장소
- 음식의 종류와 가격, 테이블 세팅
- 가족 또는 친척들의 참여 파악
- 상차림과, 사진, 비디오촬영 준비
- 행사 진행 방법과 순서
- 여흥 시간 계획
- 행사 마무리

이러한 회갑연 같은 행사에는 분명히 주최 하는 측에서는 어떻게 하여야 할지를 물어 볼 것이다 따라서 여러분들은 행사의 전반적인 부분을 이해 할 수 있도록 하여야 한다.

아울러 이러한 행사에 참석하는 하객들에게 있어서 눈살 찌푸릴 수 있는 행사가 되지 않게 잘 진행을 해야 한다.

대부분 참석 하는 하객 및 친지들은 전국의 다양한 지역에 살고 있으며 많은 행사를 참석해본 사람들임을 잊지 말고 지역의 관습, 풍습을 미리 파악하여야 한다. 이에 참석한 주민 또는 주최 측의 어른들로부터 질책을 받지 않도록 하여야 한다.

행사의 식순에 대하여 알아보면 아래의 식순에 있어서 종교적으로 배려가 되는 식순은 아니라는 것을 미리 말해둔다.

- 식 순
  - 사진촬영
  - 주인공 입장 및 좌정
  - 주인공 약력 소개 및 가족 소개
  - 꽃다발 증정 및 선물 증정
  - 케잌 커팅 및 건배 제의
  - 헌수(獻壽)[1] 가족, 친척, 하객 순으로
  - 식사
  - 여흥
  - 폐식

1) 회갑을 맞는 부모에게 헌수를 하게 되는데, 어머니의 회갑이라 해도 아버지께 먼저 잔을 올리는 게 원칙이다. 헌수와 동시에 절을 올리게 되는데 남자는 재배(再拜), 여자는 사배(四拜)를 한다

보통 이러한 행사는 오전 10시 또는 11시 사이에서 행사가 시작 될 것이다.

이에 상차림과 가족들이 준비가 되면 먼저 사진 촬영을 하도록 한다. 사진 촬영은 일반 예식장 또는 실내에서 진행 될 때 주인공과 가족들은 미리 촬영을 하여 놓은 다음에 식을 진행 할 수 있도록 하는 것이 행사를 원활하게 될 것이다.

식후에 사진 촬영을 하게 되면 행사의 흐름이 끊어지게 될 뿐만 아니라 가족들 또한 오신 하객들 영접 때문에 사진촬영이 힘들게 된다.

주인공 입장은 별도로 준비를 할 수 있으나 대부분 어른들은 그냥 좌정 하는 일이 많다. 이에 사회자는 가급적 장남 내외가 주인공을 동선유도 하도록 하는 것도 보기가 좋을 것이다.

주인공이 좌정을 하면 약력을 소개 하는데 특별한 내용이 없을 경우 부모님께 편지 한 장 올리는 것도 특별한 이벤트가 될 것이다.

주인공에게 절을 올리는 순서를 보면

가) 직계 가족 (장남부터 )

나) 손자 손녀

다) 친인척(친가, 외가)

라) 각종 단체 또는 모임, 자손들의 우인들

② 여흥시간 관계의 준비사항

요즘은 거의 특별한 이벤트를 준비하는 가족들이 많다 따라서 국악인 또는 연예인을 초청하는 경우가 있는데 사실 이러한 부분은 많은 예산 낭비를 초래하는 경우가 많다.

여흥에는 빠질 수 없는 것이 음악 인데 거의 악사와 사회자를 초청하여 행사분위기를 만드는 것이다.

또한 너무 예산을 생각하여 노래방 기기를 사용한다면 분명 행사에 있어서 흥이 나지 않는 점을 유의해야 한다. 왜냐면 노래방 기기의 특성은 음악 반주 의 연속성이 없다는 것이다.

따라서 1인의 밴드라도 초정하여 음향과 아울러 분위기 조성을 해야 하는데 여기서 주의 할 점은 하객들로부터 과다한 팁을 요구 하는 악사가 많다는 점이다.

행사 전에 주최 측은 충분한 개런티를 책정하고 하객들로부터 과다한 팁이 발생되지 않도록 고려해야 한다.

③ 행사 진행 사회자 문제

가족들의 커다란 행사를 치루면서 사회자 때문에 행사를 망치는 경우도 많음을 고려해야 한다.

왜냐 하면 사회자 부분을 너무 쉽게 생각 하는 경우가 있다 즉 가족, 친척 중에 입담이 좋은 사람도 있을 것이며 주위의 사람들 중에도 있을 것이다. 그러나 중요한 행사에 사회자로서 기본이 갖추어 지지 않은 사람을 사회자로 세워 낭패를 보지 않는 것이 좋다.

따라서 실전의 경험과 경륜 그리고 자질을 갖춘 전문 사회자를 초청 하는 것이 행사를 원만하게 만드는 것이다.

● 회갑연이나 고희연에 소요되는 행사비 (예)

| 구분 | 내용 | 금액 | 비고 |
|---|---|---|---|
| 초청장 | 인쇄소 | 50,000 | |
| 기념품 | 수건, 우산 등 | 3,000,000 | |
| 음식 | 한식, 양식, | 6,000,000 | 하객인원수에 따라 |
| 행사장 대관 | 웨딩홀, 식당, 가든 | 150,000 | |
| 사진촬영 | 사진관 | 200,000 | |
| 비디오 촬영 | | 500,000 | |
| 주인공 의상비 | 한복 | 300,000 | 그 외 선물 증정 |
| 사회자 초청 | 전문사회자 | 300,000 | |
| 악사 초청 | 1인 | 300,000 | |
| 현수막 | 행사장내 | 50,000 | 주로 식당에서 협찬 |
| 케익 및 샴페인 | | 60,000 | |
| 상차림 | | 1,500,000 | 맞춤이거나 직접제작 |
| 숙박비 및 교통비 | 친인척 | 200,000 | |
| 예비비 및 뒤풀이 | 가족 | 500,000 | |
| 계 | | 13,110,000 | |

위의 자료는 대관을 하여 행사를 하는 것에  기준을 두었으며 상황에 따라 달라질 수 있는 것임.

④ 아기 돌 행사

이러한 행사는 가족과 친척들 그리고 하객들이 한자리에 모여 그야말로 아기를 위해 축하하는  자리이므로 회갑연회 처럼 여흥의 자리는 만들지 않는 것이다 또한 상차림에 있어서는 회갑연과 달리 아기를 위해 음식과 아기가 손으로 잡을 수 있는 물건을 같이 놓는데 상차림에 있어 아기가 좋아 할 수 있는 분위기로 만들어 놓는 것이 좋다.

아래의 사진에 보듯이 화려한 색상과 친밀감을 더하기 위하여 풍선장식과 가랜드 를 설치하였다.

고희 또는 회갑연하고 비슷한 내용으로서 행사장의 분위기를 연출하는데 있어서 다르다고 할 수 있겠다.

● 일반적인 행사 순서

1. 하객 영접
2. 사진 촬영
3. 주인공인 아기에게 축하 메시지 전달
3. 케잌 커팅(부모와 함께)
4. 오찬
5. 폐식

위의 사진은 아기 행사에 풍선장식과 상차림의 모습이다.

# 부 록

1. 철암 불의 축제에 관한 내용
2. 무대 예술전문인 양성 및 자격제도의 정착
3. 무대예술인 단기교육 프로그램 운영 확대
4. 무대음향자격증 시험
5. 화약 자격증 시험 안내
6. 화약 총포 관계 법령
7. 공연법 시행령
8. 전국 이벤트 업체현황
9. 전국 테마별 축제 일람표
10. 일본. 미국 이벤트 관리자 자격제도
11. 프로듀서의 단계별 업무 흐름
12. 이벤트 관련 용어 해설

# 1 철암 불의 축제 관련 내용

## 1) 전야제 공연 Cue sheet

| 시간 | 출 연 | 내 용 | sound | light | effect | 비고 |
|---|---|---|---|---|---|---|
| 40 | 홍성철 | 불점화 멘트 (대북 연주시작)<br>#장내에 모든 불이 꺼지고 조용한 가운데서 불의축제 취지 설명과 함께 저탄장위에서의 대북소리가 은은하게 들려온다.<br>#불이 하나 둘씩 점화되며 마지막 봉성대에 점화되면 (완전한 점화시)<br>**전반부**<br>성화대에 불꽃이 점화됨과 동시에 6″타상 연화의 SILVER COMET TAIL 을 발사하면서 철암 횃불놀이의 서막을 알린다. (음향 YANI곡을 웅장하게…)<br>3″,4″,5″ 연화의 상승고도 100-200M의 고도 차이를 이용 연속발사 기법으로 국화. 버들, 링, 목단,FLYING FISH 등 다양한 종류의 연화를 순차적으로 리듬감 있게 연출하여 관객들에게 여러 가지 연화의 기능을 감상 할 수 있도록 하며 지상 50-60M 사이의 밑그림 연출은 FLMING BALL, CROSS TAIL,VALCAN TAIL,75′S COMET 등 특수화약을 현장여건에 맡게 60-80M 가량 펼쳐 병풍효과를 연출한다.<br>**중반부**<br>3″,4″,5″, 등 연화의 고도차이 연출은 전반부와 대동소이하나 관객들의 즐거움을 더하기 위하여 연속적으로 꼬리를 물고 소리를 내며 상승하는 수백의 WHISTLE을 일정간격으로 발사하여 환호성이 절로 나올 수 있도록 연화의 아기자기함과 웅장함을 만끽 할 수 있는 연출기법이 도입된다.<br>**후반부**<br>타상 행사용 특수효과화약 5″SILVER MINE,3″RED MINE 발사와 동시에 또다시 병풍효과가 재연되며 수많은 화약의 별들이 관객에게 다가 올 것 같은 시각적인 연출이 이루어진다.<br>대형10″,8″ 연화가 순차적으로 발사되면서 아름다운 불꽃의 향연이 계속되고 형형색색의 목단, 국화 류 등이 다시 동시발사기법이 도입 되여 하늘을 덮을 것 같은 연출을 정점으로 철암 횃불놀이의 대미를 마감한다. | C.D | sky rose | 한국화약 | 대본 |

| 시간 | 출 연 | 내 용 | sound | light | effect | 비고 |
|---|---|---|---|---|---|---|
| 5 | 홍성철 | open멘트<br>#지금부터 제3회 철암 불의축제 전야제 공연을 국내 최대의 저탄장이 자리 잡고 있는 이곳! 하늘이 맞닿고 땅이 흔들리며 불이 용솟음치는 철암! 바로 여러분의 애환이 서린 이곳에서 화려한 막을 올리겠습니다 | | | 2set<br>5초분수 | |
| 30 | 합창단 | 수화) 너의 곁으로 당신은 사랑받기위하9명<br>철암중고교) 고향의 봄, 농부가, 훨훨 날아요 35명<br>어머니)꿈, 내마음의 강물, 너의 곁으로, 25명<br>(음향 경쾌한 곡) | 유선<br>mic4 | | | 철암고교<br>582.7821<br>(피아노 운반요) |
| 15 | 무용 | 현)강원도 한국무용 협회 김희정무용학원 경영/태백시노인대학 무용 강사<br>안무 김희정(살풀이) | C.D | Sport | fog | |
| 10 | 가수 | 지역가수(미정: 김경자)<br>프로필: 2003년 강원도 주부가요제 노래의 여왕상 수상/현) . | elfe | | co2 | |
| 15 | 곽규호 | 원맨쇼 및 트럼펫연주 | | | | |
| 15 | 나운하 | | M.R | | 5초분수 | |
| 5 | 각설이 | 각설이 타령외 노래 2곡 황지여상 동문 2명 | 무선<br>mic2 | | co2 | |
| 15 | 전미경 | 장녹수,외 2곡 | M.R | | co2<br>2time | 프로덕션<br>사랑과<br>평화 |
| 15 | 김동현 | 사물놀이 4명 | mic4 | | | |
| 20 | 댄스 | 고교 연합팀 | C.D | | co2<br>fountain | |
| 0 | 홍성철 | 마감멘트<br>#10일 행사 안내/행사장정리유도/<br>(경쾌한 음악) | | | fountain | |
| 145 | | | | | | |

## 2) 공연 프로그램

| 시간 | 출 연 | 내 용 | 음향 | 조명 | 특효 | 비고 |
|---|---|---|---|---|---|---|
| 5 | 홍성철 | open멘트 | | | | |
| 10 | 특공무술 | | | | fog | |
| 30 | 댄 스 | 강원랜드 공연단 | | | | |
| 5 | 학 생 | 스포츠댄스 | C.D | | CO2 | |
| 10 | 관광대 | 이벤트동아리 지도교수: 정호권 | C.D | | CO2 | |
| 20 | 댄 스 | 고교 연합팀 | C.D | | | |
| 90 | 주 민 | 주민 노래자랑 | elfe | | | |
| 10 | 가 수 | 지역가수 | C.D | | | |
| 15 | 시 상 | | | | | |
| | | | | | | |
| | | | | | | |
| 180 | | | | | | |

### 3) 예산 견적서

| 사업명 | 사업비 | | | 사업내역 |
|---|---|---|---|---|
| | 계 | 보조금 | 자부담 | |
| 불의축제 | 6,500 | | 0 | · 플래카드 및 표지판:2,500,000<br>· 팜플랫 및 유인물:6만부=2,000,000<br>· 애드벌룬:3구×500=1,500,000<br>· 봉투 및 초청장=500,000 |
| | 2,115 | 15 | 0 | · 기념품 T셔츠 700장×3=2,100,000<br>· 부채 및 치약100set(태백우체국 후원)<br>· 상장20장 및 표지5개×3,000=15,000 |
| | 3,300 | 3,300 | 2,000 | · 사회자=800,000<br>· 한서경외댄스2명,선우혜경=4,000,000<br>· 댄스2팀=200,000<br>· 국악협회=1,000,000 |
| | 4,200 | 4,200 | 6,000 | · 무대, 조명, 음향, 발전차 |
| | | | 4,000 | · 특수효과=4,000,000 |
| | | | 1,000 | · 무대특효=1,000,000 |
| | 485 | 485 | 1,000 | · 스텝 숙박비 2실=70,000<br>· 식대=61,000 |
| | 2,000 | | 0 | |
| | 2,000 | | 500 | · 풍물=200,000<br>· 김희정 무용=300,000 |
| | 1,000 | | 300 | · 막걸리=300,000 |
| | 5,400 | | 2,000 | · 기획료=2,000,000 |
| | 20,600 | 8,000 | 16,800 | |

### 4) 각종 계약서

● 출연 및 사례금 견본

출연 및 사례비 지급 명세서

일금 　　　　　　　　　　원정

위 금액을 제3회 　　　　　　의 축제 　　　　　　비로 수령합니다.

2004. 10. 10

소　　속 :

성　　명 : 　　　　　　　　(인)

주민번호 :

축 제 위 원 장

## 광고사 계약서 견본

NO ______

# 견 적 서

2004 년 9 월 일

의축제 (귀하)

납 품 명 팜플렛,전단지,상품권,포스터

아래와같이 견적합니다

| 공급자 | 등록 번호 | 222-05-89288 | |
|---|---|---|---|
| | 상 호 | 써치타임 | |
| | 사 업 장 소 재 지 | 강원도 태백시 황지동 439 | |
| | 업 태 | 서비스 | 광고대행및 광고물작성 |

견적금액 : 一金 백구십팔만팔천원정 ₩1,988,000

| NO | 품 명 | 규격 | 수량 | 단가 | 공급가격 | 세액 | 비고 |
|---|---|---|---|---|---|---|---|
| 1 | 팜플렛 | A4 | 1000부 | | 858,000 | | |
| 2 | 전단지 | 16절 | 3R양면 | | 450,000 | | |
| 3 | 상품권 | | 1000장 | | 100,000 | | |
| 4 | 포스터 | 2절 | 1000부 | | 300,000 | | |
| 5 | 신문삽지비용 | | 24000부 | | 280,000 | | |
| 6 | | | | | | | |
| 7 | | | | | | | |
| 8 | | | | | | | |
| 9 | | | | | | | |
| 10 | | | | | | | |
| 11 | | | | | | | |
| 12 | | | | | | | |
| 13 | | | | | | | |
| 14 | | | | | | | |
| 15 | | | | | | | |
| | | | | | | | |
| | | | | | | | |
| | | | | | | | |
| | | | | | | | |
| 합계 | | | | | 1,988,000 | | |
| VAT 별도 | | | | | | | |

● 행사 계약서 견본

## 제1회 철암 불의 축제 계약서

2004년도 철암살리기추진위원회에서 주최하는 제1회불의축제행사에 따른 기획 연출 및 설치에 따른 계약체결에 있어 주최인 철암 살리기 추진위원회를 "갑"이라 하고 기획 및 설치 당사자인 진이벤트기획사 대표 김경진을 "을"이라 칭하며 다음과 같이 계약을 체결한다.

- 다　　음 -

1. 행 사 명 : 제1회 불의축제
2. 행사시간 ; 2004년 10월 9일, 10일(2일간)
3. 장　　소 : 대한석탄공사 철암생산부 주차광장
4. 계약내용

가. 내역

1) 장비설치(　　　　원)

2) 기획, 연출(　　　　원)

3) 홍보비(　　　　원)

4) 섭외비(　　　　원)

5) 장비설치계약금액

나. 내역

1) 무대장치 : 25평 × 1식 =　　　　원(2일)

2) 음향장치 : 20KW × 1식 =　　　　원(2일)

3) 조명장치 : 250KW =　　　　원(2일)

4) 특수조명 : 맥8대 =　　　　원(2일)

5. 특수효과 : CO2, 비누방울, 분수, 에어샷 =　　　　원(1일)

6) 발전차 : 무소음탑재차량 1대 =　　　　원

7) 부가세 별도

6. 계약금 및 계약 보증금 : 원

7. 기타사항

1) (목적) "갑"과 "을"은 계약서에 기재한 행사추진에 대하여 신의와 성실의 원칙에 입각하여 계약을 이행함을 목적으로 한다.

2) (소요경비명세서 제출)"을"은 계약체결 후 위의 계약내용에 대한 소요경비 산출명세서를 작성하여 "갑"에게 제출하며 "갑"은 제출된 소요예산 산출명세서에 대하여 "을과 합의하여 재작성 요구를 할 수 있다.

3) (예산집행) 계약서에 명기된 행사의 예산집행은 "을"이 본 계약에 첨부된 소요 경비 산출명세서에 의해 집행하여야 하며 "을"의 중대한 귀책사유로 행사진행이 이루어지지 않을 경우 "갑"은 "을"에게 가감 또는 시정요구를 할 수 있으며 이 경우 "을"은 "갑"에게 협조하여야 한다.

4) (손해배상) "갑"과 "을"은 다음의 사유에 의하여 상대방에게 손해배상을 한다.

① "을"의 귀책사유로 인하여 행사추진 및 진행이 되지 않을 때 붙임의 견적서 총액을 행사 후 15일 이내 배상하여야 한다.

② "을"은 원만한행사를 위하여 "갑"과 충분한 의논하여 안전사고의 예방에 만전을 기하여야 하며, 공연행사 진행중 발생하는 안전사고에 대해서는 "을"이 모든 책임을 진다.

③ 불의 축제 기획서 내용의 모든 권한은 "을"의 지적 소유권한이며 불의 축제의 행사를 원만히 진행하기 위해서 상호간의 협의가 충분히 이루어져야 한다.

④ 본 계약서이외의 사항에 대해서는 수시로 주최측과 협의 추진, 계약, 지불한다.

위 계약이 체결되었음을 증명하기 위하여 계약서 2통을 작성하여 쌍방 날인한 후 각각 1통씩 보관한다.

2004. 9. 12

"갑" : 철암살리기추진위원회 위원장 (인)

"을" : 진이벤트 기획 (인)

## 2 무대예술전문인 양성 및 자격제도의 정착

### 1) 국가자격제 도입 배경

- 국·공립 및 민간공연장은 날로 증가하고 있으나 전문예술전문인력의 부족으로 공연작품의 완성도를 높이는데 한계
- 무대기계·조명·음향분야 종사자들을 예술가로 인정하지 않는 사회적 인식 변화 필요
- 무대기계·조명·음향분야 무대예술전문인 국가자격제의 도입을 통하여 무대예술분야 전문인력 확충과 저변확대를 기하고자 공연법 제14조에서 동 자격제 도입

### 2) 제도개요

- 자격명칭 : 무대예술전문인
- 자격종류 : 무대기계·무대조명·무대음향
- 자격부여 : 문화관광부 지정 교육기관에서 소정의 교육과정을 이수하고, 문화관광부 지정 검정기관의 검정시험에 합격한 자에 대하여 문화관광부장관 명의의 자격증 부여
- 의무배치 : 객석 500석 이상 공연장중 국가 및 지방자치단체, 특별법인이 설립운영하거나 그 경영을 위탁한 공연장

● 의무배치대상 공연장 현황

| 배치대상공연장 | 공연장 수 | 의무배치대상 인원 | | |
|---|---|---|---|---|
| | | 무대기계 | 무대조명 | 무대음향 |
| 500~800석 미만 | 80 | 3급이상 80명 | 3급이상 80명 | 3급이상 80명 |
| 800~1,000석미만 | 27 | 2급이상 27명이상 | 2급이상 27명이상 | 2급이상 27명이상 |
| 1,000석이상 | 47 | 1급 47명이상 | 47 | 47 |
| 계 | 154 | 1급 47명이상 | 1급 47명이상 | 1급 47명이상 |

• 의무배치시기 : 2005. 1. 1

## 3) 추진체계

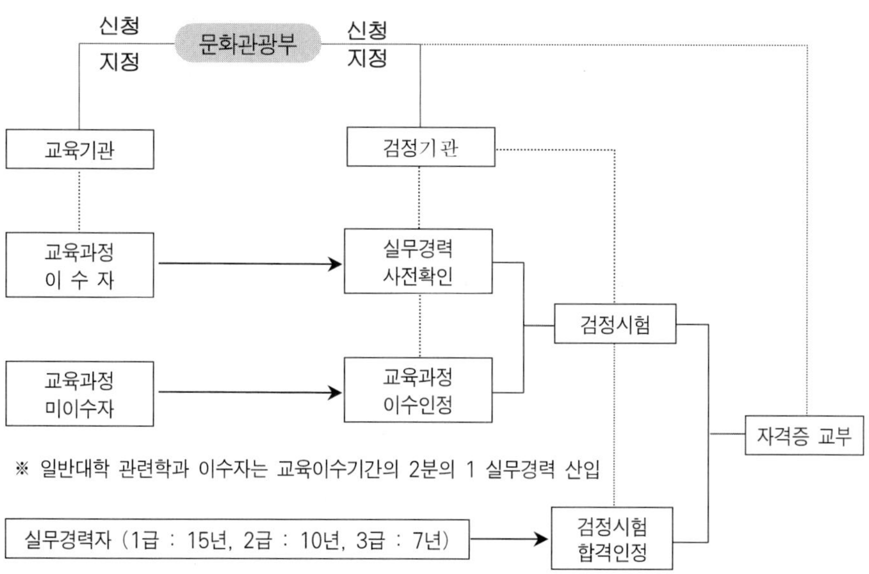

### 4) 등급별 응시기준

| 구분 | 교육과정 이수자 | 교육과정 미이수자 |
|---|---|---|
| 1급 | 1. 교육과정을 이수하고 검정기관이 인정하는 해당분야 실무경력이 4년 이상인자<br>2. 해당분야 무대예술전문인 2급 자격증 소지자 | 1. 검정기관이 인정하는 해당 분야 실무경력이 5년 이상인 자<br>2. 해당분야 무대예술전문인 2급 자격증 소지자 |
| 2급 | 1. 교육과정을 이수하고 검정기관이 인정하는 해당분야 실무경력이 2년 이상인자<br>2. 해당분야 무대예술전문인 3급 자격증 소지자 | 1. 검정기관이 인정하는 해당분야 실무경력이 3년 이상인자<br>2. 해당분야 무대예술전문인 3급 자격증 소지자 |
| 3급 | 교육과정을 이수한 자 | 검정기관이 인정하는 해당 분야 실무경력이 2년 이상인 자 |
| ※ 비고 : 문화관광부령이 정하는 인정기준에 따라, 검정기관이 인정하는 실무경력 1년 이상인 자에 대하여 고등교육법에 의한 전문대학·대학 또는 대학원(외국의 전문대학·대학·대학원을 포함한다)에서 검정기관이 인정하는 무대예술 또는 기계·전기·건축 등 관련분야를 이수한 경우 그 이수기간의 2분의 1을 해당분야 실무경력에 산입한다. | | |

### 5) 교육 및 검정기관 지정·운영

- 교육기관
  - 대상기관 : 무대예술전문인 교육과목을 개설하고 있는 전문대 이상의 대학 또는 직업 교육기관
  - 교육시간 : 750시간
  - 교육경비 : 교육기관이 문화관광부장관의 승인을 얻어 수강생에게 징수하되 예산의 범위 내에서 국고 일부 보조

☞ 교육기관 지정 현황 (2003.12. 현재)

| 지정일자 | 교육기관<br>개 설 자 | 교육기관명 | 교육과정 | 연락처 |
|---|---|---|---|---|
| '96.11.25 | 한국문화예술<br>진흥원 | 무대예술<br>아카데미 | 무대기계,조명,<br>음향분야 | 02-760-4656<br>경기도 고양 소재 |
| 2000.6.10 | 학교법인<br>계원학원 | 계원조형<br>예술대학<br>(공간예술학과) | 무대기계,조명,<br>음향분야 | 031-420-1870<br>경기도 의왕 소재 |
| 2000.10.17 | 학교법인<br>우암학원 | 전남과학대학<br>(모델이벤트학과) | 무대조명,음향분야 | 061-360-5122<br>전남 곡성 소재 |
| 2002.12.03 | 나주대학 | 나주대학<br>(방송연예제작과) | 무대기계,조명,<br>음향분야 | 061-330-7432<br>전남 나주 소재 |

● 검정기관

- 지정기관 : 국립중앙극장
  (무대예술전문인자격검정위원회/02-520-8182~3, 02-2274-1174)
- 주요업무 : 실무경력자에 대한 교육과정 이수 및 검정합격 인정, 검정업무 수행, 표준 교재 개발 및 보급, 문제은행 운영, 무대예술분야 용어 표준화 작업 등
- 검정경비 : 검정관련 경비는 응시자의 수수료 부담을 원칙으로 하고 표준 교재 개발 등에 대해서는 국고 지원

☞ 무대예술전문인 자격검정세칙 : 문화관광부 홈페이지 공개자료실 참조

### 6) 무대예술전문인제도 발전 방안 연구

- 사업주관 : 한국문화관광정책연구원
- 사업기간 : 2003~2004
- 발전방안
  - 무대예술전문인 자격종목 확대방안 검토
    - · 무대기계 → 무대기계와 무대장치로 세분화 검토
    - · 공연기획분야 신설 검토
  - 교육과정, 검정과목 및 검정방법에 관한 연구

### 7) 행정사항

- 시·도 및 시·군·구는 관할 공공 공연장에 법이 정한 무대예술전문인이 배치될 수 있도록 관련 공공 공연장 운영 조례 등을 조속 정비
  - 2001.12 공연법 개정을 통해 무대예술전문인 의무배치를 2005.1.1부터 시행하기로 한 바 있으므로 행정지도시 유의
- 시·도 및 시·군·구는 관할 지역 교육기관에 무대예술 전문인 교육기관 지정요건을 적극적으로 안내하여 교육기관 확충 유도

## 3 무대예술인 단기교육 프로그램 운영 확대

### 1) 단기교육 프로그램 개요

- 교육기관 : 한국문화예술진흥원(무대예술 연수회관)
- 소 재 지 : 경기도 고양시 사리현동 464-1

- 교육기관 지정일자 : '96. 11. 25 (문화관광부 지정)
- 교육대상
  - 국가 및 지방자치단체 소속 또는 위탁공연장 직원(비정규직 포함)중 공연기획, 무대기계 · 무대조명 · 무대음향, 기타 무대공연 담당자
  - 민간공연장 및 단체소속 종사원중 단기교육 희망자

## 2) 교육 프로그램 운영

- 단기교육과정 : ① 공연기획 과정 ② 무대기술 과정

※ 교육이수자중 공무원에 대하여는 교육훈련 실적 평정대상 전문교육과정에 반영

※ 무대예술전문인 교육기관의 장은 정규 교육과정과는 별도로 문화관광부장관의 승인을 얻어 무대예술전문인 직무분야에서 현재 그 직무에 종사하고 있는 자를 대상으로 공연법시행령 별표1의2의 규정에 의한 모든 교육과목을 심화 교육하는 초급과정 · 중급과정 · 고급과정의 3단계 단기과정(이하 "단기과정"이라 한다)을 상기 단기 교육 프로그램으로 운영하는 경우, 동 단기과정(단계별 30시간 이상, 총150시간 이상)을 이수한 자에 대하여는 공연법시행령 별표1의2의 교육과정을 이수한 것으로 간주

- 교육방법
  - 교육분야, 교육방법, 교육과목, 교육기간, 교육인원 등 교육에 필요한 사항은 교육기관이 정함
  - 교육기간은 1주이상을 원칙으로 하며 교육인원은 수요조사를 통하여 확정
- 교육절차
  - 교육기관장은 매년 1월31일까지 교육계획 공고
    (필요한 경우 문화관광부에 국립공연장 및 시 · 도에 통지 의뢰)
  - 시 · 도 및 국립공연장은 교육계획에 따라 교육대상자를 선정하여 교육기관에 통보

- 교육기관은 교육종료 후 1월 이내에 교육결과를 문화관광부에 보고하고, 이수자 명단 및 성적을 교육대장에 등재

- 교육경비
  - 의무대상자 : 국가 및 지방자치단체에서 부담
  - 임의대상자 : 소속공연장, 단체의 장 또는 본인 부담
- 평가 및 포상
  - 교육기관이 공정하고 객관적인 평가방법 지정 시행
  - 교육과정별 최우수자에 대하여는 문화관광부장관상 시상

### 3) 교육기관 확대 운영

- 확대대상 기관
  - 무대예술전문인 교육기관으로 지정된 기관중 단기 교육 프로그램 운영을 희망하는 기관
  - 시·도 공무원 교육원이나 공공 공연장
- 교육과정, 방법, 절차, 경비, 평가 및 포상은 문예진흥원의 교육프로그램 준용

### 4) 행정사항

- 시·도 및 시·군·구는 단기 교육기관이 교육목적을 위해 산하공연장 시설을 교육목적에 사용하고자 요청하는 경우 적극 협조
- 시·도 및 시·군·구는 단기교육 프로그램 운영이 활성화될 수 있도록 필요한 조치 강구
- 교육기관은 동 기본계획에 따라 업무 처리

# 4 무대음향자격증 시험

- 개요

무대장치를 포함한 무대기계에 대한 전문 지식을 보유한 자로서
공연진행의 안전을 위한 전문가를 양성하기 위해 도입 시행.

- 수행직무

무대시설의 안전을 책임지고 공연의 원활한 진행을 위하여
종합적이고 지속적인 관리 및 유지 업무를 수행.

- 시험과목

- 필기 :
  [공통] 공연장 안전 및 공연장 관련법규, 무대용어 및 무대상식, 무대기술
  [전공] 무대기계, 무대조명, 무대음향 중 택1전공
- 실기 :
  [무대기계] 무대기계 또는 설비의 조작·운영
  무대장치의 설치·전환
  [무대조명] 조명기의 설치·조작·운영
  조명제어
  [무대음향] 음향기기의 설치·조작·운영

- 응시자격

- 무대예술전문인 교육과정 이수자
  검정기관(Ex:대학교)으로부터 2년 이상의 교육과정이수인정을 받은자

## 5 화약자격증 시험 안내

토목, 광업, 채석분야에서 구조물 철거, 혹은 유용자원을 개발하기 위해 사용하는 화약류는 운반과 취급에 철저한 안전관리가 요구된다. 이를 위해 화약류전반과 발파 및 굴착에 대한 공학적 지식과 실무경험을 겸비한 전문 인력을 양성하여 작업현장과 화약류관리에 안전성을 높이고자 자격제도 제정.

건설, 석산 및 광업 분야에 화약류의 저장, 취급, 운반 등의 안전관리를 위한 화약류저장 및 취급의 규정준수, 위해 예방 규정의 준수, 안전교육 및 정기안전점검 등과 같은 활동을 지도, 감독하는 화약류관리보안책임자의 직무를 수행.

① 시 행 처 : 한국산업인력공단 (☎ 02-3271-9190~1)
② 관련학과 : 대학의 토목학, 자원공학, 화학공학 등 관련학과.
③ 훈련기관 : 일반사설학원
④ 시험과목

* 필기시험 *

순번 과목코드 과목명
1. I5540 일반화약학
2. G0340 발파공학
3. I0240 암석역학
4. P1240 화약류단속관계법규
5. B4500 굴착공학

• 시험과목 출제 기준

화 약 학 1. 화약류의 일반 2. 화약류의 종류 및 특성 3. 성능 및 시험방법
4. 화약류 사용(선정, 취급, 저장, 폐기)

발 파 학 1. 발파이론 2. 기본 발파 3. 발파 방법 4. 발파환경 문제
암석역학 1. 물체의 역학적 성질 2. 강도와 파괴 3. 암석강도와 그 시험법
4. 암석의 실용시험 5. 암석의 변형 6. 암반의 역학적 성질과 그 시험법
굴착공학 1. NATM공법 2. 토질사면의 안정해석 3. 터널해석 4. 암반분류
법 규 1. 화약류 단속법 2. 화약류 단속법 시행령 3. 화약류 단속법 시행규칙

* 실기시험 *
- 주관식 필기시험
- 작업형 시험

>>.작업 1단계 : 발파설계 작업
>>.작업 2단계 : 발파 작업
>>.작업 3단계 :진동 및 소음, 시험법 작업

⑤ 검정방법
- 필기 : 과목당 객관식 20문항 (과목당30분)
- 실기 : 작업형 (1시간 30분 정도, 배점 30점), 필답형 (1시간 30분, 배점 70점)

등급 검정방법 시험과목 실기비율

(이론 : 작업)
기술사 1차 필기시험 1. 화약학 2. 발파학 3. 암석역학 4. 암석학 5. 화약류 취급 및 발파에 관한사항 -
2차 면접시험

기 사 1차 필기시험 1.화약학 2.발파학 3.암석역학 4.굴착공학 5.법규 70 : 30
2차 면접시험 이론과 화약류 취급 및 발파작업

산업기사 1차 필기시험 1.화약학 2.발파학 3.암석역학 4.법규 70 : 30
2차 면접시험 이론과 화약류 취급 및 발파작업

기능사 1차 필기시험 1.화약 및 발파(굴착포함) 2.법규 3.암석 및 지질 50 : 50
2차 면접시험 이론과 화약류취급 및 발파작업

- 필기시험 : 과목당 40점 이상 전 과목 평균 60점 이상 합격
- 실기시험 : 100점 만점에 60점 이상 합격
  - 주관식 필기시험 70점 배당
  - 작업형 시험 30점 배당

>>작업 1단계 : 8점 배당
>>작업 2단계 : 14점 배당
>>작업 3단계 : 8점 배당

- 면접시험 : 100점 만점에 60점 이상 합격

전문구조물 해체업체, 건설업체, 토목공사업체, 채석장 등에 진출하여 구조물 해체 및 발파작업을 하거나 터널굴착, 지하공간개발, 택지조성 등의 업무를 담당할 수 있다.

또는 화약류제조·판매업체, 저장소 등에 진출하기도 한다.

화약을 이용한 구조물 해체는 안전성, 신속성, 경제성을 고려할 때 많은 장점이 있어 활용도가 커지고 있는데 이와 관련해 화약류를 안전하게 관리하고 발파작업 전반을 지도할 전문가의 수요도 꾸준할 것으로 보인다. 또한 지하철건설을 포함해 다각적인 지하 공간 개발의 개발도 화약류 관리전문가의 수요를 늘이는 요인으로 작용 할 전망 이다. 그리고 자격증 취득 후 경찰청이나 발급하는 면허증을 교부받아 1급 화약류관리 보안책임자로 일할 수 있는데 「총포·도검· 화약류 등 단속법」에 의하면 월 2톤 이상의 화약 또는 폭약을 사용하는 현장에서는 1급 화약류

관리보안 책임자를 선임 하도록 되어 있어 자격증 취득 시 취업이 유리한 편이다.

- 한국산업인력공단
- www.hrdkorea.or.kr

# 6 화약총포관계법령

총포. 도검. 화약류단속법

| | | |
|---|---|---|
| 전문개정 | 1984· 8· 4 | 法律 第3743號 |
| 일부개정 | 1986·12·31 | 法律第3876號 |
| 일부개정 | 1989·12·30 | 法律第4154號 |
| 일부개정 | 1991· 5·31 | 法律第4369號(警察法) |
| 일부개정 | 1995·12· 6 | 法律第4989號 |
| 일부개정 | 1996·12·30 | 法律第5201號 |
| 일부개정 | 1997·12·13 | 法律第5453號(行政節次法의施行에따른公認會計士法등의整備에관한法律) |
| 일부개정 | 1999· 3·31 | 法律第5938號 |
| 일부개정 | 2001· 1·26 | 법률제6386호 |
| 일부개정 | 2003. 7. 29 | 법률제06948호 |

## 第 1 章 總 則

제1조(目的) 이 법은 총포·도검·화약류·분사기·전자충격기·석궁의 제조·거래·소지·사용 그밖의 취급에 관한 사항을 규제하여 총포·도검·화약류·분사기·전자충격기·석궁으로 인한 위험과 재해를 미리 방지함으로써 공공의 안전을 유지하는데 이바지함을 목적으로 한다. <改正 1989.12.30, 1995.12.6>

제2조 (定義) ①이 법에서 "총포"라 함은 권총·소총·기관총·포·엽총, 금속성 탄알이나 가스등을 쏠 수 있는 장약총포, 공기총(압축가스를 이용하는 것을 포함한다. 이하 같다) 및 총포신·기관부 등 그 부품(이하 "부품"이라 한다)으로서 대통령령이 정하는 것을 말한다. <개정 1995.12.6, 2003.7.29>

②이 법에서 "도검"이라 함은 칼날의 길이가 15센티미터이상 되는 칼·검·창·치도(雉刀)·비수등으로서 성질상 흉기로 쓰여지는 것과 칼날의 길이가 15센티미터미만이라 할지라도 흉기로 사용될 위험성이 뚜렷이 있는 것중에서 대통령령이 정하는 것을 말한다.

③이 법에서 "화약류"라 함은 다음 각호의 화약·폭약 및 화공품(火工品:화약 및 폭약을 써서 만든 공작물을 말한다. 이하 같다)을 말한다. <改正 1989.12.30, 1995.12.6, 1999.3.31>

1. 화약
   가. 흑색화약 또는 질산염을 주성분으로 하는 화약
   나. 무연화약 또는 질산에스테르를 주성분으로 하는 화약
   다. 그밖에 "가"목 및 "나"목의 화약과 비슷한 추진적 폭발에 사용될 수 있는 것으로서 대통령령이 정하는 것
2. 폭약
   가. 뇌홍·아지화연·로단염류·테트라센등의 기폭제
   나. 초안폭약·염소산칼리폭약·카리트 그밖의 질산염·염소산염 또는 과염소산염을 주성분으로 하는 폭약
   다. 니트로글리세린·니트로글리콜 그밖의 폭약으로 사용되는 질산에스테르
   라. 다이나마이트 그밖의 질산에스테르를 주성분으로 하는 폭약
   마. 폭발에 쓰이는 트리니트로벤젠·트리니트로토루엔·피크린산·트리니트로클로로벤젠·테트릴·트리니트로아니졸·핵사니트로디페닐아민·트리메틸렌트리니트라민·펜트리트 및 니트로기 3이상이 들어 있는 그밖의 니트로화합물과 이들을 주성분으로 하는 폭약
   바. 액체산소폭약 그밖의 액체폭약

사. 그밖의 "가"목 내지 "바"목의 폭약과 비슷한 파괴적 폭발에 사용될 수 있는 것으로서 대통령령이 정하는 것

3. 화공품

가. 공업용뇌관·전기뇌관·총용뇌관 및 신호뇌관

나. 실탄(實彈:산탄을 포함한다. 이하 같다) 및 공포탄(空包彈)

다. 신관 및 화관

라. 도폭선·미진동파쇄기·도화선 및 전기도화선

마. 신호염관·신호화전 및 신호용화공품

바. 시동약(始動藥)

사. 꽃불 그밖의 화약이나 폭약을 사용한 화공품

아. 장난감용 꽃불등으로서 행정자치부령이 정하는 것

자. 자동차 긴급신호용 불꽃신호기

차. 자동차에어백용 가스발생기

④이 법에서 "분사기"라 함은 사람의 활동을 일시적으로 곤란하게 하는 최루 또는 질식등의 작용제를 분사할 수 있는 기기로서 대통령령이 정하는 것을 말한다. <新設 1989.12.30>

⑤이 법에서 "전자충격기"라 함은 사람의 활동을 일시적으로 곤란하게 하거나 인명에 위해를 가하는 전류를 방류할 수 있는 기기로서 대통령령이 정하는 것을 말한다. <新設 1989.12.30>

⑥이 법에서 "석궁"이라 함은 활과 총의 원리를 이용하여 화살등의 물체를 발사하여 인명에 위해를 줄 수 있는 것으로서 대통령령이 정하는 것을 말한다. <新設 1995.12.6>

**第3條**(적용의 배제) ①제2조제3항제3호 "아"목의 장난감용 꽃불류에 대하여는 제6조 내지 제8조, 제10조, 제12조, 제13조, 제18조 내지 제21조, 제23조, 제32조 및 제35조의 규정을 적용하지 아니한다. 다만, 장난감용 꽃불류에 관하여 제4조·제9조 또는 제25조의 규정에 의한 허가를 받는 사람의 경우에는 제6조 내지 제8조, 제10조, 제12조, 제18조, 제21조 및 제23조의 규정만을 적용하지 아니한다. <개

정 2001.1.26>

②제2조제3항제3호 "차"목의 자동차에어백용 가스발생기에 대하여는 제4조 및 제5조의 규정을 제외하고 이 법을 적용하지 아니한다.

③군수용으로 제조·판매·수출·수입 또는 관리되는 총포·도검·화약류·분사기·전자충격기·석궁에 대하여는 이 법을 적용하지 아니한다.

④수출하기 위한 목적으로 제조되는 총포·도검·화약류·분사기·전자충격기 및 석궁에 대하여는 제4조제1항 및 제2항의 해당종류별 제조허가에 관한 구조 및 성능기준을 적용하지 아니한다. <신설 1999.3.31>

[全文改正 1995.12.6]

## 第2章 銃砲·刀劍·火藥類·噴射器·電子衝擊器·石弓의 製造·販賣등

제4조(製造業의 許可) ①총포·화약류의 제조업(총포의 개조·수리업과 화약류의 변형·가공업을 포함한다. 이하 같다)을 영위하고자 하는 사람은 제조소마다 행정자치부령이 정하는 바에 의하여 경찰청장의 허가를 받아야 한다. 제조소의 위치·구조·시설 또는 설비를 변경하거나 제조하는 총포·화약류의 종류 또는 제조방법을 변경하고자 하는 때에도 또한 같다. <改正 1989.12.30, 1991.5.31, 1995.12.6, 1999.3.31>

②도검·분사기·전자충격기·석궁의 제조업을 영위하고자 하는 사람은 제조소마다 행정자치부령이 정하는 바에 의하여 제조소의 소재지를 관할하는 지방경찰청장의 허가를 받아야 한다. 제조소의 위치·구조·시설 또는 설비를 변경하거나 제조하는 도검·분사기·전자충격기·석궁의 종류 또는 제조방법을 변경하고자 하는 때에도 또한 같다. <新設 1995.12.6, 1999.3.31>

③제1항 또는 제2항의 규정에 의하여 총포·도검·화약류·분사기·전자충격기·석궁 제조업의 허가를 받은 사람(이하 "제조업자"라 한다)이 아니면 총포·도검·화약류·분사기·전자충격기·석궁을 제조하지 못한다. 다만, 화약류를 물리·화학상의

실험 또는 의료의 목적으로 사용하기 위하여 대통령령이 정하는 종류와 수량이하를 제조하는 경우에는 그러하지 아니하다. <改正 1995.12.6>

④제45조제1항의 규정에 의하여 허가가 취소된 후 6월이 지나지 아니한 경우에 그 영업장소에서 같은 종류의 영업을 하고자 하는 때에는 제1항 또는 제2항의 규정에 의한 허가를 할 수 없다. <신설 2003.7.29>

⑤총포·도검·화약류·분사기·전자충격기·석궁의 제조에 관한 시설 및 기술의 기준은 대통령령으로 정한다. <개정 1989.12.30, 1995.12.6>

제4조의2(제조업자의 지위승계) ①제조업자가 사망하거나 그 제조업을 양도한 때에는 상속인 또는 제조업을 양수한 자는 그 제조업자의 지위를 승계한다.

②민사집행법에 의한 경매, 파산법에 의한 환가, 국세징수법·관세법 또는 지방세법에 의한 압류재산의 매각 그 밖에 이에 준하는 절차에 따라 영업시설의 전부를 인수한 자는 그 제조업자의 지위를 승계한다.

③제1항 또는 제2항의 규정에 의하여 제조업자의 지위를 승계한 사람은 1월 이내에 행정자치부령이 정하는 바에 따라 경찰청장 또는 지방경찰청장에게 승계사실을 신고하여야 한다.

④제5조의 규정은 제1항 또는 제2항의 규정에 의한 제조업자의 지위승계에 관하여 이를 준용한다. 다만, 상속인이 제5조 각호의 1에 해당하는 경우 상속받은 날부터 3월동안은 그러하지 아니하다.

[본조신설 2003.7.29]

제5조 (製造業者의 缺格事由) 다음 각호의 1에 해당하는 사람은 총포·도검·화약류·분사기·전자충격기·석궁제조업의 허가를 받을 수 없다. <改正 1989.12.30, 1995.12.6, 2001.1.26>

1. 금고이상의 형의 선고를 받고 그 집행이 끝나거나 집행을 받지 아니하기로 확정된 후 3년이 지나지 아니한 사람
2. 금고이상의 형의 집행유예선고를 받고 그 집행유예의 기간이 끝난 날로부터 1년이 지나지 아니한 사람
3. 심신상실자, 마약·대마·향정신성의약품 또는 알콜의 중독자 그밖에 이에 준하

는 정신장애인

4. 20세미만인 사람·금치산자 또는 한정치산자

5. 파산자로서 복권되지 아니한 사람

6. 제45조제1항의 규정에 의하여 허가취소처분을 받고 3년이 지나지 아니한 사람

7. 임원중에 제1호 내지 제6호의 1에 해당하는 사람이 있는 법인 또는 단체

제6조(販賣業의 許可) ①총포·도검·화약류·분사기·전자충격기·석궁의 판매업을 영위하고자 하는 사람은 판매소마다 행정자치부령이 정하는 바에 의하여 판매소의 소재지를 관할하는 지방경찰청장의 허가를 받아야 한다. 판매소의 위치·구조·시설 또는 설비를 변경하거나 판매하는 총포·도검·화약류·분사기·전자충격기·석궁의 종류를 변경하고자 하는 때에도 또한 같다. <改正 1989.12.30, 1991.5.31, 1995.12.6, 1999.3.31>

②제1항의 규정에 의하여 총포·도검·화약류·분사기·전자충격기·석궁판매업의 허가를 받은 사람(이하 "판매업자"라 한다)이 아니면 총포·도검·화약류·분사기·전자충격기·석궁을 판매(분사기 판매의 경우 분사기에 최루 또는 질식등의 작용제를 충전하는 것을 포함한다. 이하 같다)하지 못한다. 다만, 제조업자가 그 제조한 총포·도검·화약류·분사기·전자충격기·석궁을 제조소에서 직접 판매하거나 총포판매업자가 대통령령이 정하는 범위 안에서 판매허가를 받은 총포의 실탄 또는 공포탄을 판매하는 경우에는 그러하지 아니하다. <改正 1989.12.30, 1995.12.6>

③제45조제1항의 규정에 의하여 허가가 취소된 후 6월이 지나지 아니한 경우에 그 영업장소에서 같은 종류의 영업을 하고자 하는 때에는 제1항의 규정에 의한 허가를 할 수 없다. <신설 2003.7.29>

④제1항의 규정에 의한 총포·도검·화약류·분사기·전자충격기·석궁판매업의 시설기준은 대통령령으로 정한다. <개정 1989.12.30, 1995.12.6>

제6조의2(판매업자의 지위승계) 제4조의2의 규정은 판매업자가 사망하거나 판매업을 양도한 경우에 이를 준용한다. 이 경우 "경찰청장 또는 지방경찰청장"은 "지방경찰청장"으로 본다.

[본조신설 2003.7.29]

第7조(販賣業者의 缺格事由) 제5조의 규정은 총포·도검·화약류·분사기·전자충격기·석궁판매업의 허가의 경우에 이를 준용한다. <改正 1989.12.30, 1995.12.6>

第8조(行商과 屋外販賣금지) 총포·도검·화약류·분사기·전자충격기·석궁은 행상으로나 노점 그밖의 옥외에서 이를 판매하지 못한다. <改正 1989.12.30, 1995.12.6>

第9조(輸出入의 許可등) ①총포·화약류를 수출 또는 수입하고자 하는 사람은 행정자치부령이 정하는 바에 의하여 그때마다 경찰청장의 허가를 받아야 한다. <改正 1989.12.30, 1991.5.31, 1995.12.6, 1999.3.31>

②도검·분사기·전자충격기·석궁을 수출 또는 수입하고자 하는 사람은 행정자치부령이 정하는 바에 의하여 그때마다 주된 사업장의 소재지를 관할하는 지방경찰청장의 허가를 받아야 한다. <新設 1995.12.6, 1999.3.31>

③제1항 또는 제2항의 규정에 의하여 수출 또는 수입허가를 받을 수 있는 사람은 제조업자 또는 판매업자에 한한다. 다만, 국가기관 또는 지방자치단체에서 사용하고자 하는 것으로서 경찰청장의 승인을 얻은 경우에는 그러하지 아니하다. <新設 1995.12.6, 1996.12.30>

④경찰청장 또는 지방경찰청장은 공공의 안전유지를 위하여 필요하다고 인정되는 때에는 총포·도검·화약류·분사기·전자충격기·석궁의 수출 또는 수입을 제한하거나 허가하지 아니할 수 있다. <改正 1989.12.30, 1991.5.31, 1995.12.6>

⑤화약류를 수입한 사람은 지체없이 행정자치부령이 정하는 바에 의하여 수입지를 관할하는 경찰서장에게 신고하여야 한다. <개정 1999.3.31>

## 第3章 銃砲·刀劍·火藥類·噴射器·電子衝擊器·石弓의 소지와 사용

제10조(所持의 금지) 누구든지 다음 각호의 1에 해당하는 경우를 제외하고는 허가없이 총포·도검·화약류·분사기·전자충격기·석궁을 소지하여서는 아니된다. <改正 1989.12.30, 1991.5.31, 1995.12.6>

1. 법령에 의하여 직무상 총포·도검·화약류·분사기·전자충격기·석궁을 소지하는

경우

2. 제4조제1항 또는 제2항의 규정에 의한 제조업자가 그가 제조한 총포·도검·화약류·분사기·전자충격기·석궁을 소지하는 경우
3. 제4조제3항 단서의 규정에 의하여 화약류를 제조한 사람이 그가 제조한 화약류를 소지하는 경우
4. 제6조제1항의 규정에 의한 판매업자가 총포·도검·화약류·분사기·전자충격기·석궁을 소지하는 경우
5. 제6조제1항의 규정에 의한 총포판매업자가 같은조제2항 단서의 규정에 의하여 판매하는 총용실탄 또는 공포탄을 소지하는 경우
6. 제9조제1항 또는 제2항의 규정에 의하여 수출입허가를 받는 사람이 그 총포·도검·화약류·분사기·전자충격기를 소지하는 경우
7. 제18조제1항의 규정에 의한 화약류의 사용허가를 받은 사람(제18조제1항 단서의 규정에 의하여 사용허가를 받지 아니하여도 되는 사람을 포함한다)이 그 화약류를 소지하는 경우
8. 제21조제1항의 규정에 의한 화약류의 양수허가를 받은 사람(제21조제1항 단서의 규정에 의하여 경찰서장의 양수허가를 받지 아니하여도 되는 사람을 포함한다)이 그 화약류를 소지하는 경우
9. 제2호 내지 제8호의 1에 해당하는 사람의 종업원이 그 직무상 총포·도검·화약류·분사기·전자충격기·석궁을 소지하는 경우
10. 대통령령이 정하는 사람이 총포·도검·화약류·분사기·전자충격기·석궁을 소지하는 경우

제11조(模擬銃砲의 製造·販賣·所持의 금지) ①누구든지 총포와 아주 비슷하게 보이는 것으로서 대통령령이 정하는 것(이하 "모의총포"라 한다)을 제조·판매 또는 소지하지 못한다. 다만, 수출하기 위한 목적으로 모의총포를 제조·판매 또는 소지하는 경우에는 그러하지 아니하다. <改正 1989.12.30>

②제1항 단서의 규정에 의하여 수출하기 위한 목적으로 모의총포를 제조하는 경우에는 행정자치부령이 정하는 바에 의하여 제조소의 소재지를 관할하는 경

찰서장에게 신고하여야 한다. <개정 1999.3.31>

제12조(銃砲·刀劍·火藥類·噴射器·電子衝擊器·石弓의 소지許可) ①제10조 각호의 1에 해당되지 아니하는 사람이 총포·도검·화약류·분사기·전자충격기·석궁을 소지하고자 하는 때에는 행정자치부령이 정하는 바에 의하여 총포의 경우에는 주소지를 관할하는 지방경찰청장의, 도검·화약류·분사기 및 전자충격기·석궁의 경우에는 주소지를 관할하는 경찰서장의 허가를 각각 받아야 한다. 다만, 총포중 엽총·가스발사총·공기총·마취총·도살총·산업용총·구난구명총 또는 그 부품을 소지하고자 하는 때에는 주소지를 관할하는 경찰서장의 허가를 받아야 한다. <개정 1989.12.30, 1991.5.31, 1995.12.6, 1999.3.31, 2001.1.26, 2003.7.29>

②건설공사·경비등을 위하여 법인의 대표자 또는 대리인·사용인 기타 종업원이 산업용총·가스발사총·분사기 또는 전자충격기를 소지하고자 하는 때에는 그 법인의 대표자가 허가를 받고자 하는 산업용총·가스발사총·분사기 또는 전자충격기의 수 및 이를 소지할 사람을 특정하여 그 법인의 주된 사업장의 소재지를 관할하는 경찰서장의 허가를 받아야 한다. 이 경우 가스발사총의 소지허가는 이를 소지할 사람이 관계법령에 의하여 무기를 휴대할 수 있는 경우에 한한다. <新設 1995.12.6>

③총포·도검·화약류·분사기·전자충격기·석궁의 소지허가의 범위는 그 종류 및 용도별로 대통령령이 정한다. <改正 1989.12.30, 1995.12.6>

제13조(銃砲·刀劍·火藥類·噴射器·電子衝擊器·石弓所持者의 缺格事由등) ①다음 각호의 1에 해당하는 사람은 총포·도검·화약류·분사기·전자충격기·석궁의 소지허가를 받을 수 없다. <개정 1989.12.30, 1995.12.6, 2003.7.29>

1. 20세미만인 사람. 다만, 대한체육회장이나 특별시·광역시 또는 도의 체육회장이 추천한 선수 또는 후보자가 사격경기용 총을 소지하고자 하는 경우에는 그러하지 아니하다.
2. 심신상실자, 마약·대마·향정신성의약품 또는 알콜의 중독자 그밖의 이에 준하는 정신장애자
3. 금고 이상의 실형의 선고를 받고 그 집행이 종료(집행이 종료된 것으로 보는

경우를 포함한다)되거나 집행이 면제된 날부터 3년이 지나지 아니한 사람

4. 이 법의 규정을 위반하여 벌금형의 선고를 받고 3년이 지나지 아니한 사람
5. 특정강력범죄의처벌에관한특례법 제2조제1항 각호의 1의 규정에 의한 특정강력범죄를 범하여 징역 이상의 형의 집행유예선고를 받고 그 유예기간이 끝난 날부터 2년이 지나지 아니한 사람
6. 이 법의 규정을 위반하여 금고이상의 형의 집행유예선고를 받고 그 집행유예의 기간이 끝난 날로부터 1년이 지나지 아니한 사람
7. 제45조 또는 제46조제1항의 규정에 의한 허가취소처분을 받고 1년이 지나지 아니한 사람

②지방경찰청장 또는 경찰서장은 제1항 각호의 1에 해당하지 아니하는 사람에 대하여도 다른 사람의 생명·재산 또는 공공의 안전을 해칠 염려가 있다고 인정되는 경우에는 총포·도검·화약류·분사기·전자충격기·석궁의 소지허가를 하지 아니할 수 있다. <改正 1989.12.30, 1991.5.31, 1995.12.6>

③지방경찰청장 또는 경찰서장은 위장한 총포·도검·화약류·분사기·전자충격기·석궁 또는 그 구조와 기능이 행정자치부령이 정하는 기준에 적합하지 아니한 총포·분사기·전자충격기·석궁에 대하여는 소지허가를 하여서는 아니된다. <改正 1989.12.30, 1991.5.31, 1995.12.6, 1999.3.31>

제14조(國際競技에 參加하는 사람에 대한 許可의 特例) ①국내 또는 국외에서 개최되는 국제사격경기대회·수렵대회 또는 무술대회등에 참가하기 위하여 출국 또는 입국하는 사람은 행정자치부령이 정하는 바에 의하여 그 대회에서 사용할 총포·도검·석궁의 일시 수출입 및 일시 소지에 관하여 출입국항의 소재지를 관할하는 지방경찰청장의 허가(일시 소지허가의 경우는 외국인에 한한다. 이하 같다)를 받아야 한다. <改正 1991.5.31, 1995.12.6, 1999.3.31>

②지방경찰청장은 제1항의 규정에 의한 허가신청을 받은 때에는 기간을 정하여 일시 수출입 및 일시 소지허가를 할 수 있다. <改正 1991.5.31>

제15조(銃砲所持許可에 대한 特例) 제12조 또는 제14조의 규정에 의하여 총포의 소지허가를 받은 사람이 그 허가된 용도에 사용하기 위하여 소지하는 실탄·공포

탄·총용뇌관·신호용뇌관·신호용염관·신호용화전·신호용화공품 또는 시동약으로서 행정자치부령이 정하는 수량에 대하여는 제10조·제18조·제21조 및 제25조의 규정을 적용하지 아니한다. <改正 1995.12.6, 1999.3.31>

제16조(銃砲所持許可의 更新) ①제12조의 규정에 의한 총포의 소지허가를 받은 사람은 허가를 받은 날로부터 5년마다 이를 갱신하여야 한다.

②제1항의 규정에 의한 허가갱신의 절차 그밖의 필요한 사항은 행정자치부령으로 정한다. <개정 1999.3.31>

제17조(銃砲·刀劍·噴射器·電子衝擊器·石弓의 휴대·運搬·사용 및 改造등의 제한) ①제12조 또는 제14조의 규정에 의한 총포·도검·분사기·전자충격기·석궁의 소지허가를 받은 사람은 허가받은 용도에 사용하기 위한 경우와 그밖의 정당한 사유가 있는 경우외에는 그 총포·도검·분사기·전자충격기·석궁을 지니거나 운반하여서는 아니된다. <改正 1989.12.30, 1995.12.6>

②제1항의 총포·도검·분사기·전자충격기·석궁의 소지허가를 받은 사람은 허가받은 용도나 그밖의 정당한 사유가 있는 경우외에는 그 총포·도검·분사기·전자충격기·석궁을 사용하여서는 아니된다. <改正 1989.12.30, 1995.12.6>

③제1항의 총포의 소지허가를 받은 사람이 그 총포를 보관·휴대 또는 운반하는 경우에는 실탄이나 공포탄을 장전하여서는 아니되며, 총집에 넣거나 포장하여야 한다. <改正 1995.12.6>

④제1항의 총포의 소지허가를 받은 사람은 그 총포의 성능을 변경하기 위하여 임의로 개조하여서는 아니된다. <新設 1986.12.31>

⑤삭제 <2003.7.29>

제18조(火藥類의 사용) ①화약류를 발파 또는 연소시키려는 사람은 행정자치부령이 정하는 바에 의하여 화약류의 사용지를 관할하는 경찰서장의 화약류의 사용허가를 받아야 한다. 다만, 광업법에 의하여 광물의 채굴을 하는 사람과 그밖의 대통령령으로 정하는 사람은 그러하지 아니하다. <개정 1999.3.31>

②제1항의 규정에 의한 화약류의 사용허가를 받은 사람(이하 "화약류사용자"라 한다)이 그 화약류를 허가받은 용도와 다른 용도로 사용하고자 하는 때에는 제1

항의 규정에 의한 화약류의 사용허가를 다시 받아야 한다.

③경찰서장은 화약류 사용의 목적·장소·일시·수량 또는 방법이 적당하지 아니하거나 공공의 안전유지에 지장이 있다고 인정되는 때에는 제1항 또는 제2항의 허가를 하여서는 아니된다.

④화약류의 발파와 연소는 대통령령이 정하는 기술상의 기준에 따라야 한다.

⑤제13조제1항 또는 제2항의 규정은 제1항 및 제2항의 허가의 경우에 이를 준용한다. <改正 1995.12.6>

제19조(取扱의 금지) 다음 각호의 1에 해당하는 사람은 총포·도검·화약류·분사기·전자충격기·석궁을 취급(제조·판매·수수·적재·운반·저장·소지·사용·폐기등을 말한다. 이하 같다)하여서는 아니되며, 누구든지 그들에게 이를 취급하게 하여서는 아니된다. <개정 1989.12.30, 1995.12.6, 2003.7.29>

1. 18세미만의 사람. 다만, 대한체육회장이나 특별시·광역시 또는 도의 체육회장이 추천한 선수 또는 후보자가 사격경기용총·석궁을 소지하는 경우에는 그러하지 아니하다.
2. 제5조 또는 제13조제1항 각호의 1에 해당하는 사람(제5조제4호 및 제13조제1항제1호중 20세미만인 사람을 제외한다)

제20조(火藥類의 폐기) ①화약류를 폐기하고자 하는 사람은 행정자치부령이 정하는 바에 의하여 그 폐기하고자 하는 곳을 관할하는 경찰서장에게 신고하여야 한다. 다만, 제조업자가 제조과정에서 생긴 화약류를 그 제조소안에서 폐기하는 경우에는 그러하지 아니하다. <개정 1999.3.31>

②경찰서장은 화약류폐기의 장소·일시·수량 또는 방법등이 적당하지 아니하거나, 공공의 안전유지에 지장이 있다고 인정되는 때에는 그 화약류폐기의 중지를 명할 수 있다.

③화약류의 폐기는 대통령령이 정하는 기술상의 기준에 따라야 한다.

제21조(양도·양수 등의 제한 <개정 2003.7.29>) ①화약류를 양도 또는 양수하고자 하는 사람은 행정자치부령이 정하는 바에 의하여 그 주소지 또는 화약류의 사용지를 관할하는 경찰서장의 허가를 받아야 한다. 다만, 다음 각호의 1에 해당하는

경우에는 그러하지 아니하다. <개정 1995.12.6, 1999.3.31, 2003.7.29>

1. 제조업자가 제조할 목적으로 화약류를 양수하거나 제조한 화약류를 양도하는 경우
2. 판매업자가 판매할 목적으로 화약류를 양도·양수하는 경우
3. 화약류의 수출입허가를 받은 사람이 그 수출입과 관련하여 화약류를 양도·양수하는 경우
4. 총포의 소지허가를 받은 사람이 수렵 또는 사격을 하기 위하여 대통령령이 정하는 수량이하의 화약류를 양수하는 경우
5. 광업법에 의하여 광물의 채굴을 하는 사람이 그 광물의 채굴을 목적으로 대통령령이 정하는 수량이하의 화약류를 양수하는 경우
6. 화약류의 제조업·판매업 또는 화약류저장소를 양도·양수하는 경우

②경찰서장은 화약류의 양도·양수의 목적이 분명하지 아니하거나 공공의 안전유지에 지장이 있다고 인정되는 때에는 제1항의 허가를 하여서는 아니된다.

③화약류의 제조업자·판매업자 또는 수입허가를 받은 사람은 제1항의 규정에 의하여 양수허가를 받은 사람과 제1항 단서의 규정에 의하여 양수허가를 필요로 하지 아니하는 사람외의 사람에게 화약류를 양도하여서는 아니되며, 누구든지 제조업자·판매업자 또는 수입허가를 받은 사람과 제1항의 규정에 의하여 양도허가를 받은 사람외의 사람으로부터 화약류를 양수하여서는 아니된다.

④총포·도검·분사기·전자충격기·석궁의 제조업자·판매업자 및 수입허가를 받은 사람과 소지허가를 받은 사람은 총포·도검·분사기·전자충격기·석궁의 제조업자·판매업자 및 수출허가를 받은 사람과 소지허가를 받은 사람외의 사람에게 총포·도검·분사기·전자충격기·석궁을 양도하여서는 아니되며, 또한 이들로부터 총포·도검·분사기·전자충격기·석궁을 양수하여서도 아니된다. 다만, 총포·도검·분사기·전자충격기·석궁의 제조업 또는 판매업을 양도·양수하는 경우에는 그러하지 아니하다. <개정 1989.12.30, 1995.12.6, 2003.7.29>

⑤총포·도검·분사기·전자충격기·석궁의 제조업자·판매업자, 수출허가 또는 수입허가를 받은 사람이나 소지허가를 받은 사람은 총포·도검·분사기·전자충격기·석

궁을 다른 사람에게 각각 빌려주어서는 아니되며, 또한 다른 사람으로부터 그것을 각각 빌려서도 아니된다. <신설 2003.7.29>

제22조(교육실시<개정 2001.1.26>) ①총포(엽총 및 공기총에 한한다)·석궁의 소지허가를 받고자 하는 사람과 제28조의 규정에 의한 화약류제조보안책임자 또는 화약류관리보안책임자의 면허를 받고자 하는 사람은 그 허가 또는 면허를 받기 전에 허가 또는 면허를 하는 지방경찰청장 또는 경찰서장이 실시하는 다음 각호의 사항에 관한 교육을 받아야 한다. 다만, 대통령령이 정하는 사람이 총포·석궁의 소지허가를 받고자 하는 경우에는 교육을 면제하거나 소지허가를 한 후에 교육을 받게 할 수 있다. <改正 1986.12.31, 1989.12.30, 1991.5.31, 1995.12.6, 2001.1.26>

1. 총포·도검·화약류·석궁에 관한 법령
2. 엽총·공기총·석궁의 사용·보관 및 취급에 관한 실기
3. 화약류의 제조 및 취급상의 안전관리에 관한 실기

②허가 또는 면허를 하는 지방경찰청장 또는 경찰서장은 제1항의 규정에 의한 교육과정을 마친 사람에 대하여는 수료증을 교부하여야 한다. <改正 1986.12.31, 1991.5.31>

③허가 또는 면허를 하는 지방경찰청장 또는 경찰서장은 제1항의 교육에 관한 사무의 전부 또는 일부를 제48조의 규정에 의한 총포·화약안전기술협회 그밖의 행정자치부령이 정하는 자에게 위탁하여 실시할 수 있다. <改正 1986.12.31, 1991.5.31, 1999.3.31>

제23조(발견·拾得의 申告등) 누구든지 유실·매몰 또는 정당하게 관리되고 있지 아니하는 총포·도검·화약류·분사기·전자충격기·석궁이라고 인정되는 물건을 발견하거나 습득한 경우에는 24시간 이내에 가까운 경찰관서에 신고하여야 하며, 경찰공무원(전투경찰순경을 포함한다. 이하 같다)의 지시없이 이를 만지거나 옮기거나 두들기거나 또는 해체하여서는 아니된다. <개정 1989.12.30, 1995.12.6, 2003.7.29>

## 第4章 銃砲·刀劍·火藥類·噴射器·電子衝擊器·石弓의 관리

제24조(火藥類의 貯藏) ①화약류의 저장은 제25조의 규정에 의한 화약류저장소에 하여야 하며, 대통령령이 정하는 저장방법·저장량 그밖의 재해예방에 필요한 기술상의 기준에 따라야 한다. 다만, 대통령령이 정하는 수량이하의 화약류에 있어서는 그러하지 아니하다.

②화약류의 제조업자와 판매업자는 자가전용의 화약류저장소를 설치하여야 한다.

제25조(火藥類貯藏所設置許可) ①화약류저장소를 설치하고자 하는 사람은 대통령령이 정하는 화약류저장소의 종별구분에 따라 그 설치하고자 하는 곳을 관할하는 지방경찰청장 또는 경찰서장의 허가를 받아야 한다. 화약류저장소의 위치·구조·설비를 변경하고자 하는 때에도 또한 같다. <改正 1991.5.31>

②지방경찰청장 또는 경찰서장은 제1항의 규정에 의한 허가신청을 받은 경우에 그 저장소의 구조·위치 및 설비가 대통령령이 정하는 기준에 적합하지 아니하는 때에는 허가하여서는 아니된다. <改正 1991.5.31>

③제5조의 규정은 화약류저장소 설치허가의 경우에 이를 준용한다.

④제45조제2항의 규정에 의하여 화약류저장소의 설치허가가 취소된 후 6월이 지나지 아니한 경우에 그 장소에서 화약류저장소를 설치하고자 하는 때에는 제1항의 규정에 의한 허가를 할 수 없다. <신설 2003.7.29>

⑤화약류저장소의 설치허가를 받은 사람(이하 "화약류저장소설치자"라 한다)은 화약류저장소를 다른 사람에게 관리 위탁하거나 빌려주어서는 아니된다.

제25조의2(화약류저장소설치자의 지위승계) 제4조의2의 규정은 화약류저장소설치자의 지위승계에 관하여 이를 준용한다. 이 경우 “제조업”은 “화약류저장소”로, “제조업자”는 “화약류저장소설치자”로, “경찰청장 또는 지방경찰청장”은 “지방경찰청장 또는 경찰서장”으로 본다.

[본조신설 2003.7.29]

第26조(火藥類의 運搬) ①화약류를 운반하고자 하는 사람은 행정자치부령이 정하는 바에 의하여 발송지를 관할하는 경찰서장에게 신고하여야 한다. 다만, 대통령령이 정하는 수량이하의 화약류를 운반하는 경우에는 그러하지 아니하다. <개정 1999.3.31>

②제1항의 규정에 의한 운반신고를 받은 경찰서장은 행정자치부령이 정하는 바에 의하여 화약류운반신고필증을 교부하여야 한다. <개정 1999.3.31>

③화약류를 운반하는 사람은 제2항의 규정에 의하여 교부받은 화약류운반신고필증을 지니고 있어야 한다.

④화약류를 운반하는 때에는 그 적재방법·운반방법·운반경로·운반표지등에 관하여 대통령령이 정하는 기술상의 기준과 제2항의 규정에 의한 화약류운반신고필증에 기재된 지시에 따라야 한다. 다만, 철도·선박·항공기에 의한 운반은 그러하지 아니하다.

第27조(火藥類製造保安責任者 및 火藥類管理保安責任者의 選任) ①화약류제조업자는 화약류제조보안책임자와 화약류관리보안책임자를, 화약류판매업자·화약류저장소설치자 및 대통령령이 정하는 수량이상의 화약류사용자는 화약류관리보안책임자를 제28조의 규정에 의한 면허를 받은 사람중에서 각각 선임하여야 한다.

②제1항의 규정에 의하여 화약류제조보안책임자 또는 화약류관리보안책임자를 선임한 때에는 행정자치부령이 정하는 바에 의하여 허가관청에 신고하여야 한다. 화약류제조보안책임자 또는 화약류관리보안책임자를 해임한 때에도 또한 같다. <개정 1999.3.31>

③허가관청은 제1항의 규정에 의한 화약류제조보안책임자 또는 화약류관리보안책임자가 제29조제1항의 규정에 의한 결격사유에 해당하거나 이 법 또는 이 법에 의한 명령을 위반한 때에는 그 해임을 명할 수 있다.

④화약류제조보안책임자와 화약류관리보안책임자의 선임기준 그밖의 필요한 사항은 대통령령으로 정한다.

第28條(火藥類製造保安責任者 및 火藥類管理保安責任者의 免許) ①국가기술자격법에 의한 화약류제조·관리기술계 기술자격취득자와 화약류취급기능계 기술자격취득자는 행정자치부령이 정하는 바에 의하여 지방경찰청장의 화약류제조보안책임자면허 또는 화약류관리보안책임자면허를 받을 수 있다. <改正 1989.12.30, 1991.5.31, 1995.12.6, 1999.3.31>

②제1항의 규정에 의한 면허를 받지 아니한 사람은 화약류제조보안책임자 또는 화약류관리보안책임자가 될 수 없다.

③화약류제조보안책임자와 화약류관리보안책임자의 면허의 종류 및 면허를 받을 수 있는 자격에 관하여 필요한 사항은 대통령령으로 정한다.

④제1항의 규정에 의한 면허를 받은 사람은 그 면허를 받은 날로부터 5년마다 행정자치부령이 정하는 바에 의하여 이를 갱신하여야 한다. <개정 1999.3.31>

第29條(火藥類製造保安責任者 및 火藥類管理保安責任者의 缺格事由) ①다음 각호의 1에 해당하는 사람은 화약류제조보안책임자 또는 화약류관리보안책임자의 면허를 받을 수 없다. <개정 1995.12.6, 2003.7.29>

1. 20세미만인 사람
2. 색맹이거나 색약인 사람, 앞을 보지 못하는 사람, 말 못하는 사람, 듣지 못하는 사람 그밖에 팔·다리의 활동이 뚜렷이 온전하지 못한 사람
3. 제30조제1항(제2호를 제외한다)의 규정에 의하여 면허가 취소된 날부터 1년이 지나지 아니한 사람(제28조제4항의 규정에 위반하여 면허가 취소된 사람을 제외한다)
4. 제13조제1항제2호 내지 제7호의 1에 해당되는 사람

②제13조제2항 규정은 화약류제조보안책임자 및 화약류관리보안책임자의 면허에 이를 준용한다.

第30條(免許의 取消·정지) ①면허관청은 화약류제조보안책임자면허 또는 화약류관리보안책임자면허를 받은 사람이 다음 각호의 1에 해당하는 경우에는 그 면허를 취소하거나 6월의 범위 안에서 일정한 기간을 정하여 면허의 효력을 정지할 수 있다. 다만, 제1호 내지 제4호의 1에 해당하는 경우에는 그 면허를 취소하

여야 한다.

1. 속임수를 쓰거나 그밖의 옳지 못한 방법으로 면허를 받은 사실이 드러난 때
2. 국가기술자격법에 의하여 자격이 취소된 때
3. 제29조제1항의 규정에 의한 결격사유에 해당하게 된 때
4. 면허를 다른 사람에게 빌려준 때
5. 화약류를 취급함에 있어 고의 또는 중대한 과실로 폭발등의 사고를 일으키어 사람을 죽거나 다치게 한 때
6. 공공의 안녕질서를 해칠 염려가 있다고 믿을 만한 상당한 이유가 있는 때
7. 이 법 또는 이 법에 의한 명령에 위반한 때

②면허관청은 화약류제조보안책임자면허 또는 화약류관리보안책임자면허를 받은 사람이 국가기술자격법에 의하여 자격이 정지된 때에는 그 정지기간동안 면허의 효력을 정지하여야 한다. <新設 1995.12.6>

제31조(火藥類製造保安責任者 및 火藥類管理保安責任者의 義務등) ①화약류제조보안책임자는 화약류의 제조작업에 관한 사항을, 화약류관리보안책임자는 화약류의 취급(제조를 제외한다) 전반에 관한 사항을 각각 주관하되, 대통령령이 정하는 안전상의 감독업무를 성실히 수행하여야 한다.

②화약류를 취급하는 사람은 화약류제조보안책임자 및 화약류관리보안책임자의 안전상의 지시감독에 따라야 한다.

제32조(火藥類의 安定度試驗) ①화약류를 제조하거나 수입한 사람 또는 제조·수입후 대통령령이 정하는 기간이 지난 화약류를 소유하고 있는 사람은 대통령령이 정하는 바에 의하여 그 안정도를 시험하여야 한다.

②제1항의 규정에 의하여 안정도를 시험한 사람은 그 시험결과를 지방경찰청장에게 보고하여야 한다. <改正 1991.5.31>

③경찰청장 또는 지방경찰청장은 재해의 예방상 필요하다고 인정되는 때에는 화약류의 소유자에 대하여 제1항의 규정에 의한 안정도시험을 실시하도록 명할 수 있다. <改正 1991.5.31>

④제1항 및 제3항의 규정에 의한 안정도시험결과 대통령령이 정하는 기술상의

기준에 미달하는 화약류는 폐기하여야 한다.

제33조(남은 火藥類에 대한 措置) 이 법 또는 다른 법의 규정에 의하여 화약류를 소지 또는 사용할 수 있는 사람이 그 허가가 취소되거나 소지 또는 사용할 필요가 없게 된 경우에는 지체없이 그 화약류를 양도하거나 폐기하여야 한다.

제34조(火藥類의 包裝등) ①화약류의 포장은 행정자치부령이 정하는 화약류포장기준에 따라야 한다. <개정 1999.3.31>

②총포·도검·화약류·분사기·전자충격기·석궁은 이를 위장하거나 다른 물건과 혼합 포장하여 소지·저장·운반하거나 발송하여서는 아니된다. <改正 1989.12.30, 1995.12.6>

제35조(盜難·紛失의 申告) 총포·도검·화약류·분사기·전자충격기·석궁을 도난당하거나 잃어버린 때에는 소유자 또는 관리자는 지체없이 경찰관서에 신고하여야 한다. <改正 1989.12.30, 1995.12.6>

제36조(應急措置등) 화약류의 안정도에 이상이 있거나 화약류저장소의 인근에서 화재 그밖의 위험상태가 발생하여 긴급을 요할 때에는 화약류의 소유자·관리자 또는 화약류저장소설치자는 즉시 대통령령이 정하는 바에 의하여 응급조치를 하고 경찰관서에 신고하여야 한다.

제37조(火氣取扱 및 吸煙의 금지등) ①누구든지 화약류의 제조소·판매소·저장소 그밖의 취급소에서는 지정된 장소외에서 불씨를 다루거나 담배를 피워서는 아니된다.

②누구든지 제1항의 화약류의 제조소·판매소·저장소 그밖의 취급소에 관리자의 승낙없이 불이 일어나기 쉬운 물건을 지니고 들어가서는 아니된다.

제38조(危害豫防規程) ①총포·도검·화약류·분사기·전자충격기·석궁의 제조업자는 행정자치부령이 정하는 기준에 따라 위해예방규정을 정하여 지방경찰청장의 승인을 얻어야 한다. 이를 변경하고자 하는 때에도 또한 같다. <改正 1989.12.30, 1991.5.31, 1995.12.6, 1999.3.31>

②지방경찰청장은 제1항의 규정에 의한 위해예방규정이 제4조제5항의 규정에 의한 총포·도검·화약류·분사기·전자충격기·석궁의 제조에 관한 시설 및 기술의

기준에 적합하지 아니하거나 재해의 예방상 적당하지 아니하다고 인정되는 때에는 승인을 하여서는 아니된다. <개정 1989.12.30, 1991.5.31, 1995.12.6, 2003.7.29>

③지방경찰청장은 재해의 예방 및 공공의 안전유지를 위하여 필요하다고 인정되는 때에는 위해예방규정의 변경을 명할 수 있다. <改正 1991.5.31>

④총포·도검·화약류·분사기·전자충격기·석궁의 제조업자 및 그 종업원은 위해예방규정을 지켜야 한다. <改正 1989.12.30, 1995.12.6>

제39조(自體安全敎育) ①총포·도검·화약류·분사기·전자충격기·석궁제조업자는 행정자치부령이 정하는 기준에 따라 그 종업원에 대한 자체적인 안전교육계획을 세워 지방경찰청장의 승인을 얻어야 한다. 이를 변경하고자 하는 때에도 또한 같다. <改正 1989.12.30, 1991.5.31, 1995.12.6, 1999.3.31>

②지방경찰청장은 제1항의 규정에 의한 안전교육계획이 행정자치부령이 정하는 기준에 적합하지 아니하다고 인정되는 때에는 이를 승인하여서는 아니된다. <改正 1991.5.31, 1999.3.31>

③총포·도검·화약류·분사기·전자충격기·석궁제조업자는 제1항의 규정에 의하여 승인을 얻은 안전교육계획에 따라 성실하게 안전교육을 실시하여야 한다. <改正 1989.12.30, 1995.12.6>

④지방경찰청장은 재해의 예방을 위하여 특히 필요하다고 인정되는 때에는 다량의 화약류를 사용하거나 상당기간 계속하여 화약류를 사용하는 사람에 대하여도 안전교육계획을 세우도록 명할 수 있다. 이 경우 제1항 내지 제3항의 규정을 준용한다. <改正 1991.5.31>

제40조(自體安全點檢) ①화약류저장소설치자는 행정자치부령이 정하는 기준에 따라 자체적으로 안전점검계획을 세워 그 점검을 실시하되, 허가관청에 그 안전점검계획서를 제출하여야 한다. 이를 변경하고자 하는 때에도 또한 같다. <개정 1999.3.31>

②제1항의 규정에 의한 자체안전점검계획서에는 대통령령이 정하는 횟수이상의 정기점검이 포함되어야 하며, 정기점검을 마친 때에는 지체없이 그 점검결과를

허가관청에 보고하여야 한다.

③지방경찰청장 또는 경찰서장은 필요하다고 인정되는 때에는 관계공무원으로 하여금 제1항의 규정에 의한 자체안전점검에 참여하게 할 수 있다. <改正 1991.5.31>

第41조(定期安全檢査) 총포·도검·화약류·분사기·전자충격기·석궁의 제조업자·판매업자 또는 화약류저장소설치자는 대통령령이 정하는 바에 의하여 허가관청이 매년 정기적으로 실시하는 안전검사를 받아야 한다. <改正 1989.12.30, 1995.12.6>

第42조(銃砲·噴射器·電子衝擊器·石弓의 검사) ①제4조의 규정에 의하여 총포·분사기·전자충격기·석궁제조업의 허가를 받은 사람이 제조한 총포·분사기·전자충격기·석궁 및 제9조의 규정에 의하여 총포·분사기·전자충격기·석궁수입의 허가를 받은 사람이 수입한 총포·분사기·전자충격기·석궁중 대통령령이 정하는 것은 경찰청장의 검사를 받아야 한다. <新設 1986.12.31, 1989.12.30, 1991.5.31, 1995.12.6>

②제1항의 검사의 기준이 될 총포·분사기·전자충격기·석궁의 구조·성능합격표시, 검사수수료 그밖의 검사에 필요한 사항은 행정자치부령으로 정한다. <新設 1986.12.31, 1989.12.30, 1995.12.6, 1999.3.31>

③경찰청장은 필요하다고 인정할 때에는 제1항의 규정에 의한 검사업무를 제48조의 규정에 의한 총포·화약안전기술협회에 위탁할 수 있다. 이 경우, 총포·화약안전기술협회가 갖추어야 할 시설기준과 검사업무를 행할 자의 자격 기준등 검사업무의 수행에 관하여 필요한 사항은 행정자치부령으로 정한다. <新設 1986.12.31, 1991.5.31, 1999.3.31>

④제3항의 규정에 의하여 총포·분사기·전자 충격기·석궁의 검사를 위탁받은 경우에 검사업무를 행하는 총포·화약안전기술협회의 임·직원은 형법 제129조 내지 제132조의 적용에 있어서 이를 공무원으로 본다. <新設 1986.12.31, 1989.12.30, 1995.12.6>

⑤제1항의 규정에 의하여 행한 검사의 합격표시가 없는 총포·분사기·전자충격

기·석궁은 이를 판매하거나 판매의 목적으로 진열하여서는 아니된다. <新設 1986.12.31, 1989.12.30, 1995.12.6>

⑥총포·분사기·전자충격기·석궁의 소지허가를 받은 사람의 총포·분사기·전자충격기·석궁소지에 관한 적정여부를 조사하기 위하여 필요하다고 인정되는 때에는 허가관청은 행정자치부령이 정하는 바에 의하여 총포·분사기·전자충격기·석궁에 대한 검사를 실시할 수 있다. <改正 1989.12.30, 1995.12.6, 1999.3.31>

⑦총포·분사기·전자충격기·석궁의 소지허가를 받은 사람은 제6항의 규정에 의한 총포 검사를 받아야 한다. <改正 1986.12.31, 1989.12.30, 1995.12.6>

## 第5章 監督

제43조(完成檢査) 총포·도검·화약류·분사기·전자충격기·석궁의 제조업자·판매업자 또는 화약류저장소설치자는 그 허가를 받은 날부터 1년이내에 그 시설 또는 설비에 대하여 허가관청의 검사를 받아야 하며 그 검사에 합격한 후가 아니면 업무를 개시하거나 시설 또는 설비를 사용할 수 없다. 다만, 부득이한 사유가 있는 때에는 그 기간을 연장할 수 있되, 1년을 초과할 수 없다. <改正 1989.12.30, 1995.12.6, 2001.1.26>

제44조(出入·檢査등) ①허가관청은 재해의 예방 또는 공공의 안전유지를 위하여 필요하다고 인정되는 때에는 관계공무원으로 하여금 총포·도검·화약류·분사기·전자충격기·석궁의 제조소·판매소나 화약류저장소 또는 화약류사용장소 그밖의 필요한 장소를 출입하여 장부·서류 그밖의 필요한 물건을 검사하게 하거나 관계자에 대하여 질문을 하도록 할 수 있다. <改正 1989.12.30, 1995.12.6>

②제1항의 규정에 의하여 출입·검사에 종사하는 공무원은 그 권한을 표시하는 증표를 지니고 관계자에게 이를 제시하여야 한다.

③허가관청은 재해의 예방이나 공공의 안전유지를 위하여 필요하다고 인정되는 때에는 총포·도검·화약류·분사기·전자충격기·석궁의 제조업자·판매업자 및 수출

입의 허가를 받은 사람과 총포·도검·분사기·전자충격기·석궁의 소지허가를 받은 사람, 화약류저장소설치자 또는 화약류사용자등에 대하여 필요한 보고를 하게 할 수 있다. <改正 1989.12.30, 1995.12.6>

**제45조(製造業者등에 대한 行政處分)** ①제4조제1항 또는 제2항 및 제6조제1항의 규정에 의한 허가관청은 총포·도검·화약류·분사기·전자충격기·석궁의 제조업자 또는 판매업자가 다음 각호의 1에 해당하는 경우에는 그 허가를 취소하여야 한다. 다만, 제5호 내지 제7호의 1에 해당하는 경우에는 6월의 범위안에서 일정한 기간을 정하여 영업의 정지를 명할 수 있다. <改正 1986.12.31, 1989.12.30, 1995.12.6, 1999.3.31>

1. 속임수를 쓰거나 그밖의 옳지 못한 방법으로 허가를 받은 때

1의2. 수출하기 위한 목적으로 제3조제4항의 규정에 의하여 구조 및 성능기준을 적용하지 아니하고 제조된 총포·도검·화약류·분사기·전자충격기 또는 석궁을 국내에 판매하거나 유출시킨 때

2. 제4조·제6조의 규정에 의한 제조·판매시설 설비를 갖추지 못한 때 또는 제5조(제7조에 의하여 준용되는 경우를 포함한다)의 규정에 의한 결격사유에 해당하게 된 때

3. 제43조의 규정에 의한 기간내에 완성검사를 받지 못한 때

4. 사업을 개시한 후 정당한 사유없이 1년이상 휴업한 때

5. 지정된 기한내에 사업을 개시하지 아니한 때

6. 공공의 안녕질서를 해칠 염려가 있다고 믿을만한 상당한 이유가 있을 때

7. 이 법 또는 이 법에 의한 명령에 위반한 때

②제1항의 규정은 제25조의 규정에 의한 화약류저장소설치자에게 이를 준용한다. <改正 1986.12.31>

**제45조의2(행정처분효과의 승계)** ①제4조의2 및 제6조의2의 규정에 의한 제조업자·판매업자의 지위승계가 있는 경우 종전의 제조업자·판매업자에 대한 제45조제1항의 위반을 사유로 행한 행정처분의 효과는 그 처분기간이 끝나는 날까지 양수인·상속인에게 승계되며, 행정처분의 절차가 진행중인 때에는 양수인·상속

인에 대하여 그 절차를 계속 진행할 수 있다. 다만, 양수인(상속에 의하여 승계를 받은 자를 제외한다)이 그 영업의 승계시에 그 처분 또는 위반사실을 알지 못한 경우에는 그러하지 아니한다.

②제1항의 규정은 제25조의2의 규정에 의한 화약류저장소설치자의 지위승계가 있는 경우 종전의 화약류저장소설치자에 대한 행정처분효과의 승계에 관하여 이를 준용한다.

[본조신설 2003.7.29]

第46条(銃砲등의 所持許可를 받은 사람등에 대한 行政處分) ①제12조제1항·제2항·제14조·제18조제1항 및 제2항의 규정에 의한 허가관청은 총포·도검·화약류·분사기·전자충격기·석궁의 소지허가를 받은 사람(제12조제2항의 경우에는 소지할 사람으로 특정된 사람을 말한다) 또는 화약류사용자가 다음 각호의 1에 해당하는 경우에는 그 허가를 취소하여야 한다. 이 경우 제12조제2항의 규정에 의하여 법인의 대표자가 소지허가를 받은 경우에는 대통령령이 정하는 바에 의하여 허가받은 산업용총·가스발사총·분사기 또는 전자충격기의 대수의 일부에 대한 허가를 취소한다. <개정 1986.12.31, 1989.12.30, 1995.12.6, 2003.7.29>

1. 제13조제1항의 규정에 의한 결격사유에 해당하게 된 때
2. 제17조제1항·제2항 또는 제4항의 규정을 위반한 때
3. 총포·도검·화약류·분사기·전자충격기·석궁을 도난당하거나 분실하여 경찰관서에 신고한 후 30일이 지난 때
4. 이 법 또는 이 법에 의한 명령을 위반한 때

②허가관청이 제1항의 규정에 의하여 허가를 취소한 때에는 법원의 재판 또는 검사의 결정에 따라 총포·도검·화약류·분사기·전자충격기·석궁이 몰수 또는 국고에 귀속된 경우를 제외하고는 그 총포·도검·화약류·분사기·전자충격기·석궁의 제출을 명하여 그 허가관청에 임시 영치하여야 한다. <改正 1989.12.30, 1995.12.6>

③제2항의 규정에 의하여 임시 영치되거나 위법한 소지·사용 그밖의 사유로 총포·도검·화약류·분사기·전자충격기·석궁을 허가관청에 제출한 사람은 6월이내에

적법하게 소지·사용할 수 있는 제3자에게 양도·증여하거나 폐기하는 등 그 총포·도검·화약류·분사기·전자충격기·석궁의 소유권 포기를 위한 조치를 하여야 한다. <改正 1989.12.30, 1995.12.6>

④제3항의 규정에 의하여 양수·증여를 받고 그 총포·도검·화약류·분사기·전자충격기·석궁의 소지허가를 받은 사람은 행정자치부령이 정하는 바에 의하여 허가관청에 그 총포·도검·화약류·분사기·전자충격기·석궁의 소유권 반환신청을 할 수 있다. <改正 1989.12.30, 1995.12.6, 1999.3.31>

⑤제3항의 규정에 의하여 6월이내에 총포·도검·화약류·분사기·전자충격기·석궁의 소유권 포기를 위한 조치를 할 의무가 있는 사람이 그 의무를 이행하지 아니하거나 그 소재가 명확하지 아니한 경우에는 허가관청은 행정자치부령이 정하는 바에 의하여 일정기간 그 총포·도검·화약류·분사기·전자충격기·석궁의 처리에 대한 최고 또는 공고를 할 수 있다. <改正 1989.12.30, 1995.12.6, 1999.3.31>

⑥제5항의 규정에 따라 최고 또는 공고에서 정한 처리기간이 끝난 날로부터 6월이 지나도 그 총포·도검·화약류·분사기·전자충격기·석궁에 대한 반환신청이 없거나 또는 처리기간이 끝난 후 부패·변질될 염려가 있거나 보관에 지나치게 많은 비용이 드는 등 계속적인 보관이 곤란한 경우에는 이를 매각할 수 있다. 다만, 매각할 수 없거나 매수를 원하는 사람이 없는 경우에는 이를 폐기할 수 있다. <改正 1989.12.30, 1995.12.6>

⑦제6항의 규정에 의한 총포·도검·화약류·분사기·전자충격기·석궁의 매각대금은 권리자에게 반환하여야 하며, 처리기간이 끝난 후 6월이 지나도 권리자의 반환청구가 없는 경우에는 대통령령이 정하는 바에 의하여 국고에 귀속한다. 다만, 매각대금을 반환하는 경우에는 매각대금에서 보관 및 매각에 든 비용을 공제한다. <改正 1989.12.30, 1995.12.6>

제46조의2(청문) 면허관청 또는 허가관청은 다음 각호의 1에 해당하는 처분을 하고자 하는 경우에는 청문을 실시하여야 한다. 1. 제30조제1항의 규정에 의한 화약류제조보안책임자 또는 화약류관리보안책임자의 면허취소

2. 제45조의 규정에 의한 총포·도검·화약류·분사기·전자충격기·석궁의 제조업자

또는 판매업자의 허가취소

3. 제46조제1항의 규정에 의한 총포·도검·화약류·분사기·전자충격기·석궁의 소지허가를 받은 사람 또는 화약류사용자의 허가취소

[全文改正 1997.12.13]

제47조(公共의 安全을 위한 措置등) ①허가관청은 재해의 예방 또는 공공의 안전유지를 위하여 필요하다고 인정되는 때에는 다음 각호의 명령 또는 조치를 할 수 있다. <改正 1989.12.30, 1995.12.6>

1. 총포·도검·화약류·분사기·전자충격기·석궁의 소지허가 및 화약류의 사용·양도·양수허가의 취소 또는 화약류 운반의 제한
2. 총포·도검·화약류·분사기·전자충격기·석궁의 제조업자·판매업자나 화약류저장소설치자 또는 화약류사용자에 대한 시설의 전부나 일부의 사용금지 또는 시설의 이전·보완 그 밖의 시정조치
3. 총포·도검·화약류·분사기·전자충격기·석궁의 제조업자·판매업자, 수출입허가를 받은 사람, 소지허가를 받은 사람과 화약류저장소설치자 또는 화약류사용자 그밖의 취급자에 대한 제조·판매·수수·수출입·적재·운반·저장·소지·사용·폐기의 일시금지 또는 제한
4. 화약류의 소유자나 점유자에 대한 화약류보관장소의 변경 또는 폐기의 명령, 화약류를 운반하고자 하는 사람에 대한 그 안전운반을 위한 명령
5. 총포·도검·화약류·분사기·전자충격기·석궁의 제조업자·판매업자·화약류저장소설치자에 대한 그 시설의 안전·방호를 위한 명령

②허가관청은 제1항제1호 내지 제3호의 조치를 하는 경우에 필요하다고 인정되는 때에는 총포·도검·화약류·분사기·전자충격기·석궁을 허가관청이 지정하는 곳에 보관할 것을 명할 수 있다. 이 경우 보관대상, 보관 및 반환절차, 보관기간등에 관하여 필요한 사항은 대통령령으로 정한다. <改正 1989·12·30, 1995·12·6, 1996·12·30>

③이 법에 의하여 총포·도검·화약류·분사기·전자충격기·석궁을 소지하는 사람은 제1항 및 제2항의 규정에 의한 명령 또는 조치외에 공공의 안전유지를 위하여

총포 등의 운반 및 취급 등과 관련하여 행정자치부령이 정하는 사항을 준수하여야 한다. <신설 1995.12.6, 1999.3.31, 2003.7.29>

## 第6章 銃砲·火藥安全技術協會

第48條(銃砲·火藥安全技術協會의 設立) ①총포·화약류·분사기·전자충격기·석궁으로 인한 위험과 재해의 예방을 위한 안전기술의 연구·개발과 행정관청이 위탁하는 총포·화약류·분사기·전자충격기·석궁의 안전에 관한 교육 그밖의 업무를 수행하기 위하여 총포·화약안전기술협회(이하 "협회"라 한다)를 설립한다. <改正 1989.12.30, 1995.12.6>

②협회는 법인으로 한다.

③협회의 설립과 등기에 관하여 필요한 사항은 대통령령으로 정한다.

第49條(會員) 총포·화약류·분사기·전자충격기·석궁의 제조업자·판매업자, 소지허가를 받은 사람(분사기·전자충격기·석궁소지허가를 받은 사람을 제외한다)과 화약류저장소설치자, 화약류사용자, 화약류제조보안책임자면허 및 화약류관리보안책임자면허를 받은 사람은 이 법에 의하여 허가 또는 면허를 받은 날로부터 협회의 회원이 된다. 다만, 총포의 일시 수출입 또는 일시 소지허가를 받거나 일시적인 화약류사용자로서 협회의 정관으로 정하는 사람은 그러하지 아니하다. <改正 1989.12.30, 1995.12.6>

第50條(支部의 設置) 협회는 정관이 정하는 바에 의하여 지부 또는 지회를 둘 수 있다.

第51條(定款) ①협회의 정관에는 다음 각호의 사항을 기재하여야 한다.

1. 목적
2. 명칭
3. 주된 사무소의 소재지
4. 사업에 관한 사항

5. 이사회에 관한 사항

6. 회원과 임원 및 직원에 관한 사항

7. 재정 및 회계에 관한 사항

8. 공고에 관한 사항

9. 정관의 변경에 관한 사항

②제1항의 규정에 의한 정관은 경찰청장의 승인을 얻어야 한다. 정관을 변경하고자 하는 때에도 또한 같다. <改正 1991.5.31>

第52조(事業) 협회는 다음 각호의 사업을 한다. <改正 1989.12.30, 1991.5.31, 1995.12.6> 1. 총포·화약류·분사기·전자충격기·석궁의 안전에 관한 기술지원 및 조사·연구

2. 총포·분사기·전자충격기·석궁안전검사 및 화약류 안정도 시험

3. 총포·화약류·분사기·전자충격기·석궁의 제조·운반·사용·저장등의 기술 및 시설에 관한 연구·개발·보급

4. 총포·화약류·분사기·전자충격기·석궁 안전사상의 계몽 및 홍보

5. 총포·화약류·분사기·전자충격기·석궁의 안전 및 기술 교육

6. 총포·화약류·분사기·전자충격기·석궁 안전에 관한 자료 수집과 기술서적등의 간행 및 반포

7. 총포·화약류·분사기·전자충격기·석궁 안전에 관한 기술도입 및 국제협력

8. 총포·화약류·분사기·전자충격기·석궁 안전을 위한 행정업무에 관한 기술자문

9. 경찰청장이 위탁하는 총포·화약류·분사기·전자충격기·석궁 안전에 관한 업무

10. 그밖의 협회의 목적 달성에 필요한 사업

第53조(任員) ①협회에 이사장 1인을 포함한 5인이내의 이사와 감사 1인을 둔다.

②이사장 및 감사의 임명과 해임은 경찰청장이 하고, 이사는 이사장이 경찰청장의 승인을 얻어 임명 또는 해임한다. <改正 1991.5.31>

③이사장·이사 및 감사의 임기는 2년으로 한다. <改正 1996.12.30>

第54조(任員의 任務) ①이사장은 협회를 대표하고 협회의 사무를 통할한다.

②감사는 협회의 회계 및 업무를 감사한다.

第55條(任員의 缺格事由) 다음 각호의 1에 해당하는 사람은 협회의 임원이 될 수 없다. 1. 금치산자·한정치산자 또는 파산선고를 받은 사람으로서 복권되지 아니한 사람

2. 금고이상의 형의 선고를 받고 그 집행이 끝났거나 집행을 받지 아니하기로 확정된 후 3년이 지나지 아니한 사람

3. 금고이상의 형의 집행유예선고를 받고 그 집행유예기간이 끝난 날로부터 1년이 지나지 아니한 사람

4. 금고이상의 형의 선고유예기간중에 있는 사람

5. 법률 또는 판결에 의하여 자격이 상실 또는 정지된 사람

第56條(理事會) ①협회의 중요사항을 결정하기 위하여 협회에 이사회를 둔다.

②이사회는 이사장을 포함한 이사로 구성한다.

③이사장은 이사회를 소집하며, 그 의장이 된다.

④이사회는 재적이사 과반수의 출석과 출석이사 과반수의 찬성으로 의결한다.

⑤감사는 이사회에 출석하여 의견을 진술할 수 있다.

第57條(職員) 협회의 직원은 정관이 정하는 바에 의하여 이사장이 임명 또는 해임한다.

第58條(財政) ①협회의 운영 및 사업에 드는 경비는 다음 각호의 재원으로 충당한다. <개정 1999.3.31>

1. 정부 및 지방자치단체의 보조금

2. 행정자치부령이 정하는 총포의 안전검사, 화약류의 안정도시험 및 교육등의 수수료

3. 회원 중 대통령령이 정하는 사람의 회비

②제1항제3호의 규정에 의한 회비의 부담방법·부담비율 그밖의 회비에 관하여 필요한 사항은 대통령령으로 정한다.

第59條(事業計劃의 承認등) ①협회의 사업연도는 정부의 회계연도에 따른다.

②협회는 사업연도마다 미리 사업계획서를 작성하여 경찰청장의 승인을 얻어야 한다. 이를 변경하고자 하는 때에도 또한 같다. <改正 1991.5.31>

第60조(決算書의 제출) 협회는 사업연도마다 세입세출결산서를 작성하여 경찰청장이 지정하는 공인회계사의 회계감사를 받아 다음 연도 2월말까지 경찰청장에게 제출하여야 한다. <改正 1991.5.31>

第61조(監督) 경찰청장은 협회를 감독하여 협회 설립목적의 달성에 필요한 명령을 할 수 있다. <改正 1991.5.31>

第62조(民法의 準用) 협회에 관하여 이 법에 규정된 것을 제외하고는 민법중 재단법인에 관한 규정을 준용한다.

## 第7章 補 則

第63조(帳簿備置와 記帳) 총포·도검·화약류·분사기·전자충격기·석궁의 제조업자·판매업자, 화약류저장소설치자 또는 화약류사용자는 대통령령이 정하는 바에 의하여 장부를 비치하고 필요한 사항을 기재하여야 한다. <改正 1989.12.30, 1995.12.6>

第64조(看板 그밖의 標識) 총포·도검·화약류·분사기·전자충격기·석궁의 제조업자·판매업자 및 화약류저장소설치자는 그 제조소·판매소 또는 저장소마다 이를 나타내는 간판 그밖의 표지를 하여야 한다. <改正 1989.12.30, 1995.12.6>

第65조(許可證등) ①이 법의 규정에 의하여 허가관청 또는 면허관청이 허가 또는 면허를 하는 경우에는 행정자치부령이 정하는 바에 의하여 허가증이나 면허증을 교부하여야 한다. <개정 1999.3.31>

②제1항의 규정에 의하여 허가증이나 면허증을 교부받은 사람은 그 허가 또는 면허가 취소된 때 또는 영업정지, 사용정지, 면허의 효력정지처분을 받은 때에는 행정자치부령이 정하는 바에 의하여 허가증이나 면허증을 그 허가관청 또는 면허관청에 지체없이 반납하여야 한다. <개정 1999.3.31>

③제1항의 규정에 의하여 허가증이나 면허증을 교부받은 사람은 그 허가증 또는 면허증의 기재사항에 관하여 변경이 있는 때에는 행정자치부령이 정하는 바

에 의하여 그 허가관청 또는 면허관청에 신고하여야 한다. <개정 1999.3.31>

④허가증 또는 면허증을 잃어버렸거나 그 허가증 또는 면허증이 헐어 못쓰게 된 때에는 행정자치부령이 정하는 바에 의하여 그 허가관청 또는 면허관청에 신고하여 다시 교부받을 수 있다. <개정 1999.3.31>

제66조(廢業 및 休業申告등) 총포·도검·화약류·분사기·전자충격기·석궁의 제조업자 또는 판매업자가 그 영업의 전부 또는 일부를 폐지하거나 화약류저장소설치자가 그 저장소의 용도를 폐지하는 경우와 총포·도검·화약류·분사기·전자충격기·석궁의 제조업 또는 판매업을 1년이내 기간동안 휴업하고자 하는 경우에는 행정자치부령이 정하는 바에 의하여 허가관청에 신고하여야 한다. <改正 1989.12.30, 1995.12.6, 1999.3.31>

제67조(手數料) ①이 법에 의한 허가 또는 면허를 받거나 허가증 또는 면허증을 재교부받고자 하는 사람은 행정자치부령이 정하는 바에 의하여 수수료를 납부하여야 한다. <개정 1999.3.31>

②제1항의 수수료중 지방경찰청장 또는 경찰서장이 허가 또는 면허를 하거나 허가증 또는 면허증을 재교부하는 경우의 수수료는 그 특별시·광역시 또는 도의 수입으로 한다. <改正 1991.5.31, 1995.12.6>

제68조(權限의 委任) 경찰청장 또는 지방경찰청장은 이 법에 의한 권한의 일부를 대통령령이 정하는 바에 의하여 지방경찰청장 또는 경찰서장에게 위임할 수 있다. <改正 1991.5.31>

제69조 삭제<2001.1.26>

## 第8章 罰則

제70조(罰則) ①다음 각호의 1에 해당하는 사람은 10년이하의 징역 또는 2천만원 이하의 벌금에 처한다. <개정 1999.3.31>

1. 수출하기 위한 목적으로 제3조제4항의 규정에 의하여 구조 및 성능기준을 적

용하지 아니하고 제조된 총포·도검·화약류·분사기·전자충격기 또는 석궁을 국내에 판매하거나 유출시킨 사람

2. 제4조제1항·제3항(총포·화약류에 한한다), 제6조제1항(총포·화약류에 한한다)·제2항(총포·화약류에 한한다), 제9조제1항 또는 제12조제1항(총포·화약류에 한한다)·제2항(산업용총·가스발사총에 한한다)의 규정에 위반한 사람

②제1항의 미수범은 처벌한다.

제71조(罰則) 다음 각호의 1에 해당하는 사람은 5년이하의 징역 또는 1천만원이하의 벌금의 형으로 벌한다. <개정 1995.12.6, 1996.12.30, 2003.7.29> 1. 제4조제2항·제3항(도검·분사기·전자충격기·석궁에 한한다), 제6조제1항(도검·분사기·전자충격기·석궁에 한한다)·제2항(도검·분사기·전자충격기·석궁에 한한다), 제9조제2항 또는 제12조제1항(도검·분사기·전자충격기·석궁에 한한다)·제2항(분사기·전자충격기에 한한다)의 규정을 위반한 사람

2. 제18조제1항 또는 제2항의 규정을 위반한 사람
3. 제21조제1항·제3항·제4항 또는 제5항의 규정을 위반한 사람
4. 제31조제1항의 규정을 위반하여 안전상의 감독업무를 게을리 한 사람
5. 제45조제1항 또는 제2항의 규정에 의한 영업정지명령 또는 사용정지명령을 위반한 사람
6. 제47조제1항의 규정에 의한 명령 또는 조치를 위반하거나 같은조제2항의 규정에 의한 보관명령에 위반한 사람

제72조(罰則) 다음 각호의 1에 해당하는 사람은 3년이하의 징역 또는 700만원이하의 벌금의 형으로 벌한다. <개정 1986.12.31, 1989.12.30, 1995.12.6, 2003.7.29> 1. 제8조, 제19조, 제24조제1항·제2항, 제25조제1항·제5항, 제27조제1항, 제32조제1항, 제34조제1항·제2항, 제36조, 제38조제1항·제4항, 제40조제1항 또는 제43조의 규정을 위반한 사람

2. 제27조제3항 또는 제32조제3항의 규정에 의한 명령을 위반한 사람
3. 제41조 또는 제42조제7항의 규정을 위반한 사람
4. 제42조제1항 또는 제5항의 규정을 위반한 총포·분사기·전자충격기·석궁의 제

조업자·수입자 또는 판매업자

5. 제44조제1항의 규정에 의한 출입 또는 검사를 거부·기피 또는 방해하거나 거짓진술을 한 사람
6. 제18조제4항 또는 제26조제4항의 규정에 의한 기술상의 기준이나 지시에 따르지 아니한 사람
7. 거짓이나 그밖의 옳지 못한 방법으로 이 법의 규정에 의한 허가 또는 면허를 받은 사람

제73조(罰則) 다음 각호의 1에 해당하는 사람은 2년이하의 징역 또는 500만원이하의 벌금의 형으로 벌한다. <개정 1986.12.31, 1989.12.30, 1995.12.6, 2003.7.29> 1. 제4조의2제3항(제6조의2 및 제25조의2의 규정에 의하여 준용되는 경우를 포함한다), 제11조제1항, 제17조제2항·제4항, 제31조제2항 또는 제37조제1항·제2항의 규정을 위반한 사람

2. 제20조제3항의 규정에 의한 기술상의 기준을 위반하여 화약류를 폐기한 사람
3. 제23조의 규정에 위반한 사람
4. 제26조제1항의 규정에 의한 신고를 하지 아니하거나 거짓으로 신고를 한 사람

제74조(過怠料) ①다음 각호의 1에 해당하는 자는 300만원이하의 과태료를 과한다. <개정 1995.12.6, 2003.7.29>

1. 제9조제5항, 제11조제2항, 제20조제1항, 제27조제2항, 제35조 또는 제66조의 규정에 따른 신고를 하지 아니하거나 거짓으로 신고를 한 사람
2. 제17조제1항·제3항, 제32조4항, 제33조, 제39조제1항·제3항, 제63조, 제64조, 제65조제2항 또는 제3항의 규정을 위반한 사람
3. 제26조제3항의 규정을 위반하여 화약류운반신고필증을 지니지 아니한 자
4. 제32조제2항, 제40조제2항 또는 제44조제3항의 규정에 의한 보고를 하지 아니하거나, 거짓으로 보고를 한 자
5. 제20조제2항 또는 제39조제4항의 규정에 의한 명령을 위반한 자
6. 제47조제3항의 규정에 의한 준수사항을 위반한 사람

②제1항의 규정에 의한 과태료는 대통령령이 정하는 바에 의하여 소관에 따라

경찰청장, 지방경찰청장 또는 경찰서장(이하 이 조에서 "관할관청"이라 한다)이 부과·징수한다. <改正 1991.5.31>

③제2항의 규정에 의한 과태료처분에 불복이 있는 자는 그 처분이 있음을 안 날부터 30일이내에 관할관청에 이의를 제기할 수 있다. <改正 1989.12.30>

④제2항의 규정에 의하여 관할관청의 과태료처분을 받은 자가 제3항의 규정에 의하여 이의를 제기한 때에는 관할관청은 지체없이 관할법원에 그 사실을 통보하여야 하며, 그 통보를 받은 관할법원은 비송사건절차법에 의한 과태료 재판을 한다.

⑤제3항의 규정에 의한 기간내에 이의를 제기하지 아니하거나 과태료를 납부하지 아니한 때에는 국세체납처분의 예에 의하여 이를 징수한다. <改正 1995.12.6>

제75조(刑의 倂科) 제70조 내지 제73조의 규정에 의하여 벌함에 있어서는 징역과 벌금형을 함께 과할 수 있다.

제76조(兩罰規定) 법인의 대표자나 법인 또는 개인의 대리인, 사용인 그밖의 종업원이 그 법인 또는 개인의 업무에 관하여 이 법을 위반한 때에는 그 행위자를 벌하는 외에 그 법인 또는 개인에 대하여도 각 해당조항의 벌금형으로 벌한다.

## 附 則 <제3743호,1984.8.4>

제1조(施行日) 이 법은 공포후 6월이 경과한 날로부터 시행한다.

제2조(종전의 許可등에 관한 經過措置) 이 법 시행전에 종전의 규정에 의하여 허가 또는 면허를 받거나 신고를 한 사람은 이 법에 의하여 허가 또는 면허를 받거나 신고를 한 것으로 본다.

제3조(輸出用 模擬銃砲의 製造申告에 관한 經過措置) 이 법 시행당시 수출하기 위한 목적으로 모의총포를 제조하고 있는 사람은 제11조제2항의 규정에 의한 내무부령이 시행되는 날로부터 3월이내에 제조소의 소재지를 관할하는 경찰서장에게 신고하여야 한다.

제4조(종전의 處分등에 관한 經過措置) 이 법 시행전에 종전의 규정에 의한 명령·

조치 또는 처분으로서 이 법에 저촉되지 아니하는 것은 이 법에 의하여 행한 것으로 본다.

제5조(다른 法令과의 관계) 다른 법령에서 종전의 총포·도검·화약류단속법의 규정을 인용한 경우에 이 법중 그에 해당하는 조항이 있는 때에는 그에 갈음하여 이 법의 해당조항을 인용한 것으로 본다.

## 附 則 <제3876호,1986.12.31>

이 법은 공포후 6월이 경과한 날로부터 시행한다.

## 附 則 <제4154호,1989.12.30>

제1조(施行日) 이 법은 1990년 3월 1일부터 시행한다.

제2조(噴射器·電子衝擊器의 所持에 대한 經過措置) 이 법 시행당시 분사기·전자충격기를 소지하고 있는 사람으로서 이 법 시행일부터 3월후에 계속 소지하고자 하는 사람은 이 법 시행일부터 3월이내에 주소지를 관할하는 경찰서장으로부터 소지허가를 받아야 한다.

제3조(火藥類製造保安責任者免許에 관한 經過措置) 이 법 시행전에 종전의 규정에 의하여 내무부장관의 화약류제조보안책임자면허를 받은 사람은 시·도지사의 화약류제조보안책임자면허를 받은 것으로 본다.

제4조(危害豫防規程과 自體安全敎育計劃에 관한 經過措置) 이 법 시행당시의 도검제조업자는 위해예방규정과 자체안전교육계획을, 총포제조업자는 자체안전교육계획을 이 법 시행일부터 3월이내에 각각 시·도지사에게 제출하여 승인을 얻어야 한다.

제5조(完成檢査에 관한 經過措置) 이 법 시행전에 총포·도검·화약류판매업의 허가를 받은 판매소의 시설 또는 설비에 관하여는 제43조의 규정에 의한 완성검사를 받은 것으로 본다.

## 附則(경찰법) <제4369호,1991.5.31>

第1條(施行日) 이 法은 公布후 60日이 경과한 날부터 施行한다.

第2條 및 第3條 省略

第4條 (다른 法律의 改正) ①내지 ⑤省略

⑥銃砲·刀劍·火藥類등 團束法중 다음과 같이 改正한다.

第4條第1項 前段, 第9條第1項 本文·第2項, 第10條第5號, 第42條第1項·第3項 前段, 第51條第2項 前段, 第52條第9號, 第53條第2項, 第59條第2項 前段, 第60條 및 第61條중 "내무부장관"을 각각 "경찰청장"으로 한다.

第6條第1項중 "서울특별시장·직할시장 또는 도지사(이하 "시·도지사"라 한다)"를 "지방경찰청장"으로 한다.

第12條第1項, 第13條第2項 내지 第4項, 第14條第1項, 第22條, 第25條第1項 前段·第2項, 第28條第1項, 第32條第2項, 第38條第1項 前段, 第39條第1項 前段, 第40條第3項 및 第67條第2項중 "시·도지사"를 각각 "지방경찰청장"으로 한다.

第14條第2項, 第38條第2項·第3項 및 第39條第2項·第4項 前段중 "시·도지사는"을 각각 "지방경찰청장은"으로 한다.

第32條第3項중 "내무부장관 또는 시·도지사는"을 "경찰청장 또는 지방경찰청장은"으로 한다.

第68條중 "내무부장관 또는 시·도지사는"을 "경찰청장 또는 지방경찰청장은"으로, "시·도지사 또는 경찰서장"을 "지방경찰청장 또는 경찰서장"으로 한다.

第74第2項중 "내무부장관, 시·도지사"를 "경찰청장, 지방경찰청장"으로 한다.

⑦내지 <19>省略

第5條 및 第6條 省略

## 附 則 <제4989호,1995.12.6>

①(시행일) 이 법은 공포후 6월이 경과한 날부터 시행한다.

②(가스발사총의 소지자에 대한 경과조치) 이 법 시행당시 가스발사총을 소지하

고 있는 사람은 이 법 시행일부터 3월이내에 주소지를 관할하는 경찰서장으로부터 제12조의 규정에 의한 소지허가를 받아야 한다.

③(석궁의 소지자에 대한 경과조치) 이 법 시행당시 석궁을 소지하고 있는 사람은 이 법 시행일부터 3월이내에 주소지를 관할하는 경찰서장으로부터 제12조의 규정에 의한 소지허가를 받아야 한다.

④(벌칙적용에 관한 경과조치) 이 법 시행전의 행위에 대한 벌칙의 적용에 있어서는 종전의 규정에 의한다.

## **附 則** <제5201호,1996.12.30>

①(施行日) 이 법은 공포후 3월이 경과한 날부터 시행한다.

②(協會理事長 및 理事의 任期에 관한 經過措置) 이 법 시행당시의 이사장 및 이사의 임기는 종전의 규정에 의한다.

## **附 則**(행정절차법의시행에따른공인회계사법등의정비에관한법률) <제5453호,1997.12.13>

**第1條**(施行日) 이 法은 1998年 1月 1日부터 施行한다. <但書省略>

**第2條** 省略

## **附 則** <제5938호,1999.3.31>

이 법은 공포한 날부터 시행한다.

## **부 칙** <제6386호,2001.1.26>

①(시행일) 이 법은 공포한 날부터 시행한다.

②(장난감용 꽃불류에 대한 경과조치) 이 법 시행당시 제24조의 규정에 의하여 저장하여야 하는 장난감용 꽃불류를 보관하고 있는 사람은 이 법 시행후 6월 이내에 제24조 및 제25조의 규정에 의한 화약류저장소에 이를 저장하여야 한다.
③(처분 등에 관한 경과조치) 이 법 시행당시 종전의 규정에 의하여 지방경찰청장이 행한 허가 등 행위 또는 지방경찰청장에 대한 행위는 각각 그에 해당하는 경찰서장의 행위 또는 경찰서장에 대한 행위로 본다.

## 부 칙 <제6948호,2003.7.29>

①(시행일) 이 법은 공포후 6월이 경과한 날부터 시행한다.
②(총포의 소지허가에 관한 경과조치) 이 법 시행 당시 제2조제1항의 개정규정에 의한 총포에 해당하는 부품을 소지하고 있는 사람은 이 법 시행일부터 3월 이내에 제12조제1항의 규정에 의한 소지허가를 받아야 한다. 다만, 이 법 시행전에 종전의 제17조제5항의 규정에 의하여 총포의 부착물에 대한 허가관청의 부착승인을 얻은 사람으로서 그 부착물이 제2조제1항의 개정규정에 의한 총포에 해당하는 경우에는 제12조제1항의 규정에 의한 소지허가를 받은 것으로 본다.
③(결격사유에 관한 경과조치) 이 법 시행전에 종전의 규정에 의하여 총포·도검·화약류·분사기·전자충격기·석궁의 소지허가를 받은 경우와 화약류제조보안책임자면허 및 화약류관리보안책임자면허를 받은 경우에 결격사유에 관하여는 제13조제1항제3호·제4호·제5호 및 제29조제1항제4호의 개정규정에 불구하고 종전의 규정에 의한다.

# 7 공연법시행령

일부개정 2002.7.30 대통령령 제17695호

제1조(목적) 이 영은 공연법에서 위임된 사항과 그 시행에 관하여 필요한 사항을 규정함을 목적으로 한다.

제1조의2(공연장의 범위) 공연법(이하 "법"이라 한다) 제2조제4호에서 "공연을 주된 목적으로 설치하여 운영하는 시설"이라 함은 연 90일 이상 또는 계속하여 30일 이상 공연에 제공할 목적으로 설치하여 운영하는 시설을 말한다.

본조신설 2002.7.30

제2조(공연예술진흥기본계획) 법 제3조제2항제5호에서 "기타 대통령령이 정하는 공연예술 진흥에 관한 주요 사항"이라 함은 다음 각 호의 사항을 말한다. <개정 2002.7.30>

1. 공연장의 재해예방조치 및 무대시설의 안전진단에 관한 사항
2. 지방자치단체의 공연예술 관련행사 지원에 관한 사항

제3조 삭제 <2002.7.30>

제4조(외국인의 국내공연 추천 등) ①국내에서 공연하고자 하는 외국인 또는 외국인을 국내에 초청하여 공연하고자 하는 자는 법 제6조제1항의 규정에 의하여 문화관광부령이 정하는 바에 따라 외국인국내공연추천신청서를 음반·비디오물 및 게임물에 관한 법률 제5조의 규정에 의한 영상물등급위원회에 제출하여야 한다. <개정 2001.10.20>

②영상물등급위원회는 제1항의 규정에 의한 신청서를 제출받은 때에는 당해 공연물의 공연내용 또는 출연자가 법 제7조제1항에 해당되는지를 심사한 후 추천여부와 법 제6조제4항의 규정에 의한 추천조건을 결정하여야 한다. <개정 2002.7.30>

계·기구수"라 한다)가 40개 이상인 공연장을 설치·운영하고자 하는 자는 법 제12조제1항의 규정에 의하여 그 공사의 착수 전에 제5항의 규정에 의하여 지정받은 안전진단전문기관(이하 "안전진단기관"이라 한다)으로부터 설계검토를 받아야 한다.

②객석수가 500석 이상이거나 구동무대기계·기구수가 20개 이상인 공연장을 설치·운영하는 자는 법 제12조제2항의 규정에 의하여 당해 공연장의 등록 전에 안전진단기관으로부터 무대시설에 대한 검사를 받아야 하며, 이 때부터 정기적으로 객석수가 1천석 미만이고 구동무대기계·기구수가 40개 미만인 공연장의 경우에는 5년 마다, 그 밖의 공연장의 경우에는 3년마다 정기검사를 받아야 한다.

③제2항의 규정에 의한 정기검사 결과 안전진단기관이 특별히 필요하다고 인정하는 경우에는 당해 공연장 운영자는 정밀안전진단을 받아야 한다.

④공연장 운영자는 자체검사계획에 따라 매년 수시검사를 실시하여야 한다.

⑤문화관광부장관은 별표 1의 기술인력과 안전진단장비를 갖춘 법인·단체 중에서 제1항 내지 제3항의 규정에 의한 무대시설의 설계검토·정기검사 및 정밀안전진단을 담당하게 할 안전진단전문기관을 2 이상 지정하여야 한다.

⑥제1항 내지 제4항의 규정에 의한 설계검토·정기검사·수시검사 및 정밀안전진단의 절차·방법·기준 등에 관하여 필요한 세부사항은 문화관광부장관이 정하여 고시한다.

⑦국가 또는 지방자치단체는 제4항의 규정에 의하여 수시검사를 실시하는 공연장 운영자에 대하여 예산의 범위안에서 필요한 지원을 할 수 있다.

전문개정 2002.7.30

시행일 20040101 : 제10조제4항

제11조(무대예술전문인의 자격종류) 법 제14조의 규정에 의한 무대예술전문인(이하 "전문인"이라 한다)의 자격종류는 무대기계전문인·무대조명전문인 및 무대음향전문인으로 구분한다.

제12조 (무대예술전문인 교육과정) ①법 제14조제1항의 규정에 의한 무대예술전문인교육기관(이하 "교육기관"이라 한다)의 교육과정은 별표 1의2와 같다.

②교육기관은 당해 교육과정을 이수한 자에 대하여 문화관광부령이 정하는 바에따라 수료증을 교부하고, 수료증발급대장에 이를 등재하여야 한다. <개정 2002.7.30>

전문개정 2000.2.14

제13조(무대예술전문인의 자격검정) ①법 제14조제1항의 규정에 의한 전문인의 자격검정은 무대예술전문인 검정기관(이하 "검정기관"이라 한다)이 연 1회이상 실시한다. 이 경우 검정기관은 검정시행일 30일전까지 검정의 일시·장소·과목·방법 및 응시수수료 기타 검정에 관한 사항을 서울특별시에서 발행되는 일간신문에 공고하여야 한다. <개정 2000.2.14>

②제1항의 규정에 의한 전문인 자격검정은 무대예술 관련과목의 이론과 실기에 관하여 실시하되, 이론시험은 전문지식을, 실기시험은 전문기술에 관하여 검정한다. <신설 2000.2.14>

③이론시험은 선택형 필기시험을 원칙으로 하되, 필요에 따라 기입형을 혼용할 수있다. <신설 2000.2.14>

④실기시험은 필기시험 합격자를 대상으로 실시하되, 심사위원 2인 이상이 심사를 하여야 한다. <신설 2000.2.14>

⑤제1항의 규정에 의한 전문인 자격검정의 등급별 응시기준과 시험과목 및 합격결정기준은 각각 별표 2 및 별표 2의2와 같다. <신설 2000.2.14>

제13조의2(실무경력의 인정) 법 제14조제1항의 규정에 의한 교육과정 이수자나 실무경력자가 전문인자격검정에 응시함에 있어서 검정기관에 의한 실무경력의 인정을 받아야 할 필요가 있는 경우에는 응시원서 제출전에 별표 2의3의 실무경력 인정기준에 따라 미리 검정기관의 인정을 받아야 한다. <개정 2002.7.30>

본조신설 2000.2.14

제13조의3(검정의 일부합격 인정) ①제13조제1항의 규정에 의한 전문인 자격검정의 필기시험에 합격하고 실기시험에 합격되지 아니하거나 응시하지 아니한 자에 대하여는 당해 필기시험의 발표일부터 2년 이내에 실기시험이 시행되는 검정(2년이내에 시행되지 아니하는 경우에는 다음에 이어지는 1회의 검정)에 있어

서 필기시험을 면제할 수 있다.

②전문인 자격검정의 필기시험에 합격한 자가 동일자격종류의 하위등급의 검정에 응시하는 경우에는 당해 필기시험에 합격한 날부터 2년 이내에 실기시험이 시행되는 하위등급의 검정(2년 이내에 시행되지 아니하는 경우에는 다음에 이어지는 1회의 검정)에 있어서 필기시험을 면제할 수 있다.

본조신설 2000.2.14

제14조 삭제 <2002.7.30>

제14조의2(무대예술전문인의 검정합격 인정) ①법 제14조제1항 단서의 규정에 의하여 전문인 자격검정에 합격한 것으로 인정을 받고자 하는 자는 별표 2의4의 검정합격 인정기준에 따라 검정기관의 인정을 받아야 한다.

②검정기관은 제1항의 규정에 의한 검정합격 인정시 국가기술자격법에 의한 기계·전기·전자·건축·안전관리·통신 직무분야의 기능사자격증을 소지한 자에 대하여는 별표 2의4의 실무경력 기준기간에서 1년을, 산업기사 자격증을 소지한 자에 대하여는 실무경력 기준기간에서 2년을, 기사 이상의 자격증을 소지한 자에 대하여는 실무경력 기준기간에서 3년으로 각각 감한다. <개정 2002.7.30>

③제1항의 규정에 의한 자격검정 합격 인정에 관한 절차 및 방법 등에 관하여 필요한 사항은 문화관광부령으로 정한다.

본조신설 2000.2.14

제15조(자격검정위원회) 검정기관의 장은 제13조의 규정에 의한 자격검정, 제14조의2의 규정에 의한 검정합격인정과 관련된 업무를 수행함에 있어서는 당해 검정기관에 무대예술 관련 전문가로 구성되는 자격검정위원회를구성·운영하여야 한다. <개정 2002.7.30>

제16조(무대예술전문인자격증의 교부절차) 문화관광부장관은 제13조의 규정에 의하여 자격검정에 합격한 자 또는 제14조의2의 규정에 의하여 검정기관이 검정에 합격한 것으로 인정한 자에 대하여는 문화관광부령이 정하는 바에 따라 전문인자격증을 교부하여야한다. <개정 2002.7.30>

제16조의2 삭제 <2002.7.30>

제17조(무대예술전문인 교육기관의 지정) ①법 제15조제1항의 규정에 의하여 교육기관으로 지정받고자 하는 자는 문화관광부령이 정하는 바에 따라 지정신청서를 문화관광부장관에게 제출하여야 한다.

②문화관광부장관은 제1항의 규정에 의한 신청서를 제출받은 때에는 다음 각호의 사항을 검토하여야 한다.

1. 교육기관 운영을 위한 인적·재정적 능력
2. 교육과정 편성 및 교수요원 확보 상태
3. 강의·실습시설 및 설비의 구비 상태

③문화관광부장관은 교육기관을 지정하는 때에는 지정서를 교부하여야 하며 그 사실을 관보에 공고하여야 한다.

제18조(무대예술전문인 검정기관의 지정 등) ①법 제15조제1항의 규정에 의하여 검정기관으로 지정받고자 하는 자는 문화관광부령이 정하는 바에 따라 지정신청서를 문화관광부장관에게 제출하여야 한다.

②문화관광부장관은 제1항의 규정에 의한 신청서를 제출받은 때에는 다음 각호의 사항을 검토하여야 한다.

1. 검정기관 운영을 위한 인적·재정적 능력
2. 검정과정 편성 및 검정요원 확보 상태
3. 검정을 위한 시설 및 설비의 구비 상태

③문화관광부장관은 검정기관을 지정하는 때에는 지정서를 교부하여야 하며 그 사실을 관보에 공고하여야 한다.

제19조 삭제 <2002.7.30>

제20조 삭제 <2002.7.30>

제21조(무대예술전문인의 배치) ①법 제16조제1항에서 "대통령령이 정하는 공연장"이라 함은 특별법으로 설립된 법인이 설치·운영하거나 그 운영을 위탁한 공연장을 말한다.

②법 제16조제2항의 규정에 의한 전문인의 배치대상별 배치기준은 별표 3과 같다.

전문개정 2002.7.30

제22조 삭제 <2001.10.20>

제23조 삭제 <2002.7.30>

제24조(과태료의 부과·징수) ①법 제42조제3항의 규정에 의하여 시장·군수 또는 구청장이 과태료를 부과하는 때에는 당해 위반행위를 조사·확인한 후 위반사실·과태료금액 등을 서면으로 명시하여 이를 납부할 것을 과태료처분대상자에게 통지하여야 한다.

②제1항의 규정에 의하여 과태료를 부과하고자 하는 때에는 10일이상의 기간을 정하여 과태료처분대상자에게 구술 또는 서면에 의한 의견진술의 기회를 주어야 한다. 이 경우 지정된 기일까지 의견진술이 없는 때에는 의견이 없는 것으로 본다.

③위반행위의 종별에 따른 과태료의 금액은 별표 4와 같다. 다만, 시장·군수 또는 구청장은 위반행위의 정도 및 위반횟수 등을 참작하여 그 해당 금액의 2분의 1의 범위안에서 이를 경감하거나 가중할 수 있다. 이 경우 가중부과하는 때에도 과태료의 총액은 500만원을 초과할 수 없다.

④과태료의 징수절차는 문화관광부령으로 정한다.

## 부 칙 <제16302호,1999.5.10>

제1조(시행일) 이 영은 공포한 날부터 시행한다. 다만, 제10조의 개정규정은 2000년 7월 1일부터 시행하고, 제21조 및 별표 3의 개정규정은 2002년 1월 1일부터 시행한다.

제2조(유효기간) 제3조제5항의 개정규정은 2000년 12월 31일까지 효력을 가진다.

제3조(공연장지정 또는 승인 등에 관한 경과조치) 이 영 시행(부칙 제1조 본문의 시행일을 말한다. 이하 같다)당시 종전의 규정에 의하여 문화관광부장관 또는 시장·군수·구청장이 공연장으로 지정 또는 승인한 시설 또는 장소를 공연장으로 경영하는 자는 제8조의 개정규정에 의하여 공연장업을 등록한 것으로 본다.

제4조(재해대처계획의 제출에 관한 경과조치) 이 영 시행당시 종전의 규정에 의하여 공연장 설치허가를 받아 설치·운영중인 공연장으로서 객석이 500석이상이거나 객석의 바닥면적이 500제곱미터이상인 공연장을 경영하는 자와 부칙 제3조의 규정에 의하여 공연장업의 등록을 한 것으로 보는 자는 이 영 시행일부터 3월이내에 제9조의 개정규정에 의한 재해대처계획을 관할소방서장에게 제출하여야 한다.

제5조(무대시설의 정기검사에 관한 경과조치) ①제10조의 개정규정의 시행일(2000년 7월 1일)부터 과거 3년이 되는 날 이후에 무대시설의 안전진단을 받은 객석이 1천석이상인 공연장과 과거 5년이 되는 날 이후 무대시설의 안전진단을 받은 객석이 1천석미만인 공연장은 최후의 안전진단을 받은 날을 기산일로 하여 각각 3년 또는5년이 되는 날까지 정기검사를 받아야 한다.

②제10조의 개정규정의 시행일(2000년 7월 1일)부터 과거 3년간 무대시설의 안전진단을 받지 아니한 객석이 1천석이상인 공연장과 과거 5년간 무대시설의 안전진단을 받지 아니한 객석이 1천석미만인 공연장은 제10조의 개정규정의 시행일(2000년 7월 1일)부터 3월이내에 정기검사를 받아야 한다.

제6조(무대예술전문인 교육기관의 지정에 관한 경과조치) 이 영 시행당시 종전의 규정에 의하여 문화관광부장관으로부터 무대예술공연장 소속직원의 연수교육을 위한 연수교육기관으로 지정받은 자는 제17조의 개정규정에 의하여 교육기관으로 지정받은 것으로 본다.

제7조(무대예술전문인 교육과정의 이수에 관한 경과조치) 이 영 시행당시 부칙 제6조의 규정에 의한 연수교육기관의 교육과정을 이수한 자는 이 영에 의한 무대예술전문인 교육과정을 이수한 것으로 본다.

## 부 칙 <제16717호,2000.2.14>

이 영은 공포후 2월이 경과한 날부터 시행한다.

**부칙**(음반·비디오물 및 게임물에 관한 법률시행령) <제17395호,2001.10.20>

제1조(시행일) 이 영은 공포한 날부터 시행한다.

제2조 생략

제3조(다른 법령의 개정) ①내지 ③생략

④공연법 시행령중 다음과 같이 개정한다.

제4조제1항중 "법 제17조의 규정에 의한"을 "음반·비디오물 및 게임물에 관한법률 제5조의 규정에 의한"으로 한다.

제8조제5항제2호중 "(영화 또는 비디오물을 상영하는 경우를 제외한다)"를 "(영화를 상영하는 경우를 제외한다)"로 한다.

제22조를 삭제한다.

⑤생략

**부 칙** <제17695호,2002.7.30>

제1조(시행일) 이 영은 공포한 날부터 시행한다. 다만, 별표 2의2의 개정규정은 2003년 1월 1일부터, 제10조제4항의 개정규정은 2004년 1월 1일부터, 별표 3의 개정규정은 2005년 1월 1일부터 각각 시행한다.

제2조(공연장등록에 관한 경과조치) 이 영 시행당시의 객석수가 100석(객석이 구분되지 아니하여 그 수를 셀 수 없는 경우에는 객석으로 사용되는 바닥 연면적 100제곱미터) 이상인 공연장으로서 제8조제5항의 개정규정에 따라 새로이 등록대상이 되는 공연장의 운영자는 이 영 시행일부터 5월 이내에 공연장등록을 하여야 한다.

제3조(무대시설 안전진단에 관한 경과조치) ①이 영 시행당시의 공연장중 제10조제2항의 개정규정에 따라 새로이 무대시설에 대한 검사대상이 되는 공연장의 운영자는 이 영 시행일부터 5월 이내에 동 개정규정에 의한 검사를 받아야 한다.

②이 영 시행당시 종전의 제10조제1항의 규정에 의하여 문화관광부장관이 공고한 무대시설 안전진단기관은 제10조제5항의 개정규정에 의하여 문화관광부장관이 지정한 무대시설 안전진단기관으로 본다.

제4조(무대예술전문인 실무경력 인정 등에 관한 경과조치) ①이 영 시행당시 종전의 제14조의 규정에 의한 교육과정 이수의 인정을 받은 자는 제13조의2의 개정규정에 의한 실무경력의 인정을 받은 것으로 본다.

②이 영 시행당시 종전의 규정에 의하여 운영 중인 무대예술전문인 교육기관의 교육과정은 이 영에 의한 교육과정으로 본다.

## 8 전국 업체 리스트

| 행사기획(portal) | | | |
|---|---|---|---|
| 업 체 명 | 전화번호 | 홈페이지 | 주 소 |
| K.M.COM | 02-470-8441 | www.eventkm.com | 서울 강남구 개포동 13-3대청타워2512호 |
| ㈜리더스 엔터프라이즈 | 02-514-0336 | | 서울 강남구 논현1동 140-5 정진그린빌 601호 |
| ㈜티앤티 이벤트 | 02-549-8340 | | 서울 강남구 논현2동 86-147 S빌딩 5층 |
| ㈜이벤트 그룹위 | 02-517-3258 | www.eventwe.com | 서울 강남구논현동 101-14 삼성당 빌딩 7층 |
| ㈜오리콤 | 02-510-4174 | www.oricom.co.kr | 서울 강남구 논현동105-7두산빌딩 7층 |
| ㈜벤드빌리스 | 02-546-7623 | www.vendbillis.com | 서울 강남구 논현동115-25 ES타워 3층 |
| ㈜씨티에스 코리아 | 02-515-7280 | www.e-cts.co.kr | 서울 강남구 논현동188-16 성경빌딩 201호 |
| ㈜massEM | 02-545-8747 | www.massem.com | 서울 강남구 논현동268-14 충현빌딩 2층 |
| ㈜메타프로 | 02-512-5550 | www.metapro.co.kr | 서울 강남구 논현동50-1 세라빌딩 5층 |
| ㈜이스트닷컴 | 02-3443-6278 | www.istcom.co.kr | 서울 강남구 논현동52-8 풍원빌딩 302호 |
| ㈜씨피엠 코리아 | 02-541-6988 | www.cpmcorea.com | 서울 강남구 논현동 77-11 |
| ㈜스타라인 | 02-769-1230 | www.eventdial.com | 서울 강남구 논현동77-7번지 101호 |
| ㈜브레인 커뮤니케이션 | 02-546-6667 | www.synergy21.net | 서울 강남구 논현동81-7 논현빌딩 1층 |
| ㈜시너지21 | 02-3443-7444 | www.synergy21.net | 서울 강남구 논현동86-6 마루빌딩5층 |

| 업 체 명 | 전화번호 | 홈페이지 | 주 소 |
|---|---|---|---|
| ㈜잇츠굿 커뮤니케이션 | 02-515-7001 | www.itisgood.com | 서울 강남구 논현동 98-6 우미1빌딩 3층 |
| ㈜에이앤에이 컴퍼니 | 02-555-7515 | www.anacompany.co.kr | 서울 강남구 대치동 912-15 시원빌딩 5층 |
| 휘닉스 커뮤니케이션즈 | 02-560-0600 | www.phoenixcomm.co.kr | 서울 강남구 대치동946-1glass tower 28층 |
| ㈜씨앤마케팅서비스 | 02-3404-2800 | www.cnms.co.kr | 서울 강남구 대치동946-1 글라스타워빌딩 19층 |
| 신광애드컴 | 02-501-7573 | www.shad.co.kr | 서울 강남구 대치동957-22 신광빌딩 2층 |
| ㈜유니네오 | 02-3461-1140 | www.unineo.com | 서울 강남구 도곡동 951-22 신광빌딩 2층 |
| ㈜이엔씨 커뮤니티 | 02-556-2167 | www.ienc.co.kr | 서울 강남구 삼성 2동 143-6 영창빌딩 9층 |
| ㈜시상이즘 | 02-542-7360 | | 서울 강남구 삼성2동 45-6 로프트빌딩 603호 |
| 이레이벤트플래닝엔프로모션(주) | 02-555-6144 | www.ele.co.kr | 서울 강남구 삼성동 코스모스오피스텔 607 |
| ㈜와이드플래닝 | 02-3453-7563 | | 서울 강남구 삼성동 124-4 LJ빌딩 3층 |
| ㈜이데아 | 02-3471-0365 | www.2dea.co.kr | 서울 강남구 삼성동 146-22 유승빌딩 2층 |
| ㈜더블유컴 | 02-554-1605 | | 서울 강남구 삼성동 152 윤빈빌딩3층 |
| ㈜토탈커뮤니케이션그룹영컴 | 02-554-3477 | | 서울 강남구 삼성동 168-27 영컴타운 |
| 아이벤트기획 | 02-512-0405 | www.1-vent.co.kr | 서울 강남구 삼성동 26-34 |
| 매슬로우코리아 | 02-2059-8463 | | 서울 강남구 삼성동 40-8 한빛빌딩 2층 |
| 문화기획한맥 | 02-518-4212 | | 서울 강남구 삼성동 76-21번지 1층 |
| 스테이지라인 | 02-6001-6050 | www.stageline.co.kr | 서울 강남구 삼성동 아셈타워 B1-1호 |
| ㈜필커뮤니케이션인터렉티브 | 02-2040-7092 | www.phillcom.co.kr | 서울 강남구 수서동 713 현대벤쳐빌 1620호 |
| ㈜에이젯 | 02-596-0345 | www.azcom.co.kr | 서울 강남구 신사동 511-5 2층 |
| ㈜AMZ코리아 | 02-571-4297 | www.amzkorea.com | 서울 강남구 신사동 515-1- 서진빌딩 4층 |
| ㈜성광기획 | 02-3444-9519 | www.sk-com.com | 서울 강남구 신사동 533-16 한솔빙딩 3층 |
| TBWAKOREA㈜ | 02-501-8888 | www.tbwa-korea.com | 서울 강남구 신사동 538 J Tower 빌딩 7-12층 |
| ㈜씽크밸리 | 02-543-5258 | | 서울 강남구 신사동 545-25 인사랑 빌라 B동 5-1 |
| ㈜양컴 | 02-515-5544 | | 서울 강남구 신사동 547-4 양컴 빌딩 2층 |
| ㈜액트커뮤니케이션 | 02-540-7330 | | 서울 강남구 신사동 561-37 자홍 빌딩 1층 |
| 에스피앤씨㈜ | 02-541-8566 | www.spnc.co.kr | 서울 강남구 신사동 587-21 대동빌딩 5층 |
| ㈜재원프로모션 | 02-3444-3124 | www.jaewonpro.co.kr | 서울 강남구 신사동 588 산도빌딩 6층 |
| ㈜온앤프로 | 02-3448-5505 | www.onnpro.co.kr | 서울 강남구 신사동 626-41번지 1층 |
| ㈜엠엔씨파트너스 | 02-540-8686 | www.mncp.co.kr | 서울 강남구 신사동 629-7 예인빌딩 2층 |
| ㈜라이언커뮤니테이션즈 | 02-3453-1502 | | 서울 강남구 역삼동 601-10 대원빌딩 201호 |
| E.B.W커뮤니케이션 | 02-569-0503 | www.ebw.co.kr | 서울 강남구 역삼동 601-10 대원빌딩 2층 |
| ㈜큐엔터컴 | 02-569-2108 | www.gands.co.kr | 서울 강남구 역삼동 628-3 멜로즈프라자 302 |
| ㈜화이플레이스 | 02-537-0300 | www.fineplays.co.kr | 서울 강남구 역삼동 652-7 |
| ㈜위더스프로모션 | 02-508-3788 | www.withuspro.co.kr | 서울 강남구 역삼동 655-16번지 2층 |

| 디아이(DI)커뮤니케이션 | 02-3444-8287 | www.dicom21.com | 서울 강남구 역삼동 664-8번지 2층 |
|---|---|---|---|
| 업 체 명 | 전 화 번 호 | 홈 페 이 지 | 주 소 |
| ㈜루트컴 | 02-581-1007 | | 서울 강남구 역삼동 724-26번지 203호 |
| ㈜애드케인 | 02-546-6567 | www.adcane.com | 서울 강남구 역삼동 725-62 |
| ㈜에스피파크 | 02-553-8688 | www.sppark.com | 서울 강남구 역삼동 751-5 중앙빌딩 4층 |
| ㈜스트리트컴 | 02-565-0066 | www.streetcomm.co.kr | 서울 강남구 역삼동 791-5 소망빌딩 지하 |
| ㈜피플엑스 | 02-566-6067 | www.people-x.com | 서울 강남구 역삼동 811-4 K&K빌딩 101호 |
| ㈜멀티미디어원 | 02-3471-6466 | | 서울 강남구 역삼동 831-11 서울빌딩 2층 |
| 리젠시컴 | 02-566-5995 | www.regencycomm.com | 서울 강남구 역삼동 836-71 진우빌딩4층 |
| ㈜조인커뮤니케이션 | 02-561-6999 | | 서울 강남구 역삼동 837-17 삼성애니텔 510호 |
| ㈜루시드기획 | 02-3411-5667 | | 서울 강남구 일원1동 619-1 현대빌딩201호 |
| ㈜티엠티애드 | 02-3445-4145 | www.tmtad.com | 서울 강남구 청담동 11-2 2층 |
| ㈜미래세움 | 02-540-4488 | www.mileseum.com | 서울 강남구 청담동 58-12 팝콤빌딩 1층 |
| 코렉스엔터네인먼트 | 02-529-8155 | | 서울 강남구 포이동 245-10 병준빌딩 4층 |
| EM커뮤니케이션 | 02-579-6976 | www.vision1996.com | 서울 강남구 포이동 245-2번지 청하빌딩 지하 |
| 케이썸에이엔씨㈜ | 02-3463-6844 | www.ksum.com | 서울 강남구 포이동261-4번지 지하1층 |
| 대한레크리에이션개발원 | 02-483-6575 | www.5267.co.kr | 서울 강동구 길2동 331-15 |
| ㈜헤드라인 | 02-483-1222 | www.headline21.co.kr | 서울 강동구 둔촌 2동 485-6라인빌딩 1층 |
| ㈜선환엔터테인먼트 | 02-476-2344 | www.eventacademy.co.kr | 서울 강동구 성내1동 534-23 3층 |
| 이벤트시티 | 02-483-6143 | | 서울 강동구 성내2동 112-65화랑빌딩 305호 |
| 두손이벤트 | 02-422-8544 | | 서울 강동구 성내3동 440-3 클로바빌딩 301호 |
| 비전코리아 | 02-998-4362 | www.visionk.com | 서울 강북구 미아4동 81-29 2층 |
| 한국이엔비파크 | 02-987-4362 | www.balloonpark.co.kr | 서울 강북구 수유1동 95-2 이벤트 공원 |
| 이벤트바치 | 02-902-1967 | | 서울 강북구 수유2동 205 벽산A. 후문A상가 303 |
| 아치파크 | 02-2662-2770 | www.archpark.com | 서울 강서구 방화2동 563-40 평화빌딩 2층 |
| 가인기획 | 02-2661-8378 | www.i-gain.co.kr | 서울 강서구 방화동 607-214 유헌각빌딩 6층 |
| ㈜인터라인컴 | 02-452-7228 | www.interlinecom.co.kr | 서울 광진구 광장동 123 한나빌딩 9층 904호 |
| ㈜에스인기획 | 02-452-6724 | www.eventseoil.co.kr | 서울 광진구 능동 220-11경도 빌딩 3층 |
| 나래기획 | 02-457-4920 | | 서울 광진구 자양2동 664-19 B1 |
| ㈜챌린지코리아 | 02-3436-2567 | www.challengekorea.com | 서울 광진구 자양2동 682-28고려빌딩 2층 |
| 영재이벤트 | 02-461-5508 | www.7event.com | 서울 광진구 자양동 680-9호 |
| 예람 | 02-496-6586 | | 서울 광진구 중곡동 93-44 |
| 뉴진커뮤니케이션 | 02-469-8686 | | 서울 광진구 화양동 9-4 2층 |
| ㈜jw커뮤니케이션즈 | 02-830-7773 | www.jwcoms.com | 서울 구로구 구로3동 188-5 키콕스벤처센터 301 |
| 플러스이벤트 | 02-2060-1545 | www.plusevent.co.kr | 서울 구로구 궁동 204-11 |
| 명이벤트그룹 | 02-862-9428 | www.myungevent.co.kr | 서울 금천구 독산3동 906-26 경원빌딩 501호 |

| 씨엔에스 | 02-437-1164 | www.cnsbiz.com | 서울 노원구 상계1동 1264 은빛아파트 307-1206 |
|---|---|---|---|
| 업 체 명 | 전 화 번 호 | 홈 페 이 지 | 주 소 |
| 프러스이벤트 | 02-6228-5382 | www.plus-event.co.kr | 서울 노원구 중계4동 358-2 |
| 코리아이벤트 | 02-737-1737 | www.koreaevent.co.kr | 서울 노원구 하계동 256-13 삼정이오니아 501호 |
| 큰사람커뮤니케이션 | 02-969-1666 | www.great-man.com | 서울 동대문구 회기동 346-3번지 2F |
| 감각이벤트 | 02-3477-1956 | www.eventgg.co.kr | 서울 동작구 동작동 66-13번지 1층 |
| ㈜링크커무니케이션즈 | 02-821-4650 | www.event119.co.kr | 서울 동작구 신대방2동 377-1 대방빌딩 204호 |
| 써미트커뮤니케이션 | 02-713-4677 | www.mpkevent.com | 서울 마포구 노고산동 4-22번지 1층 |
| ㈜케이투맨파워 | 02-3143-4289 | www.k2mark.co.kr | 서울 마포구 동교동 156-2 마젤란오피스텔 1208 |
| 씨제이엠디원㈜ | 02-6390-8857 | www.cjmd1.co.kr | 서울 마포구 동교동 159-1 상진빌딩 14층 |
| ㈜연하나로기획 | 02-334-0337 | www.yonhanaro.co.kr | 서울 마포구 동교동 162-16남강빌딩 5층 |
| ㈜지엠컴 | 02-512-9579 | www.gmcom.co.kr | 서울 마포구 동교동 197-32 정원 211빌딩 4층 |
| ㈜지니릴레이션 | 02-336-0447 | www.jeannyrelations.com | 서울 마포구 동교동 198-20 한사스튜디오 407호 |
| ㈜아이디컴 | 02-330-5114 | www.idcomm.co.kr | 서울 마포구 서교동 247-14호 임오빌딩 3층 |
| ㈜아이앤지커뮤니케이션 | 02-332-1580 | www.ingcomm.co.lr | 서울 마포구 서교동326-10 신성빌딩 2층 |
| ㈜상상공장 | 02-3141-1011 | www.ssgj.co.kr | 서울 마포구 서교동 332-4 한아름빌딩 4층 |
| 디알애드컴 | 02-332-9521 | www.idaerim.com | 서울 마포구 서교동 399-6 서교스튜디오빌 102호 |
| ㈜시룩스 | 02-323-3038 | www.c-lux.co.kr | 서울 마포구 서교동 400-3 아산빌딩 4층 |
| ㈜훼밀리커뮤니케이션 | 02-33-5501 | www.facomm.co.kr | 서울 마포구 서교동 445-4번지 2층 |
| ㈜더리스컴 | 02-3142-9088 | www.tlcomm.co.kr | 서울 마포구 서교동 463-29 공드만빌딩 2층 |
| 산과들 | 02-338-5008 | www.sndcom.co.kr | 서울 마포구 성산동 114-11 번지 승채빌딩 2층 |
| ㈜IPG | 02-333-7423 | www.ipgkorea.com | 서울 마포구 성산동 51-11 신안건설빌딩 5층 |
| 비엠커뮤니케이션 | 02-392-4206 | www.bmcom.net | 서울 마포구 아현동 271-13번지 1층 |
| ㈜메가커뮤니케이션즈 | 02-337-3838 | www.megacom.co.kr | 서울 마포구 연남동 566-55 KCPMED빌딩 2층 |
| ㈜리더피엠씨 | 02-784-2426 | www.leaderpmc.com | 서울 마포구 용강동 494-48번지 2층 |
| ㈜더비바란인 | 1588-8677 |  | 서울 마포구 창전동 2-19 계린빌딩 4층 |
| ㈜트리플이벤트 | 02-338-0140 | www.itripleevent.co.kr | 서울 마포구 창전동 2-21 아트빌딩 103호 |
| ㈜에꼴종합대행사 | 02-3143-2744 | www.eventcole.co.kr | 서울 마포구 합정동 366-2 성원빌딩 5층 |
| 맥스기획 | 02-3144-1004 | www.maxevent.net | 서울 마포구 합정동 373-4 성지빌딩 515호 |
| 생각하는 사람들 | 02-376-7890 | www.event114.or.kr | 서울 서대문구 남가좌2동 346-3번지 1층 |
| 메드컴 | 02-363-6686 | www.e-medcom.co.kr | 서울 서대문구 미근동 168 3층 |
| 이벤트팡팡 | 02-372-1381 | www.e-pangpang.com | 서울 서대문구 홍은3동 405-13번지 1—ㅇ |
| 늘푸른이벤트 | 02-735-3033 |  | 서울 서대문구 홍은동 439-2번지 내 111호 |
| ㈜피플앤크리에이티브 | 02-588-2700 |  | 서울 서초구 반포1동 734-10번지 201호 |
| (주)와우인터렉티브 | 02-534-7104 |  | 서울 서초구 반포4동 107-1 광천빌딩 5층 |
| (주)신성매니지먼트 | 02-543-4798 | www.shinsungmt.co.kr | 서울 서초구 반포동 705-6 미성빌딩 301호 |

| (주)장흥커뮤니케이션 | 02-523-4421 | www.jhcomm.com | 서울 서초고 방배1동 912-10 성암빌딩 3층 |
|---|---|---|---|
| 업 체 명 | 전 화 번 호 | 홈 페 이 지 | 주 소 |
| (주)이앤피커뮤니케이션 | 02-3486-1420 | www.epcomm.co.kr | 서울 서초구 방배1동 922-15 극동빌딩 205호 |
| (주)이얼엔터프라이즈 | 02-3477-5080 | www.eventlink.co.kr | 서울 서초구 방배4동 852-16번지 3층 |
| (주)리더엔터프라이즈 | 02-517-4583 | www.ileader.net | 서울 서초구 방배동 818-47 정건하이츠지층 |
| (주)이즈피엠피 | 02-3475-2600 | www.community.co.kr | 서울 서초구 방배동 944-4 한빌딩 5층 |
| PNFEntertainment | 02-538-8272 | www.pnfstar.co.kr | 서울 서초구 서초1동 1338-1 충림아이원 1112호 |
| (주)지컴 | 02-581-6989 | www.gcomm.co.kr | 서울 서초구 서초3동 1487-135예림빌딩 2층 |
| (주)지이티 | 02-3442-5886 | www.get95.co.kr | 서울 서초구 서초동 1301번지 금강KCC별관 |
| 이벤트매니아 | 02-433-9572 | www.eventmania.co.kr | 서울 서초구 서초동 1338-1 아이원플러스 304호 |
| (주)유니원커뮤니케이션즈 | 02-550-2500 | www.unione.co.kr | 서울 서초구 서초동 1356-7 |
| (주)원스컴 | 02-581-7088 | | 서울 서초구 서초동 1358영동빌딩 3층 |
| (주)창마케팅<br>커뮤니케이션그룹 | 02-3477-1256 | www.window21.com | 서울 서초구 서초동 1443-12 천심빌딩 4층 |
| 키커뮤니케이션㈜ | 02-3471-3772 | www.keyevent.co.kr | 서울 서초구 서초동 1506-25 한도빌딩 4층 |
| (주)유엔커이커뮤니케이션 | 02-584-0001 | www.unk.co.kr | 서울 서초구 서초동 14515-5 유엔케이빌딩 |
| (주)맥커뮤니케이션 | 02-521-1004 | www.maccomm.co.kr | 서울 서초구 서초동 1523-6 다보빌딩 2층 |
| (주)연출법인월드파워 | 02-501-4611 | www.worldpower4u.com | 서울 서초구 서초동 1584-5 태훈빌딩 4층 |
| (주)이벤트피아 | 02-521-7761 | www.eventpia.co.kr | 서울 서초구 서초동 1603-68강남빌딩 11동 405호 |
| (주)칼슨마케팅그룹코리아 | 02-517-5711 | www.carlson.co.kr | 서울 서초구 서초동1628-11 CMG House |
| (주)피디씨에이 | 02-2051-2310 | | 서울 서초구 서초동 1665-18 서초다우빌딩 4층 |
| (주)유니트컴 | 02-3477-5887 | www.unitok.com | 서울 서초구 서초동 1718-5 은촌빌딩 106호 |
| (주)팍스아이지 | 02-576-4960 | www.paxig.co.kr | 서울 서초구 양재 2동 307-5보성빌딩 2층 |
| 닉스커뮤니케이션 | 02-529-5912 | www.knix.co.kr | 서울 서초구 양재동 286-5 |
| (주)PPWKorea | 02-527-0100 | www.ppwkorea.com | 서울 서초구 양재동 318-3 PPW빌딩 1.2.3층 |
| (주)맨테크 | 02-577-5550 | www.man-tech.co.kr | 서울 서초구 양재동 67-8 삼성전자 빌딩4층 |
| GP korea | 02-573-9913 | | 서울 서초구 양재동 262-2 코스테크빌딩 301호 |
| (주)KTmedia | 02-526-5867 | www.ktmedia.co.kr | 서울 서초구 우면동 17KT연구개발 센터 2층 |
| (주)씨포스트 | 02-542-5948 | www.cpost.co.kr | 서울 서초구 잠원동 10-37 용진빌딩 3F |
| (주)인더스애드 | 02-3445-0956 | www.indusad.com | 서울 서초구 잠원동 11-2 아세아빌딩 지하1층 |
| (주)라첼 | 02-515-9222 | www.rachel.co.kr | 서울 서초구 잠원동 12-20 3층 |
| (주)금강기획 | 02-513-1114 | www.diamond.co.kr | 서울 서초구 잠원동 27-8 |
| (주)두손카리스 | 02-2106-0800 | www.n-dooson.co.kr | 서울 서초구 잠원동 28-2 화신빌딩 101호 |
| 즐거운세상 | 02-465-7748 | www.livemc.co.kr | 서울 성동구 성수1가 1동240-2 동현빌딩2층 |
| 큐앤씨컴 | 02-469-8977 | www.eventqnc.com | 서울 성동구 성수1가 2동 13-135 동호빌딩3층 |
| 가리온커뮤니케이션 | 02-922-3114 | www.garroninc.com | 서울 성북구 동선동5가 67번지 동선빌딩201호 |
| (주)DH커뮤니케이션 | 02-407-9618 | www.dhcom.co.kr | 서울 송파구 가락동 98 두산위브센티움 516호 |

| (주)문화연출 | 02-3401-5011 | www.culturepd.co.kr | 서울 송파구구 가락동 99-3 제일빌딩 1305 |
|---|---|---|---|
| 업 체 명 | 전 화 번 호 | 홈 페 이 지 | 주 소 |
| (주)라플람 | 02-413-5784 | www.laflamme.co.kr | 서울 송파구 석촌동 19번지 2층 |
| (주)행복나무 | 02-423-7744 | 행복나무 | 서울 송파구 석촌동 295-11 영보빌딩 401호 |
| (주)원플러스윈 | 02-2202-8588 | www.winpluswin.com | 서울 송파구 석촌동 4-9 광명빌딩 4층 |
| 광개토대황 | 02-425-5071 | www.kktad.com | 서울 송파구 송파2동 187-1.2.3층 |
| 가창커뮤니케니션 | 02-418-5477 | | 서울 송파구 송파동 118-7번지 202호 |
| (주)에스알기획(SR기획) | 02-422-6681 | | 서울 송파구 잠실동 195-11 명주빌딩 5층 |
| (주)ess커뮤니케이션 | 02-416-2982 | www.recpower.net | 서울 송파구 잠실동 231-3 B1 |
| (주)BLCE(비엘씨이) | 02-413-6630 | www.blce.co.kr | 서울 송파구 잠실본동 222-10호 2층전관 |
| (주)마스터플랜프로덕션 | 02-2166-2611 | www.mphiphop.com | 서울 양천구 목5동 부영그린타운3차 201호 |
| 아도기획 | 02-2645-4638 | | 서울 양천구 목동 907 현대월드타워 1024호 |
| 세화에이전시 | 02-3443-4525 | | 서울 양천구 목동 907-10 현대차리지앙 525호 |
| (주)에이치에스컴 | 02-2671-9605 | www.hsevent.com | 서울 영등포구 당산4가 3번지 태창빌딩 1층 |
| (주)씨앤비커뮤니케이션 | 02-786-1471 | | 서울 영등포구 대림3동 692번지 우봉빌딩 2층 |
| (주)TCM21 | 02-844-4404 | | 서울 영등포구 도림2동 221-1 청구상가 201호 |
| (주)예문S&D | 02-832-3197 | www.yemunsd.co.kr | 서울 영등포구 신길1동 8-50번지 지하 |
| 채널이벤트 | 02-2164-8883 | | 서울 영등포구 양평동3가 16우림E-비즈 1322호 |
| 힘있는사람들㈜(성루지사) | 02-786-6966 | www.heemsaram.co.kr | 서울 영등포구 양평동3가 56번지 4층 |
| (주)고도커뮤니케이션즈 | 02-761-4820 | www.kodocom.co.kr | 서울 영등포구 여의도동 13-31 기계회관 5층 |
| (주)아트카오스 | 02-761-9898 | www.artchaos.co.kr | 서울 영등포구 여의도동 14-15 안원빌딩 9층 |
| (주)지에이커뮤니케이션 | 02-522-3413 | www.gamarketing.co.kr | 서울 영등포구 여의도동 15-16 산정빌딩 704호 |
| (주)엘지애드 | 02-3777-2999 | www.lgad.co.kr | 서울 영등포구 여의도동 20LG트윈타워 서관 |
| 정훈커뮤니케이션 | 02-793-3195 | www.jhooncom.com | 서울 영등포구 여의도동 35-2 백상빌딩 618호 |
| 토탈컴뮤니케이션 | 02-780-0126 | www.totalcomm.co.kr | 서울 영등포구 여의도동 45-15 서린B/D 908호 |
| (주)미디커뮤니케이션 | 02-3272-2636 | 미디컴 | 서울 용산구 용문동 32-1 금강빌딩 502호 |
| (주)에이디디씨엔씨 | 02-790-6708 | www.addcnc.com | 서울 용산구 한강로2가 82-1 EJ빌딩4층 |
| 매직커뮤니케이션 | 02-567-1318 | | 서울 용산구 한남1동 399-15 유엔빌리지 226C호 |
| (주)더팀 | 02-561-4712 | www.theteam.co.kr | 서울 용산구 한남1동 64-4 출광빌딩 4층 |
| (주)제일기획 | 02-3780-2114 | www.cheil.co.kr | 서울 용산구 한남2동 736-1 제일빌딩 |
| (주)토탈오즈스타 | 02-745-8124 | | 서울 종로구 낙원동 141 네인빌딩 8층 |
| (주)시스톰 | 02-741-6007 | www.cstorm.co.kr | 서울 종로구 동숭동 1-88 계우빌딩 3층 |
| 열린기획 | 02-743-4001 | www.eventopen.co.kr | 서울 종로구 명륜동 1가 58-9 |
| (주)성원엔터테인먼트 | 02-720-1815 | | 서울 종로구 행촌동 27-1 일성빌딩 3층 |
| 모티브커뮤니케이션 | 02-3675-4900 | | 서울 종로구 혜화동 195 동선빌딩 2층 |
| (주)네오기획 | 02-778-2994 | | 서울 중구 남창동 169-2 삼선빌딩 413호 |

| 굿윌커뮤니케인션 | 02-2263-4754 | www.goodwillpr.co.kr | 서울 중구 남학동 23-8(대통빌딩지하) |
|---|---|---|---|
| 업 체 명 | 전 화 번 호 | 홈 페 이 지 | 주 소 |
| (주)한컴 | 02-311-9114 | www.hancomm.co.kr | 서울 중구 서소문동 34 한화빌딩 9층 |
| (주)상암커뮤니케이션즈 | 02-2262-4582 | www.sangam.co.kr | 서울 중구 순화동 1-170 에이스타워 9층 |
| 이메이드 | 02-753-5673 | www.emade.co.kr | 서울 중구 순화동 6-1 이주빌딩 7층 중앙 c&c |
| 광명(파티랑) | 02-2234-2848 | www.partyrang.co.kr | 서울 중구 신당4동 370-119 |
| (주)트로스 | 02-798-7509 | www.trostm.com | 서울 중구 을지로2가 101-2 |
| 한서커뮤니케이션 | 02-2275-3800 | www.ibtv.vo.kr | 서울 중구 을지로6가 18-131번지 을지회관 7층 |
| 그레이프커뮤니케이션즈㈜ | 02-2260-5563 | www.grapecomm.co.kr | 서울 중구 장충동 1가 31-5 |
| 레드컴 | 02-2279-5728 | www.redcom21.com | 서울 중구 장충동1가 118번지 환경빌딩 2층 |
| (주)에이스기획 | 051-515-4641 | www.acevent.com | 부산 금정구 남산동 224-6번지 25통 1반 2층 |
| 제일이벤트 | 051-524-3777 | www.jeilevent.com | 부산 금정구 장전동 382-1 |
| 밴컴㈜ | 051-642-5746 | | 부산 남구 문현 4동 815번지 한일오피스텔 1422호 |
| 축복뷔페이벤트사업부 | 051-634-0009 | | 부산 동구 범일 2동 830-119 |
| (주)탑이벤트 | 051-554-3557 | www.topevent.biz | 부산 동래구 명륜1동 515-3 파랑새빌딩 201호 |
| 이벤트윈 | 051-529-9969 | | 부산 동래구 안락2동 449-72 2통5반 |
| (주)TTC | 051-525-2331 | http://ttc-korea.com | 부산 동래구 안락동 420-48 우성 b/d 301호 |
| 윈컴이벤트 | 051-501-7113 | www.wincomevent.co.kr | 부산 동래구 온천3동 1445-36 일광빌딩 지하1층 |
| SKS이벤트 | 051-816-3731 | www.sks-event.co.kr | 부산 부산진구 범전동 265-21 1통2반 |
| 금성이벤트 | 051-636-0413 | www.gsevent.co.kr | 부산 부산진구 범천1동 858-42 |
| (주)네오이벤트 | 051-868-7415 | www.neoevent.co.kr | 부산 사상구 주례2동 1236-1(2층) |
| 나라이벤트 | 051-203-2878 | www.naraevent.com | 부산 사하구 괴정4동 571-4 |
| EMC이벤트(이엠씨) | 051-292-2912 | | 부산 사하구 하단1동 605-43 15통 5반 401호 |
| (주)미디어와사람들 | 02-572-1308 | www.mandp.co.kr | 부산 수영구 광안1동 126-1금강빌딩 2층 |
| (주)레이커뮤니케이션 | 051-754-3114 | www.raycomm.co.kr | 부산 수영구 광안4동 744-28 광안빌딩 4층 |
| (주)아이엠커뮤니케이션 | 051-623-0110 | | 부산 수영구 광안4동 751-30 강산해오름빌딩 2층 |
| 혜광기획 | 051-627-6812 | www.hkevent.net | 부산 수영구 남천2동 148-20 삼익기존상가내 |
| 이즈커뮤니케이션 | 051-611-0002 | | 부산 수영구 남천동 9-8 |
| 드림21 | 051-753-3605 | www.eventdream21.co.kr | 부산 수영구 망미1동 832-23 |
| (주)티엔씨인터내셔널 | 051-507-4335 | | 부산 연제구 거제동 1498-2 위너스빌딩 701호 |
| 허브커뮤니케이션즈 | 051-590-3557 | | 부산 연제구 거제동 76-2 국제문화센터 23층 |
| 도레미이벤트 | 051-853-6050 | www.doremiro.com | 부산 연제구 연산1동 582-1 동일빌딩 3층 |
| 모던이벤트 | 051-867-4666 | www.modernevent.co.kr | 부산 연제구 연산4동 630-1번지 2층 |
| 매일이벤트 | 051-757-5404 | | 부산 연제구 연산9동 2235-4 선경A.상가211호 |
| 21세기이벤트 | 051-747-0002 | www.21cevent.com | 부산 해운대구 우1동 1393 요트경기장 본관105 |
| 가인기획 | 051-742-4781 | www.gainplan.co.kr | 부산 해운대구 우1동 1393 요트경기장 본관110 |

| 제세기획 | 051-747-6178 | www.jeseent.com | 부산 해운대구 우1동 1431 선프라자 538호 |
| --- | --- | --- | --- |
| 업 체 명 | 전 화 번 호 | 홈 페 이 지 | 주 소 |
| 한기획이벤트 | 051-747-9484 | www.hanplan.com | 부산 해운대구 우1동 397-27 |
| 이벤테쿠 | 051-929-8991 | www.ieventech.com | 부산 해운대구 우1동 썬프라자 O/T529 |
| (주)프로모 | 051-784-7738 | www.npromo.co.kr | 부산 해운대구 재송동 1130-12번지 3층 |
| 대경커뮤니티 | 053-626-8287 | | 대구 남구 대명10동 1225-58 두산빌딩 3층 |
| 한솔문화기획 | 053-653-5545 | www.hansolevent.com | 대구 남구 대명10동 1642-39번지 2층 |
| (주)트윈스기획 | 053-651-9115 | www.twinsevent.co.kr | 대구 남구 대명6동 955-8번지 1층 |
| (주)피엠에스코리아 | 053-628-0924 | | 대구 달서구 두류2동 137-81번지 2층 |
| (주)서광애드컴 | 053-563-9200 | www.esksk.com | 대구 달서구 용산동 238-5 |
| 한국이벤트훼밀리 | 053-957-6969 | www.guestkorea.co.kr | 대구 동구 방촌동 1118-119번지 2층 |
| 포인트이벤트시스텝 | 053-939-3999 | www.pointevent.co.kr | 대구 동구 신천2동 1368번지 |
| 에스엠기획 | 053-751-9748 | www.smevent.co.kr | 대구 동구 신천3동 56-1번지 3층 |
| (주)놀레벤트 | 053-381-6101 | www.eventnol.com | 대구 북구 산격2동 1809 |
| 탑코리아이벤트 | 053-527-8835 | www.top-event.co.kr | 대구 서구 중리동 37-2청학빌딩 1층 |
| 대구MBC미디컴㈜ | 053-744-7300 | www.tgmbcmedi.com | 대구 수성구 범어2동 45-4 범어타워 19층 |
| 유니온기획 | 053-743-8411 | | 대구 수성구 범어2동 45-5 킹덤오피스텔 1517호 |
| 굿모닝이벤트 | 053-753-4631 | www.gmevent.co.kr | 대구 수성구 범어3동 1737번지 |
| 국게기획 | 053-767-7710 | | 대구 수성구 범어동 773-8번지 4층 |
| 파워이벤트 | 053-761-6923 | www.eventpower.co.kr | 대구 수성구 황금2동 601-1 3층 |
| 파워엔터테인먼트㈜ | 053-422-4224 | www.powerenter.com | 대구 수성구 황금2동 601-번지 3층 |
| 애플엔터테인먼트 | 053-422-1171 | | 대구 중구 남산1동 2110-3번지 3층 |
| 컬쳐클럽 | 053-427-6881 | | 대구 중구 대봉동 186-20번지 2층 |
| (주)코리아커뮤니케이션즈 | 053-427-4312 | www.ikoreaevent.com | 대구 중구 대봉동 44-30 선모빌딩 5층 |
| (주)아이엠 | 053-428-9696 | www.imco.co.kr | 대구 중구 동인2가 111-6번지 3층 |
| 이벤트대한민국 | 053-955-2918 | www.e-dangun.com | 대구 중구 산격4동 1441-2번지 2층 |
| MAIN이벤트기획 | 053-421-7439 | yescall.com/mainevent | 대구 중구 서성로 1가 103-5 서일빌딩 104호 |
| 엠케이이벤트21 | 062-653-5790 | www.eventland.ne.kr | 광주 남구 방림동 71-6번지 |
| (주)한다기획 | 062-676-0211 | | 광주 남구 백운동 651-3 BC빌딩 3층 |
| 토탈음향 | 062-671-5419 | | 광주 남구 서1동 231-1번지 |
| ㈜우리커뮤니케이션 | 062-654-4111 | | 광주 남구 서동 111-14 KBS광주방송 10층 |
| (주)아인스 | 062-653-1337 | | 광주 남구 양림동 24-26 리버힐B/D 2층 203호 |
| 다속이벤트 | 062-363-1780 | | 광주 남구 월산동 187-7 |
| 한울기획 | 062-232-4024 | | 광주 동구 계림동 485-43 로데오빌딩 510호 |
| 광주YMCA이벤트사업부 | 062-232-2220 | | 광주 동구 금남로1가 19광주 YMCA |
| 프라임미디어㈜ | 062-224-0830 | | 광주 동구 대인동 158-3대인빌딩 9층 |

| 이벤토피아 | 062-222-6177 | www.kjwedding.co.kr | 광주 동구 장동58-85 양운빌딩 3층 |
|---|---|---|---|
| 업 체 명 | 전 화 번 호 | 홈 페 이 지 | 주 소 |
| 니즈커뮤니케이션즈 | 062-228-5460 | | 광주 동구 학동 71-3영동오피스텔 501-1호 |
| 예스커뮤니케이션 | 062-232-7672 | www.yesevent.net | 광주 동구 학동 904-50번지 2층 |
| (주)맥스파워이벤트 | 062-263-8856 | www.maxpower.co.kr | 광주 북구 두암2동 596-7 |
| 베스트프로덕션 | 062-529-4711 | best-com.ekn.co.kr | 광주 북구 북동 40-4번지 1층 |
| 서울이벤트 | 062-512-6700 | www.iseoulevent.co.kr | 광주 서구 광천동 712-38번지 |
| 코레트기획㈜ | 062-226-4700 | www.ekoret.co.kr | 광주 서구 농성동 304-1 KT&G 3층 |
| (주)좋은기획 | 062-361-0612 | | 광주 서구 농성동 468-3번지 3층 |
| (주)하나커뮤니케이션 | 062-351-5005 | www.eventhana.co.kr | 공주 서구 농성동 628-6번지 1층 |
| (주)씽크밸리기획 | 062-381-8277 | www.thinku.co.kr | 광주 서구 치평동 1195-11번지 2층 |
| (주)코리아피알 | 062-383-1022 | | 광주 서구 치평동 1310-13번지 5층 |
| 한국유아체육연구원 | 062-383-7734 | www.kcper.co.kr | 광주 서구 화정4동 404-8 염주종합체육관128호 |
| (주)이앤씨 | 042-535-0313 | | 대전 서구 갈마2동 1263번지 |
| 우리기획 | 042-525-7074 | www.wooriplan.co.kr | 대전 서구 갈마2동 339-2 명가빌딩 302호 |
| (주)플랜위즈(콘서트랜드) | 1588-4446 | www.concertland.co.kr | 대전 서구 갈마동 1492번지 코리아빌딩 |
| popia(피오피아) | 042-482-0506 | | 대전 서구 둔산동 1408 체신청 9층7호 |
| (주)모닝엔터컴 | 042-531-5600 | www.moringenter.com | 대전 서구 변동 62-1번지 3층 |
| OK이벤트 | 0542-485-8361 | www.ok-event.co.kr | 대전 서구 월평동266 백합상가 B15호 |
| (주)애드헤럴드코리아 | 042-8633-0420 | | 대전 유성구 도룡동 3-1 엑스포 푸드코트 내 |
| 애드미디어(진양테크) | 052-828-6080 | | 대전 유성구 봉명동 홍인오피스텔 1409호 |
| (주)푸른기획 | 042-226-6325 | | 대전 중구 대흥동 183-11 유명밥상 2층 |
| 호감기획 | 042-223-1493 | | 대전 중구 대흥동 410-1 1층 |
| 리허설엔터프라이즈 | 042-254-1416 | www.tjevent.co.kr | 대전 중구 대흥동 410-1 광성빌딩 3층 |
| 휴먼커뮤니케이션 | 042-221-0651 | | 대전 중구 대흥동 508-68 캐쉬파크 2층 |
| 아주이벤트기획 | 042-253-6605 | | 대전 중구 문화동 669-29 |
| 아리랑이벤트 | 042-585-8812 | www.arievent.co.kr | 대전 중구 산성동 279-9(2층) |
| 이노머큐니케이션 | 042-584-0333 | www.eventinno.com | 대전 중구 산성동 299-8번지 2층 |
| 한울이벤트 | 042-581-3488 | | 대전 중구 산성동 88-3 우진빌딩 4층 |
| 푸전커뮤닠이션 | 042-221-0210 | www.eventfusion.co.kr | 대전 중구 용두동 130-6번지 1층 |
| 하나토피아(주) | 042-585-6181 | | 대전 중구 유천동 185-6 우진빌딩 4층 |
| 엠채널 | 032-541-3300 | | 인천 계양구 계산동 944-6호 짔픔 102호 |
| 드림코리아 | 050-5288-0005 | | 인천 남구 숭의2동 341-23호 2층 |
| 하이트이엔티 | 02-2635-7095 | www.hiteent.co.kr | 인천 남구 숭의동 348-45 |
| 문커뮤니케이션 | 032-429-4224 | www.moonevent.co.kr | 인천 남구 주안 1동 116-8 영광빌딩 1층 |
| (주)즐거운사람들 | 032-434-5711 | www.joypeopletv.co.kr | 인천 남동구 구월3동 1100-24번지 2층 |

| 업 체 명 | 전 화 번 호 | 홈 페 이 지 | 주 소 |
|---|---|---|---|
| (주)카오스기획 | 032-423-1901 | | 인천 남동구 구월동 1111 일화빌딩 3층 |
| 이벤트기획아트뱅크 | 032-888-2114 | | 인천 동구 송현3동 1 송현 2차 APT관리사무소 |
| 에스엔디이벤트 | 052-267-0267 | | 울산 남구 달동 1316-12 |
| 울산LNR엔터프라이즈 | 052-249-2777 | | 울산 남구 달동 621-5번지 3층 |
| 엔터컴 | 052-247-0559 | www.entercom21.com | 울산 남구 무거동 1487-1(2층) |
| 유레카커뮤니케이션 | 052-272-4660 | | 울산 남구 삼산동 1544-9번지 3층 |
| 뉴필드 | 052-268-5300 | | 울산 남구 삼산동 203-11 |
| 온기획 | 052-265-6114 | | 울산 남구 신정 1동 1165-9번지 4층 |
| 스카이이벤트 | 080-2522-114 | www.skyevent.org | 울산 동구 서부동 현대 명덕패밀리A. 107-503 |
| NB㈜ | 052-223-3003 | www.nbmail.net | 울산 중구 다운동 552-2번지 대왕빌딩 503호 |
| 울산이벤트 | 052-260-0017 | www.eventulsan.com | 울산 중구 성남동 198-3번지 |
| 예스커뮤니케이션 | 033-653-6362 | | 강원 강릉시 포남1동 1096-6 강원정보센터 4층 |
| 두리기획이벤트 | 033-535-7747 | | 강원 동해시 천곡동 979-6번지 |
| 그린빌event | 033-576-0324 | www.greenvile.wo.to | 강원 삼척시 성내동 180-6 6통 1반 3층 |
| 한마음이벤트 | 033-635-0205 | www.eventone.co.kr | 강원 속초시 장사동 525-1 |
| 파워이벤트 | 033-636-0035 | www.scpowerevent.co.kr | 강원 속초시 조양동 1376-32 |
| 자마커뮤니케이션 | 033-762-0916 | www.zamarevent.co.kr | 강원 원주시 단구동 92-7번지 1층 |
| KT엔테이먼트 | 033-766-9948 | www.tkentcokr | 강원 원주시 단구동 185-5호 풍산빌딩 1층 |
| 조은날엔터프라이즈 | 033-746-0010 | www.joennal.co.kr | 강원 원주시 태장 2동 1720-38 창업센타 A-103호 |
| (주)유니버설라이브 | 033-766-3905 | www.unilive.co.kr | 강원 원주시 판부면 서곡리 2021-3번지 |
| (주)테마투어벤트클럽 | 033-763-3719 | www.tourvent.com | 강원 원주시 판부면 서곡리 921번지 |
| 행주동체육회 | 031-972-9500 | | 경기 고양시 덕양구 토당동 897 소정빌딩 501호 |
| (주)신에프엔씨 | 031-919-6781 | | 경기 고양시 일산 대화동 2206-1 대화씨티빌 420 |
| 해오른누리 | 031-905-9338 | www.sunpeoples.com | 경기 고양시 일산구 백석동 1171-5 지하 |
| 장환이벤트 | 032-343-8732 | www.janghwan.co.kr | 경기 부천시 원미구 역곡2동 19-6 |
| 파티데이 | 031-728-5334 | | 경기 성남시 분당구 구미동 159 베어캐슬 4층 |
| 락시웰리스센터 | 031-779-5555 | | 경기 성남시 분당구 서현동 226-1 시마빌딩 11층 |
| 이룸기획 | 03-719-5751 | | 경기 성남시 분당구 정자동 226-2번지 지하1층 |
| 베스트이벤트기획 | 031-224-9451 | www.eventbest.co.kr | 경기 수원시 권선구 권선동 1013-20 ST보보 B-203 |
| 한국청소년마을 | 031-224-9064 | | 경기도 수원시 권선구 매교동 224-53번지 3층 |
| 와우컴퍼니 | 031-243-6616 | www.enjoyconcert.com | 경기 수원시 장안구 조원동 763-21 창경빌딩 501호 |
| EPI 이벤트 | 031-251-8815 | www.epi-event.co.kr | 경기 수원시 팔달구 중동 100 배래슈트 7층 |
| 쿨이벤트 | 031-675-6115 | www.coolevent.net | 경기 안성시 가사동 79-5번지 |
| 문화기획마당 | 031-671-1247 | | 경기 안성시 연지동 19번지 201호 |
| 포르테음향이벤트 | 031-443-5711 | www.jblforte.co.kr | 경기 안양시 만안구 박달동 72-17 |

| 전국이벤트이엠기획(EM) | 1588-0589 | 전국이벤트 | 경기 안양시 만안구 안양8동 557-6 1층 |
|---|---|---|---|
| 업 체 명 | 전화번호 | 홈페이지 | 주 소 |
| 월드이벤트기획 | 031-711-7412 | | 경기 양평군 양평읍 도곡리 629번지 |
| 라이브이벤트 | 031-771-7976 | | 경기 양평군 양평읍 양근4리 396-29 2층 203호 |
| 테마이벤트기획 | 031-829-3335 | www.tmevent.com | 경기 의정부시 가능3동 569-3번지 지하1층 |
| 한기획(주) | 02-441-9114 | www.hanevent.co.kr | 경기 하남시 미사동 335-10 |
| (주)거성ebi | 031-223-8992 | www.gsebi.com | 경기 화성시 태안읍 배양리 19-308 |
| (주)아셀E&W | 055-253-0964 | www.ashell.co.kr | 경남 마산시 양덕 1동 47-44번지 |
| 파랑새이벤트 | 055-759-1146 | | 경남 진주시 상남동 108-7 |
| (주)조이앤터테인먼트 | 055-746-6001 | www.joyenter21.com | 경남 진주시 이현동 21-3 이현종합상가 4층 415호 |
| 빈엔터테인먼트 | 055-742-4488 | www.binevent.com | 경남 진주시 장대동 107-6 |
| 엔씨월드 | 055-748-1900 | www.nc1900.co.kr | 경남 진주시 판문동 437-2번지 |
| 놀레벤트 | 055-275-1996 | | 경남 창원시 내동 456-12 공단쇼핑 407호 |
| 문화엔터프라이즈 | 055-265-4975 | www.mirevent.co.kr | 경남 창원시 도계동 330-5 대영빌딩 203호 |
| 드림웍스 | 055-238-7017 | www.event114.cc | 경남 창원시 명서동 206-3 비전종합상가 202호 |
| 드림레포츠기획 | 055-265-7179 | www.dream119.co.kr | 경남 창원시 봉곡동 34-1 아리랑빌딩 402호 |
| (주)힘있는사람들 | 055-273-6366 | www.heemsaram.co.kr | 경남 창원시 봉곡동 38-2 수정프라자 404호 |
| 피알(PR)이벤트기획 | 055-261-9194 | | 경남 창원시 사림동 101-14지하 |
| (주)에프엠커뮤니케이션 | 055-264-9561 | www.mirevent.com | 경남 창원시 사림동 34-2 |
| (주)아이벤기획 | 055-267-7077 | www.eyeben.com | 경남 창원시 신월동 56-17번지 |
| 세종이벤트기획 | 055-263-8460 | www.sejongcom.co.kr | 경남 창원시 용호동 24-6 1층(경남도청 맞은편) |
| 티엔터테인먼트 | 055-283-8335 | www.eienter.com | 경남 창원시 중앙동 96-4 리제스타워 428호 |
| 액트이벤트(ACT) | 055-288-0153 | www.act4u.co.kr | 경남 창원시 팔용동 7 농산물시장 본관 3층 311호 |
| 레드엔터테인먼트 | 053-814-3414 | | 경북 경산시 정평동 250-6 |
| 서라벌이벤트기획 | 054-771-3787 | www.suraver.co.kr | 경북 경주시 동천동 877-6번지 |
| 파랑새이벤트기획 | 054-776-7911 | www.palangsae.co.kr | 경북 경주시 동천동 881 |
| 제이컴기획 | 054-773-9592 | www.jcomevent.co.kr | 경북 경주시 동천동 899번지 |
| 신우이벤트 | 054-775-4563 | | 경북 경주시 성건동 172-1 |
| 아리랑이벤트용품 | 054-456-3881 | www.arirang-event.co.kr | 경북 구미시 형곡동 111-1번지 |
| 다움이벤트 | 054-437-3344 | | 경북 김천시 부곡동 429-23번지 |
| 엑스엔터테인먼트 | 054-843-3393 | www.e-ent.co.kr | 경북 안동시 평화동 395-44 |
| 금영이벤트 | 054-638-4000 | www.kyevent.co.kr | 경북 영주시 휴천1동 707-5 |
| 락이벤트 | 054-273-2668 | | 경북 포항시 북구 용흥2동 622-22 |
| (주)경북기획 | 054-262-4646 | | 경북 포항시 북구 흥해읍 성곡2리 983-1 |
| 파티나라이벤트 | 061-279-7142 | www.2797142.co.kr | 전남 목포시 산정동 1044-204 |
| (주)드림커뮤니케이션 | 061-245-0825 | | 전남 목포시 중앙동 2가 8-1번지 |

| 업 체 명 | 전 화 번 호 | 홈 페 이 지 | 주 소 |
|---|---|---|---|
| E&M젊은기획 | 061-742-3445 | | 전남 순천시 장천동 45-7 |
| 다솜이벤트 | 061-743-0023 | | 전남 순천시 조곡동 209-3 |
| 늘품이벤트 | 061-742-5706 | | 전남 순천시 조례동 1708-2 |
| 소리기획 | 061-654-7888 | www.sori2020.co.kr | 전남 여수시 여서동 224-7번지 3층 |
| 금강예술기획 | 063-471-1333 | | 전북 군산시 나운동 1255-8 |
| 이벤트플레이 | 063-452-9394 | | 전북 군산시 조촌동 791-4 |
| TROS(트로스) | 063-851-7509 | www.trostm.com | 전북 익산시 모현동1가 161-2 |
| 백제너트워크커뮤니케이션 | 063-842-6626 | | 전북 익산시 인화동1가 186-6번지 3층 |
| 신우이벤트 | 063-857-2924 | www.sinwoo-event.co.kr | 전북 익산시 인화동1가 210-2 |
| (주)신우엔터테인먼트 | 063-857-2925 | | 전북 익산시 인화동1가 210-2 2층 |
| 플러스기획 | 063-272-8228 | www.jpluscom.com | 전북 전주시 덕진구 금암2동 1598-13 |
| 전북기획 | 063-253-8310 | www.jbdoumi.com | 전북 전주시 덕진구 덕진1가 1275-20 덕수빌딩 |
| 대들기획 | 063-271-2471 | | 전북 전주시 덕진구 진북동 2가 1142-3번지 2층 |
| 스타라인인터내셔날 | 063-231-0022 | www.starlineevent.co.kr | 전북 전주시 완산구 다가동3가 88 |
| 이벤트군단 | 063-255-2369 | | 전북 전주시 완산구 서신동 55-3 |
| (유)애드컴 | 063-253-7117 | | 전북 전주시 완산구 서신동 921-5 |
| 정이벤트 | 063-223-0270 | | 전북 전주시 완산구 평화동1가 592-46 |
| (주)이벤트갤러리 | 063-226-2141 | www.eventgallery.co.kr | 전북 전주시 완산구 효자동1가 289-3 효자 502호 |
| 좋은사람들이벤트 | 064-744-1433 | | 제주 서귀포시 서홍동 444-5 |
| 밥엔터테인먼트 | 064-749-9966 | | 제주 제주시 노형동 2611-5번지 |
| PLAY유아체육연구원 | 064-702-0322 | | 제주 제주시 아라 1동 1728-3 |
| (주)제주이벤트해피웨이기획 | 064-755-5676 | www.happyevent.com | 제주 제주시 연동 320-44 |
| 꾸러기기획스포츠단 | 064-747-5997 | www.eventeam.co.kr | 제주 제주시 오라2동 1218번지 |
| JJEnterainment | 064-755-9229 | | 제주 제주시 일도2동 362-5번지 2F |
| 나라기획 | 041-735-2216 | | 충남 논산시 취암동 1046-4번지 어린딸기2층 |
| 한길REC.EVENT기획 | 041-533-5588 | www.hangilevent.co.kr | 충남 아산시 남동 202-5 |
| 이노커뮤니케이션즈 | 041-562-7482 | www.innocoms.com | 충남 천안시 두정동 1500번지 스타펠리스 818호 |
| 이벤트아이 | 041-573-9171 | | 충남 천안시 봉명동 35-15 2층 |
| 하얀세상이벤트 | 041-553-5004 | www.gowhiteworld.com | 충남 천안시 성정1동 699-15번지 |
| (주)워너커뮤니케이션즈 | 041-578-6114 | www.winnercom.co.kr | 충남 천안시 신부동 476-4 |
| 호서이벤트커뮤니케이션 | 041-560-8143 | | 충남 천안시 안서동 호서대학교 청소년지도학과 |
| 시나브로기획 | 041-562-5644 | | 충남 천안시 직산읍 삼은리 258-37 |
| 토토이벤트 | 041-672-6972 | | 충남 태안군 동문리 347-2 |
| 청사이벤트 | 043-291-6101 | www.cjarthall.com | 충북 청주시 상당구 용암동 1695청주타워 10층 |
| 김기만이벤트 | 043-293-2112 | | 충북 청주시 상당구 용암동 세원A.111-1411 |

| (주)신백수이벤트 | 043-221-5885 | www.eventshin.com | 충북 청주시 상당구 우암동 354-18번지 |
|---|---|---|---|
| 업 체 명 | 전 화 번 호 | 홈 페 이 지 | 주 소 |
| 이벤트기획아트 | 043-223-4806 | www.artevent.co.kr | 충북 청주시 상당구 우암동 381-3번지 |
| 금호이벤트 | 043-266-3001 | | 충북 청주시 흥덕구 사직2동 710-18 수경빌딩 1층 |
| (주)에스엠 | 043-237-9495 | | 충북 청주시 흥덕구 가경동 1036 파라지오 507호 |
| (주)와이티브이 | 043-262-1318 | www.ytv.cc | 충북 청주시 흥덕구 개신동 충북대 학연산 475호 |
| 이벤트기획지인 | 080-303-2003 | www.jipro.co.kr | 충북 청주시 흥덕구 사직1동 141-6 수빈빌딩 지하 |
| 훼미리이벤트 | 043-293-2234 | | 충북 청주시 흥덕구 수고2동 1010 기독교방송국 |

## 무대/전시부스 및 장치

| 업 체 명 | 전 화 번 호 | 홈 페 이 지 | 주 소 |
|---|---|---|---|
| 인포매드㈜ | 02-577-1704 | www.informad.co.kr | 서울 강남구 도곡동 515-12 남산빌딩 2층 |
| ㈜엑스컴인터내셔널 | 02-6000-4901 | www.excom21.com | 서울 강남구 삼성동159 코엑스전시장 2층 10호 |
| (주)비즈마컴 | 02-539-9782 | www.bizmarcomm.com | 서울 강남구 신사동 536-9 보고빌딩 3층 |
| 한국이엔비파크 | 02-987-4362 | www.balloonpark.co.kr | 서울 강북구 수유1동 95-2 이벤트공원 |
| (주)하이파기획 | 02-3474-4460 | | 서울 관악구 남현동 1066-3 (2층) |
| (주)디자인119 | 02-825-2119 | www.design119.co.kr | 서울 동작구 신대방2동 377-1 대방빌딩 202호 |
| (주)파나아트 | 02-706-0055 | | 서울 마포구 도화동 541-거성빌딩 1407 |
| (주)지니릴레이션 | 02-336-0447 | www.heannyrelations.com | 서울 마포구 동교동 198-20 한사스튜디오 407호 |
| (주)우리스테이지 | 02-592-7167 | | 서울 서초구 방배4동 854-5번지 미래빌딩 201호 |
| 영상무대 | 02-521-9265 | www.imstage.co.kr | 서울 서초구 방배동 828-34번지 2층 |
| (주)팍스아이지 | 02-576-4960 | www.paxig.co.kr | 서울 서초구 양재2동 307-5 보성빌딩 2층 |
| 토인환경디자인㈜ | 02-542-4900 | www.toindesing.com | 서울 송파구 송파동 85번지 금천빌딩 2층 |
| 에스엔티컴(SNTCOM) | 02-2642-0470 | www.sntcom.co.kr | 서울 양천구 목동 919 성우네트빌 803호 |
| (주)신창아트 | 02-2636-4578 | | 서울 영등포구 양평동2가 38-1 삼성상가 203호 |
| (주)비주얼아트센터 | 02-781-8798 | www.visualarts.co.kr | 서울 영등초구 여의도동 18번지 KBS신관 1층 |
| (유)트로스 | 02-798-7509 | www.trostm.com | 서울 중구 을지로2가 101-2 |
| 다담스페이스 | 02-392-5331 | | 서울 중구 중림동 401-1대원빌딩1층 |
| 토탈음향 | 062-671-5419 | www.total21.net | 광주 남구 서1동 231-1번지 |
| (주)맥스파워이벤트 | 062-263-8856 | www.maxpower.co.kr | 광주 북구 두암2동 596-7 |
| (주)좋은기획 | 062-361-0612 | | 광주 서구 농성동468-3번지 3층 |
| 아시아나기획 | 062-381-7574 | www.eventeye.co.kr | 광주 서구 치평동 상무지구 258-21 |
| 씨맥스(Simaxco) | 032-515-3160 | www.simaxworld.com | 인천 부평구 갈산동 388-4번지 3층 |
| 문화미디어 | 052-257-9791 | | 울산 남구 달동 585-1번지 |
| 파랑새이벤트 | 052-269-3990 | www.bluebirdevent.co.kr | 울산 울주군 온양읍 남창리39-3 |
| 타임이벤트 | 052-246-0170 | www.timeevent.co.kr | 울산 중구 요동 170-1 |

| 조이이벤트 | 033-744-5200 | www.joyevent.biz | 강원 원주시 개운동 387-44번지 |
|---|---|---|---|
| 업 체 명 | 전 화 번 호 | 홈 페 이 지 | 주 소 |
| (주)테마투어이벤트클럽 | 033-763-3719 | www.tourvent.com | 강원 원주시 판부면 서곡리 921번지 |
| JEFF | 033-252-6565 | | 강원 춘천시 동면 장학리 786-75 |
| 무대창조 | 031-964-4878 | | 경기 고양시 일산구 지영동 1022번지 |
| ADsystem | 02-915-6727 | www.adsystem21.com | 경기 남양주시 별내면 청학2리 114-1 |
| 장환이벤트 | 032-343-8732 | www.janghwan.co.kr | 경기 부천시 원미구 역곡 2동 19-6 |
| 포르테음향이벤트 | 031-443-5711 | www.jblforte.co.kr | 경기 안양시 만안구 박달동 72-17 |
| ㈜고미사 | 031-794-7125 | www.gomisa.co.kr | 경기 하남시 신장동 523-1 현대베스코아 710호 |
| 맥스시스템 | 031-796-4461 | www.max-system.com | 경기 하남시 춘궁동 358-1 |
| (주)아셀E&W | 055-253-0964 | www.ashell.co.kr | 경남 마산시 양덕1동 47-44번지 |
| 거인이벤트 | 063-222-2111 | | 전북 완주군 이서면 갈산리 95-17 |
| 이벤트나라 | 063-851-8272 | | 전북 익산시 춘포면 춘포리 37-17 궁정장여관(내) |
| 정이벤트 | 063-223-0270 | | 전북 전주시 완산구 평화동 1가 592-46 |
| 해피웨이이벤트 | 064-755-5676 | www.happywayevent.com | 제주 제주시 연동 320-44 |
| 제주이벤느디자인 | 064-712-7151 | www.jejued.co.kr | 제주 제주시 외도 1동 493-9 한라태권도장 302호 |

## 행사용천막

| 업 체 명 | 전 화 번 호 | 홈 페 이 지 | 주 소 |
|---|---|---|---|
| (주)서울텐트 | 02-489-5755 | www.seoultent.co.kr | 서울 송파구 잠실동 208-7호 |
| (주)알트하우스 | 051-335-6300 | www.althouse.co.kr | 부산 사상구 삼락동 360-6 |
| 범창종합렌탈기획 | 053-964-0131 | www.tentinfo.com | 대구 동구 서호동 128-1번지 201호 |
| 신성천막기업 | 02-529-3332 | www.e-tent.co.kr | 경기 과천시 주암동 17번지 |
| 평화임대천막공사 | 031-768-8714 | www.peacerental.co.kr | 경기 광주군 오포면 능평리동 92-5번지 |

## 이동화장실

| 업 체 명 | 전 화 번 호 | 홈 페 이 지 | 주 소 |
|---|---|---|---|
| 렌탈카라반㈜ | 02-3442-2425 | www.rentalcaravan.co.kr | 서울 강남구 신사동 523-2정원빌딩 1층 |
| (주)무림교역 | 02-418-1381 | www.toilet-moolim.co.kr | 서울 송파구 방이동 187-5 |
| 제트코리아(주) | 051-636-0976 | www.jetskorea.com | 부산 남구 문현동 815 한일오피스텔 1901호 |

## 음향/조명

| 업 체 명 | 전 화 번 호 | 홈 페 이 지 | 주 소 |
|---|---|---|---|
| (주)특수에이브이 | 02-579-1533 | www.tuksoo.com | 서울 강남구 도곡동 454 |
| (주)스테이지라인 | 02-6001-6050 | www.stageline.co.kr | 서울 강남구 삼성동 아셈타워 B1-1호 |

| 사운드하우스(주) | 02-997-7106 | www.soundhouse.co.kr | 서울 강북구 번1동 430-63 |
|---|---|---|---|
| 업 체 명 | 전 화 번 호 | 홈 페 이 지 | 주 소 |
| 좋은음향 | 02-992-2769 | | 서울 강북구 번1동 454-106 |
| 한국이엔비파크 | 02-987-4362 | www.balloonpark.co.kr | 서울 강북구 수유1동 95-2 이벤트 공원 |
| 써미트커뮤니케이션 | 02-713-4677 | www.mpkevent.com | 서울 마포구 노고산동 4-22번지 1층 |
| 킹스미디어 | 02-533-1422 | www.jci.co.kr | 서울 서초구 방배동 854-1정빈빌딩 B101호 |
| (주)한삼시스켐 | 02-512-0033 | www.hansamsystem.com | 서울 송파구 방이동 185-4 한삼빌딩 3층 |
| (유)트로스 | 02-798-7509 | www.trostm.com | 서울 중구 을지로2가 101-2 |
| 라인조명 | 051-517-9330 | www.lineevent.com | 부산 금정구 장전1동 221-11번지 |
| 가인기획 | 051-742-4781 | www.gainplan.co.kr | 부산 해운대구 우1동 1393 요트경기장 본관110 |
| 토탈음향 | 062-671-5419 | www.total21.net | 광주 남구 서1동 231-1번지 |
| (주)좋은기획 | 062-361-0612 | | 광주 서구 농성동 468-3층 |
| (주)하나커뮤니케이션 | 062-351-5005 | www.eventhana.co.kr | 광주 서구 농성동 628-6번지 1층 |
| 아시아나기획 | 062-381-7574 | www.eventeye.co.kt | 광주 서구 치평동 상무지구 258-21 |
| 테머투어벤트클럽 | 033-763-3719 | www.tourvent.com | 강원 원주시 판부면 서곡리 921번지 |
| 해오른누리 | 031-905-9338 | www.sunpeoples.com | 경기 고양시 일산구 백석동 1171-5 지하 |
| 장환이벤트 | 032-343-8732 | www.janghwan.co.kr | 경기 부천시 원미구 역곡 2동 19-6 |
| 99이벤트㈜ | 032-662-9911 | www.99event.co.kr | 경기 부천시 원미구 원미1동 74-8(1층) |
| Sdmedia | 031-244-3171 | www.sandolav.com | 경기 수원시 장안구 송죽동 498 유진빌딩 4층 |
| 포르테음향이벤트 | 031-443-5711 | www.jblforte.co.kr | 경기 안양시 만안구 박달동 72-17 |
| 금성전기특수조명공사 | 031-336-5645 | | 경기 용인시 김량장동 320-16 |
| 맥스시스템 | 031-796-4461 | www.max-system.com | 경기 하남시 춘궁동 358-1 |
| 스텝서울 | 02-927-6798 | www.sound1588.com | 경기 하남시 하사창동 367번지 하사창78호 |
| 아셀E&W | 055-253-0964 | www.ashell.co.kr | 경남 마산시 양덕1동 47-44번지 |
| 다솜이벤트 | 061-743-0023 | | 전남 순천시 조곡동 209-3 |
| (주)제주이벤트해피웨이기획 | 064-755-5676 | www.happyevent.com | 제주 제주시 연동 320-44 |
| 하얀세상이벤트 | 041-553-5004 | www.gowhiteworld.com | 충남 천안시 성정1동 699-15번지 |
| 췌미리음향 | 043-291-4488 | | 충북 청주시 흥덕구 수곡2동 1010 기독교방송국 |
| 토탈음향이벤트 | 043-856-3050 | | 충북 충주시 교현동 409번지 |

영상장비

| 업 체 명 | 전 화 번 호 | 홈 페 이 지 | 주 소 |
|---|---|---|---|
| (주)오엔케이코프 | 02-508-2921 | www.skyview.co.kr | 서울 강남구 대치동 894-3 대치빌딩 403호 |
| (주)멀티미디어원 | 02-3471-6466 | | 서울 강남구 역삼동 831-11 서울빌딩 2층 |
| (주)루민비젼 | 02-574-6583 | www.osa.co.kr | 서울 강남구 포이동 196-6 지웅빌딩 6층 |
| (주)KM엔터 | 02-338-0631 | www.kmenter.co.kr | 서울 서대문구 창천동 506-10 산성빌딩 2층 전관 |

| 업 체 명 | 전화번호 | 홈페이지 | 주 소 |
|---|---|---|---|
| (주)글로벌 ODP | 02-832-9290 | www.global-o에.com | 서울 영등포구 대림3동 693-15 한경빌딩 지하 3호 |
| (주)아드모 | 02-425-3337 | www.admo.co.kr | 경기 안양시 동안구 관양동 1605한솔센트럴II 303호 |
| 제주이벤트디자인 | 064-712-7151 | www.jejued.co.kr | 제주 제주시 외도 1동 496-9 한라태권도장 302호 |

## 종합렌탈

| 업 체 명 | 전화번호 | 홈페이지 | 주 소 |
|---|---|---|---|
| 티에스엠(TSM) | 02-539-6860 | www.etsm.co.kr | 서울 강남구 대치동 930-17 |
| 렌탈리더 | 02-564-3665 | www.rentalleader.co.kr | 서울 강남구 역삼1동 682-4 하나빌딩 B01호 |
| 하나렌탈 | 02-554-8276 | www.rental-hana.com | 서울 강남구 역삼동 689-27 평화빌딩 1층 |
| 렌탈센터(주) | 02-552-2878 | www.rentalcanter.co.kr | 서울 서초구 양재동 275-5 태석빌딩 6층 |
| 아주렌탈㈜ | 02-3430-9999 | www.ajurental.com | 서울 성동구 성수1가 1동 27-2 평화빌딩 3층 |
| (주)이렌컴 | 02-466-7707 | www.pcrent.co.kr | 서울 송파구 석촌동 19번지 2층 |
| (주)라플람 | 02-413-5784 | www.laflamme.co.kr | 부산 금정구 부곡동 64-7 |
| 삼성종합렌탈 | 051-583-3163 | | 부산 서구 동대신동3가 156-8번지 2층 |
| 한국종합렌탈㈜ | 051-782-0001 | www.0001kt,all.co.kr | 대구 남 대명 8동 2014-356 |
| 오성종합렌탈 | 053-472-1953 | www.ostent.co.kr | 대구 동구 서호동 128-1번지 201호 |
| 범창종합렌탈기획 | 053-964-0131 | www.tentinfo.com | 대구 중구 남산1동 716-6 |
| (주)신명이벤트 | 053-428-9200 | www.sm200.com | 울산 중구 남산1동 716-6 |
| 스카이루프 | 052-281-7472 | www.skyloop.co.kr | 울산 중구 남외동 62-4번지 |
| SK렌탈 | 031-747-4444 | | 경기 광주시 초월읍 선동리 274-15 |
| 해피웨이이벤트 | 064-755-5676 | www.happywayevent.com | 제주 제주시 연동 320-44 |

## 풍선

| 업 체 명 | 전화번호 | 홈페이지 | 주 소 |
|---|---|---|---|
| 벌룬데코 | 02-535-4086 | www.balloondeco.co.kr | 서울 강남구 삼성동 44-10 소암빌딩 1층 |
| 비전코리아 | 02-998-3340 | www.visionk.com | 서울 강북구 미아4동 81-29 2층 |
| 벌루벤트 | 02-325-5060 | www.balloovent.co.kr | 서울 마포구 서교동 445-4 1층 |
| 키스코(풍풍닷컴) | 02-557-4704 | www.poongpoog.com | 서울 서초구 서초4동 1308-16 한서그린빌딩612 |
| 벌룬투데이 | 02-421-8024 | www.balloon.co.kr | 서울 송파구 방이동 223번지 2층 |
| 네오파티 | 02-2202-9243 | www.neoparty.co.kr | 서울 송파구 방이동 226-7 연안빌딩 107 |
| 애드모아 | 02-423-7272 | www.admore.co.kr | 서울 송파구 석촌동 173-8 |
| 풍선나라 | 062-526-9250 | | 광주 북구 신안동 237-53 |
| 풍선과사람들 | 062-381-7574 | www.eventeye.co.kr | 광주 서구 치평동 상무지구 258-21 |
| 문커뮤니케이션 | 032-429-4224 | www.moonevent.co.kr | 인천 남구 주안1동 116-8 영광빌딩 1층 |
| 스타이벤트 | 033-636-6634 | | 강원 속초시 교동 664-71번지 |

| 풍선대통령의파티와이벤트 | 063-229-8481 | www.paballmall.co.kr | 전북 전주시 완산구 효자동3가 1048-5 |
|---|---|---|---|
| 업 체 명 | 전화번호 | 홈페이지 | 주 소 |
| 벌룬프로아카데미 | 041-566-0828 | www.balloonpro.co.kr | 충남 천안시 신부동 458-8호 |

행사복

| 업 체 명 | 전화번호 | 홈페이지 | 주 소 |
|---|---|---|---|
| 도우미라인 | 02-3446-3717 | www.doumiline.co.kr | 서울 강남구 삼성동 147-13번지 2층 |
| 도우미캠프 | 02-501-3200 | www.doumicamp채kr | 서울 강남구 삼성동 149-2시대제일빌딩 1층 |
| 도우미세상 | 02-501-5444 | www.dowoomiworld.co.kr | 서울 강남구 삼성동 153-23 |
| 다희패션 | 02-776-5171 | www.daheefashion.co.kr | 서울 중구 충무로2가 12-8 |
| 나정패션 | 02-777-3079 | www.najeong.co.kr | 서울 중구 충무로2가 12-8 남일빌딫 302호 |
| (주)밀란모드 | 02-774-7177 | www.milanmode.co.kr | 서울 중구 충무로2가 62-6국도빌딩 401호 |
| 아시패션 | 02-755-5109 | www.tasifashion.co.kr | 서울 중구 회현동1가 51-1 |

가면/캐릭터

| 업 체 명 | 전화번호 | 홈페이지 | 주 소 |
|---|---|---|---|
| 캐릭토피아 | 02-877-4788 | www.charactopia.net | 서울 관악구 봉천본동 936-5번지 3층 |
| 캐릭터팩토리 | 02-3432-4142 | www.characterfac.com | 서울 성북구 장위2동 68-747 |
| (주)쇼우뱅크인터내셔날 | 02-2203-5985 | www.showbank.co.kr | 서울 송파구 방이동 67-2 정환빌딩 B1 |
| 고릴라이벤트 | 051-807-4546 | www.gorilla21.com | 부산 연제구 연산5동 1385-9지하 1층 |
| 마고 | 031-914-9254 | www.magofaxtory.co.kr | 경기고양시 일산구 덕이동 1343-2 |
| 드림캐릭터 | 043-222-0007 | www.dreamcharacter.co.kr | 충북 청주시 상당구 영동 97-3 |

용품판매 및 렌탈

| 업 체 명 | 전화번호 | 홈페이지 | 주 소 |
|---|---|---|---|
| 조나단이벤트 | 02-2201-9977 | www.jonadan.com | 서울 광진구 자양동 657-4 조나단빌딩 |
| 할로인마트 | 02-3272-4888 | www.halloweenmart.co.kr | 서울 마포구 도화동 173 삼창프라자빌딩 1360호 |
| 벌룬투데이 | 02-421-8024 | www.balloon.co.kr | 서울 송파구 방이동 223번지 2층 |
| 애드모아 | 02-423-7272 | www.admore.co.kr | 서울 송파구 석촌동 173-8 |
| 금성이벤트 | 051-636-0413 | www.gasevent.co.kr | 부산 부산진구 범천1동 858-42 |
| 혜광기획 | 051-627-6812 | www.hkevent.net | 부산 수영구 남천2동 148-20 삼익기존상가내 |
| (주)신명이벤트 | 053-428-9200 | www.sm200.com | 대구 중구 나만1동 716-6 |
| 새로이벤트 | 055-252-7074 | www.partyday.net | 경남 마산시 회원구 석전2동 225-4 |
| 아리랑이벤트용품 | 054-456-3881 | www.arirang-event.co.kr | 경북 구미시 형곡동 111-7번지 |
| 파티나라이벤트 | 061-279-7142 | www.2797142.co.kr | 전남 목포시 산정동 1044-204 |
| E&M젊은기획 | 061-742-3445 | | 전남 순천시 장천동 45-7 |

## 판촉/홍보용품

| 업 체 명 | 전 화 번 호 | 홈 페 이 지 | 주 소 |
|---|---|---|---|
| 씨이오월드㈜ | 050-2291-7822 | www.ceoworld.co.kr | 서울 광진구 화양동 34-67 |
| 산과들 | 02-338-5008 | www.sndcom.co.kr | 서울 마포구 성산동 114-11번지 승채빌딩2층 |
| 옴니인터내셔널 | 02-588-2358 | www.omnicap.co.kr | 서울 서초고 서초동 1589-5 센츄리1차 804호 |
| (주)우진이벤트 | 051-635-0426 | www.woojinevent.co.kr | 부산 남구 문현4동 815 한일오피스텔 1619호 |

## 특수효과/폭죽

| 업 체 명 | 전 화 번 호 | 홈 페 이 지 | 주 소 |
|---|---|---|---|
| 한국이엔비파크 | 02-987-4362 | www.balloonpark.co.kr | 서울 강북구 수유1동 95-2 이벤트공원 |
| 플러스이벤트 | 02-2060-1545 | www.plusevent.co.kr | 서울 구로구 궁동 204-11 |
| 규진상사 | 02-968-5577 | | 서울 노원구 공릉동 240-126 |
| 이벤트팀스 | 02-599-4991 | www.event-teams.co.kr | 서울 동작구 사당동 164-30 |
| (주)퍼스트 | 02-2264-4824 | www.first1.co.kr | 서울 마포구 서교동 478-3번지 동공빌딩 2층 |
| 동일화공㈜ | 02-582-6904 | www.pokjuk.com | 서울 서초구 서초동 1442-4 포맥스B/D 3층 |
| 제일특수효과 | 02-2652-6114 | | 서울 양천구 목동 504-10 |
| (주)미라클스폐살이펙트 | 02-836-0111 | www.miraclesys.com | 서울 영등포구 신길7동 761 미라클 빌딩 |
| (유)트로스 | 02-798-7509 | www.trosm.com | 서울 중구 을지로2가 101-2 |
| (주)우진SPT | 02-723-0307 | www.woojinspt.com | 서울 ㅈ우구 정동 1-48 오양빌딩 동관3층 |
| 글로벌이벤트 | 053-384-5919 | www.globalevent.co.kr | 대구 남구 대명4동 3042-39 |
| 골드폭죽 | 053-626-6550 | | 대구 달서구 두류동 115-8번지 |
| (주)맥스파워이벤트 | 062-263-8856 | www.maxpower.co.kr | 광주 북구 두암2동 596-7 |
| 아시아나기획 | 062-381-7574 | www.eventeye.co.kr | 광주 서구 치평동 상무지구 258-21 |
| 화성폭죽 | 042-524-1826 | www.hwasungfire.co.kr | 대전 서구 용문동 218-2 |
| 퓨전커뮤니케이션 | 042-221-0210 | www.eventfusion.co.kr | 대전 중구 용문동 130-6번지 1층 |
| 엠채널 | 032-541-3300 | | 인천 계양구 계산동 944-6호 지층 102호 |
| 씨맥스(SimaxCo) | 032-515-3160 | www.simaxworld.com | 인천 부평구 갈산동 388-4번지 3층 |
| 파랑새이벤트 | 052-269-3990 | www.bluebirdevent.co.kr | 울산 울주군 온양읍 남창리 39-3 |
| 타임이벤트 | 052-246-0170 | www.timeevent.co.kr | 울산 중구 교동 170-1 |
| JEFF | 033-252-6565 | | 강원 춘천시 동면 장학리 786-75 |
| 다원엔터프라이즈 | 031-908-3293 | www.da-one.com | 경기 고양시 일산구 풍동 430-1 |
| 99이벤트㈜ | 032-662-9911 | www.999event.co.kr | 경기 부천시 원미구 원미1동 74-8(1층) |
| 엠에스에프코리아 | 02-435-0409 | www.msfkorea.co.kr | 경기 의정부시 의정부3동 128-29 |
| 에이스스페샬이펙트 | 031-791-8920 | www.projectse.co.kr | 경기 하남시 초일동 194-1 |
| 대광화공㈜ | 055-329-0830 | www.djc21.com | 경남 김해시 상동면 매리 128-2번지 |

| 화이어월드 | 055-237-8200 | | 경남 창원시 사림동 151-13 |
|---|---|---|---|
| 업 체 명 | 전 화 번 호 | 홈 페 이 지 | 주 소 |
| 현대화약㈜ | 054-975-7783 | | 경북 칠곡군 왜관읍 아곡리 416 |
| 거인이벤트 | 063-222-2111 | | 전북 완주군 이서면 갈산리 95-17 |
| 해피웨이이벤트 | 064-755-5676 | www.happywayevent.com | 제주 제주시 연동 320-44 |
| 파이로디자인연구소 | 011-105-7181 | www.pyrodesign.co.kr | 충남 논산시 광석면 왕전리 25-3 |
| (주)제일다이렉트 | 041-734-1014 | www.pyrotech.co.kr | 충남 논산시 광석면 천동리 589-8 |

캐미라이트/레이져

| 업 체 명 | 전 화 번 호 | 홈 페 이 지 | 주 소 |
|---|---|---|---|
| 루미나사코리아 | 02-3461-4852 | www.lightsticks.co.kr | 서울 강남구 도곡2동 514-4 신광빌딩 1층 |
| 휴먼커뮤니케이션 | 042-221-0651 | | 대전 중구 대흥동 508-68 캐쉬파크 2층 |
| 아시아테크 | 031-469-6650 | www.asialaser.co.kr | 경기 안양시 동안구 비산2동 566-1 공주상가 111 |

공기조형물/조형물

| 업 체 명 | 전 화 번 호 | 홈 페 이 지 | 주 소 |
|---|---|---|---|
| 에어바운스코리아 | 02-3477-8707 | www.airbounce.co.kr | 서울 서초구 서초4동 1682 서초레니안 108-2601 |
| (주)비비드시스템즈 | 02-571-9870 | www.giantpole.com | 서울 서초구 양재동 248-4 제일빌딩 102호 |
| 에어뱅크코리아 | 053-522-7211 | www.airk.co.kr | 대구 서구 중리동 1119-8 |
| 씨맥스(SimaxCo) | 032-515-3160 | www.simaxworld.com | 인천 부평구 갈산동 388-4번지 3층 |
| ㈜새들 | 031-977-3301 | www.sdevent.com | 경기 고양시 일산구 설문동 790-1 |
| 청암항공유체제작소 | 031-768-7018 | www.ca-balloon.co.kr | 경기 광주시 목현동 288-1 |
| 에이비알 | 031-766-2994 | www.adr.co.kr | 경기 광주시 오포읍 고산리 571번지 |
| 짐바운스 | 031-594-4862 | www.gym\bounce.co.kr | 경기 남양주시 화도읍 금남2리 596-1 |
| (주)코리아인터프라이즈 | 031-736-5508 | | 경기 성남시 중원 상대원동 442-17 쌍용아이A-502 |
| 아리광고기획 | 063-857-1787 | | 전북 익산시 마동 126-21 |

애드벌룬/비행선/열기구

| 업 체 명 | 전 화 번 호 | 홈 페 이 지 | 주 소 |
|---|---|---|---|
| (주)에어콤비행선 | 02-403-8888 | www.aircom.co.kr | 서울 송파구 오금동 125-4 |
| 풍선나라 | 062-526-9250 | | 광주 북구 신안동 237-53 |
| 스카이루프 | 052-281-7472 | www.skyloop.co.kr | 울산 중구 남외동 62-4번지 |
| 솔로몬이벤트애드벌룬 | 031-846-0079 | | 경기 의정부시 금오동 345-2 |
| 대진애드이벤트 | 031-879-8501 | www.dawjinad.co.kr | 경기 의정부시 의정부2동 478 |

현수막/배너/간판/전광판

| 업 체 명 | 전 화 번 호 | 홈 페 이 지 | 주 소 |
|---|---|---|---|

| (주)애드코 | 02-415-7200 | www.adled.com | 서울 강남구 청담동 53-4 남도빌딩 8층 |
|---|---|---|---|
| 업 체 명 | 전 화 번 호 | 홈 페 이 지 | 주 소 |
| 네오피아 | 02-461-9333 | www.neopeo.co.kr | 서울 광진구 군자동 53-10 1층 |
| 예람 | 02-496-6586 | | 서울 광진구 중곡동 93-44 |
| ㈜싸싸인텔레콤 | 02-830-2848 | www.signtelecom.com | 서울 구로구 구로동 235 한신아이티타워 717호 |
| 크로스맥스 | 02-3273-8220 | www.crossmax.com | 서울 마포구 노고산동 31-208 |
| 상승P&F | 02-929-9504 | www.flag.co.kr | 서울 성북구 동선동 3가 222 |
| 이라광고기획 | 063-857-1787 | | 전북 익산시 마동 126-21 |
| 풍남기획 | 063-286-8785 | www.poongnamad.com | 전북 전주시 덕진구 서노송동 602-21 |

중계 및 영상물제작

| 업 체 명 | 전 화 번 호 | 홈 페 이 지 | 주 소 |
|---|---|---|---|
| (주)KM엔터 | 02-338-0631 | www.kmeneter.co.kr | 서울 서대문구 창천동 506-10 산성빌딩 2층 전관 |
| 킴스미디어 | 02-533-1422 | www.jci.co.kr | 서울 서초구 방배동 854-1정빈빌딩 B101호 |
| (주)에스아이미디어그룹 | 02-3463-0031 | www.sibroad.co.kr | 서울 서초구 양재동 216번지 대신빌딩 1층 |
| 용진기획 | 051-611-3493 | | 부산 남구 용당동 505 동명대학산업협력관 301호 |
| 하이트이엔티 | 02-2635-7095 | www.hiteet.co.kr | 인천 남구 숭의동 348-45 |
| NB㈜ | 052-223-3003 | www.nbmail.net | 울산 중구 다운동 552-2번지 대황빌딩 503호 |
| (주)금강미디어 | 052-223-3755 | | 경북 포항시 북구 죽도2동 613-3 경북일보 5층 |
| 프라임기획 | 064-744-1140 | www.prime-com.biz | 제주 제주시 노형동 743-1 |
| 하나미디어 | 041-534-0222 | www.hana.co.kr | 충남 아산시 온천동 1053번지 |

레크리에이션/MC

| 업 체 명 | 전 화 번 호 | 홈 페 이 지 | 주 소 |
|---|---|---|---|
| 이벤트머치모아 | 02-733-3332 | www.muchmore.co.kr | 서울 광진구 능동 369-14 새마을 회관 1층 |
| 한국레크리에이션협회 | 02-549-0366 | www.5recreation.or.kr | 서울 강남구 논현동 227-4양지빌딩 2층 |
| 대한레크리에이션개발원 | 02-483-6575 | www.5267.co.kr | 서울 강동구 길 2동 331-15 |
| 선환엔터테인먼트 | 02-476-2344 | www.eventacademy.co.kr | 서울 강동구 성내 1동 534-23 3층 |
| 2호선 | 017-254-8209 | www.line2.co.kr | 서울 관악구 신림12동 1712초원A.101동 206호 |
| 명이벤트그룹 | 02-862-9428 | www.myungevent.co.kr | 서울 금천구 독산3동 906-26 경원빌딩 501호 |
| 프러스이벤트 | 02-6228-5382 | www.plus-event.co.kr | 서울 노원구 중계4동 358-2 |
| 감각이벤트 | 02-3477-1956 | www.gamgakrec.co.kr | 서울 동작구 동작동 66-13번지 1층 |
| MC김종석 | 011-266-2270 | | 서울 서초구 양재동 320-1 신동아빌라 303호 |
| 즐거운세상 | 02-465-7748 | www.livemc.co.kr | 서울 성동구 성수1가1동 240-2 동현빌딩 2층 |
| 문화연출 | 02-3401-5011 | www.culturepd.co.kr | 서울 송파구 가락동 99-3 제일빌딩 1305호 |
| 프로MC | 011-213-4781 | www.promc.co.kr | 서울 송파구 문정동 7-3 현대빌라 202호 |

| ess커뮤니켜이션 | 02-416-2982 | www.recpower.net | 서울 송파구 잠실동 231-3 B1 |
|---|---|---|---|
| 업 체 명 | 전 화 번 호 | 홈 페 이 지 | 주 소 |
| TCM21 | 02-844-4404 | | 서울 영등포구 도림 2동 221-1 청구상가 201호 |
| 이메이드(Emade) | 02-753 -5673 | www.emade.co.kr | 서울 중구 순화동6-1 이주빌딩 7층 중앙 C&C |
| 엘로우이벤트 | 051-331-4471 | | 부산 북구 구포2동 1084-3 협진태양프라자 208호 |
| 고릴라이벤트 | 051-807-4546 | www.gorilla21.com | 부산 연제구 연산5동 1385-9지하 1층 |
| 가인기획 | 051-742-4781 | www.gainplan.co.kr | 부산 해운대구 우1동 1393 요트경기장 본관110 |
| 한기획이벤트 | 051-747-9484 | www.hanplan.com | 부산 해운대구 우1동 397-27 |
| (주)프로모 | 051-784-7738 | www.npromo.co.kr | 부산 해운대구 재송동 1130-12번지 3층 |
| 한국이벤트훼밀리 | 053-957-6969 | www.guestkorea.co.kr | 대구 동구 방촌동 1118-119번지 2층 |
| 한울기획 | 062-232-4024 | | 광주 동구 계림동 485-43 로데오빌딩 510호 |
| 아람레크리에이션기획 | 042-489-2036 | | 대전 서구 괴정동 69-51 |
| 한국레크리에이션엔터테인먼트 | 011-456-2361 | | 대전 서구 둔산동 908-3 은초롱아파트 706호 |
| OK이벤트 | 042-485-8361 | www.ok-event.co.kr | 대전 서구 월평동 266 백합상가 B15 |
| 한울이벤트 | 042-581-3488 | | 대전 중구 산성동 88-3 한밭프라자 201호 |
| 퓨전커뮤니케이션 | 042-221-0210 | www.eventfusion.co.kr | 대전 중구 용두동 130-6번지 1층 |
| 테마이벤트기획 | 031-829-3335 | www.tmevent.com | 경기 의정부시 가능3동 569-3번지 지하1층 |
| 파랑새이벤트기획 | 054-776-7911 | www.palangsae.co.kr | 경북 경주시 동천동 881 |
| E&M젊은기획 | 061-742-3445 | | 전남 순천시 장천동 45-7 |
| 놀이와행사*레크리에션협회) | 063-243-1313 | www.prorecreation.co.kr | 전북 전주시 덕진구 인후1가 756-21번지 2층 |
| 개그MC-이영헌 | 063-246-8593 | www.gagmc.com | 전북 전주시 덕진구 인후동 2가 1580-20 |
| 한국아이캐슬 | 063-251-0463 | | 전북 전주시 완산구 서신동 200번지 |
| 이벤트군단 | 063-255-2369 | | 전북 전주시 완산구 서신동 55-3 |
| 꾸러기기획스포츠단 | 064-747-5997 | www.eventeam.co.kr | 제주 제주시 오라2동 1218번지 |
| 한길REC.EVENT기획 | 041-533-5588 | www.hangilevent.co.kr | 충남 아산시 남동 202-5 |
| (주)신백수이벤트 | 043-221-5885 | www.eventshin.com | 충북 청주시 상당구 우암동 354-18번지 |
| 훼미리이벤트 | 043-293-2234 | | 충북 청주시 흥덕구 수곡2동 1010 기독교방송국 |

## 도우미/모델

| 업 체 명 | 전 화 번 호 | 홈 페 이 지 | 주 소 |
|---|---|---|---|
| (주)제이브니이미지메이킹 | 02-3446-5436 | www.jvenumodels.com | 서울 강남구 신사동 566-19 동희빌딩 4층 402호 |
| (주)도센컴 | 02-542-2100 | www.kodo.co.kr | 서울 강남구 신사동 585-1 동아빌딩 4층 |
| 도우미아카데미 | 02-511-6030 | www.doaca.co.kr | 서울 강남구 신사동 610-2 영빌딩 4층 |
| 한커뮤니케이션 | 02-548-6326 | | 서울 강남구 역삼동 645-14 신한빌딩 3층 |
| (주)모델라인 | 02-543-5301 | | 서울 강남구 청담2동 남강빌딩 5층 공연기획실 |
| 대한레크리에이션개발원 | 02-483-6575 | www.5267.co.kr | 서울 강동구 길2동 331-15 |

| 씨엔에스 | 02-437-1164 | www.cnsbiz.com | 서울 노원구상계1동 1264 은빛아프트307-1206 |
|---|---|---|---|
| 업 체 명 | 전 화 번 호 | 홈 페 이 지 | 주 소 |
| (주)도우미앤나레이터 | 02-717-8982 | www.e-dn.co.kr | 서울 마포구 노고산동 40-1 적암빌딩6층 |
| (주)케이투맨파워 | 02-3143-4289 | www.k2mark.co.kr | 서울 마포구 동교동 156-2 마젤란오피스텔 1208 |
| (주)신성매니지먼트 | 02-543-4798 | www.shinsungmt.co.kr | 서울 서초구 반포동 705-6미성빌딩 301호 |
| (주)에스알기획(SR기획) | 02-422-6681 | | 서울 송파구 잠실동 195-11 명주빌딩 5층 |
| 세화에이전시 | 02-3443-4525 | | 서울 양천구 모동 907-10 현대파리지앙 525호 |
| (주)TCM21 | 02-844-4404 | | 서울 영등포구 도림2동 221-1 청구상가 201호 |
| 부산나레이터모델센타 | 051-868-3260 | www.pusan-narrator.co.kr | 서울 영등포구 도림2동 271-47 성민인쇄소지하 |
| 나라이벤트 | 051-203-2878 | www.naraevent.com | 부산 사하구 괴정4동 571-4 |
| 혜광기획 | 051-627-6812 | www.hkevent.net | 부산 수영구 남천2동 148-20 삼익기존상가내 |
| 데오이벤트 | 051-464-9464 | www.deoevent.co.kr | 부산 중구 동광동 4가 25-8 진영빌딩 301호 |
| 인트로이벤트 | 033-642-8851 | | 강원 강릉시 교1동 1773 부영A. 301-909 |
| 트윈스이벤트 | 053-651-9115 | www.twinsevent.co.kr | 대구 남구 대명6동 955-8번지 1층 |
| MAIN이벤트기획 | 053-421-7439 | yescall.com/mainevent | 대구 중구 서성로1가 103-5 서일빌딩 104호 |
| 우리기획 | 042-525-7074 | www.wooripan.co.kr | 대전 서구 갈마2동 339-2 명가빌딩 302호 |
| (주)푸른기획 | 042-226-6325 | | 대전 중구 대흥동 183-11 우명밥상 2층 |
| 호감기획 | 042-223-1493 | | 대전 중구 대흥동 410-1 1층 |
| 뉴필드 | 052-268-5300 | | 울산 남구 삼산동 203-11 |
| 스카이이벤트 | 080-252-2114 | www.skyevent.org | 울산 동구 서부동 현대명덕패밀리A.107-503호 |
| 스타이벤트 | 033-636-6634 | | 강원 속초시 교동 664-71번지 |
| 빈이벤트 | 055-755-7793 | | 경남 진주시 평안동 60번지 |
| 새종도우미에이전시 | 055-263-8461 | www.sejongcom.co.kr | 경남 창원시 용호동 24-6 1층(경남도청 맞은편) |
| (주)제주이벤트해피웨이기획 | 064-755-5676 | www.happyevent.com | 제주 제주시 연동 320-44 |
| 버디기획 | 064-758-1900 | www.buddyevent.com | 제주 제주시 화북1동 12-1 화북주송A.401-503호 |

공연팀

| 업 체 명 | 전 화 번 호 | 홈 페 이 지 | 주 소 |
|---|---|---|---|
| 쿠아나인디컴㈜ | 02-5679-114 | www.kuana.com | 서울 강남구 대치동 1002ㅋ스모 B2스포츠센터 |
| 살사인댄스컴퍼니 | 02-3444-4643 | www.salsain | 서울 강남구 신사동 549-8 유표빌딩 6층 |
| (주)터치엠 | 02-543-5941 | | 서울 강남구 청담2동 18-31번지 B03호 |
| (주)코렉스엔터테인먼트 | 02-529-8155 | | 서울 강남구 포이동 245-10 병준빌딩 4층 |
| 대한레크리에이션개발원 | 02-483-6575 | www.5267.co.kr | 서울 강동구 길2동 331-15 |
| (주)두두락프로덕션 | 02-477-6535 | www.doodrock.co.kr | 서울 강동구 둔촌2동 437-+5 두드락빌딩 2층 |
| (주)아치디지날 | 02-2662-2771 | | 서울 강서구 방화2동 563-40 평화빌딩 2층 |
| (주)디쇼 | 02-583-8088 | www.the-show.co.kr | 서울 동작구 사당동 1044-9번지 2층 |

| 삐에로천국 | 052-2522-0114 | | 서울 마포구 용강동 122-12 홍현빌딩 4층 |
|---|---|---|---|
| 업 체 명 | 전화번호 | 홈페이지 | 주 소 |
| 오광커뮤니케이션 | 02-511-9793 | www.5ciown.com | 서울 서초구 반포동 717-6 B전관 |
| BIZMAGIC(비즈매직) | 02-3433-1764 | www.bizmzgic.co.kr | 서울 송파구 방이동 190-10코리얼빌딩 6층 |
| (주)쇼우뱅크인터내셔날 | 02-2203-5985 | www.showbank.co.kr | 서울 송파구 방이동 67-2 정환빌딩 B1 |
| 피클엔터네인먼트 | 02-420-9761 | www.people95.co.kr | 서울 송파구 석촌동 275-11 승희빌딩 2층 |
| 두잉커뮤니케이션 | 02-413-2948 | | 서울 송파구 잠실동 종합운동장내 두산베어스응원단 |
| Jyentertainment | 02-493-2148 | | 서울 잠실1동 10번지 종합운동장내 |
| PMC프로덕션 | 02-721-7636 | www.tokebistorm.com | 서울 종로구 당주동5 로얄빌딩 11층 30호 |
| SKS이벤트 | 051-816-3731 | www.sks-event.com | 부산 부산진구 범전동 265-21 1통2반 |
| 고릴라이벤트 | 051-807-4546 | www.gorilla21.com | 부산 연제구 연산5동 1385-9지하 지하1층 |
| 얼쑤 | 062-676-3844 | www.olssu.com | 광주 남구 양과동 893번지 |
| 문커뮤니케이션 | 032-429-4224 | www.moonevent.co.kr | 인천 남구 주안1동 116-8 영광빌딩 1층 |
| 각시탈이벤트 | 032-435-7776 | www.kakseetal.com | 인천 남동구 간석4동 271-5 |
| 잔치마당예술단 | 032-501-1454 | 잔치마당 | 인천 부평구 십정동 572번지 만원빌딩 지하 |
| 코끼리월드 | 032-832-3335 | | 인천 연수구 옥련동 504 송도유원지 내 |
| (주)러시안하우스 | 031-921-4180 | www.russianhouse.com | 경기 고양시 일산구 대화동 2172-3 지층 |
| 해오른누리 | 031-905-9338 | www.sunpeople.com | 경기 고양시 일산구 백석동 1171-5 지하 |
| 라이틴업 | 031-911-6674 | | 경기 고양시 일산구 일산동 617-28 |
| (주)파크콤 | 050-5171-5775 | www.parkcom.net | 경기 성남시 수정구 수진1동 2212 수진빌딩 4층 |
| 빈이벤트 | 055-755-7793 | | 경남 진주시 평안동 60번지 |
| 품바공화국 | 019-273-0237 | | 충북 음성군 원남면 상노리 682-1 |

분장/페이스인팅/캐리커처/

| 업 체 명 | 전화번호 | 홈페이지 | 주 소 |
|---|---|---|---|
| 한국분장프로덕션연구소 | 02-3444-8385 | www.koeamakeup.co.kr | 서울 강남구 신사동 558-4 한국분장 4층 |
| 마이케릭터 | 050-2567-0502 | www.mycrt.co.kr | 서울 강동구 천호3동 449-49 힐탑오피스텔 1007 |
| 펀커리커쳐 | 02-322-9354 | www.funart.net | 서울 마포구 상수동 184-2 두성빌딩 803호 |
| 킴볼페디안(이지타투) | 02-3477-6126 | www.eztattoo.co.kr | 서울 서초구 방배4동 836-10 삼경B/D 201호 |

행사음악연주/출장밴드

| 업 체 명 | 전화번호 | 홈페이지 | 주 소 |
|---|---|---|---|
| 아마데우스뮤직이벤트 | 02-486-7843 | 웨딩뮤지션 | 서울 강동구 천호동 451-20 트레벨오피스텔 1202 |
| 모노앙상블 | 02-566-9987 | wwwmonomusic.net | 서울 서초구 서초동 1475-6 삼화빌딩 B1 |
| ML엔터테인먼트 | 02-409-7411 | www.ml-ml.co.kr | 서울 송파구 가락동 41-7 이튼빌딩 B1 |
| 데오이벤트 | 051-464-9464 | www.deoevent.co.kr | 부산 중구 동광동 4가 25-8 진영빌딩 301호 |

| 두손엔터테인먼트 | 강남구 신사동 645-1 화이트하우스 | 02-3444-3292 | 김희서느김연주 |
|---|---|---|---|
| 업 체 명 | 주 소 | 전화번호 | 소속연예인 |
| SM엔터테인먼트 | 강남구 압구정2동 521번지 | 02-3438-9800 | 보아,동방신기,문희준,강타,슈,다나,고아라,추가열,플라이투더스카이,블랙비트,더트랙스,김지훈회 |
| YPC프로덕션 | 강남구 역삼1동 628-9 우영 B/D 2F | 02-555-5420 | 조용필 |
| 자연기획 | 강남구 역삼1동 748-4호 해청 B/D 301호 | 02-555-8844 | 이자연,도윤,위정희 |
| 팀원 | 강남구 역삼2동 778-37 석 B/D 202호 | 02-555-0283 | 김정택과엔젤스플레이,김소윤 |
| 조이엔컴 | 강남구 역삼동 680-1 건우 B/D 4F | 02-518-8537 | 미시밴드,가현,주성혁,김부생,강승민 |
| 트라이팩타 | 강남구 역삼동 685-32 파크뷰 401호 | 02-3454-2002 | 엄정화,코요태,h,나비효과,김원준,최재훈,김현정(speaceA),유리상자외 |
| 에이치엔터테인먼트 | 강남구 역삼동 695-41 닷컴빌 102호 | 02-561-0454 | 프리스타일,엠씨한새 |
| 명성엔터테인먼트 | 강남구 역삼동 826-24 화인타원 15F | 02-574-5700 | 정수라,천우,고병희,이광기 |
| 갑엔터테인먼트 | 강남구 청담2동 22-11 주로 B/D 4F | 02-543-1236 | 브라운아이즈,브라운아이드소울,더네임,다이나믹듀오,김청수 |
| 마이더스엔터테인먼트 | 강남구 청담동 120-13 동민 B/D 5F | 02-3445-4244 | 주니퍼,안재모,강세윤,예인,강민주,김은아 |
| 스타제이엔터테인먼트 | 강남구 청담동 123-40 | 02-515-8494 | 이나영,양동근,이정진,한채영,최강희,수애,조연새.양정아,윤손아 |
| JYP엔터테인먼트 | 강남구 청담동 123-50 JYP센터 | 02-3443-7399 | god,비,원투,노을,김동윤,조규철,유정현외 |
| CJ뮤직 | 강남구 청담동 21-6 번지 | 02-3443-3166 | 부활,모던쥬스,임태경,채소연,대니정,모닝,차현정,이재윤 |
| 티엔터테인먼트 | 강남구 청담동 89-9 | 02-2107-5900 | 자우림,박정현,롤러코스터,나원주,김광민,김윤일,Side-B,윤종신 |
| R2M뮤직컴퍼니 | 강남구 청담동 93-8 SJ B/D 3F | 02-517-1288 | 박효신 |
| 칠월기획 | 강남구 청담동 96-8 전호 B/D 4F | 02-514-4361 | 김영민 |
| 구구 | 강남구 포이동 196-2 두리 B/D 6F | 02-3461-3500 | 이기명 |
| 웅석기획 | 강남구 길동 399-14 | 02-476-8147 | 현진우,혜은이 |
| 드림팩토리클럽 | 강동구 성내동 465-2 드림팩토리 B/D 2F | 02-473-2455 | 이승환,채림,김정화,박신혜,김시후,정성미,시데리끄 |
| 길기획 | 강동구 천호4동 358-12삼오 B/D 203호 | 02-478-5457 | 윤시내,이순길,조성호 |
| 씨아이미디어 | 강서구 가양2동 1481 가양 제1공단 3F | 02-3665-2471 | 곽지만,박은선,서만영,김우천,이은경 |
| 렉스뮤직 | 강서구 가양동 1480-5 이스타빌 1차 1214호 | 02-2658-7454 | 박상규,이대준,육각수밴드 |
| 노랑잠수함 | 강서구 등촌동 640-8 태진 B/D 4F | 02-3663-4701 | 에브리싱글데이 |
| 도레미미디어 | 강서구 염창동 260-15 도레미B/D 8F | 02-2657-0300 | 드렁큰타이거,MC-K,이정민 |
| 아폴로음반 | 강서구 염창동 260-15 도레미B/D 8F | 02-2657-0332 | 김종환 |
| YN엔터테인먼트 | 강서구 염창동 세온리버펠리스 102-301 | 02-6095-0310 | 토니안,조혜련,최은경,정지영,조은숙.정형돈,김인석,정여원,김빈우,박슬기 |

| 브레인엔터테인먼트 | 강서구 화곡6동 966-1 | 02-784-7705 | 도원경,유노알파 |
|---|---|---|---|
| 업 체 명 | 주 소 | 전 화 번 호 | 소 속 연 예 인 |
| 라손엔터테인먼트 | 강서구 화곡8동 340-5 701호 | 02-2608-3689 | 김사랑,부찬웅,박미영 |
| 고움터연예기획 | 구로구 신도림동 290 미성A, 5동 605호 | 02-2672-5301 | 이동훈,,Duble |
| 대중기획 | 노원구 중계동 그린A,122-310 | 02-971-1112 | 이상화,김지웅.오은주 |
| 소리샘기획 | 동대문구 신설동 81-123번지 3F | 02-928-2026 | 임채무,박인수,박은희,김욱,유연정 |
| 왈츠뮤직엔터테인먼트 | 동대문구 전농4동 568-3 더블루텍스 B/D3F | 02-2247-2453 | 파이브 |
| 비투비엔터테인먼트 | 동작구 대방동 410-36번지 2F | 02-816-3681 | 방미,홍서범,옥희,김성민,길정화 |
| 코리아나이벤트 | 마포구 공덕2동 385-87호 | 02-718-9491 | 장계현,김창숙,서정우 |
| 이메카엔터테인먼트 | 마포구 노고산동31-34번지 2F | 02-711-9449 | 지노,이규석,조아라 |
| 일기획 | 마포구 대흥동 325-14유화 B/D 201호 | 02-715-1656 | 숙재매,정우석 |
| 엘리뮤직 | 마포구 도화동 203-14연우 B/D B101 | 02-714-2592 | 이명주 |
| 뮤직뱅크 | 마포구 동교동 201-32번지 3F | 02-323-3153 | 김경남,윤천금,리나 |
| 상아기획 | 마포구 망원동 242-4 강변대성빌라 104호 | 02-325-8288 | 박윤영,김상아,김보민 |
| CITY뮤직 | 마포구 망원동 479-77번지 B1 | 02-322-5625 | 김범룡,도현아,김영배 |
| 플라이21엔터테인먼트 | 마포구 상수동 86-37 삼애 B/D 3F | 02-325-6173 | 박강성,p2p,서주경,원미연 |
| TTM인터태셔날프로덕션 | 마포구 서교동 358-113 리채 B/D 2F | 02-334-5879 | NOK,퍼퓸,제니퍼,나리,BBR,MIZ 임성은,강성 |
| 스타제국 | 마포구 서교동 368-3번지 2F | 02-333-3041 | 쥬얼리,노아,홍수아,VOS |
| 작스미디어 | 마포구 서교동 395-178 영산 B/D102호 | 02-333-1283 | 이정미,J-SYNC |
| 비오알엔엔터테인먼트 | 마포구 서교동 447-7 벨리타 B/D7F | 02-3142-4002 | 김성집 |
| 신촌뮤직 | 마포구 서교동 469-5정서 B/D 2F | 02-333-8743 | 박화요비,전소영 |
| 캔엔터테인먼트 | 마포구 서교동 484-20번지 1F | 02-326-1505 | 일락,ARZS,viscat,장혜진 |
| 뮤직21C | 마포구 성산동231-5번지 B1 | 02-3142-4210 | 권용욱,유성한,한정수,이성욱,고재근 |
| JB기획 | 마포구 아현동 692 서서울A ,101동 503호 | 02-6356-9076 | 윤익희 |
| 조은엔터테인먼트 | 마포구 연남동 566-55 KCPB/D 3F | 02-3141-8218 | 조은,하늘,주인호,강우,미리,정범 |
| 아람기획 | 마포구 용강동 494-49 송암B/D 3F | 02-719-7595 | 곽정희,강태욱,우성아,유지나 |
| 삼한미디어 | 마포구 용강동 494-49 송암 B/D4F | 02-711-3796 | 이미자 |
| G.F엔터테인먼트 | 마포구 토정동 3-36 유니온B/L B2호 | 02-3274-0905 | YTC, cross,이인 |
| G.F엔터테인먼트 | 마포구 합정동 363-29 | 02-323-7008 | 유선우,허브,재호,현빈 |
| 군스튜디어 | 서대문구 연희동 188-16 우진 B/D 4F, B1 | 02-3142-2592 | 김도향,이정선,채나리,mario&nasty,takeout |
| 좋은친구들 | 서대문구 연희동 86-15호 3F | 02-335-3133 | 황기순,유통,전영록,임재범,최병서,진영 |
| 노만 | 서대문구 창전동 20-26 르메이르3차 509호 | 02-312-6360 | 차호석,뚜띠,채영준 |
| 새로나음반 | 서대문구 홍은3동 271-1 | 02-391-7958 | 함중아 |

| S&C미디컴 | 서대문구 홍은3동 275-7 세화B/D 210호 | 02-369-5221 | 허진,ttbb,홍세민,서우락,쟈니리 |
|---|---|---|---|
| 업 체 명 | 주 소 | 전 화 번 호 | 소 속 연 예 인 |
| 시즌엔터테인먼트 | 서초구 반포1동 718-9 창성 B/D 202호 | 02-518-4615 | S-MAX. JUST,김동명 |
| 양지엔터테인먼트 | 서초구 반포4동 83-16양지 B/D 5F | 02-592-0227 | 정철, 최낙희 |
| 팬엔터테인먼트 | 서초구 반포4동 88-6 영창 B/D 2F | 02-595-6163 | 이정현,디베이스,서진여으박소혀느이인혜,안재환,신지수 |
| 썬플라워뮤직 | 서초구 반포 4동 89-5 한B/D B1 | 02-535-2274 | 해바라기,김새와,서정민 |
| DSP엔터네인먼트 | 서초구 반포동 58-8 신성B/D3F | 02-532-9181 | 핑클,튜샤이,샤인 |
| EST기획 | 서초구 반포동 92-11 초헌 B/D 2F | 02-596-2366 | 김성환,조이원,조현주,정유석,릭윤 |
| 옴니뮤직 | 서초구 반포동 96-11 초훈B/D 2F | 02-536-0990 | SZ,이뫼,서지원 |
| CJ미디어라인 | 서초구 방배동 893-7 C 빌딩 4F | 02-598-9545 | 클론(구준협),심태윤,이정,채연,홍경민,락스톤,오세준 |
| 프라임엔터테인먼트 | 서초구 서초1동 1658-5인원B/D 4F | 02-597-0326 | 서수남,김명애 |
| TS엔터테인먼트 | 서초구 서초동 1538-9 라인 B/D 4F | 02-6205-5315 | 현승민 |
| 이닛엔터테인먼트 | 서초구 서초동 1563-10 | 02-2106-2701 | 최성수,오현란 |
| 예당엔터테인먼트 | 서초구 서초동 1563-10 예당빌딩 | 02-2106-2500 | 최성수,오현란,니나 |
| 대인언터테인먼트 | 서초구 양재동 204-9 건음 B/D 4F | 02-573-9388 | 김건모 |
| Y음반 | 서초구 양재동 275-3트윈타워B/D A-B106 | 02-579-5550 | 김연자,레인보우,유웅,방대식,신신애,피노키오,정미영 |
| 상마인드 | 서초구 잠원동 18-1 새롬B/D 8,9F | 02-3445-9497 | 백지영,룰라,이혜영 |
| 서인기획 | 서초구 잠원동 18-1 새롬B/D 8,9F | 02-3445-9497 | QOQ,엑스라지,유나 |
| 드림앤퓨쳐 | 서초구 잠원동 18-1 새롬B/D 8,9F | 02-3446-2248 | 녹색지대,윤태홍 |
| 이언 | 서초구 잠원동 41-11 삼덕B/D 302호 | 02-540-1273 | 박광현 |
| 팔레트커뮤니케이션즈 | 서초구 잠원동 49-6 지오빌 3F | 02-592-0456 | 임희숙,이미키,신관웅,VERA |
| B언터테인먼트 | 성동구 옥수2동 475 성원상데뷰514호 | 02-2291-9094 | 장대일,김주영 |
| 티씨브로드밴드시스템스 | 성북구 동선동3가 243 동진B/D 2F | 02-925-0469 | 김수진,정수아,김문수 |
| lee&song | 송파구 거여동 36-13 동인빌타운 2F | 02-401-3400 | 인소윤,김혁건 |
| 토브콤 | 송파구 방이동 124-22 풍원 B/D 2F | 02-413-2440 | 이선우,건아들,라디오,오세근,박정수,조영미 |
| E&S뮤직 | 송파구 오금동 121-12호 | 02-400-6801 | NINENEEN,김기만 |
| 뮤직팩토리 | 양천구 목1동 916 현대하이페이온 102-2209 | 02-782-6059 | NRG, 소방차,이재인 |
| PAN-NET | 양천구 목5동 906-28 부영그린 3차 227호 | 02-2166-2757 | 양현경,까치와엄지,이태종,휴먼보이스 |
| 뮤직네트워크 | 양천구 목5동 908-34 부영그린 3차 205호 | 02-2166-2966 | 조정란 |
| 우주엔터테인먼트 | 양천구 목5동 908-34 부영그린 3차 209호 | 02-736-0500 | 더칼라,이태원 |
| 메스엠컬쳐 | 양천구 목5동 908-34 부영그린 3차 227호 | 02-2166-2757 | 무이 이태종,양현경 |
| 소리모아 | 양천구 신정동 1290-4 미래사랑 101-807 | 02-454-6114 | 박정수,신계행,김은진,김종수 |
| 세계채널 | 영등포구 신길1동 111-12 세계B/D 205호 | 02-780-6907 | 남진,김혜영,조성환(육각수),진웨이뉘 |

| 박스엔터테인먼트 | 영등포구 신길7동 1587 대방 B/L 202호 | 02-843-3479 | 임백천,김연주,이용,박주희,김재휘 |
|---|---|---|---|
| 업 체 명 | 주 소 | 전 화 번 호 | 소 속 연 예 인 |
| 탑뮤직 | 영등포구 여의도동 10-10 한서리버 1207호 | 02-761-9951 | 김혜연,최인서 |
| 팀엔터테인먼트 | 영등포구 여의도동 11-11 한서오피스 913호 | 02-761-9582 | 김범수,문명진,이현섭,이예린,박태흥,김희진,양미라,서유정,고은미,배성희 |
| 엠스타엔터테인먼트 | 영등포구 여의도동 13-19 남중B/D 8F | 02-782-7234 | 이재진,김진우,윤재 |
| 대한기획 | 영등포구 여의도동 14-21 LG 에클라트 301 | 02-768-1088 | 최진희,민지,김다영 |
| 팬더엔터테인먼트 | 영등포구 여의도동 15-11 금영 B/D 403호 | 02-3775-1902 | 미소 |
| 예원엔터테인먼트 | 영등포구 여의도동 17-10 이트로닉스 9F | 02-783-8104 | 문희옥 |
| 이클립스뮤직 | 영등포구 여의도동 17-16 대성B/D 701호 | 02-782-2284 | 류,유리,스토니스컹크,멘사 |
| 유리기획 | 영등포구 여의도동17-20원정 B/D 304호 | 02-780-9907 | 이기찬,하은 |
| 제이스엔터테인먼트 | 영등포구 여의도동17-9 잠사회관 203-1 | 02-780-6274 | 럼블피쉬,강병규,김영청 |
| 제이에스컴엔터테인먼트 | 영등포구 여의도동36-2 맨하탄 B/D 1124호 | 02-3775-2040 | 고한우 |
| 가전엔터테인먼트 | 영등포구 여의도동36-4오륜 B/D 404호 | 02-769-1091 | 김세환,윤형주 |
| 하나기획 | 영등포구 여의도동41대교 A. 3동 208호 | 02-780-0410 | 배일호,방실리,류계영 |
| 예스컴프로덕션 | 영등포구 여의도동43미원 B/D 1603호 | 02-783-0114 | 패티김,카밀라 |
| 한국문화사 | 영등포구 여의도동44-27 하남 B/D 321호 | 02-3775-4115 | 하동진 |
| 송엔터테인먼트 | 영등포구 여의도동44-27 하남 B/D 403호 | 02-780-3344 | 송대관 |
| 신화엔터테인먼트 | 영등포구 여의도동44-36 센터 B/D 16F | 02-786-7637 | M21,김선영,한에스더 |
| M21 | 영등포구 여의도동45-15서린 B/D 903호 | 02-780-8334 | 사라, 2G,한반도 |
| 원엔터테인먼트 | 영등포구 여의도동45-20 동북 B/D 404호 | 02-782-5834 | 이면훈,페이지,인디고 |
| 맹가엔터테인먼트 | 영등포구 여의도동415-5대우메종 703호 | 02-786-5934 | 조용필,배따라기,높은음자리,오미희,아낌없이주는나무,김흥국,어니언스외 |
| 빛기둥 | 영등포구 여의도동50 시범A.24동 53호 | 02-783-9823 | 채연,와이키키브라더스 |
| 지니쇼비즈 | 영등포구 여의도동61-4 라이프콤비 1023호 | 02-786-3721 | 정재환,이창면,이혁재,김다래,정명훈,린,한에스더,임성민,김성경 |
| 상기획 | 영등포구 여의도동61-4 라이프콤비 1223호 | 02-785-3711 | 박소연,매이느김희진 |
| 아지기획 | 영등포구 여의도동61-4 라이프콤비 1501호 | 02-786-4900 | 이안,이경애 |
| 음악나라 | 영등포구 여의도동61-4 라이프콤비 322호 | 02-761-5100 | 유노알파,VINK,소찬휘 |
| 웨스트사이드미디어 | 영등포구 여의도동61-4 라이프콤비 702호 | 02-780-9889 | 유승준,서정환,이혜근,장아름 |
| 동아뮤직 | 한서오피스텔 1407호 | 02-3885-3862 | 봄여름가을겨울,차은주,김현철,유영석,이본,리아.박완규 |
| 진아기획 | 용산구 이촌동 300-322 우진상가 307호 | 02-797-4603 | 태진아 |
| 썬엔터테인먼트 | 용산구 이태원2동 707번지 | 02-798-7367 | 보이드,강승모 |
| 베스기획 | 용산구 한남1동 11-444 UN빌리지 44B | 02-798-4315 | 인순이,조이락,장석현,WEST |
| M&M | 용산구 한남1동 653-1 두성 B/D 302호 | 02-794-9491 | 설운도,우연이,김태곤,배국화,황소연 |

| 팜엔터테인먼트 | 용산구 한남1동 72-1 금호리첸시아 C-504 | 02-793-5104 | 김태욱,이저그체리필터,김진표,박종민,박민지 |
|---|---|---|---|
| 업 체 명 | 주 소 | 전 화 번 호 | 소 속 연 예 인 |
| 스폰지엔터테인먼트 | 용산구 한남1동 UN빌리지 크로바A.C-101 | 02-511-0067 | 마야,JK김동욱,서현수,브런치,채은정 |
| 이가엔터테인먼트 | 용산구 한남1동 1-44 힐탑트레저 A-1103 | 02-790-0270 | 이수영,Leeds.Simpiy Sunday,이종수,한지혜,이주희,김한,차서리느유민영희 |
| 팻독엔터테인먼트 | 용산구 한남동 399-15 유엔빌리지 226 호 | 02-790-8101 | 이현우,신성우,정다혜 |
| MPK | 용산구 한남동4-22 삼립 B/D B2 | 02-793-7424 | 임하여으이형석,TRUERBIRD(트루버드) |
| 본기획 | 은평구 역촌2동 45-19호 | 017-236-5420 | 신기철,진시몬 |
| 스타월드 | 종로구 도렴동 60 도렴 B/D 1205호 | 02-725-2503 | 페니,슈가,이미나 |
| 유니글로우 | 종로구 동숭동 1-140 유리 B/D 2F | 02-762-0551 | 이현경,정희원,김현정 |
| YBM서울음반 | 종로구 종로2가 56-15 시사영어사 별관 6F | 02-2280-7700 | 상상밴드 |
| 청진기획 | 종로구 청진동 89번지 | 02-734-5100 | 전미경 |
| 드림기획 | 종로구 청진동 89번지 2F | 02-735-1691 | 공원택 |
| FM엔터테인먼트 | 중구 신당6동 파라다이스A.406호 | 02-2232-7380 | 샵플랫,김창현,이로운 |
| E-뮤직 | 중구 신당동 340-53 써니빌 1동 304호 | 02-2238-1222 | 이은하 |
| 엠엔아이 | 중구 신당6동 파라다이스A.406호 | 02-3444-4388 | 구창모 |
| 코리아기획 | 중랑구 면목7동 527-214 | 018-202-7779 | 심현섭,박성호,김숙,심상태,이병진,이태식,김늘메,문세훈 |
| 마이더스미디어 | 고양시 덕양구 화정동 906-5 제일프라자 701호 | 031-966-7834 | 최성호,엔터포스,유승혁,박찬우 |
| 튜브미디어 | 고양시 상수동 86-37 삼애B/D 3F | 02-323-4377 | 박혜경,최진경,차승환,조용민 |
| 가연기획 | 고양시 일산 마두1 755 백마삼성A, 106-502 | 031-905-6851 | 박영규 |
| C엔터테인먼트 | 고양시 일산 산들 동문A.502-1005 | 011-471-2500 | 임종환,안현정 |
| 클릭엔터프라이즈 | 고양시 일산 장항 727-1 쌍룡플래티넘 704 | 031-916-5557 | 조관우,남현준 |
| 벨웨스트 | 고양시 일산장항 753 청원레이크 2차 1221 | 031-917-7416 | 김종서,실버스폰,채시안 |
| 레오기획 | 고양시 일산구백석동 1273번지 B1 | 031-902-8891 | 안미선,바이날로그 |
| 양파기획사 | 광주시 쌍령동 동성A. 101-1602 | 031-762-0550 | 양파 |
| 오아시스엔터테인먼트 | 광주시 퇴촌면 관음1리 546 | 031-766-1937 | 하춘하,이수미,조용희,안다미,조경희,전도전,문연주,이박사,강원도 |
| 이지엠엔터테인먼트 | 광진구 구의동 66-79 | 02-508-6332 | 노바소닉,더더밴드,엄수정,이응경 |
| 케이플러스 | 군포시 산본동 235-11호 | 011-708-1302 | subway |
| 웨스턴기획 | 김포시 장기동 1342현대A.215-501 | 011-660-1289 | 전유성,진미령,오미지,박수빈 |
| APT프로덕션 | 부천시 원미구 상동 442-1 대우마이빌 303 | 032-328-3277 | 최유나,이태호,이지나,아림 |
| 신풍엔터테인먼트 | 성남시 중원구 성남동 3649 우양그린 101 | 031-735-6402 | 이홍렬,함수화,s.p |
| 설악기획 | 용인시 기흥읍 신갈리 도현현대A.204-201 | 031-286-9350 | 김용 |
| 신나라뮤직 | 용인시 동천동 856 신나라 B/D 4F | 031-266-7194 | 오션,장연주,김종국 |

| 뮤직월드 | 의정부시 가능1동 352-8번지 15통 2반 | 011-9380-0423 | 투립스,신예진 |
|---|---|---|---|
| 업 체 명 | 주 소 | 전 화 번 호 | 소 속 연 예 인 |
| JOY기획 | 파주시 교하 와동 운정2차동문A.204-1903 | 031-948-8504 | 아낌없이주는나무,배따라기 |
| WE뮤직 | 하남시 망월동 333-4 | 031-791-2564 | 권인하,박현밴드 |
| 케이방송네트워크 | 인천시 남구관교동 502-4 | 032-434-1188 | cc걸,남보원,<br>김명덕,청춘미소녀,장유정 |
| FM뮤직 | 인천시 남구 숭의동 431-25번지 3F | 031-891-5025 | 옵션,AMI,그레이 |
| 맘모스기획 | 충북 청주시 상당구우암동 326-20 | 043-221-9500 | 백승태.이종진 |

# 찾 아 보 기

## 저자약력

**정호권**
- 경기대학교 경영대학원 관광경영학과 졸업
- 강원대학교 관광경영학과 박사 수료
- 현) 강원관광대학 관광계열 교수

**김경진**
- 진 이벤트 기획 대표, 강원관광대학 관광계열 이벤트학과 실무전담 강의
- 축제기획실무분야(음향, 무대, 조명, Balloon, 특수효과 등 다양)
- 도민체전, 대학축제, 지역축제, 파티 등 다양한 이벤트 기획 및 진행



## 이벤트 경영실무론

2006년 1월 10일 초판1쇄 발행
2008년 8월 30일 초판2쇄 발행

저자와의 협의하에 인지생략

저 자 정호권·김경진
펴낸이 임 순 재
펴낸곳 한올출판사
등록 제11-403호
121-849
주 소 서울시 마포구 성산동 133-3 한올빌딩 3층
전 화 (02)376-4298(대표)
팩 스 (02)302-8073
홈페이지 www.hanol.co.kr
e-메 일 hanol@hanol.co.kr
정 가 18,000 원